本书出版获得中国社会科学院大学中央高校基本科研业务费经费支持，谨以致谢！

中国社会科学院大学

人文社会科学
新苗支持计划
优秀论文选

（第三辑）

OUTSTANDING
PAPERS OF
NEW TALENTS UNDERGRADUATES
IN THE HUMANE AND SOCIAL SCIENCES

主编 高文书

社会科学文献出版社
SOCIAL SCIENCES ACADEMIC PRESS (CHINA)

中国社会科学院大学
"人文社会科学新苗支持计划"优秀论文选
编委会

主　任　高文书

委　员　李　楠　李　俊　赵洪宝　周勤勤　刘　强
　　　　张　涛　张菀洺　陈洪波　高海龙　柳建龙
　　　　皇　娟　李　原　漆亚林　张晓东　翟剑锋
　　　　王　炜　金　英　王立恒　漆光鸿　蒋甫玉
　　　　贾　潇

序言

本科生"人文社会科学新苗支持计划"（以下简称"新苗计划"），是中国社会科学院大学于 2018 年 10 月开始实施的本科生科研鼓励项目，目的是鼓励本科生的科研创新精神，培养他们从事哲学社会科学研究的基本能力；希望同学们通过参加"新苗计划"的各类项目，树立研究志向，掌握研究方法，发掘学术潜力，锻炼学术能力，为将来成长为人文社会科学研究的栋梁之才打下坚实基础。

实施"新苗计划"，主要有以下几个方面的意义。首先，推动本科生以问题为导向进行学术研究，以自主研究、解决问题来增强学习的主动性和积极性。其次，促进学生与指导老师尤其是来自中国社会科学院相关研究机构的老师之间的联系，为学生们创造更多的个性化学习机会，搭建更广阔的参与科研的平台。最后，促进教学和科研相结合，引导学生们立志从事人文社会科学研究，助力培养最高层次研究型人才。

"新苗计划"包括课题研究项目、学术团体项目、读书会项目、学术竞赛项目和专题研究项目等不同形式。截至 2022 年底，"新苗计划"已累计立项 686 项，参与的本科生达 3453 人次。课题研究项目是"新苗计划"最主要的形式，是由学生自主或学业导师指导确定研究题目，学生自主完成研究，最后以论文或研究报告形式为研究成果结项。课题研究项目又分为实证调研类项目、一般学术研究项目和交叉学科研究项目。2018~2022 年，课题研究项目总共立项 482 项，95 项结项成果被评为优秀等级。

《人文社会科学新苗支持计划优秀论文选》（以下简称《论文选》）就是由"新苗计划"的课题研究项目获奖结项论文择优结集而成的，目前已出版两辑。

《论文选》(第一辑)由2018~2019年度获奖的结项论文组成,共收录了20篇学术论文。《论文选》(第二辑)由2020年度获奖的结项论文组成,共收录了10篇学术论文。本书即《论文选》(第三辑),是从2021年度获奖的20篇论文中择优结集而成的。

《论文选》的连续出版,是对"新苗计划"这一本科生科研项目的充分肯定。《论文选》充分展现了中国社会科学院大学本科生在人文社会科学学术之路上的探索精神,凝聚了学校和老师们对该项目的关心和关怀,体现了各学院、指导教师以及科研处对该项目的支持。《论文选》的出版,也得到了社会科学文献出版社领导和相关同志的大力支持,在此一并表示感谢。

当然,作为刚刚步入人文社会科学研究之路的本科生,他们的成果尚显稚嫩,但是通过"新苗计划"这类学术训练,他们的学术能力和研究意识能够有效得以提升,他们能够在本科阶段就燃起学术探索的热情,掌握学术研究的基本方法。相信一批又一批的中国社会科学院大学本科生,将在"新苗计划"的培育下茁壮成长,成长为哲学社会科学最高层次研究型人才。

中国社会科学院大学副校长

目 录

随附性物理主义及其相关讨论 ·················· 余振翔 / 001

对金在权因果配对问题的解读和辩护 ·················· 李梓昂 / 010

从脱贫困到促发展
——基于江西上犹与四川昭觉的脱贫攻坚经验
·················· 曾学科　周仲夫　方婧婕 / 023

我国新式茶饮的"破局突围"
——基于比较分析和贝叶斯分位数回归方法
·················· 李汉妮　付亚鹏　唐　宏 / 049

关于起次要作用的从犯的实证调研 ··· 白书晗　梅　丹　李　京　邓雅兰 / 068

乡村集体经济组织特征与运行逻辑考察
——基于湖南省开慧村的田野调查研究
·················· 赵文鹏　张以恒　尹煜炎　谢国梁 / 108

社会互构视角下单身青年的心理体验研究
——以"90后""母胎单身"青年为例
·················· 许宇童　曹之龙　张楚芊　吴蕙羽 / 140

张岱家族对张岱美学意识建构的影响
——以《陶庵梦忆》与《古今义烈传》为中心
·················· 魏钰姗　席佳萱　靳佳琪 / 159

翻译腔的成因初探及相关特例分析
·················· 冯乐瑶　赵　芮　程意涵　王馨雨　林　治 / 178

二语英语对三语法语的语音习得负迁移研究
　　………………………………… 林若凡　邱　祺　肖　燕　黄韬佳 / 204
智媒时代的健康传播效果研究
　　——以电子运动游戏为例 ………… 汪　燕　翟禹迪　张冰淇　张竞壹 / 220
中外主流媒体对中国与博鳌亚洲论坛形象建构的分析
　　——基于框架理论视阈下的历时比较研究
　　………………………………… 廖欣宇　张　茜　席婷婷　左懋林 / 238
2010~2021年国内女性导演作品叙事特质与脱困策略研究
　　…………………………………… 姜一格　余俊茹　郑雨霏　杨可可 / 250
盲盒经济下的消费心理探究及市场问题分析
　　………………………… 王奕雯　沈涵月　孙依诺淇　王明溪　简　涛 / 267
"双减"背景下中小学生线上学科类校外培训需求分析
　　——以北京市为例 ………………………… 苏知遥　陈秋彤　杨霄斐 / 280
矛盾的王维
　　——基于字频分析的研究 ………………… 周　雨　高浩铭　田思妍 / 300

随附性物理主义及其相关讨论

余振翔[*]

摘 要 部分哲学家认为当前物理主义较为流行的一个版本——随附性理论，是最低限度的物理主义。随附性理论认为世界的组成要么狭义上是物理的，要么随附于狭义的物理之物。通过对于物理主义和反物理主义中较为深入的两个讨论：模态论证（The modal status problem）和僵尸论证（zombie argument）进行刻画，笔者试图说明当前物理主义理论的困难和面对的挑战，并对部分论点进行回应。

关键词 物理主义；身心关系；随附性；模态论证；僵尸论证

自笛卡尔以来的西方哲学历史传统中，身心问题始终作为一个重要的话题被讨论。围绕身心关系，历史上诸多哲学大家也都给出了各自的学说和理论。20世纪中叶以后，科学的影响力毫无疑问遍布了世界的各个角落。许多学科的兴起与成功，似乎都在某个尺度上向我们展示了世界作为一个"物理的"存在。关于物理主义最基本的表述即为"一切都是物理的"。无论是作为一种形而上的预设，还是身心关系的讨论，不同形式的物理主义占据了当今英美哲学界的主流。本文旨在大体勾勒出物理主义讨论的框架，对于物理主义中的几个讨论进行集中的阐述。

"物理主义"（physicalism）一词最早由维也纳学派的卡尔纳普（Carnap）和纽约特（Neurath）提出，更具有影响力的则是近二三十年以来，包括同一论、

---

[*] 余振翔，哲学院2019级本科生。

取消论、还原论、非还原论、随附论等物理主义命题，作为当今英美哲学界主流的形而上学观点，恰当且合理地表述物理主义却并不容易。物理主义是心灵哲学中最有希望、最有前途的理论，但有着许多不可避免的问题，由此引发多种争论。本文接下来将对20世纪80年代以后影响力较广的随附性理论做一个大概的说明，以及关于当前反物理主义的两个著名论证：模态论证和僵尸论证。

一　最低限度的物理主义：随附性（supervenience）

对于"什么是物理的（physical）"解释，如同时间、空间、价值、意义等概念一般，在哲学讨论中都存在很大的争议，在物理主义内部的争论中也缺乏一个公认的明确对于物理的概念定义。历史上，笛卡尔曾经把"物理的"如此定义："一切有广延的事物"，在直觉上这也与多数人的定义相符。然而如果参照当今的物理学发展，这一说便很难站得住脚，如质点、量子、电子、场等物理概念并不完全满足延展这一特性，但人们会很自然地承认这些属性符合当今我们对于"物理的"认识。我们对于物理的认识似乎被奠基在当今物理学的发展之上：

一个属性是物理的，当且仅当它是由当今物理学的理论告知于我们的。

在某种程度上，这可以被视作延续了塞拉斯的立场，即科学是所有事物的尺度，而这也包括涉及事物的本源问题时，科学依然进行裁决。然而正如库恩所揭示的那样，科学作为衡量世界的尺度和标准，并不是保持着一种线性的进步。亨普尔（Hempel）困境很好地说明了这一点，即如果物理主义是通过参考当代物理学来定义的，那么它是错误的——毕竟，谁认为当前的物理学理论已经是最完备的？但如果物理主义是通过参考未来或理想的物理学来定义的，那么它是微不足道的——毕竟，谁能预测未来的物理学包含什么？例如，也许它甚至包含心理项目。[①] 对于亨普尔两难的第一个困境，可以通过考察科学史发展进行回应：尽管中世纪的科学体系、现代物理学体系可能是完全不相容的理论，但也许可以通

---

① Daniel Stoljar, "Physicalism", *The Stanford Encyclopedia of Philosophy*, Summer 2021. 选段由笔者翻译。

过维特根斯坦家族相似式的理论，构建一套科学之间共同的方法论结构。因此，当代物理学的不完备性不能指出对于物理的定义是无用的。但是亨普尔的理论困境依然没有得到一个完全令人信服的解决，人们依然是在当前物理学发展的理论中试图对"物理的"进行把握。

某些哲学家对于"物理的"采取两种定义的手段，即狭义的"物理的"和广义的"物理的"，狭义的和广义是密切联系的。安德鲁（Andrew Melnyk）对于狭义层面的"物理的"定义如下：

> 它也许应当借助当代物理学的一种适当延伸（modest extension）的观念，这种东西与当代物理学非常相似，因为我们并非对其内容一无所知，但它又很灵活，足以经受得住关于当代物理学极不完备又（在有些方面）错误的发现。①

当今大学的学科划分体系，除了物理学之外，还包括地质学、天文学、生物学、化学、社会学、心理学等，物理主义者有着这样的雄心，即将物理学置于世界图景下的优先地位，与其他学科相比存在一种形而上学上的优先性，其中关于心理性的基本地位，在物理主义的讨论中尤为突出。讨论集中于心理/非心理，而不是物理/非物理之间的区分，在某种程度上也更能澄清物理主义和本体论之间的区别，因为前者更能够在现实世界中划分出清晰的界限。事实上，迄今为止，关于物理主义讨论最多的文本也集中于心灵哲学，不同哲学家就诸如是否存在心灵状态、心灵状态具有什么样的属性、心灵状态与物理状态之间是什么样的关系等问题发生争论。而关于广义上的物理的，在随附性物理主义者（supervenience physicalist）看来，即当且仅当其依附于狭义的物理之物。② 每个具体的属性，要么其本身在狭义上就是物理的，要么是随附于狭义的物理之物。

随附性视角下的世界图景可以借助刘易斯（David Lewis）的点—矩阵图景（dot-matrix picture）进行描绘：

---

① 〔美〕斯蒂芬·P. 斯蒂克、特德·A. 沃菲尔德：《心灵哲学》，高新民、刘占峰、陈丽等译，中国人民大学出版社，2013，第80页。
② 〔美〕斯蒂芬·P. 斯蒂克、特德·A. 沃菲尔德：《心灵哲学》，高新民、刘占峰、陈丽等译，中国人民大学出版社，2013，第80页。

一个点—矩阵是一个世界的全景图景，它是匀称的、填满的。但对于这个图景来说，各个位置上只具有有点和无点的区别。整个世界图景不过是这些点所构造出来的模式（pattern）。它们是随附的，如果两幅图在矩阵上每个位置的点的有无是完全相同的，那么二者之间表示的全景图景的性质就不可能有所不同。①

在物理主义的情境下，没有两个可能世界具有相同的物理属性却在政治、文化、心理、生物等方面有所不同。当且仅当物理事实被规定后，心理等其他方面也同样被规定；而物理事实没有发生变化的时候，心理等其他方面也不会发生任何的变化。这一点常被表述为最低限度，或者最核心的对于物理主义的看法，物理主义者或许在许多其他方面观点有所不同，但都会认同随附性的物理主义。②

二 模态论证的难题：先天的还是后天的？

在哲学上，关于先天的（a priori）和后天的（a posteriori）的争论由来已久，人们长期以来认为当且仅当其为先天意义上是真的，一个命题必然为真。如果物理主义是真的，一些哲学家，如戴维森称物理主义是一个概念上必然真的命题。③ 而物理主义的随附性命题（supervenience）更明显是一个后天意义上为真的命题，对此持反对意见的哲学家会表明物理主义是一个偶然为真的命题，在别的可能世界可能会出现与之不同的情况。随附性物理主义者宣称：物理主义蕴含（entails）一切的真理，即我们可以从物理的真理中推导出一切其他事实的真理。但即使这一命题本身为真，也无法确切地说明物理主义是一个先天意义上必然为真的命题。丹尼尔在《物理主义》一书中的描述，必然化陈述中有非严格指示词的话，其本身就可以是偶然的。④ 严格指示词是指一个词在一切可能世界中都指称同一对象。但是物

---

① D. Lewis, *On the Plurality of Worlds*, Oxford: Blackwell, 1986, p. 14.
② 有关随附性更为完整的定义，可以参见 Jaegwon Kim, "Concepts of Supervenience", *Philosophy and Phenomenological Research*, 45, 1984, pp. 153-176.
③ D. Davidson, "Mental Events", *Essays on Actions and Events*, Oxford: Oxford University Press, 1970, pp. 207-223.
④ 〔澳〕丹尼尔·斯图尔加：《物理主义》，王文平、张文俊、赵斌译，华夏出版社，2014，第159页。

理上的真理和非物理的其他方面的真理可以在部分的一些可能世界中并不成立，因此即使在我们的现实世界中适用的随附性命题，也只是一个偶然真理。（并不是所有必然化的陈述都是必然的。比如，我母亲最喜欢的陈述蕴含了我父亲最喜欢的陈述——即使这被视为最常见的一个必然化陈述，它也会是偶然的。）

然而，自从克里普克的《命名与必然性》出版后，人们认识到或许存在后天概念上必然为真的真理。即主张某一陈述是必然的且是后天的真理，语言哲学在形而上层面的这些工作同样对于物理主义的讨论十分重要，并且可以用来回应上述对于物理主义的批评的观点。

关于随附性物理主义的表述可以总结如下，假如关于世界物理层面的设定为P，而关于世界整体层面的一切真理设定为P'，如果物理主义为真，那么以下命题即为真：

命题1：如果P，那么P'

克里普克的后验必然真理可以有两种非常不同的解释途径[1]，第一种被斯图尔加称为派生观（the derivation view），即认为虽然存在后验必然真理，但是这些真理可以先验地从后验偶然真理中派生而来；第二种被称为非派生观（the non-derivationon view），这一说法认为存在后验的必然真理，但其并不可以从任何偶然的或者先天意义上的真理中派生而来。问题在于，如果将派生观与命题1相结合，则会产生矛盾：如果派生观是正确的，那么存在一些偶然且后验的真陈述Y在逻辑上蕴含命题1，即"如果陈述Y，那么P，那么P'"。由此可以根据"如果A，那么B，那么C"等价于"如果A且B，那么C"得出以下命题既是必然的又是先验的：

命题2：如果Y且P，那么P'

另外，如果关于随附性物理主义命题为真的话，且P总结了关于世界物理

---

[1] 本部分的部分论点见 Daniel Stoljar, "Physicalism", *The Stanford Encyclopedia of Philosophy*, Summer 2021. 选段部分由笔者所译。

的本质，那么 Y 已经隐含在命题 1 中的 P′中了。换句话说，命题 2 也只是命题 1 所框定的图景下的简单的逻辑推衍。但如果命题 2 只是命题 1 的拓展，那么如果要求命题 2 是先验的，命题 1 也必须是先验的，而这和最初的假设，即我们要求命题 1 是一个必然后验的真理相冲突，这个思路的论证并不成功。①

而如果一个物理主义者需要论证后验必然真理的随附性物理主义，必然要拒斥第一种论证方式，而支持非派生观的论证思路。然而，非派生观的论证思路存在一定的问题，对于克里普克的工作的解释方式同样具有争议，关于必然性和概念先天性之间的关系同样是物理主义提出的在形而上学层面更为深层的难题。②

三 僵尸论证：回顾与反思③

在反物理主义的论证中，一种讨论较为深入的话题是查默斯（David Chalmers）在《有意识的心灵：一种基础理论研究》中提出的僵尸论证。某些哲学家对于哲学意义上的僵尸（zombie）进行了如下的定义："与电影或者巫术中展现的不同，僵尸与人类在物理层面相同但是没有意识体验。"④ 僵尸在所有物理层面都和有意识的人完全一样，在所有物理层面不仅其行为维度，例如说话、回答问题、走路等日常行为，而且即使我们检测其大脑中所有的神经状态，包括微观的粒子状态，一切能够观测到的物理构成，都和普通人类完全一样，但是这

---

① F. Jackson, *From Metaphysics to Ethics: A Defense of Conceptual Analysis*, Oxford: Clarendon, 1998.
② 相关讨论参见 A. Byrne, "Cosmic Hermeneutics", *Philosophical Perspectives*, 13, 1999, pp. 347–383; D. Chalmers, "Materialism and the Metaphysics of Modality", *Philosophy and Phenomenological Research*, 59, 1999, pp. 473–493; F. Jackson, *From Metaphysics to Ethics: A Defense of Conceptual Analysis*, Oxford: Clarendon, 1998; B. Loar, "Phenomenal States", in N. Block, et al. (eds.), *The Nature of Consciousness: Philosophical Debates*, Cambridge, MA: MIT Press, 1997; D. Lewis, *On the Plurality of Worlds*, Oxford: Blackwell, 1986; S. Yablo, "Mental Causation", *The Philosophical Review*, 101, 1992, pp. 245–280; T. Gendler, J. Hawthorne (eds.), *Conceivability and Possibility*, Oxford: Oxford University Press, 2002.
③ 本部分的论点参照 Miklós Márton 于 2018 年在 *Acta Analytica* 上发表的 "What Does the Zombie Argument Prove?"。
④ Robert Kirk, "Zombies", *The Stanford Encyclopedia of Philosophy*, Spring 2021. 选段的翻译工作由笔者完成。

个僵尸不存在任何层面的主观意识，没有任何的主观维度，用查默斯的说法即在看到红色或者感受到疼的时候，没有特殊的感受质（qualia），僵尸全部只是物理化学层面上的集合。

在十几年的争论中，大多数的观点赞成僵尸论证无法攻击物理主义的内核，这里将试图说明，哲学意义上的僵尸要么是不可以设想的，或者是可设想的但并不会威胁物理主义的基本立场。僵尸论证的核心结构为：

（1）僵尸是可以进行设想的；
（2）如果僵尸是可以进行设想的话，那么僵尸在形而上学上就是可能的；
（3）如果僵尸的存在在形而上学上是可能的，那么物理主义是错误的。

首先从功能同一（functional identity）层面上对于僵尸论证进行分析。僵尸论证的一个核心是我们似乎可以设想一个在物理层面上和我们完全相同的僵尸，却缺乏主观的意识，这里实际上预设了主观意识是一种不属于物理的现象。相比较之下，我们可以设想一个在其他方面和我们完全一样的普通人，但是身体上有轻度的残疾，比如失去了一只脚，我们便不会将其称为和我们在物理层面上一模一样。因为我们会很容易发现，失去一只脚的人在平时生活上与其他人有许多明显的不同，例如走路需要拄拐杖，无法进行一些运动，等等。相比较之下，僵尸定义中一个重要的部分是僵尸在正常的行为上与普通人没有任何的差异，即物理层面上同一的人在行为功能上是同一的，我们对于僵尸的定义基于其在物理层面上和普通人一模一样，但是没有任何意识。然而，意识是否可以被视为身体的一种功能？部分哲学家希望维护僵尸论证的可能性，并对僵尸如此定义："我应该可以带走意识层面中的特殊部分（不论它是什么），并留下大脑中的其他功能完好。"[①] 然而，大脑中的其他部分到底指什么？如果我们简单地将意识视为源自肉体或大脑，即物理层面的产物，在身心相互作用中具有因果效力，显然意识也是一种功能，而这与僵尸定义并不符合。

或许有人会对上述这一较为早期的物理主义的功能主义版本进行反驳，即我

---

① S. Blackmore, *Conservations on consciousness*, London: Oxford University Press, 2003, pp.6-7. 选段的翻译工作由笔者完成。

们可以在功能上解释这些现象，但是无法具体描述它们到底是什么样的。这里将会对物理层面上的同一（physical identity）再次进行评估。人类身体中存在一些生物进化过程中逐渐退化的部位，发挥着几乎为零的作用，例如阑尾、尾骨（此处抛开生物学上更为细致的考察），阑尾被割掉后人的行为功能似乎没有受到任何的损害，但我们并不会将阑尾视为一种非物理的性质。关键在于，我们能否将意识视作一种物理的性质，我们将僵尸定义为物理层面上与我们现实世界完全一致，而不具有意识这一性质。正如查默斯表述的那样："人们能够想象在没有意识事实成立的情况下，所有的物理事实成立，所以，物理事实并没有穷尽所有的事实。"① 然而，物理主义者会认同意识层面上的事实同样属于物理层面的事实，所以在他们眼中，僵尸论证的设定是自相矛盾的。笔者在此处借用古德曼的思想实验的设定来说明这一问题：我们日常生活中的绿宝石都是绿色的，即我们可以得出"绿宝石都是绿色的"这一命题；同样，我们可以假定在某一很遥远的未来时刻 T 之前绿宝石都是绿色，而 T 之后蓝色的宝石都可以被定义为绿蓝色。据此，我们也可以很自然地得出"绿宝石都是绿蓝色的"这一命题。这里并不讨论古德曼的新归纳之谜，但我们可以很自然地得出，基于不同设定得出的命题完全不同，如果僵尸论证试图用某个不同的预设来反对物理主义，并不能得出物理主义是如何自相矛盾的。即在僵尸论证中，反驳者并未说明意识如何与物理性质相互区分。

除此之外，还有第三种关于僵尸更加细致的定义，即在微物理层面的同一（microphysical identity）。查默斯曾经将僵尸定义为"在分子层面上与我相同，并且在所有的借由完全的物理所规定的低级性质上也与我相同"，但是"整个地缺乏有意识的经验"②，然而如果是这样的话，意识层面的探究似乎就与物理层面的其他探究格格不入。"也许我们可以把经验本身与时空、旋转、电荷等并列，把它作为世界的基本特征。那样的话，某些现象的性质必须被看作基本性质。"③这里可以用物理主义中的取消主义立场进行反驳。此处借用查默斯所举的例子，

---

① 〔澳〕大卫·查默斯：《有意识的心灵：一种基础理论研究》，朱建平译，中国人民大学出版社，2012，第161页。
② 〔澳〕大卫·查默斯：《有意识的心灵：一种基础理论研究》，朱建平译，中国人民大学出版社，2012，第119页。
③ 〔澳〕大卫·查默斯：《有意识的心灵：一种基础理论研究》，朱建平译，中国人民大学出版社，2012，第156页。

查默斯曾经将意识现象和电磁学做过类比,早在19世纪,电磁学并不能被视作物理事实。所以麦克斯韦的方程式同样被视为一个宇宙的基本法则和事实而不可以被归约到物理层面,但是时至今日,随着物理学的发展,没人会认为电磁学不属于物理层面。事实上,即使随着物理学的发展,意识现象只能作为原初事实(brute fact)被给予,我们也不会放弃物理学关于世界的整体看法。因此,即使僵尸在微物理层面上有着与人类完全相同的设定,也无法就此推导出意识无法被视作一种物理的性质。

回顾哲学僵尸论证,核心的问题依然出在我们如何看待"物理的"这一概念上,Krik 如此定义:"关于物理的副本(replica)或许可以如此定义:t_2 处的 y 是 t_1 处 x 的物理副本,当且仅当每个适用于 t_1 处 x 的物理词语的描述同样适用于 t_2 处的 y"[①],同样,Krik 也承认物理词汇的表述很难进行一种精细化的限定,日常的生活经验却很容易得出人的意识状态并不属于物理世界刻画的范围,但当我们试图对这一常识的观念进行辩护时,至少就僵尸论证而言,这一说法却很难站得住脚。性质二元论者(property dualist)需要证明意识是非物理的唯一可行的途径是定义出满足某些条件可以使一个事物的性质是非物理的,并且说明意识为何满足这些性质,而显然,僵尸论证并没有做到这一点。

(指导教师:蒉益民)

---

① R. Krik, "Zombie v. Materialists", *Proceedings of the Aristotelian Society*, 48, 1974, p. 137. 选段的翻译工作由笔者完成。

对金在权因果配对问题的解读和辩护

李梓昂*

摘　要　物理主义者通过对心灵因果性的讨论对反物理主义者进行反驳，金在权提出了一种反对非物质心灵的因果配对论证用以质疑实体二元论，引发了许多争论。不同学者从因果关系本质、可构想性论证、个体性、认识论前提等方面对金在权的论证做出了回应和质疑。本文梳理了金在权提出的论证，总结罗列了近年来学者关于该论证中的因果配对问题的讨论，并对各种回应进行了质疑和批评，为金在权的论证提供了辩护。

关键词　心灵因果性；配对问题；因果关系；金在权

物理主义是当代心灵哲学研究中的重点和热点话题，而心灵因果性问题则是物理主义讨论中的一个实质性问题。物理主义者休梅克（Sydney Shoemaker）声称，心灵因果性位于"身心问题的核心"。[①] 它主要涉及身体和心灵的因果关系，即心灵与身体之间是否存在因果效力，若是存在，那么心灵状态和属性如何与身体行为和功能在因果上相关。金在权（Jaegwon Kim）教授是研究心灵因果性问题的著名学者，曾经提出一系列重要论证对心灵的因果效力进行质疑，进而为还原论的物理主义提供支撑。其中比较著名的有因果排除论证（the exclusion argument）、随附性论证（the supervenience argument）等。他在最后一本专著中，通过提出一种因果论证否定了心灵作为非物质实体存在的可能性。该论证引发了

---

* 李梓昂，哲学院 2019 级本科生。
① 转引自 David Robb, John Heil, "Mental Causation", *The Stanford Encyclopedia of Philosophy*, Spring 2021.

较大争议，争论的焦点在于对金在权论证中因果配对问题（the pairing problem）的反驳。关于因果配对问题主要存在以下反驳和质疑。其一，通过定义因果关系的形而上学本质进行反驳，即坚持因果关系是原始的（primitive），无须配对法则刻画因果关系。① 其二，借助可设想性论证（conceivable argument）质疑金在权的论证，即构造出具体反例对金在权论证中的关键论断进行反驳。② 其三，在交互主义（interactionlism）立场下提出反驳，较为成功的是通过对事物独特性（haecceities）的论证指出因果配对论证的缺陷。③ 其四，通过一种认识论的策略质疑论证中隐含的认识论前提。④ 其五，在一种新托马斯主义的形式质料学说（neo-Thomistic hylomorphism）观点下对配对问题进行解读⑤，这是对因果配对问题的最新讨论。⑥

本文主要目的是分析和维护金在权反对非物质心灵的因果配对论证（以下简称因果配对论证）。第一部分将回顾金在权的论证；第二部分介绍其他学者对因果配对论证的挑战；第三部分对各种挑战进行质疑，从而维护金在权的论证。

一　金在权的因果配对论证

因果配对问题最早被福斯特（J. A. Foster）提出⑦，金在权最初讨论"事件"

---

① 参见 Karen Bennett, "Mental Causation", *Philosophy Compass*, 2 (2), 2007, pp. 321-322; D. Gene Witmer, "Review: Physicalism, or Something Near Enough", *Mind*, 115 (460), 2006, p. 1137; Paul Audi, "Primitive Causal Relations and the Pairing Problem", *Ratio*, 24 (1), 2011, pp. 9-11。
② 参见 Andrew M. Bailey, Joshua Rasmussen & Luke Van Horn, "No Pairing Problem", *Philosophical Studies*, 154 (3), 2011, pp. 355-356; John Foster, *The Immaterial Mind: A Defence of Cartesian Dualist Conception of the Mind*, Routledge, 1991, pp. 170-171; 黄益民：《心灵因果性与笛卡尔身心二元论》，载张志强主编《中国哲学年鉴（2018）》，哲学研究杂志社，2018，第111~112页。
③ 参见 Bradford Saad, "Interactionism, Haecceities, and the Pairing Argument", *Inquiry: An Interdisciplinary Journal of Philosophy*, 60 (7), 2017, pp. 724-741.
④ 参见 David Jehle, "Kim against Dualism", *Philosophical Studies*, 130 (3), 2006, pp. 565-578.
⑤ 参见 Matthew Owen, "Circumnavigating the Causal Pairing Problem with Hylomorphism and the Integrated Information Theory of Consciousness", *Synthese* (Suppl. 11), 2021, pp. 2829-2851.
⑥ 此种回应涉及较多术语和哲学史背景，出于篇幅和能力原因，本文将不对该回应进行讨论。
⑦ John Foster, "Psychophysical Causal Relations", *American Philosophical Quarterly*, 5 (1), 1968, pp. 64-70.

（event）概念时曾有所提及①。受福斯特启发，该问题在经过金在权改进后被用于反对非物质心灵的因果配对论证，下面是对该论证的重构。②

前提：配对原则（pairing principle）。必然地，事物之间的因果差异至少部分地是由它们之间的非因果差异决定的。③

空间关系。必然地，本质上不可分辨的（intrinsically indiscernible）事物④在非因果方面有差异，当且仅当它们在空间上存在差异。其中，本质上不可分辨指的是：x 和 y 是本质上不可分辨的，当且仅当，对于任意性质 P，P 是一种质的特性（qualitive property），x 有 P 当且仅当 y 有 P。

假设。这是可能的：心灵能够处于因果关系中，并且两个本质上不可分辨的心灵会具有不同的因果效应。

可能的场景。场景 1：设想在一个纯粹心灵的世界中，有两个灵魂 A 和 B，它们同时运作并导致了另外两个灵魂 A* 和 B* 发生了变化。

场景 2：设想有两把枪 a 和 b，它们同时射击并导致两个人 A 和 B 的同时死亡。

对心灵本质的断言。必然地，没有心灵在空间方面存在差异。

说明。对于场景 2，将 a、b 和 A、B 进行正确的配对是困难的，金在权认为可以有两种可行方案解决该问题。第一，追踪一条从 a 到 A 的连续的因果链，如

---

① Jaegwon Kim, "Causation, Nomic Subsumption, and the Concept of Event", *Journal of Philosophy*, 70 (8), 1973, pp. 217-236.

② 该部分基于对以下文本的总结：Jaegwon Kim, "Lonely Souls: Causality and Substance Dualism", in Kevin J. Corcoran (ed.), *Soul, Body, and Survival*, Ithaca: Cornell University Press, 2001, pp. 69-77; Jaegwon Kim, *Physicalism, or Something Near Enough*, Princeton University Press, 2005, pp. 76-92; Jaegwon Kim, *Philosophy of Mind*, Westview Press, 2011, pp. 50-56。

③ 因果差异和非因果差异的区分主要在某些对因果作用的解释中下产生。例如在 t 时，a 导致了 x，b 也导致了 x，那么它们之间不存在因果差异，但是它们之间存在非因果差异，例如 a 和 b 在 t 时处于不同位置。

④ 此处规定是为了使因果配对论证适用于更为极端的情形，这既符合学者对金在权论证的解读，也和金在权的论述一致。参见 Paul Audi, "Primitive Causal Relations and the Pairing Problem", *Ratio*, 24 (1), 2011, pp. 9-11; Bradford Saad, "Indeterministic Causation and Two Patches for the Pairing Argument", *Pacific Philosophical Quarterly*, 99 (4), 2018, pp. 645-649; Jaegwon Kim, "Lonely Souls: Causality and Substance Dualism", in Kevin J. Corcoran (ed.), *Soul, Body, and Survival*, Ithaca: Cornell University Press, 2001, p. 73; Jaegwon Kim, *Physicalism, or Something Near Enough*, Princeton University Press, 2005, p. 85; Jaegwon Kim, *Philosophy of Mind*, Westview Press, 2011, pp. 51-52。

通过高速摄像机捕捉子弹的轨迹，会发现没有从 a 到 B 的连续的因果链，反之亦然。第二，找出一种"配对关系"R，R 存在于 a 的射击和 A 的死亡之间以及 b 的射击和 B 的死亡之间。可以通过对 a 和 A 的距离和位置确定 R。

对于场景 1，将灵魂 A、B 和灵魂 A*、B* 正确的配对是困难的。与场景 2 不同，根据对心灵本质的断言，我们无法在空间中追踪从 A 到 A* 的连续的因果链，也无法通过 A 和 A* 的位置关系确定它们的空间关系。

结论：这是不可能的：心灵能够处于因果关系中。

为了增强论证的说服力，金在权提出了三种可能的理论解释心灵的因果配对问题，并指出这些理论的缺陷。首先，意向关系（intentional relations）是否能够解释场景 1 中的配对问题？即认为存在这样的关系，在其中 A 想到、指涉或挑出（picking out）了 A*。金在权认为，意向关系不能够作为解释配对关系的因素，因为意向关系本身需要因果关系进行说明，即使意向关系不需要基于因果关系也能得到解释，它们在配对问题中也是不充分的，因为意向关系必须满足特定结构性的需要。①

第二，能否像场景 2 一样找到相应的连续因果链？假设 A 与 A* 之间存在一个灵魂 C，使 A 的运转导致 C 变化进而导致 A* 变化。金在权认为这是不可能的，因为"之间"对于非物质和非空间的存在如何可能是不清楚的。对于物理空间来说，"中间性"（betweenness）可以通过空间进行说明，但是无法在心灵的条件下实现。②

更进一步地，能否把心灵定位在空间中？第一，心灵能否是一个无广延的点（extensionless point）？金在权认为这会产生更多问题，因为这样简单的结构很可能无法解释和支持心灵的因果效力。第二，根据心灵的特性，两个不同的灵魂不能在空间中同时占据同一个位置，这和物质的不可穿透性（impenetrability of matter）十分类似。既然如此，为何不把灵魂视为物质？③

基于以上论证，金在权认为，空间关系（spatial relations）是解决因果配对

---

① Jaegwon Kim, "Lonely Souls: Causality and Substance Dualism", in Kevin J. Corcoran (ed.), *Soul, Body, and Survival*, Ithaca: Cornell University Press, 2001, p. 71. 金在权并未在文中对意向关系做出明确规定。
② Jaegwon Kim, *Physicalism, or Something Near Enough*, Princeton University Press, 2005, p. 82.
③ Jaegwon Kim, *Physicalism, or Something Near Enough*, Princeton University Press, 2005, pp. 88-90.

问题的关键。"空间能够为物质性事物的个体性提供一种原则,而纯粹的特性和因果效力做不到这一点。"① 因此,对于无空间的心灵来说,不存在因果关系。

二 对金在权论证的回应

由上文可知,金在权的因果配对论证中包含了以下论断。第一,所有因果关系都需要通过配对关系和配对原则进行解释。第二,对于物理空间中发生的事件,可以通过空间关系解决因果配对问题。在下文的三种反驳中,前两种分别对应两个论断进行质疑,第三种则是对两个论断的一个综合质疑。此外,第四种质疑指出了金在权论证中的认识论前提以及随之而来的疑难。

(一) 基于因果本质的反驳[2]

通过坚持因果关系的原始性以反对配对问题是处理金在权论证的一个较为直接的方案,本奈特(Karen Bennett)和威特默(D. Gene Witmer)都提出了这种意见。[3] 对该论断更为完善的辩护工作是由澳迪(Paul Audi)完成的。[4] 考虑以下两条规律。

第一,对于任意事物 x,x 有性质 P 造成(cause)x 例示(instantiate)R 或者造成 x 例示 S,并且两者不可能同时发生。

第二,对于任意事物 x,x 有性质 Q 造成 x 例示 R 或者造成 x 例示 S,并且两者不可能同时发生。

假设这是两条基本规律,那么当某物有 P 造成其有 R 而不是 S 时,原因是

---

① Brian McLaughlin, Ansgar Beckermann & Sven Walter (eds.), *The Oxford Handbook of Philosophy of Mind*, Oxford University Press, 2007, p. 34.

② 该部分内容是对以下研究的总结:Karen Bennett, "Mental Causation", *Philosophy Compass*, 2 (2), 2007, pp. 321–322; D. Gene Witmer, "Review: Physicalism, or Something Near Enough", *Mind*, 115 (460), 2006, p. 1137; Paul Audi, "Primitive Causal Relations and the Pairing Problem", *Ratio*, 24 (1), 2011, pp. 9–11。

③ Karen Bennett, "Mental Causation", *Philosophy Compass*, 2 (2), 2007, pp. 316–337; D. Gene Witmer, "Review: Physicalism, or Something Near Enough", *Mind*, 115 (460), 2006, pp. 1136–1141.

④ Paul Audi, "Primitive Causal Relations and the Pairing Problem", *Ratio*, 24 (1), 2011, pp. 9–11.

无法解释的,特别是通过上文的配对原则进行解释。更为具体的,有以下两个场景。

场景1:a有P造成a有R且a有Q造成a有S。

场景2:a有P造成a有S且a有Q造成a有R。

以上两个场景均符合规律1和规律2,并且对于两种场景的解释也无法诉诸配对原则,因为它们的关系是原始的。基于此,澳迪认为,单一的(singular)因果关系可以是原始的,因此,存在因果关系不需要配对原则进行解释。

(二)基于可设想性论证的反驳

针对因果配对论证带来的论断,许多学者构造了可设想的反例[1]进行质疑,但是部分情景与物理学常识存在较大偏差,本文仅选取了较为合理且能够对论证造成实质性威胁的反例。

1. "量子隧穿"论证[2]

贝利(Andrew Bailey)等人提出了一种基于标准哥本哈根解释的量子力学反例,该反例主要质疑了因果配对论证带来的第二个论断。

假设有两个夸克Q和D,它们同时距离起点"量子隧穿"(quantumtunnel)1米。其中,D的终点与Q的起点的空间关系是一致或对称的,Q的终点与D的起点的空间关系是一致或对称的,即Q的终点和D的起点以及D的终点和Q的起点是等距的。如图1所示,其中两条带箭头的线段是平行的。

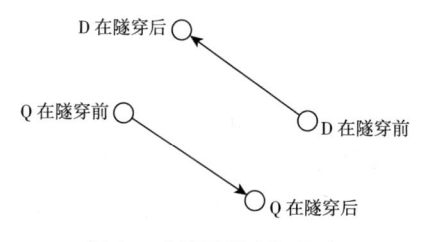

图1 "量子隧穿"示意

而在隧穿中,它们的位置是不确定的。又因为D的终点和Q的起点以及Q

---

[1] 本文将不讨论可设想性论证的可行性和合理性,而将其作为一种恰当的回应接受。
[2] 此论证以及图示来自Andrew M. Bailey, Joshua Rasmussen & Luke Van Horn, "No Pairing Problem", *Philosophical Studies*, 154 (3), 2011, pp. 355-356。

的终点和 D 的起点是等距的，因此通过空间关系无法说明为何 Q 隧穿后不是出现在 D 隧穿后的位置，对于 D 也是如此。因此，没有一种空间关系可以为隧穿后的 Q 和隧穿前的 Q 配对。于是，如果因果配对是基于空间关系得到解释的，但是空间关系无法解释上述情形，那么论断 2 是错误的。

2. "双物双生"论证[①]

黄益民提出了一种反对论断 2 的思想实验。

假设存在一个可能世界，与地球十分类似，但是存在一点不同：该世界中每一个物体都有一个和它完全一样的物体配对，每一对物体同生同灭。类似的，在这个可能世界中，每一个事件都有一个完全一致的事件平行地同时发生和结束。与金在权论证中的场景 2 类似，在这个可能世界中可能出现这样的情形：有两个双生人 P 和 P′被另外两个双生人用同样双生的枪 Q 和 Q′同时击杀。

黄益民认为，在以上情境中，如果根据空间关系（枪和人的距离、枪口指向等）找到一条从 Q 到 P 的因果链，把 Q 和 P 正确配对，那么这对于这个可能世界是不成立的。因此空间关系无法完备地解决物理空间中的因果配对问题。基于此，因果配对问题并不是心灵因果性特有的困难，金在权没有充分的理由反对非物质心灵的存在。更进一步地，他认为仅凭空间关系这样的表层关系无法满足所有因果配对问题，需要找到独立存在的、具有自然法则性质的规则性才是解决因果配对问题的关键。

3. "K 金属"论证[②]

福斯特（John Foster）构造了一种反对论断 2 的思想实验，该情形与"量子隧穿"类似，但是更为直白。

设想存在一种金属 K，K 具有一种性质：当球体 K 达到一定温度时，1/10秒后，在距离球心两倍直径的某处会产生一个火花，没有强力的规律能够精确定位火花的位置。存在这样的可能情形：有两个同样的球体 K，它们被放在其两倍

[①] 此论证来自黄益民《心灵因果性与笛卡尔身心二元论》，载张志强主编《中国哲学年鉴（2018）》，哲学研究杂志社，2018，第 111～112 页。相似的论证可见 Bradford Saad, "Interactionism, Haecceities, and the Pairing Argument", *Inquiry: An Interdisciplinary Journal of Philosophy*, 60 (7), 2017, pp. 736-738。

[②] 此论证来自 John. Foster, *The Immaterial Mind: A Defence of Cartesian Dualist Conception of the Mind*, Routledge, 1991, pp. 170-171。类似论证可见于 Paul Audi, "Primitive Causal Relations and the Pairing Problem", *Ratio*, 24 (1), 2011, pp. 6-8。

直径可以交叉的区域内,并且被同时加热到特定温度,因此同时产生了两个火花。

由于火花位置的不确定性,此时无法通过非因果的差异进行正确的因果配对,因此无法通过空间关系解决发生在物理空间中的因果配对问题。

(三) 基于个体性的反驳

贝利等人最先将个体性引入因果配对论证[1],该论证在萨德(Bradford Saad)的研究中得到了完善。

萨德根据个体性提出了一个两难困境。[2]

存在两种基本立场:a 必然地,所有事物都具有个体性,即能够使事物个体化的无法还原的个体本质;b 必然地,所有事物都不具有个体性,它们仅有可能在质的特性[3]上存在差异。

根据 a,个体性是事物之间非因果性的差异,根据配对原则,个体性可以作为区别事物之间因果差异的条件。回到因果配对论证,如果本质上不可分辨的事物意味着它们具有相同的个体性,那么假设与 a 是矛盾的,因此因果配对论证的假设是错误的;如果本质上不可分辨的事物并不代表它们具有相同的个体性,那么空间关系与 a 是矛盾的,然后根据个体性可以区分事物之间的因果差异,因此空间关系是不需要的。

根据 b,有如下定律:1 必然地,对于所有事物 x 和 y,如果 x≠y,那么 x 和 y 在质的特性上存在差异。根据定律有:2 必然地,对于所有事物 x 和 y 以及所有时间 t,如果 x≠y,那么 x 和 y 在 t 时的质的特性上存在差异。根据 2,又因为质的特性是非因果的差异,因此 2 符合配对原则,且对于所有事物(包括心灵),它们在质的特性方面的非因果差异都能解释它们的因果差异。以上,心灵之间的因果配对问题不需要空间关系也可以得到解决。

综上,无论采取哪一种立场,因果配对论证中的场景 1 都可以绕过空间关系

---

[1] Andrew M. Bailey, Joshua Rasmussen & Luke Van Horn, "No Pairing Problem", *Philosophical Studies*, 154 (3), 2011, pp. 352-355.

[2] Bradford Saad, "Interactionism, Haecceities, and the Pairing Argument", *Inquiry: An Interdisciplinary Journal of Philosophy*, 60 (7), 2017, pp. 728-736.

[3] 指某些可能被多个个体所有,但不是通过特定个体来刻画的性质。

得到解决，因此金在权的论证是错误的。

（四）基于认识论的反驳

耶尔（David Jehle）认为金在权的论证基于两种版本的认识论预设。①

强不可理解性（strong unintelligibility）：当没有人能够理解命题 p 时，p 是强不可理解的（SU）。弱不可理解性（weak unintelligibility）：当目前没有人能够理解命题 p 时，p 是弱不可理解的（WU）。

根据（SU），有（C）如果我们不知道 φ 是怎样的，那么相信 φ 就是不合理的（not reasonable）。

根据金在权的论证，有（E）如果我们不知道身体和心灵是如何因果配对的，或者不知道它们之间的因果链是怎么样的，那么相信身体和心灵之间有因果关系就是不合理的。进而有（E'）如果相信身体和心灵之间有因果关系是不合理的，那么实体二元论就是不可理解的。

根据（C）和（E），有（*）如果我们不知道 x 怎样和 y 因果地配对或者不知道它们之间的因果链是怎么样的，那么相信 x 和 y 之间有因果关系就是不合理的。

根据（C）和（E'），有（**）如果我们不知道 a 怎样因果地引发了 b（特别是如果 a 和 b 是本质上不同的），那么相信 a 因果地引发了 b 就是不合理的。

耶尔认为，（C）是不合理的，因为我们对于许多因果联系都缺乏详细的分析，但是这并不妨碍我们相信它们之间确实存在联系。例如磁场对物体的影响、质子相互之间的强作用力等。②

对于（WU），耶尔认为（WU）对于物理主义者同样有效，因为目前没有人知道物理主义关于心灵的理论是如何导致现象层面的意识产生的，所以物理主义关于心灵的理论是无用的或者无效的。③

综上，如果因果配对论证遵循（SU），那么它就是建立在错误的前提下的；如果遵循（WU），那么它不足以反对实体二元论。

---

① David Jehle, "Kim against Dualism", *Philosophical Studies*, 130 (3), 2006, pp. 568-574.
② David Jehle, "Kim against Dualism", *Philosophical Studies*, 130 (3), 2006, p. 570.
③ David Jehle, "Kim against Dualism", *Philosophical Studies*, 130 (3), 2006, p. 572.

三　对各种回应的批评

该部分将分别对第二部分中提出的各种回应进行反驳、质疑和批评。

（一）对澳迪的反驳

笔者对于澳迪的论证主要有两条反驳。

第一，该回应导致心灵可能具有的因果效力受到削弱。因为如果因果关系是原始的，那么因果关系是没有被形而上学奠基的（metaphysically grounded），即没有坚实的形而上学依据支持因果关系，所有单向因果关系仅仅是原始的事实（brute facts）。那么心灵可能具有的因果效力很可能与心灵的状态无关，因为这仅仅是一种原始的事实。

第二，面对不确定的情形，该回应的解释将是琐碎的（trivial）。在解释类似"量子隧穿"和"K 金属"等论证的时候，根据对因果关系的断言，这两种情形中不存在因果配对的问题。但是这意味着对于所有类似的情形，都将规定一种澳迪提出的对应规律进行回应，做出了许多没有根据的断言，这很可能使因果关系变得随意和不重要，从而表明这种解释是琐碎的。

（二）对反例的质疑

1. 对"量子隧穿"论证的反驳

第一，该思想实验并没有说明是怎样在隧穿后区分 Q 和 D 的。贝利等人认为没有一种空间关系可以为隧穿后的 Q 和隧穿前的 Q 配对，但他们还是成功配对了隧穿后的 Q 和隧穿前的 Q，关于这一点他们在论证中没有说明原因。

第二，微观物理世界的空间关系可能与宏观物理世界有所不同，根据微观物理世界的空间关系有可能解决配对问题。这是可能的，刻画微观物理世界的空间关系需要与宏观物理世界略有不同的理论，这并不意味着无法通过空间关系解决微观物理世界的配对问题。

第三，能否把夸克视为一种物质实体是值得进一步讨论的。到目前为止，夸克仅仅是理论物理学的一种设想，其物质性还需要进一步科学实验研究的支持。

2. 对"双物双生"论证的反驳

第一,"成对发生"没有明确二者的空间关系。黄益民的思想实验没有特别规定可能世界双生人之间的空间关系是怎样的,如果他们是一种平行的空间关系,那么通过这种关系仍然能够实现因果配对。

第二,该设想可能不符合金在权原有的规定。金在权认为,"空间关系似乎对于涵盖可区分的个体的所有物理因果性的配对关系都是成立的"。① 而该案例中的物理个体并不是可区分的,因此很可能没有实质涉及金在权对于空间关系的规定。

第三,可以把双生人和双生事件视为处于同一个因果关系中。既然可能世界中不支持通过因果链进行因果配对,那么配对原则对于该世界是不适用的,因此该可能世界中不存在因果配对问题。因此,黄益民的思想实验不是对物理世界中因果配对问题的反驳。

对于该回应可能会有如下反驳②:第一点,明确空间关系,假设存在两个平行的双生小镇(towns),枪击事件同时发生在这样的小镇中,那么通过空间关系进行配对是不可能的,并且这样的因果配对对于该可能世界中的人也是不可想象的。对于第三点回应,既然配对原则不适用于该可能世界,那么对于灵魂的世界是否适用是值得怀疑的,因此也可以用来质疑因果配对论证。

笔者认为第二点反驳是实质性的,因为因果配对论证建立在配对原则对于心灵也完全适用这一前提之上,而金在权并未具体说明这是如何可能的。但可以争辩配对原则对于解释心灵和身体的因果关系是重要的,因为假如配对原则不适用于心灵,我们将无法保证"我的"心灵确实在与"我的"身体发生关系,而不是其他的心灵对"我的"身体造成了影响。

3. 对"K 金属"论证的反驳

该论证中的配对问题仍然涉及空间关系。首先需要确定火花出现的随机性程度,笔者采用"难以预测"和"不可预测"来刻画。如果火花的位置是难以预测的,那么通过一系列复杂的数学运算,如利用混沌理论(Chaos theory)等,或许可以确定两个火花出现的位置以及相应的球体。如果火花的位置是不可预测

---

① Jaegwon Kim, *Physicalism, or Something Near Enough*, Princeton University Press, 2005, p.79.
② 感谢黄益民指出了此回应可能面对的反驳。

的，那么对于火花和球体的配对关系仍然是诉诸空间关系，只不过这种关系在该案例中是无法被确定的，因此福斯特的思想实验和因果配对论证中的案例不具有可比性。

（三）对萨德的反驳

第一，可以回避或者不接受交互主义者关于个体性的两种立场。如果回避个体性在论证中的地位，那么萨德的反驳与因果配对论证是无关的，这也不会损害论证的有效性。如果不接受两种立场，转而承认有的物体存在个体性而有的不存在，进而争辩萨德的回应是不充分的。

第二，该论证并没有说明非物质的心灵如何满足配对原则。诉诸个体性只是增添了一层形而上学的设定，而对于不同心灵之间的因果关系，特别是对于"我的"心灵和"我的"身体如何发生因果关系，萨德并没有做出论述。此外，对于个体性能否足够说明"我的"心灵仅和"我的"身体发生关系而不是和其他这一现象事实是不明晰的。因此萨德的论证并不是对金在权论证的一个实质性反驳。

第三，并没有把空间性质作为非质的性质排除。如果空间关系可以进一步被解释为事物具有的质的性质，那么萨德的第二个论证将是不完备的。如果空间关系被排除在事物具有的质的性质之外，那么需要进一步论证说明这为什么是可能的。

（四）对耶尔的批评

第一，耶尔对于强不可理解性的理解存在误差。耶尔认为像磁场对物体的影响、质子相互之间的强作用力这一类物理事实尽管存在，但是我们并不能详尽地分析，并达到完整的理解，因此与（C）不符。对于这一类事实，确实有大部分人并不真正理解但合理相信，但是对于顶尖的物理学家来说，这些很可能不仅是他们所坚信的事实，更是可以理解的，不然人类的物理学研究将无法获得推进。因此耶尔对于（SU）的说明是不充分的。

第二，耶尔的反驳并没有抓住因果配对论证的重点。根据第二部分，因果配对论证的关键在于配对原则的可能性以及空间关系是否能够完备地解决物理世界中的因果配对问题。而耶尔对于金在权论证的认识论前提缺少对具体文本理解的支持，因果配对论证与认识论方面的关系也是不明确的。

第三，（WU）对于物理主义者的挑战是模糊的。虽然目前没有人知道物理主义关于心灵的理论是如何导致现象层面的意识产生的，但这是一种宽泛的陈述，要求物理主义关于心灵理论具有严格的完备性，从而精确解释每一种现象层面的意识，但很可能是永远无法实现的。然而对于部分现象层面的意识，物理主义已经提供了较为充分的理论解释，比如C-纤维神经刺激和疼痛。即使（WU）对于物理主义者构成了挑战，也不能说明（WU）无法适用于配对论证对于心灵因果性的挑战。

综上，各学者对于因果配对论证的回应尽管或多或少是具有实质性威胁和重要性的，但是不能完全反驳金在权的论证。因此金在权的论证不仅是可能的，也是部分正确的，值得进一步推进。

（指导教师：蒉益民）

从脱贫困到促发展

——基于江西上犹与四川昭觉的脱贫攻坚经验

曾学科　周仲夫　方婧婕[*]

摘　要　江西省上犹县是罗霄山区集中连片特困地区扶贫攻坚县，也是国家扶贫开发重点县；四川省昭觉县是全国最大的彝族聚居县，也是四川省深度贫困县中贫困户最多的县。两县经过各方面共同努力，全面实现了脱贫摘帽。本研究以两县为调查地点，根据实地访谈当地干部与走访贫困户获得的资料，运用建立模型与实证分析的计量经济学方法，并通过外部有效性分析得出了务工时长增加能有效提高贫困户收入水平，以及子女的教育支出会对贫困户造成较大经济压力等有效结论。最后，结合调研材料和实证分析结果，本研究认为，上犹县和昭觉县在拓宽贫困户收入渠道、加强扶贫政策宣传、扶贫干部队伍建设等方面还存在进一步发展完善的空间，需要在未来通过加强科技扶贫、创新帮扶模式、强化生态治理、加大扶贫宣传力度、出台长效医疗扶贫政策等方式方法进一步巩固当地扶贫成果。该结论对于"十四五"时期各地方政府进一步巩固扶贫攻坚成果具有重要的启示价值。

关键词　脱贫攻坚；扶贫政策；实地调研；江西省上犹县；四川省昭觉县

---

[*] 曾学科，经济学院2018级本科生；周仲夫，经济学院2018级本科生；方婧婕，经济学院2018级本科生。

一　导论

（一）选题背景及意义

党的十九届五中全会提出了"十四五"时期我国经济社会发展的民生福祉目标，"脱贫攻坚成果巩固拓展，乡村振兴战略全面推进"是其重点之一。本项目旨在以十九届五中全会精神为指导，在2020年打赢脱贫攻坚战之后，开展我国精准扶贫政策实践和效果评估的实证研究，为进一步落实五中全会精神、改善民生福祉、巩固脱贫攻坚成果提供决策依据，同时进一步推动地方发展、实现乡村振兴。江西省上犹县是罗霄山区集中连片特困地区扶贫攻坚县，也是国家扶贫开发重点县；四川省昭觉县是全国最大的彝族聚居县，也是四川省深度贫困县中贫困户最多的县。为了完成脱贫攻坚的任务，近年来两县制定并实施了一系列扶贫政策，经过各方面的共同努力全面实现了脱贫摘帽，也提出了下一步的扶贫工作计划。本项目以上犹县和昭觉县为调查地点，根据两县现有的扶贫脱贫计划，并结合实地调研、文献整理、数据采集和分析等多种方式深入了解情况并开展研究工作，对上犹县和昭觉县的扶贫效果进行评估，并识别下一步工作面临的主要问题，希望项目成果能够对落实五中全会精神、改善民生福祉、巩固脱贫攻坚成果提供政策启示，也为其他地区提供参考范例。

1. 上犹县基本背景

上犹县地处江西省西南、赣州市西部，县域面积1543平方公里，现有总人口32万。基于"苏区+山区+库区"的特殊县情，上犹的经济基础条件较为薄弱、群众收入水平较低，因此被列入国家扶贫开发重点县和罗霄山区集中连片特困地区扶贫攻坚县。上犹县在2020年实现全县GDP 92.47亿元，在赣州市20个区县中排名第14，增速为3.7%。2020年城镇居民人均可支配收入30278元，同比增长5.76%；农村居民人均可支配收入12434元，同比增长8.34%。① 上犹县有省级"十三五"贫困村50个，贫困户12893户44332人。目前，全县建档立卡贫困人口已全部实现

---

① 数据来源于赣州市统计局，http://www.ganzhou.gov.cn/zfxxgk/bmgk008kp/xxgk.shtml?code=c100481mt&temp=redirect_firstChannel。

脱贫，50个贫困村均已全部退出，综合贫困发生率为0。[①]

上犹县致贫的原因复杂。20世纪50年代到21世纪初，上犹县持续无偿地通过森林火车的方式为国家发展输送了大量的木材等资源，造成了当地的资源匮乏。"一五"计划时期，为了建设上犹江水电厂所需的水库[②]，县里3.8万户移民，导致县内大量耕地被淹没，县里的第一产业发展困难。同时，境内山区连绵的地形带来了交通不便与实际可用耕地紧张等多方面问题。由于本地区缺乏区位优势，上犹县自改革开放以来成为劳务输出地，劳动力人口大量流出加剧了当地的发展困难。

从2016年开始，中国社会科学院在党和国家指示下，开展上犹县定点扶贫工作。如表1所示，中国社会科学院先后实施扶贫项目56项，涉及教育、文化、医疗、生态、基础设施建设、党建等，累计投入帮扶资金1560万元，扶贫工作扎实、脱贫工作成效显著。

表1 中国社会科学院资助上犹县数据

年份	扶贫资金数（万元）	扶贫项目数（个）	赴上犹县调研情况 批	赴上犹县调研情况 人	上犹县脱贫情况 户	上犹县脱贫情况 人
2016	377	9	3	26	305	938
2017	302	14	2	15	379	1392
2018	313	14	3	25	261	905
2019	249	6	2	7	11	27
2020	319	13	—	—	—	—
总计	1560	56	10	73	956	3262

数据来源：《中国社会科学院定点帮扶江西省上犹县工作总结》。

2. 昭觉县基本背景

昭觉县位于四川省西南部，地处大凉山腹心地带，面积2557.21平方公里，总人口34万人，其中彝族占98.4%，是全国最大的彝族聚居县，也是四川省深度贫困县中贫困户最多的县，有贫困村191个，贫困人口22217户102347人。

---

① 数据来源于《上犹县2020年度脱贫攻坚工作情况报告》。
② 李湖江、凌明：《依山托水脱贫解困——上犹县库区开发的成功经验》，《山区开发》1998年第7期。

目前，全县建档立卡贫困人口已全部实现脱贫，191个贫困村均已全部退出，综合贫困发生率为0。2020年全县地区GDP 41.61亿元，增长5.7%，全体居民人均可支配收入增加15286元，增长9.45%。

昭觉县贫困成因复杂。昭觉县是中国最后消除奴隶制的地区，文化落后，历史遗留的陈规陋习造成了人们重视葬礼，为此耗资巨大甚至倾家荡产。昭觉县地处群山之间，交通闭塞，难与外界交流致使生产基础薄弱，经济极度落后。经济、文化的落后衍生出一系列社会问题，全县陷入深度贫困。

"十三五"时期，昭觉县获得了极大的发展，面貌焕然一新。2018年2月11日，习近平总书记亲临昭觉县视察，走进彝族贫困群众家中，同当地干部群众共同讨论脱贫致富路①，为昭觉县脱贫奔康指明了前进方向，注入了强大动力。

（二）本项目的研究路线设计

如图1所示，本项目以江西省上犹县和四川省昭觉县为调查地点，开展相关研究工作。项目组联系到了上犹县民政局、扶贫办的领导同志，中国社会科学院驻上犹县挂职干部刘红雨县长，凉山州扶贫移民局领导同志，他们在实地调研、访谈、提供材料的过程中给予了大力支持与帮助。前往调研地之前，项目小组对两县的基本县情、贫困状况、扶贫政策、扶贫成绩以及下一步的扶贫工作计划做了充分了解，为实地调研打下基础。实地调研过程中，项目组利用事先设计的访谈大纲与县政府干部交流，了解到全县整体脱贫政策布局、未来规划以及宏观数据变化；基于村干部访谈大纲以及贫困户走访问卷，访谈贫困村驻村干部，走访贫困户。此次调研得到的数据及材料对论文写作以及建模分析起到了重要作用。项目组利用实地调研收集的材料，通过数据分析与模型构建进行了宏微观数据描述性统计，并设计了计量模型对两县的扶贫效果进行评估。微观数据包括上犹县全县抽样建档立卡贫困户379户，共1207人；昭觉县全县抽样建档立卡贫困户20803户，共99605人。收集的指标包括家庭人数、文化程度、健康状况等。

项目组结合实证分析结果与实地调研情况，总结两县脱贫攻坚工作经验及启示，提出了"十四五"期间我国巩固脱贫成果、推动乡村振兴的政策建议。

---

① 《习近平进凉山，传递3个重要信息》，新华网，http://www.xinhuanet.com/politics/2018-02/12/c_1122410563.htm。

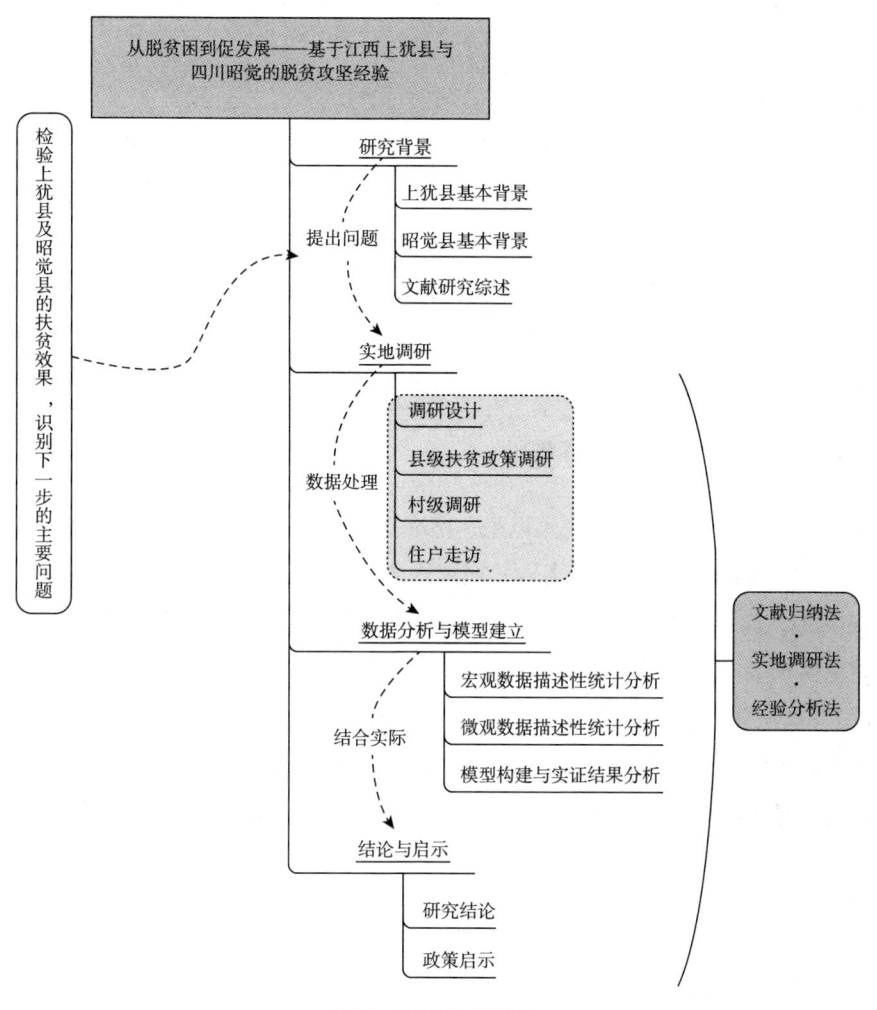

图 1　研究路线设计

二　文献综述

（一）脱贫攻坚内容分析

20世纪80年代，我国提出农村扶贫开发的概念，通过40年来的不断努力，于2020年实现了全面脱贫的目标。这些年来，各地政府、各级扶贫单位积极探索扶贫机制，为推进贫困群众脱贫致富矢志不移地坚定奋斗。针对脱贫攻坚工作如何开展，习近平总书记高屋建瓴地提出了自己的论述：一是将脱贫攻坚工作提高到全面建成小康社会的战略高度；二是加强党的领导是打赢脱贫攻坚战的核心保障；三是精准扶贫是打赢脱贫攻坚战的关键一招；四是要内外发力，形成合力。[1] 改革开放以来，国家先后制定并颁布了三个全国性扶贫规划纲要[2]，提出了缓解并消除农村贫困现象、巩固温饱成果、缩小发展差距等目标。[3] 另外，关于脱贫攻坚与下一步我国实施乡村振兴战略有机衔接的内容方面，有学者指出，要在深刻理解和把握衔接内涵的基础上，实现二者在重点目标、体制机制、政策措施、成效认定等多方面、全方位的有机衔接。[4]

（二）脱贫攻坚路径分析

从政府层面看，党的十八大以来，精准扶贫成为新时期扶贫开发的战略指导思想，从中央到地方再到各行各业，根据致贫原因和发展需求分类施策，针对贫困的根本原因制定针对性举措进而全面实现精准脱贫目标。[5] 地方政府在近几年构建出以落实防贫保障为基础、夯实发展基础为前提、构建长效机制为关键、强化"志智双扶"为根本、推进产业升级为重心、衔接乡村振兴为目标的"六位一体"的脱贫攻坚路径。[6] 在乡村扶贫中，学者指出，乡村需要从理念、机制等方面着手，树立精准扶贫与绿色扶贫理念，并加快推进产业发展，实现产业振兴等。[7]

基于现有研究，学者将脱贫攻坚的路径研究与教育、旅游、产业、金融、水利水电、林业、可持续发展等结合起来，提供了丰富的路径研究成果。教育扶贫

---

[1] 李立菊、张萌：《习近平总书记脱贫攻坚论述的内容与价值析理》，《高校马克思主义理论研究》2020年第3期。
[2] 即《国家八七扶贫攻坚计划》《中国农村扶贫开发纲要（2001—2010年）》《中国农村扶贫开发纲要（2011—2020年）》。
[3] 张洁：《习近平同志关于治贫脱贫重要观点的历史形成、主要内容与当代价值》，《长江师范学院学报》2019年第5期。
[4] 汪三贵、冯紫曦：《脱贫攻坚与乡村振兴有机衔接：逻辑关系、内涵与重点内容》，《南京农业大学学报》（社会科学版）2019年第5期。
[5] 李毅：《精准扶贫研究综述》，《昆明理工大学学报》（社会科学版）2016年第4期。
[6] 左停、李颖、李世雄：《巩固拓展脱贫攻坚成果的机制与路径分析——基于全国117个案例的文本研究》，《华中农业大学学报》（社会科学版）2021年第2期。
[7] 郝玉松：《后脱贫攻坚时期中越边境乡村振兴路径——以J市D村为例》，《社会科学家》2021年第2期。

上,有学者指出教育在精准扶贫、精准脱贫中具有基础性、先导性和持续性作用,对于隔断贫困的代际传递具有决定性作用。要做到着力扩大农村教育资源,在贫困地区普及学前教育,推动义务教育优质均衡发展,推动普通高中教育特色发展。① 旅游扶贫上,有学者认为旅游扶贫的核心理念是推行有利于贫困人口发展的旅游业,要直接作用于脱贫。旅游扶贫可以促成贫困地区在产业间、城乡间、贫困地区与其他地区间的交流,并推动贫困地区在物质经济、制度、精神和心理、环境等层面多功能全方位的发展。② 产业扶贫上,相关研究指出在这一路径上要树立精准理念、选准特色产业、培育新型主体、完善利益机制、编制科学规划、加大投入力度、强化保险支持,确保贫困人口通过产业发展精准受益,如期实现脱贫。③ 金融扶贫上,有研究结果表明,只有不断完善农村金融组织体系,处理好扶贫各相关主体之间的关系,充分调动金融机构参与扶贫事业的自主性和积极性,建立起有序、完备、高效、可持续发展的农村金融扶贫体系,才能充分发挥金融在扶贫事业中的显著作用,发挥金融扶贫的优越性。④ 水利扶贫上,有研究认为水利基础设施建设可以在很大程度上改善贫困地区民众的生产、生活以及当地生态环境条件,从而为贫困地区的脱贫致富打下重要基础。⑤ 林业扶贫上,有学者在研究后指出林业与扶贫历来存在密切联系,林业重点工程实施区与我国集中连片特殊贫困区高度重合,工程政策补助增加了工程区林业职工和农民家庭收入,带动了工程区就业,促进了林区能源结构变化与林区社会保障体系的建设,加速了农村产业结构调整。⑥ 可持续发展脱贫上,有研究发现,扶贫移民的可持续脱贫能力主要由社会、人力、金融等资本层面的能力构成,形成机制在于能力建设主体各自定位清晰、分工明确、形成合力。⑦

---

① 王嘉毅、封清云、张金:《教育与精准扶贫精准脱贫》,《教育研究》2016 年第 7 期。
② 张祖群:《扶贫旅游的机理及其研究趋向——兼论对环京津贫困带启示》,《思想战线》2012 年第 2 期。
③ 刘北桦、詹玲:《农业产业扶贫应解决好的几个问题》,《中国农业资源与区划》2016 年第 3 期。
④ 涂思:《湖北省农村金融扶贫体系研究》,武汉大学硕士学位论文,2017。
⑤ 肖立新、马爱芝、朱颖杰:《论农村扶贫工作中水利基础设施建设的作用——评〈水利扶贫:典型案例选〉》,《人民黄河》2020 年第 6 期。
⑥ 谢晨、谷振宾、赵金成、张升、余涛、彭伟:《我国林业重点工程社会经济效益监测十年回顾——成效、经验与展望》,《林业经济》2014 年第 1 期。
⑦ 梁伟军、谢若扬:《能力贫困视阈下的扶贫移民可持续脱贫能力建设研究》,《华中农业大学学报》(社会科学版) 2019 年第 4 期。

（三）脱贫绩效评估分析

目前，我国学者在研究脱贫绩效评估上提供了丰富的思路与经验。关于绩效评估的重要性，研究结果表明，我们需要正视绩效评估对于精准扶贫目标精准性、方式科学性及减贫效果有效性的积极作用，要做到创新扶贫机制并注重动态监管，进一步促进精准扶贫工作的增效。[1] 具体到评估方法来看，有学者基于平衡计分卡提出了绩效评估方法，对46个脱贫绩效评估指标进行主成分分析，提取出教育、保障等七大主成分指标；对区域、年龄等五个方面进行单因素方差分析；在定量分析基础上根据分析结果，对脱贫绩效评估提出优化政策建议。[2] 有学者借助比较分析、系统分析等方法明确扶贫开发项目绩效评估的关键所在，构建扶贫项目绩效评估系统研究框架，并进一步改进扶贫项目绩效评估体系，以适应精准扶贫背景下扶贫项目推进的新要求。[3] 评估实践上，有学者运用因子分析法与投入产出模型配合，从效果及效率两个角度对扶贫绩效进行评估，发现了存在投入产出失衡、资源投入缺乏效率等问题。[4] 另外，还有学者构建了因子分析结合数据包络法分析的绩效评估模型，并选取了河北省燕山—太行山连片贫困地区的22个国家重点贫困县的数据进行研究分析。[5] 扶贫微观数据追踪研究方面，有学者基于贫困人口微观追踪数据，采用模糊断点回归的方法，评估了"十三五"时期精准扶贫新政策对贫困户劳动收入和劳动供给的短期影响，并讨论了具体的影响机制。[6] 基于已有研究成果，有学者在调研后对现有评估机制提出了修正的意见：一是增强评估政策的有效性；二是构建多元化评估主体；三是健全评估指标体系；四是改善绩效评估方式方法；五是促进精准扶贫绩效评估结果的有效运用。[7]

---

[1] 戴祥玉、卜凡帅：《基于绩效评估的精准扶贫增效策略》，《长白学刊》2019年第6期。
[2] 熊化翠：《基于平衡计分卡的脱贫绩效评估研究》，北方民族大学硕士学位论文，2020。
[3] 孙璐：《扶贫项目绩效评估研究》，中国农业大学博士学位论文，2015。
[4] 房正吉：《基于DEA模型的江西省精准扶贫绩效分析》，江西财经大学硕士学位论文，2019。
[5] 王玉娜：《基于因子分析和数据包络法的河北省精准扶贫绩效评估研究》，河北大学硕士学位论文，2019。
[6] 李芳华、张阳阳、郑新业：《精准扶贫政策效果评估——基于贫困人口微观追踪数据》，《经济研究》2020年第8期。
[7] 郭磊：《精准扶贫绩效评估机制研究》，郑州大学硕士学位论文，2019。

三 江西省上犹县与四川省昭觉县实地调研

(一) 调研设计

项目组成员与指导老师多次开会对项目调研整体规划、项目调研村抽样、数据收集等内容进行了讨论并予以确定。为保证调研设计符合实地情况,项目组与中国社会科学院派驻上犹县委副书记刘红雨同志、上犹县及昭觉县扶贫相关部门领导同志进行交流,确定最终调研方案。实地调研前,项目组阅览了扶贫相关文献资料并求教导师反复修改后,设计了针对贫困户"基础信息""社会救助情况""家庭收支和资产情况"等方面的调查问卷,制定了村支书、县领导访谈问题纲要,为调研工作打下基础。实际调研过程中,调研项目和内容根据县村户三级框架设定。县级采取访谈方式采访扶贫有关领导,村级选取两县共6个具有致贫代表性的贫困村作为调研村,户级随机选取18个贫困户家庭作为采访对象。调研结束后,项目组向两县有关部门积极争取,取得了共计20803户贫困户的数据资料用于后续模型构建。

(二) 县级扶贫政策调研情况

1. 江西省上犹县扶贫政策

2016年以来,上犹县财政针对精准扶贫累计支出22.83亿元,其中2020年支出2.52亿元(扶贫资金大致分配情况见图2);各级行政单位向131个行政村派出了第一书记和驻村工作队,全县2901名帮扶干部实现了结对帮扶贫困户"全覆盖",建立了坚实有效的扶贫体系。上犹县在扶贫攻坚过程中制定并实施了多项亮点政策。

(1) 就业扶贫"6+1"模式

上犹县开全国先河,实施就业扶贫"6+1"模式。搭建乡村扶贫车间、就业扶贫公益性岗位、工业企业扶贫基地、就业扶贫示范园区,促进转移输出就业、就业扶贫技能培训"六"大就业创业平台;建立"一"套包括资金奖补、就业培训和金融支持等在内的"扶勤不扶懒"的双向奖补激励机制。"6+1"模式的推行得到财政部、省委改革办和省人社厅的充分肯定。

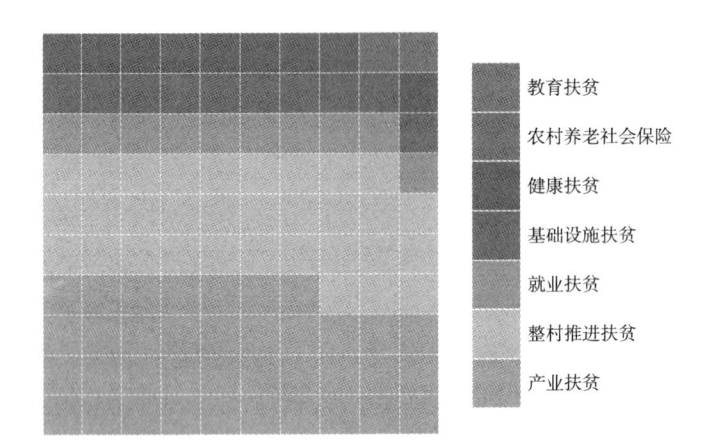

图2 2020年上犹按脱贫攻坚政策财政支出情况
数据来源：上犹县2020年行业扶贫工作情况汇报。

（2）"暖心基金+精准防贫保险"

为进一步巩固脱贫成果，上犹县按照"未贫先防"的工作部署要求，于2018年设立了1000万元的城乡困难群众"暖心基金"；2019年与中国人民保险股份有限公司合作，设立了180万元的乡村贫困群众"精准防贫保险"，通过近贫预警、骤贫处置、脱贫保稳，建立了精准防贫长效机制。自运行以来，"暖心基金"累计向1336人次发放523.47万元，"精准防贫保险"累计理赔54例36万元，为城乡困难群众提供了更加全面的保障。

（3）乡间夜（午）话

为了更好地宣传政策、收集问题与征求意见，上犹县首创"乡间夜（午）话"活动，促进扶贫干部在非农忙时深入乡村、一线服务群众。2020年全县共开展"乡间夜（午）话"活动2000多场，收集意见4800余条，解决贫困群众问题2130个，一大批影响群众生产生活的难题得到有效解决。

2. 四川省昭觉县扶贫政策

2014年以来，昭觉县共获中央、省、州各类财政扶贫资金106.74亿元。由36名县领导联乡、75个县级部门帮乡、271名第一书记帮村、982名驻村工作队员驻村帮扶、191名农技员驻村指导、5431名帮扶责任人包户组成的"五个一"帮扶体系人员扎根基层，成为带领群众脱贫致富的中坚力量。在扶贫攻坚过程中，昭觉县制定实施了多项亮点政策。

（1）创新禁毒模式

昭觉县创新"支部+协会+家族"禁毒模式，制发《昭觉县禁毒防艾二十条》，组建"妈妈禁毒队"，建成"绿色家园"，全链条精准打击毒品违法犯罪，全环节精准落实防管控措施，有效控制毒品蔓延趋势。2020年，昭觉县顺利摘掉全国毒品问题严重地区"重点关注县"帽子。

（2）"3579"行动计划

昭觉县通过开展"三项教育"、推进"五项革命"、建立"七个机制"、做好"九件实事"的"3579"行动计划，组织开展"习总书记来到咱们村"大型主题教育活动，推动移风易俗，有效遏制铺张浪费、高价彩礼、薄养厚葬等陈规陋习，贫困村精神面貌得到改善。

四　基于宏微观数据的描述性统计分析

（一）宏观数据统计分析

1. 上犹县宏观数据统计分析

如图3所示，上犹县贫困户的致贫原因主要是因病、因残与缺技术三点，在12893户44332人的贫困人口中，因病致贫占比32.75%、因残致贫占比17.80%、缺技术致贫占比26.67%。

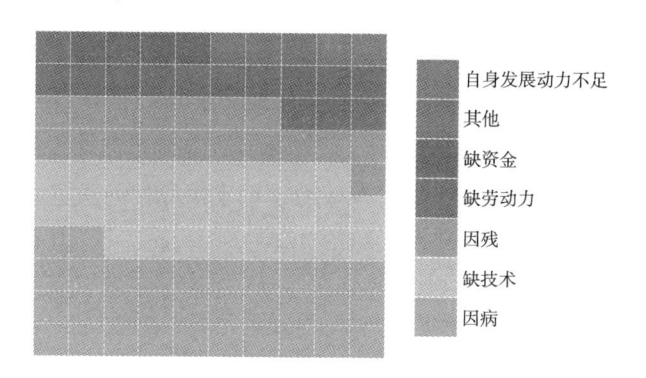

图3　上犹县贫困户致贫原因

数据来源：上犹县2020年行业扶贫工作情况汇报。

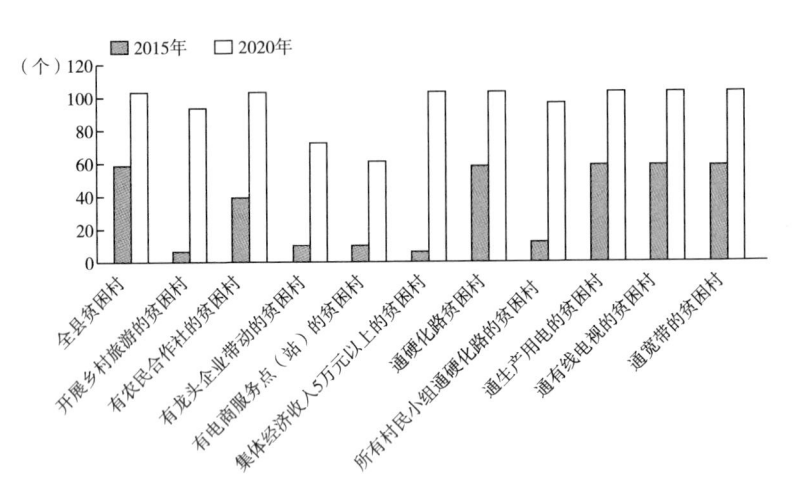

图 4　2020 年上犹县脱贫攻坚成效一览

数据来源：上犹县 2020 年行业扶贫工作情况汇报。

如图 4 所示，与 2015 年相比，上犹县在 2020 年基本上实现了各个贫困村在就业、交通、生产生活等各方面的全面进步与提升。① 其中在乡村旅游开发、龙头企业培育、电商服务网点建设、集体经济壮大与硬化路修建等方面均实现了较大的发展。从这些成果可以看出上犹县在乡村扶贫与精准扶贫上的确投入了大量人力、物力与财力，富有成效。

除全县贫困村整体的宏观情况发生变动外，具体到贫困户，其情况也在 2015~2020 年发生了非常大的改观。如表 2 所示，项目组选取了与民众日常生活息息相关的指标，分别在收入、饮水、医疗、教育、就业等方面有所体现。其中最为突出的是上犹县建档立卡贫困户人均可支配收入由 2015 年的 3318.32 元增至 2020 年的 12273.68 元，增幅达到了 269.88%；贫困户的饮水安全问题、卫生室覆盖问题在 2020 年得到了全面解决；至于基本医疗保险对贫困户的覆盖以及贫困户子女的义务教育问题，早在 2015 年就已经全部解决，没有让一个贫困户掉队。

---

① 2015 年贫困村为"十二五"贫困村，2020 年贫困村为"十二五"、"十三五"、深度贫困村（扣除重复部分），即解释 2020 年度的贫困村数量高于 2015 年度。

表2 上犹县贫困户总体情况变化对照

项目	2015年	2020年
建档立卡户人均可支配收入（元）	3318.32	12273.68
饮水安全无保障的建档立卡人口数量（人）	10278	0
贫困户标准化卫生室覆盖率（%）	56.2	100
建档立卡人口基本医疗保险覆盖率（%）	100	100
建档立卡家庭义务教育阶段辍学儿童数（人）	0	0
贫困家庭劳动力就业务工总人数（人）	19822	23182

2. 昭觉县宏观数据统计分析

昭觉县贫困户的致贫原因主要是缺资金与缺技术这两点，在20803户99605人的贫困人口中，缺资金致贫占比44%，缺技术致贫占比32%（见图5）。

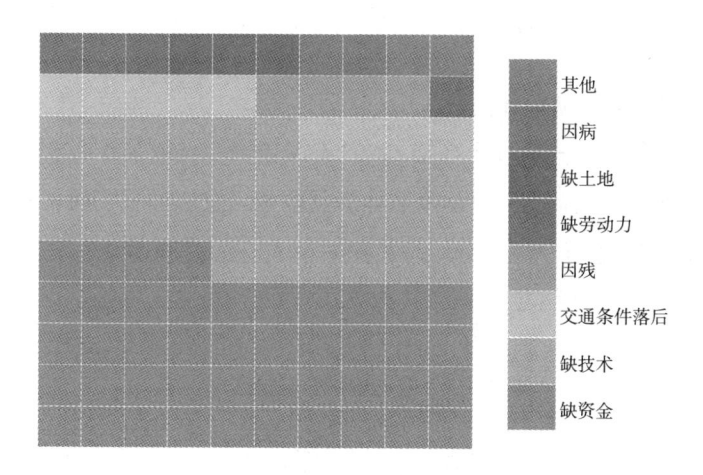

图5 昭觉县贫困户致贫原因

数据来源：昭觉县建档立卡贫困人口及减贫计划情况统计表。

另外，如表3所示，昭觉县的脱贫攻坚工作卓有成效。教育方面体现在为贫困地区修建幼儿园、小学等基本教学点；生活服务方面体现在提供全面的基础医疗；住房建设方面体现在对贫困户危房进行了改造与异地搬迁；就业增收方面体现在提供了信贷优惠、技能培训、光伏扶贫[①]等支持。

---

① 光伏扶贫是指光伏产业一方面给贫困户分红，形成固定增收；另一方面为贫困户提供公益性就业岗位。

表 3　昭觉县脱贫攻坚成果

项目	五年累计数
在贫困村累计改造修缮小学或教学点数量（个）	12
在贫困村累计新办幼儿园数量（个）	73
在贫困村累计新建标准化卫生室数量（个）	67
完成危房改造的建档立卡人口数量（人）	5948
易地扶贫搬迁人口数量（人）	2600
扶贫光伏建设规模（千瓦）	15030
累计扶贫小额信贷发放总额（万元）	36417
贫困家庭劳动力转移就业培训人次（人次）	11398
贫困人口农村实用技能培训人次（人次）	8046

数据来源：昭觉县建档立卡贫困人口及减贫计划情况统计表。

（二）微观数据统计分析

1. 上犹县微观数据统计分析

上犹县民政局从全县 50 个乡镇 12893 户贫困户中抽取了 6 个乡镇 9 个村 379 户共 1207 条贫困户的信息。对样本总体尝试按照"家庭纯收入的 0.1、0.5、0.9 分位数"为标准[①]进行分组（分组均按照左闭右开的区间进行），探究不同组别贫困户的异质性，结果见表 4。

表 4　上犹县贫困户分组特征比较

按家庭纯收入的0.1、0.5、0.9分位数分组	家庭纯收入（元）	家庭人均纯收入（元）	家庭人数（人）	家庭病患数量（人）	家庭残疾人数量（人）	户主受教育状况	家庭劳动力数量（人）	务工时间（年）	家庭学生数量（人）
0~0.1	8385.87	8263.07	1.03	0.57	0.35	0.16	0.14	2.14	0.00
0.1~0.5	21037.57	10220.54	2.36	0.61	0.32	0.45	0.78	10.26	0.41
0.5~0.9	46141.39	12497.65	4.15	0.70	0.33	0.53	1.45	18.22	1.24
0.9~1	75081.93	17420.51	4.73	0.65	0.25	0.60	2.35	25.40	1.00
总体	35441.88	11690.56	3.18	0.64	0.32	0.47	1.15	14.22	0.76

数据来源：2020 年上犹县扶贫办贫困户数据。

---

① 章贵军、欧阳敏华：《政策性金融扶贫项目收入改进效果评价——以江西省为例》，《中国软科学》2018 年第 4 期。

从表4中我们可以发现，家庭劳动力数量以及务工时间均随着家庭纯收入的增加而增加，而家庭残疾人数量总体上随着家庭纯收入的增加而减少。家庭病患数量与家庭纯收入并没有显著的关系。我们可以认为，上犹县贫困户的属性在不同家庭纯收入区间表现出较大的异质性。

2. 昭觉县微观数据统计分析

项目组从凉山州扶贫和移民工作局获得了昭觉县全县46个乡镇191个村20803户共99605条贫困户的信息。同样按照上一步进行分组，探究不同组别贫困户的异质性，结果见表5。

表5 昭觉县贫困户分组特征比较

按家庭纯收入的0.1、0.5、0.9分位数分组	家庭纯收入（元）	家庭人均纯收入（元）	家庭人数（人）	家庭病患数量（人）	家庭残疾人数量（人）	户主受教育状况	家庭劳动力数量（人）	务工时间（年）	家庭学生数量（人）
0~0.1	10807.90	8019.57	1.44	0.06	0.16	0.03	0.45	1.61	0.13
0.1~0.5	30017.93	8492.59	4.07	0.11	0.11	0.04	1.87	6.93	1.85
0.5~0.9	51086.70	9880.36	5.76	0.12	0.11	0.04	2.61	10.76	2.95
0.9~1	90596.79	14615.43	7.12	0.14	0.12	0.05	3.55	16.00	3.29
总体	42592.16	9613.70	4.79	0.11	0.11	0.04	2.19	8.84	2.26

数据来源：2020年凉山州扶贫办贫困户数据。

从表5可知，家庭人数、人均纯收入和学生数量随着家庭纯收入的增加而增加，而家庭病患数量与残疾人数量与家庭纯收入并无显著关系。因此，我们可以认为，昭觉县贫困户在不同家庭纯收入区间表现出较大的异质性。

五 基于多元回归的扶贫成效分析与模型构建

（一）数据来源与模型构建

模型构建及分析所用数据来源于凉山州扶贫和移民工作局与上犹县扶贫办、民政局等部门，包括昭觉县46个乡镇191个村20803户共99605条贫困户数据、上犹县6个乡镇9个村379户共1207条贫困户数据。

如图6所示，由昭觉县与上犹县的相关系数可知，这两个县各自的变量之间的相关性具有高度相似性,因此考虑使用上犹县的数据对昭觉县的模型建立结果进行稳健性检验。

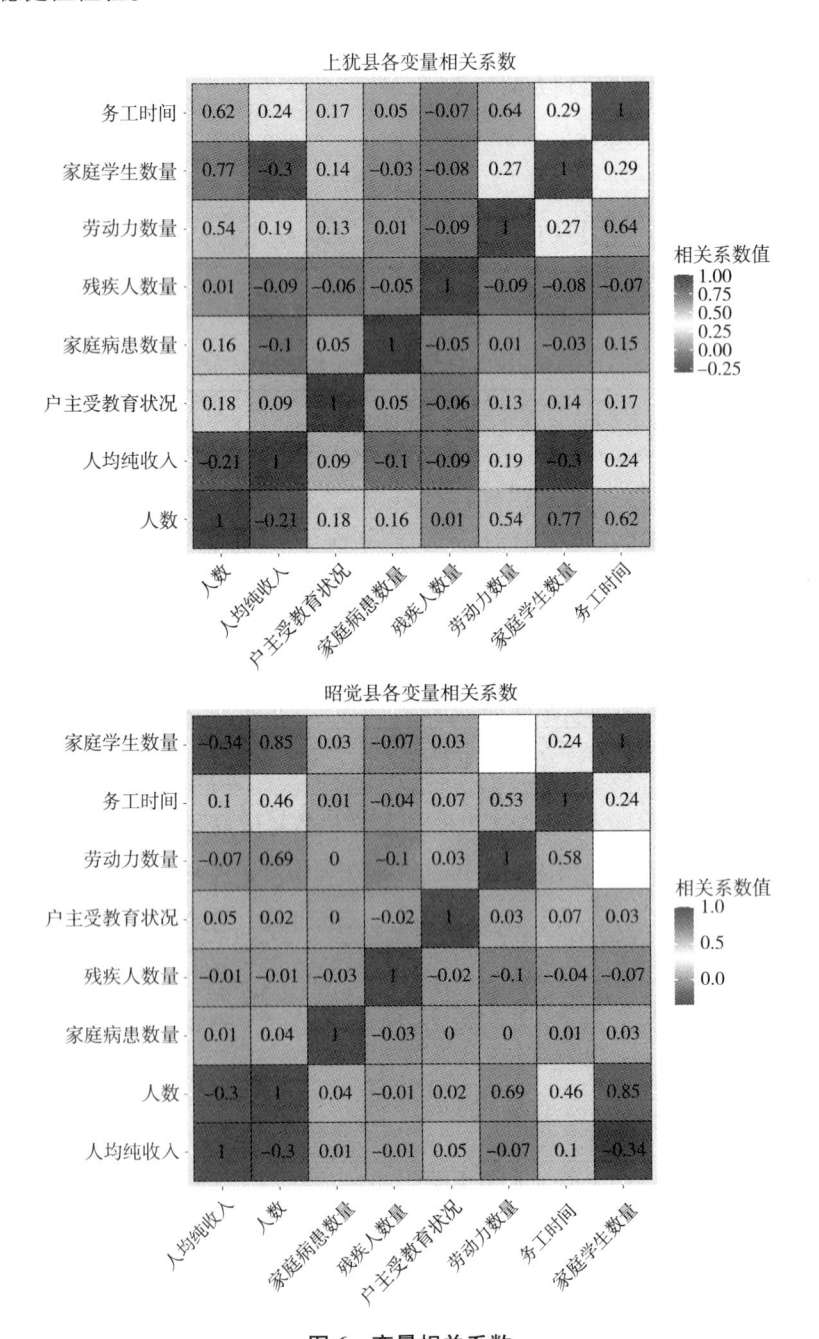

上犹县各变量相关系数

	人数	人均纯收入	户主受教育状况	家庭病患数量	残疾人数量	劳动力数量	家庭学生数量	务工时间
务工时间	0.62	0.24	0.17	0.05	−0.07	0.64	0.29	1
家庭学生数量	0.77	−0.3	0.14	−0.03	−0.08	0.27	1	0.29
劳动力数量	0.54	0.19	0.13	0.01	−0.09	1	0.27	0.64
残疾人数量	0.01	−0.09	−0.06	−0.05	1	−0.09	−0.08	−0.07
家庭病患数量	0.16	−0.1	0.05	1	−0.05	0.01	−0.03	0.15
户主受教育状况	0.18	0.09	1	0.05	−0.06	0.13	0.14	0.17
人均纯收入	−0.21	1	0.09	−0.1	−0.09	0.19	−0.3	0.24
人数	1	−0.21	0.18	0.16	0.01	0.54	0.77	0.62

昭觉县各变量相关系数

	人均纯收入	人数	家庭病患数量	残疾人数量	户主受教育状况	劳动力数量	务工时间	家庭学生数量
家庭学生数量	−0.34	0.85	0.03	−0.07	0.03		0.24	1
务工时间	0.1	0.46	0.01	−0.04	0.07	0.53	1	0.24
劳动力数量	−0.07	0.69	0	−0.1	0.03	1	0.58	
户主受教育状况	0.05	0.02	0	−0.02	1	0.03	0.07	0.03
残疾人数量	−0.01	−0.01	−0.03	1	−0.02	−0.1	−0.04	−0.07
家庭病患数量	0.01	0.04	1	−0.03	0	0	0.01	0.03
人数	−0.3	1	0.04	−0.01	0.02	0.69	0.46	0.85
人均纯收入	1	−0.3	0.01	−0.01	0.05	−0.07	0.1	−0.34

图 6　变量相关系数

在微观数据分析部分,项目组尝试使用多元线性回归的方式探究昭觉县家庭基本情况与人均纯收入之间的因果关系,并且使用分位数回归法代替最小二乘法,探究不同人均纯收入水平下的因果关系,并使用上犹县的微观数据进行稳健性检验,以此得出稳健的研究结论。

(二)模型设定与变量说明

为了考察各变量对贫困户年人均纯收入的影响,本文将多元线性模型设定为:

$$Income = \beta_0 + \beta_1 \times Population + \beta_2 \times Patient + \beta_3 \times Deformity + \beta_4 \times Education + \beta_5 \times Labor + \beta_6 \times Time + \beta_7 \times Student + u$$

模型中各变量的定义如表6所示。

表6 变量定义及昭觉县数据描述性统计

变量	变量名称	单位	变量说明	样本量	均值	标准差	偏度	峰度
Income	家庭人均纯收入	元	家庭人均年纯收入	20803	9613.70	5093.79	4.00	31.08
Population	家庭人数	人	家庭建档立卡贫困人数	20803	4.79	2.29	1.01	7.87
Patient	家庭病患数量	人	健康状况为患有大病或者患有长期慢性病的人数	20803	0.11	0.38	4.03	19.77
Deformity	家庭残疾人数量	人	健康状况含有残疾两字的人数	20803	0.11	0.34	3.23	13.66
Education	户主受教育状况	无	户主接受教育的情况(初中及以上学历=1,否则=0)	20803	0.04	0.20	4.75	22.03
Labor	家庭劳动力数量	人	劳动技能为普通劳动或技能劳动的人数	20803	2.19	1.34	1.02	5.86
Time	务工时间	年	家庭中劳动力劳动时长的总和	20803	8.84	7.49	1.65	11.48
Student	家庭学生数量	人	在校生状况有登记的人数	20803	2.26	1.82	0.57	1.05

在变量选取上，一方面选取家庭人均纯收入作为被解释变量，以反映收入贫困情况；另一方面借鉴国内外相关研究，将人数、病患数量、残疾人数量、劳动力数量、户主受教育状况等多个维度作为解释变量，以反映多维贫困情况。[①] 本模型考察了贫困户家庭基本情况对年家庭人均纯收入的影响。其中 $\beta_0 \sim \beta_7$ 为回归系数，u 为误差项，若 $\beta_0 \sim \beta_7$ 显著大于 0，说明对应变量对收入有显著的正向作用，反之亦然。

使用 OLS 估计 $\beta_0 \sim \beta_7$：

$$\min_{\hat{\beta}} (Y - X\hat{\beta})^T (Y - X\hat{\beta})$$

其中，$\hat{\beta} = (\beta_0, \beta_1, \cdots, \beta_7)^T$，$X$ 代表自变量矩阵，Y 代表因变量向量。解上述最小化方程，即得估计系数如下：

$$\hat{\beta} = (X^T X)^{-1} X^T Y$$

（三）模型修正与模型检验

在初步回归后对结果进行检验，使用 Cook 距离检验[②]并剔除对回归系数有不正常影响的数据，从 20803 条贫困户数据中剔除 3 条显著异常值后重新回归，并使用 Breusch-Pagan 检验对模型的同方差性进行检验[③]，检验结果显示模型在 1% 的显著性水平下拒绝原假设，说明本模型都存在异方差性，因此使用异方差稳健标准误对模型进行修正。同时为了防止多重共线性导致的模型估计失真，本文使用条件数 κ 检验自变量矩阵的多重共线性，得到的 κ 条件数为 80.385，所以我们认为数据不存在严重的多重共线性，不需要剔除变量。

对修改后的模型进行检验，为了检验函数形式是否正确设定，使用 RESET

[①] S. Alkire, J. Foster, "Counting and Multidimensional Poverty Measurement," *Journal of Public Economics*, 95 (7-8), 2011, pp. 476-487.

[②] S. Chatterjee, A. S. Hadi, "Influential Observations, High Leverage Points, and Outliers in Linear Regression," *Statistical science*, 1 (3), 1986, pp. 379-393.

[③] T. S. Breusch, A. R. Pagan, "A Simple Test for Heteroscedasticity and Random Coefficient Variation," *Econometrica: Journal of the Econometric Society*, 1979, pp. 1287-1294.

方法对修改后的模型进行检验①，检验结果显示 P 值为 0，说明修改后的模型存在函数形式误设的问题，至少存在一个变量的高次项与因变量线性相关。

同时，使用 Rainbow 方法检验 OLS 回归模型估计的结果是否具有稳健性②，检验结果显示 P 值为 0，说明系数估计值与因变量相关，该估计结果不具有稳健性。

使用 Kolmogorov-Smirnov 方法检验因变量的正态性③，检验结果显示 P 值为 0，说明在大样本条件下贫困户的人均纯收入并不服从正态分布，其峰度为 31.066，说明人均纯收入中存在较多的极端值，由于 OLS 回归模型估计方法对极端值比较敏感，所以为了优化模型，本文采用分位数回归模型估计系数。④

（四）分位数回归模型建立

假设条件分布 $y\mid x$ 是非对称分布，并且 y 的总体 τ 分位数为 x 的线性函数：

$$y_\tau(x) = x_i^T \beta_\tau$$

其中，y 为因变量，x_i^T 为之前定义的自变量，β_τ 为"τ 分位数回归系数"，定义损失函数为：

$$\rho_\tau(u) = \begin{cases} \tau u, & u \geq 0 \\ (\tau-1)u, & u < 0 \end{cases}$$

则估计量 $\hat{\beta}_\tau$ 可以由如下的最小化问题求出：

$$\hat{\beta}_\tau = \text{argmin} \sum_{i=1}^{n} \rho_\tau(y_i - x_i^T \beta_\tau)$$

解上述最小化方程，即得估计系数。

---

① J. B. Ramsey, "Tests for Specification Errors in Classical Linear Least-squares Regression Analysis", *Journal of the Royal Statistical Society: Series B (Methodological)*, 31 (2), 1969, pp. 350-371.

② J. M. Utts, "The Rainbow Test for Lack of Fit in Regression", *Communications in Statistics-Theory and Methods*, 11 (24), 1982, pp. 2801-2815.

③ F. J. Massey Jr., "The Kolmogorov-Smirnov Test for Goodness of Fit", *Journal of the American Statistical Association*, 46 (253), 1951, pp. 68-78.

④ R. Koenker, G. Bassett Jr., "Regression Quantiles", *Econometrica: Journal of the Econometric Society*, 1978, pp. 33-50.

（五）实证结果分析与外部有效性分析

对家庭人均纯收入的"0.1、0.5、0.9 分位数"分别进行回归，并将结果与之前的 OLS 回归模型估计结果一并展示如表 7 所示。

表 7　各因素对昭觉县家庭人均纯收入影响的回归结果

因素	因变量：收入 OLS 原始值	OLS 修正值	分位数回归 0.1 分位点	0.5 分位点	0.9 分位点
Population	−881.163*** (52.733)	−883.506*** (220.497)	−137.097*** (11.322)	−350.366*** (34.269)	−799.712*** (106.669)
Patient	294.738*** (85.015)	300.446*** (96.132)	33.210 (20.929)	225.257*** (64.689)	441.515** (204.376)
Deformity	4.680 (99.417)	−30.631 (89.268)	58.379* (30.569)	67.616 (68.597)	−59.419 (169.819)
Education	973.519*** (160.578)	821.580** (382.697)	−26.126 (69.703)	103.607 (112.869)	2144.051*** (562.135)
Labor	325.588*** (51.445)	328.880*** (110.060)	79.098*** (12.909)	111.440*** (34.858)	104.504 (110.957)
Time	171.458*** (5.316)	172.551*** (15.499)	49.656*** (1.780)	135.420*** (3.498)	258.134*** (11.770)
Student	−244.584*** (50.447)	−240.601** (115.134)	−77.260*** (11.469)	−390.055*** (34.242)	−817.116*** (104.476)
Constant	12083.620*** (84.997)	12069.630*** (679.376)	6124.443*** (22.775)	9624.283*** (52.439)	17341.420 (175.206)
观测值	20803	20800	20800	20800	20800
R^2	0.169	0.172			
调整 R^2	0.168	0.172			
残余标准误	4645.561 (df=20795)	4584.079 (df=20792)			
F 统计量	602.120*** (df=7; 20795)	616.155*** (df=7; 20792)			

注：*$p<0.1$；**$p<0.05$；***$p<0.01$。

从结果可以看出，横向比较而言，OLS 估计的系数与分位数回归估计的系数差距较大，并且对三组分位数回归进行 Wald 检验①，检验结果显示 p 值为 0，说明自变量对不同收入水平下的贫困户的影响大小显著不同。纵向比较而言，家庭人数（Population）、务工时间（Time）和学生数量（Student）项的系数在不同分位数水平下均显著，说明对于昭觉县所有的贫困户而言，务工时间增加能有效提高收入水平，而教育支出会给家庭造成较大经济压力；收入水平较低时劳动力（Labor）项的系数显著，说明对于收入水平较低的贫困户来说，就业劳动带来的增收效果较好。同时，不同收入水平下的病患数量（Patient）项与残疾人数量（Deformity）项显著性不同，说明针对贫困户的医疗保障与残疾人补助需要进一步精细化参评标准，做到不漏评、不错评，而 0.9 分位数的户主受教育状况（Education）项系数显著大于 0，并且显著大于 0.1 与 0.5 分位数组，说明教育对收入的边际效应会随着收入水平的上升而增加，侧面证实了 RESET 检验的结果。

本文在使用分位数回归方法分离出收入水平的异质性的基础上，使用上犹县的贫困户样本数据检验模型的外部有效性，模型的建立过程与昭觉县数据相同，系数估计结果如表 8 所示。

表 8 各变量对上犹县家庭人均纯收入影响的回归结果

因素	因变量 收入 OLS 原始值	修正值	分位数回归 0.1 分位点	0.5 分位点	0.9 分位点
Population	-1699.804*** (309.101)	-1579.361*** (286.488)	-540.091*** (157.989)	-1064.726*** (285.007)	-2321.495 (557.272)
Patient	-372.382 (347.446)	-310.468 (277.924)	-271.446 (176.963)	-143.463 (336.522)	-146.894 (657.672)
Deformity	-390.493 (447.381)	-252.590 (374.342)	113.898 (197.255)	-92.322 (448.583)	-861.683 (829.300)
Education	951.494** (452.464)	605.309 (443.271)	-230.986 (229.738)	513.156 (445.087)	1654.217** (833.541)

---

① D. A. Kodde, F. C. Palm, "Wald Criteria for Jointly Testing Equality and Inequality Restrictions", *Econometrica: Journal of the Econometric Society*, 1986, pp. 1243-1248.

续表

因素	因变量 收入				
	OLS		分位数回归		
	原始值	修正值	0.1 分位点	0.5 分位点	0.9 分位点
Labor	1085.367*** (309.124)	951.249*** (232.630)	219.979 (156.633)	893.329*** (304.623)	1345.333*** (372.555)
Time	262.770*** (37.359)	257.114*** (32.529)	163.948*** (21.582)	229.110*** (35.692)	312.247*** (52.776)
Student	-347.269 (405.164)	-312.383 (320.491)	-227.866 (169.457)	-529.018 (343.969)	-629.438 (713.833)
Constant	12303.860*** (566.845)	12057.670*** (559.144)	6558.077*** (393.956)	10254.850*** (559.634)	18123.650*** (1,435.983)
观测值	379	376	376	376	376
R^2	0.305	0.305			
调整 R^2	0.292	0.292			
残余标准误	4304.211 (df=371)	3980.444 (df=368)			
F 统计量	23.309*** (df=7;371)	23.068*** (df=7;368)			

注：*$p<0.1$；**$p<0.05$；***$p<0.01$。

从上犹县的贫困户样本可以看出，两地的各变量的影响大小不尽相同，对于上犹县而言，对其"0.1、0.5、0.9 分位数"的估计结果进行 Wald 检验，检验结果显示 p 值小于 0.1，说明两地贫困户在不同收入水平下均具有异质性，并且务工时间的增收效果在两地均显著，劳动力数量的增收效果在两地也基本显著，说明就业扶贫的效果具有较高的稳健性，而病患数量（Patient）项与残疾人数量（Deformity）项的显著性两地均不相同，说明医疗保障与残疾人补助的效果较为缺失稳健性。

六 研究结论与政策启示

（一）研究结论

上犹县与昭觉县在脱贫攻坚上都取得了十分亮眼的成绩，其中一些成功经验值得在全国范围内推广。在产业扶贫方面，各贫困县可借鉴上犹县"6+1"模式的成功经验，推行就业扶贫，建立明确奖惩机制，特别是建立村级就业扶贫车间，利用地理优势吸引更多贫困户加入就业扶贫的队伍。在政策制定方面，各贫困县应学习昭觉县推行禁毒防艾和移风易俗工作，充分考虑限制自身发展的不利因素，形成针对性政策，有效推进脱贫攻坚。

与此同时，上犹县及昭觉县在乡村脱贫攻坚成果巩固上依旧存在一定改进空间。第一，各村在基础设施建设上发力不足，仍然有较大的发展空间；第二，对特色乡村宣传不够；第三，乡村扶贫干部队伍不够健全，村干部的后备力量仍有不足，这将导致乡村未来的发展受限；第四，根据部分受访贫困户反馈的情况，目前一些村庄扶贫政策的宣传力度依旧不够，他们错过了一些本可享受到的扶贫政策。

最后，根据对昭觉县贫困户数据的模型处理以及使用上犹县数据对模型进行外部性检验的结果得到以下结论：务工时间增加能有效提高贫困户收入水平，特别是对于低收入的贫困户而言效果更好；子女的教育支出会给贫困户带来较大经济压力，但教育对收入的边际效应会随着收入水平的上升而增加；医疗保障与残疾人补助需要进一步精细化参评标准等。

（二）政策建议

通过对上犹县及昭觉县现有扶贫成果进行分析，我们认为，下一时期我国各贫困县的扶贫政策仍需注意以下几个方面。

1. 持续加强科技扶贫，提升扶贫产业创新能力

目前，全国的产业扶贫工作都已取得显著成效，但在扶贫产业的可持续发展方面仍有部分欠缺，这将影响后续扶贫成果的巩固加强。由于多数贫困县相对缺乏科技型人才和技术，现有的扶贫产业主要集中于手工业等低附加值产业，因此，为实现当前扶贫产业的可持续发展，促进脱贫攻坚成果巩固与乡村振兴有机衔接，各贫困县应当继续加大科技和人才投入力度，吸引高附加值产业入驻，鼓励高校和大型企业与其建立长期的帮扶与合作机制[1]，提升扶贫产业创新能力，

---

[1] 王介勇、戴纯、刘正佳、李裕瑞：《巩固脱贫攻坚成果，推动乡村振兴的政策思考及建议》，《中国科学院院刊》2020年第10期。

实现可持续发展，促进脱贫攻坚成果巩固与乡村振兴有机衔接。

2. 坚持帮扶政策支持性和延续性，创新针对性帮扶政策

帮扶政策的支持性和延续性是巩固脱贫成果的重要基础。① 各贫困县应坚持基本帮扶政策的持续性，通过不断优化调整帮扶对象、创新帮扶模式，提高和巩固帮扶效果。针对部分产业或个人对政策资源的依赖性问题，各县可以通过制定差别化的继续支持政策，对仍在起步阶段但发展前景好的扶贫企业，或是客观条件不适合工作、政策依赖性强的个人加强或保持支持政策；对发展较好的扶贫企业或是政策依赖性较弱的个人适时停止支持政策。

3. 建立长效医疗扶贫政策

针对因病致贫人口协调完善商业保险救助制度和托管救助制度。在村级走访过程中发现，占比最大的致贫原因为因病致贫。因此，完善新型农村合作医疗制度，保证核销连续性，加强特殊慢性病救助，改进医后救助方式都将为后续降低返贫风险提供有力帮助。②

4. 强化基础设施建设与生态治理，利用互联网让更多村落受益

乡村振兴，生态宜居是关键。③ 上犹县已经打造了大金山漂流旅游扶贫示范点、犹江绿月农旅结合示范点等全国闻名的旅游扶贫示范点，为所在村落的贫困户带来了可观的收益。各贫困县也应学习上犹县的成功经验，结合自身优势，推进各县旅游扶贫工作。各县下一步可以对存在旅游资源的村落进行生态治理及基础设施建设，还可以结合自身优势，开发县旅游扶贫工作，利用"互联网+生态旅游"的形式扩大农村生态资源禀赋优势，提升村民生活水平。④

5. 充分调配基层人员，打牢扶贫基础

基层扶贫人员是扶贫工作持续畅通的重要枢纽，关系到扶贫工作的每一环。因此应充分调配基层人员，增设帮扶机构，保证扶贫工作通畅有效进行。

6. 积极宣传扶贫政策，发挥政策效能

由于贫困地区居民受教育程度相对较低，通俗易懂的政策介绍更为重要。通

---

① 吴琪强、王粤钦：《精准扶贫中关于返贫风险的研究》，《农村经济与科技》2021年第1期。
② 徐妍：《"十三五"规划推行背景下我国精准扶贫存在的问题及扶贫建议》，《乡村科技》2018年第10期。
③ 《中共中央国务院关于实施乡村振兴战略的意见》，《人民日报》2018年2月5日，第1版。
④ 陈曼茜、刘玉玫：《解决农村因病致贫问题的精准扶贫建议》，《中国统计》2017年第8期。

过对扶贫政策的长期、反复宣传，贫困户将更加理解扶贫政策的内容，对扶贫工作的重视程度也将得到有效提高。对此，上犹县开展"乡间夜（午）话"活动，取得了很好的成效。因此，各县应该学习其经验，安排本地人员为贫困户进行扶贫政策的持续宣讲和咨询解答。

同时，基层扶贫机构要积极宣传，深入农村、企业等一线进行细致且广泛的宣传。综合群众走访的结果，为充分发挥政策的作用，基层扶贫人员应深入一线，对扶贫政策进行细致且广泛的宣传，让贫困户真正了解现行优惠政策、掌握脱贫之道。

7. 重点推进教育扶贫

教育领域实施扶贫不仅能促进个人脱贫致富，而且能推动和谐社会的构建。[1] 目前教育支出对贫困户产生的经济压力较大，因此需要政府对他们进行教育帮扶，通过减免贫困户子女从基础教育到中等教育的费用，以及补贴高等教育费用等方式巩固脱贫攻坚成果。

8. 政府加大就业扶贫的力度

一是由于农村地区劳动力市场欠发达，农户的充分就业较难实现，因此落实就业扶贫等措施，提高就业扶贫覆盖率，对促进农村地区劳动力市场发展具有重要意义[2]；二是根据微观数据分析得出的结论，在相对高收入贫困户的家庭中，户主受教育状况能极大地提升家庭收入，因此政府牵头开展对家庭主要劳动力的就业技能培训能极大地促进贫困户持续增收；三是从收入角度考虑，政府鼓励支持农户外出务工能够帮助贫困户脱离长期贫困，但同时政府应当综合考虑各种因素，平衡好外出务工与乡村劳动力流失的关系，为衔接乡村振兴保存内生动力。

9. 深化精细化贫困户参评标准

针对微观数据分析中暴露出的医疗保障以及残疾人补助的错评问题，政府应当依托当下的大数据信息平台以及政府政务平台，实行对贫困户各项指标的动态监测与实时更新，建立规范化的档案信息标准体系，确保不漏评、不错评，使脱

---

[1] 刘军豪、许锋华：《教育扶贫：从"扶教育之贫"到"依靠教育扶贫"》，《中国人民大学教育学刊》2016年第2期。
[2] 谢玉梅、丁凤霞：《基于贫困脆弱性视角下的就业扶贫影响效应研究》，《上海财经大学学报》2019年第3期。

贫攻坚专项资金的利用效率最大化。①

10. 优化贫困户贫困指标的选取，构建更加完备、科学的贫困维度选取体系

扶贫资源分配和考核应同时关注多维贫困程度和多维贫困人口数量，将贫困人口的减少和贫困发生率的降低作为贫困县最重要的工作考核指标，筑牢贫困户的社会保障网、政府兜底网，确保已脱贫人口不返贫。②

（指导教师：宋锦、娄峰）

---

① 杨冰：《B 市 Q 区精准扶贫工作研究》，安徽大学硕士学位论文，2017。
② 杨龙、汪三贵：《贫困地区农户的多维贫困测量与分解——基于 2010 年中国农村贫困监测的农户数据》，《人口学刊》2015 年第 2 期。

我国新式茶饮的"破局突围"

——基于比较分析和贝叶斯分位数回归方法

李汉妮 付亚鹏 唐 宏[*]

摘 要 近年来,随着我国居民消费结构进一步升级,新式茶饮正成为茶产业的聚焦点和行业发展的新风口。2020年受新冠肺炎疫情影响,国内餐饮行业遭重创,而新式茶饮市场迅速实现"复苏",市场总规模突破千亿元。本文具体分析了该行业的发展状况、面临的困境,并以2018年1月至2021年6月新式茶饮行业各头部品牌市场数据为研究样本,运用贝叶斯分位数回归模型,着重对产品价格、门店数量、用户关注度等因素和企业业绩规模的关系进行了实证检验,得出各因素对业绩增长的效应,并由此发现该行业快速实现复苏的原因是行业本身具有低成本、短周期的特点,头部品牌追求差异化发展,善于利用互联网制造新闻热点等。本文还基于以上分析对该行业进一步完成数字化转型提出了建议。

关键词 新式茶饮;贝叶斯分位数回归;后疫情时期;经济复苏

---

[*] 李汉妮,经济学院2020级本科生;付亚鹏,经济学院2020级本科生;唐宏,经济学院2020级本科生。

一 引言

（一）研究背景及目的

近年来，随着我国居民消费结构进一步升级，国内传统茶饮市场消费总量增速放缓，茶饮市场不断升级细化，新式茶饮正成为茶产业的聚焦点和行业发展的新风口。2020年受新冠肺炎疫情影响，国内餐饮行业遭重创，而新式茶饮市场迅速实现"复苏"，市场总规模突破千亿元。新式茶饮市场自2015年兴起，行业内竞争愈加激烈，尤其受疫情冲击，整个行业两极分化程度加深，"头部效应"更加明显，少数品牌市场估值已过数十亿元，各品牌企业持续发展创新，迭代出以数字化为核心的发展模式。因此，总结新式茶饮行业的发展规律、探索新式茶饮行业的增长经验、分析新式茶饮行业面临的机遇和挑战，对该行业健康可持续发展、进一步实现数字化转型具有重要意义。

（二）相关研究

目前有关新式茶饮行业发展的学术文献并不多，且内容和分析方法同质化严重，都仅基于行业发展历史、现状和某企业营销策略展开论述，尚没有相关的实证分析，主要原因在于该行业的竞争格局尚未成熟以及上市企业较少，市场数据难以收集。陈蔚通过对"喜茶"品牌进行垂直整合营销策略角度的分析，提出新式茶饮品牌要明确品牌风格和自身定位，通过个性化的品牌形象来吸引潜在消费者。[1] 王颖昌基于"4P（产品Product、价格Price、促销Promotion、渠道Place）营销理论"，并以"茶颜悦色"为例，提出新式茶饮品牌要持续创新、推出个性化新产品以提升用户黏性，增加产品附加值、提高品牌价值才能促进企业发展。[2] 李亚辉通过梳理新式茶饮行业的定义、分类、发展历程，分析行业产业链，指出新式茶饮行业可借助互联网、新媒体平台，扩展产品的休闲、社交属

---

[1] 陈蔚：《新式茶饮的垂直整合营销传播分析——以喜茶为例》，《农村经济与科技》2019年第16期。

[2] 王颖昌：《新式茶饮的4P营销策略分析——以茶颜悦色为例》，《经济师》2020年第7期。

性，促进全行业持续发展。① 李婉婷运用安迪·格鲁夫六力分析模型针对行业盈利难以实现的问题进行了分析，提出新式茶饮要充分利用互联网、大数据、资本市场和产品优势提高企业盈利能力。②

（三）研究方法

本文首先对新式茶饮行业发展现状进行梳理，并对行业概况、消费者特点、市场格局、营销策略做简要分析。随后深入分析新式茶饮行业目前面临的发展瓶颈和外部挑战，并通过比较分析的方法探究企业当前策略的合理性。接着利用贝叶斯分位数回归模型，着重对产品价格、门店数量、用户关注度等因素和企业业绩规模的关系进行了实证检验，得出各因素对业绩增长效应的大小及正负，这一部分还通过比较多种分析结果，阐释了贝叶斯分位数回归在小样本非线性分布数据的回归中更加具有优势。最后基于比较分析和实证分析的结果，对新式茶饮行业进一步实现数字化转型提出了更具针对性的建议。

二 新式茶饮行业发展现状

（一）产品、模式升级，新式茶饮诞生

2020年11月9日，中国连锁经营协会（CCFA）发布了《2020新茶饮研究报告》。该报告对"新式茶饮"这一概念给出了明确的定义——以年轻新兴消费者为主要客户群体的茶饮产品及品牌；同时，也指出这些新式茶饮所具有的"三新"特点（见图1）。③

从用户画像角度分析，"90后"及"00后"已经成为该行业的主流消费人群，在消费者数量中占比接近70%，其中30%在新式茶饮行业的月均消费在400元以上；从性别角度来说，女性消费者在各个年龄层中占比均高于男性，占60%~70%，处于主导地位。

---

① 李亚辉：《浅谈新式茶饮产业的行业现状与未来发展趋势》，《福建茶叶》2020年第10期。
② 李婉婷：《后疫情时代"互联网+资本运作"模式下新式茶饮企业发展之路》，《武汉商学院学报》2021年第3期。
③ 《2020新茶饮研究报告》，http://www.ccfa.org.cn/portal/cn/xiangxi.jsp?id=442338&ks=2020新茶饮&type=33，2020年11月20日。

图 1　新式茶饮"三新"特点

资料来源：《2020 新茶饮研究报告》。

（二）市场空间广阔，仍处于快速发展期

从市场规模角度分析，新式茶饮的行业规模从 2016 年开始快速增长，截至 2020 年底，市场规模达到了 1136 亿美元 [2015～2020 年复合年均增长率（CAGR）为 21.9%]，意味着新式茶饮将成为茶行业规模最大的细分行业[1]；从门店数量角度分析，截至 2020 年底，我国新式茶饮行业门店数接近 50 万家，并仍在快速增长，目前新式茶饮市场渗透率仍有较大发展空间；从消费者规模角度分析，截至 2020 年底，该行业消费者规模突破 3.4 亿人，预计还将持续增长。

（三）疫情加速行业洗牌，"补偿性消费"促进行业复苏

2020 年，在遭受疫情的袭击后，茶饮品牌乃至整个餐饮业共同面临的重大问题就是"复苏"。但与其他众多餐饮行业的品牌相比，新式茶饮市场的大多品牌热度不减反增，成为复工后消费者最为期待的产品之一。2020 年 3 月以来，消费者的"补偿性消费"引起了茶饮小程序下单笔数环比增幅高达 744%[2]，远远超过了快餐、小吃、甜品等其他食品零售业的增长。

---

[1]《大消费行业产业链点评：喜茶完成五亿美元融资，关注新式茶饮高端市场》，https://finance.eastmoney.com/a/202107162000319452.html。

[2]《报复性喝奶茶！消费强劲反弹，茶饮小程序下单笔数增长高达 744%！》，https://baijiahao.baidu.com/s?id=1664201926373662660&wfr=spider&for=pc。

（四）高端现制茶行业头部企业，产品与渠道是营收关键

新式茶饮的迅速扩张导致一线城市市场基本趋于饱和，因此将消费渠道转向二、三线城市是高端连锁现制茶饮企业进一步发展和突破的重要方向。同时，不断推出新产品也是企业维持核心竞争力的关键，只有企业不断地在口感、新鲜度、工艺等方面进行改进和创新，才能够增加和提高消费者对该品牌的用户黏性和满意度。以高端茶饮喜茶为例，截至2020年底，其市场份额达到27.7%，全球门店数达到695家，在2020年加大了在下沉市场的进一步布局；平均每1.2周就会推出一个新产品。为应对疫情冲击，各品牌调整策略，优化产品和线上线下服务，发力数字化运营和新零售，拓宽销售渠道（见图2）。①

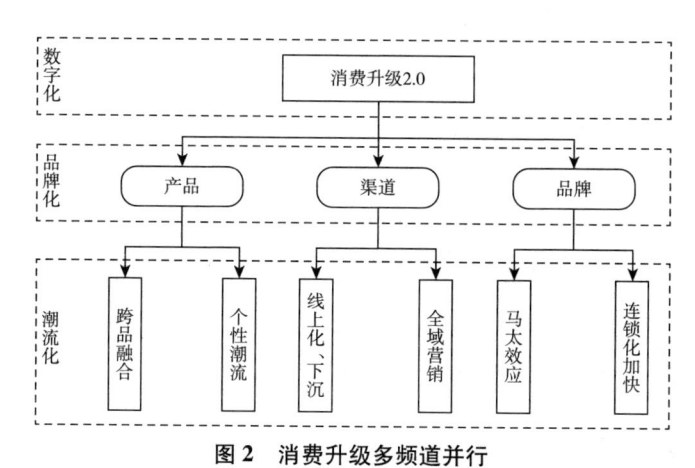

图 2　消费升级多频道并行

资料来源：《2020新茶饮研究报告》。

（五）深受资本青睐，行业扩张更加迅速，五大发展趋势明晰

《2021年中国新式茶饮行业研究报告》总结了新式茶饮行业2021年上半年的15起融资，披露金额累计超过50亿元，其中有2/3为A轮以前的融资，显示了资本市场对于新式茶饮赛道的行业前景预期向好。② 从资本关注度角度分析，

---

① 《2020新茶饮研究报告》，http://www.ccfa.org.cn/portal/cn/xiangxi.jsp?id=442338&ks=2020新茶饮&type=33，2020年11月20日。
② 《2021年中国新式茶饮行业研究报告》，https://m.thepaper.cn/baijiahao_15240304，2021年11月5日。

新式茶饮赛道资本热度持续走高,资本的目光也逐渐从头部发散到更多腰部品牌。

三 新式茶饮行业面临困境

(一) 经济复苏压力大,挑战与机遇并存

2021年10月,国际货币基金组织(IMF)公布了最新的世界经济展望报告。报告将2021年全球经济增速预测值小幅下调至5.9%。IMF表示,全球经济持续复苏,但受疫情拖累,复苏动力正在减弱,疫情影响成为横在全面复苏道路上的最大障碍。一方面,疫情的拖累以及不确定性阻碍了全球经济的全面复苏;另一方面,全球的通货膨胀也给我国经济复苏带来了压力,我国2020年第三季度GDP增长放缓对此也有所体现。

对于新式茶饮行业而言,中国成功控制疫情后经济率先复苏,整个2020年,行业规模、品牌数量、门店数目、投资机构实现飞速增长。然而到2021年下半年,全球疫情反扑、经济形势下行、物价指数飙升等外部经济环境因素为整个行业发展带来了阻力,新式茶饮行业如何在行业竞争日益激烈以及外部环境制约的情况下另辟蹊径,实现行业健康发展,仍然面临诸多挑战。

(二) 新式茶饮行业缺乏标准,产品质量参差不齐

在市场火热的背后,随着各个奶茶品牌遍地开花,急剧扩张的门店数量带来了一定的食品安全风险。如2021年8月2日,新华社曝光了奈雪的茶西单大悦城店里蟑螂乱爬、水果腐烂、抹布不洗、标签不实、日常卫生不达标等问题。[①] 除了卫生安全问题,众多网红"带货"、明星代言各式茶饮频频"翻车",品牌方宣扬"零糖低卡无添加营养均衡"却被检测出糖分超标、咖啡因过量等问题更是让新式茶饮行业的负面新闻不断增多。整个新式茶饮市场也亟须建立更为完善的行业标准和市场监管机制,也无疑需要一个全国范围内的指导标准与行业规

---

① 《记者"卧底"网红奶茶店:蟑螂"不用管"、标签随意换》,https://baijiahao.baidu.com/s?id=1707087461065398854&wfr=spider&for=pc。

范以得到更高质量的发展。

（三）新式茶饮行业新品牌层出不穷，市场竞争越发激烈

新式茶饮行业的原材料成本较低，人工、技术要求又低，再加上投资少、客流量大、消费群体购买能力充足、用户黏性强等优势，已然被视为"稳赚"的行业，有的饮品的毛利率甚至高达60%。该行业产品同质化严重，产品工艺可复制性强，饮品配方容易被模仿，没有技术门槛，热门茶饮款式在各个品牌都有类似产品。就产品而言，新式茶饮行业研发创新不足，知识产权保护有待加强。

随着入场资本的增加、各类品牌的交替出现，新式茶饮玩家不断增多，市场也不断被细分，不同品牌占据不同市场定位的高地，行业竞争也越来越激烈。这也在一定程度上将各大品牌不断推向降低价格、改善品质的方向（见图3）。①

图3 目前新式茶饮行业市场格局及代表企业

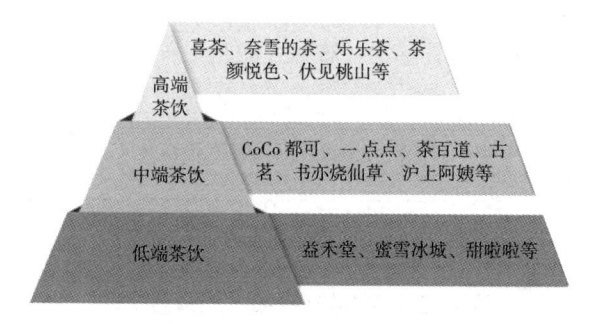

高端茶饮：喜茶、奈雪的茶、乐乐茶、茶颜悦色、伏见桃山等

中端茶饮：CoCo都可、一点点、茶百道、古茗、书亦烧仙草、沪上阿姨等

低端茶饮：益禾堂、蜜雪冰城、甜啦啦等

资料来源：《中国新式茶饮行业市场前景预测与投资战略规划分析报告》。

（四）新式茶饮行业的成本逐步提升，面临全行业亏损境地

下面本文将采用经济学的分析方法，对新式茶饮行业亏损的原因进行阐述并分析企业相关对策的合理性。

1. 毛利率分析

首先是对不同定位的茶饮进行毛利率分析。喜茶、奈雪的茶作为高端茶饮代

---

① 前瞻研究院：《中国新式茶饮行业市场前景预测与投资战略规划分析报告》，https://bg.qianzhan.com/report/detail/300/211214-552fc8f7.html。

表，销售均价在 20 元以上；中端茶饮以 CoCo 都可和一点点为代表，定价区间为 10~20 元；以蜜雪冰城为代表的低端茶饮价格不到 10 元。不同品牌有着不同的营销模式，高端品牌采用直销模式，注重质量控制，确保信誉，注重品牌效益；中低端品牌采取快速扩张、门店加密、注重规模效益的加盟模式。作为高端茶饮的代表，喜茶的毛利率水平在 65%~70% 之间，而奈雪的茶整体销售毛利率低于喜茶，成品茶的毛利率始终保持在 65% 以上。奈雪的茶主要沿用"茶饮+欧包"的路线，其甜点是创造"第三空间"，以增加用户的再购买，这一点与咖啡巨头星巴克类似。如果加上各项管理成本，如房租、水电等，在单店中分析测算各企业的盈利发展能力建设，能够看出各种问题更为立体的差异，也能解释奈雪的茶亏损的真正重要原因。

2. 单店测算

根据门店数量、单店营收、生产及人工成本等可以大致计算出直营和加盟两种经营模式下的营业利润，其基本计算方式如图 4 所示。

$$\text{直营模式营业利润} = \text{直营门店数} \times \text{单店营收} - \text{直营门店成本} - \text{销售管理费用}$$

$$\text{加盟模式营业利润} = \text{直营门店数} \times (\text{直营门店成本} + \text{加盟门店数} \times \text{加盟费（原料配送）}) - \text{供应链成本} - \text{销售管理费}$$

图 4　直营和加盟两种模式的盈利方式

2021 年 6 月 30 日，奈雪的茶在港交所挂牌上市，成为全球新式茶饮第一股。作为高端茶饮的突出代表，接下来，将以奈雪的茶为核心进行单店测算，对比分析得出其连年亏损的主要原因和品牌短板。由于 2020 会计财务年度受疫情影响较大，故采用 2019 会计财务年度数据。计算数据显示，人工成本和租金成本是奈雪的茶除原料成本外的主要"硬伤"。尽管顾客人均消费达 43 元，但是扣除原材料成本 15.7 元、人工成本 8.2 元、租赁成本 5.6 元，再减去水电、资产折旧等费用，其单个顾客利润不足 7 元。与此同时，如果再加上总部的费用（广告费等），最终计算下来，这家号称"中国第一贵"的奶茶公司出现亏损。

而与之对比的喜茶，核心顾客为年轻消费群体，通过联名、饥饿营销等方式，打造时尚爆款产品。总的来说，奈雪的茶门店各方面标准高于喜茶，这也导致奈雪的茶门店坪效低于喜茶。喜茶每平方米的店面每年可以产生约8万元的营业额，而奈雪的茶门店每平方米每年只能产生约5万元的营业额。也就是说，奈雪的茶门店面积较大，门店员工较多，拉低了门店坪效和人效，而"茶饮+欧包"等产品模式也拉低了整体毛利率。

作为同样通过"饮品+甜点"打造"第三空间"路线的星巴克，它的标准店面单位面积销售额约为每平方米4.3万元，低于奈雪的茶，但是比较二者的财报数据，星巴克的店面层面利润率和营业利润均远高于奈雪的茶。通过研究不难看出奈雪的茶与星巴克的差异主要体现在原材料成本、租金以及企业总部费用等方面。

红星资本局通过对单店的研究发现，与喜茶相比，奈雪的茶的人力效率和坪效均较低；与星巴克相比，原材料成本和租金成本都不具备优势。这些都是奈雪的茶的短板，也是导致奈雪的茶连续三年亏损的重要原因（见表1）。[①]

表1 奈雪的茶、喜茶、星巴克相关门店数据对比

费用	奈雪的茶	喜茶	占比	奈雪的茶	星巴克
单店初始投入（万元）	185	180	原材料成本（%）	36.60	32.2
单店面积（平方米）	200	160	配送相关服务费（%）	2.60	
单店员工（人）	25	20	物流及仓储（%）	1.60	
单店营收（万元/年）	950	1200	租金（%）	13.10	9.10
人效（万元/人）	38	60	门店层面利润率（%）	16.10	21.70
坪效（万元/年/平方米）	5	8	总部费用（%）	16.90	7.40
			经营利润率（%）	-0.80%	14.30

资料来源：《上市首日破发！奈雪连亏三年，暴利的奶茶行业是个伪命题?》。

3. PRO店补齐短板

本文对PRO店这一模式进行分析来讨论其可行性。总的来说，所谓PRO店就是指缩小门店规模，门店开始走向写字楼和居民区，使用中央厨房生产食品。与原来的店面相比，PRO店的初期资金投入更低，后期工作投入生产成本也更

[①] 红星资本局：《上市首日破发！奈雪连亏三年，暴利的奶茶行业是个伪命题?》，https://www.sohu.com/a/475022989_ 116237。

低,这也正是为了补齐上述三大短板。从布局以及地理位置来看,它既可以减少烘焙面积、提高坪效,又可以降低租金成本。

但是,所谓的节流之路却使奈雪的茶设立的"一杯好茶,一口软欧包"的口号失去了最初的意义。所以说,PRO店是否可以扩张需要实现消费者认知与消费行动的正向反馈,盲目地扩张只会让几年的亏损持续。

四 基于贝叶斯分位数回归模型的实证分析

(一) 数据说明和指标选取

1. 数据说明

本文以2018年1月至2021年6月新式茶饮行业各品牌各季度营收额(YSE)为研究对象,分析产品价格(CPC)、门店数量(CMN)、用户关注度(PFC)、人均收入(CSP)、GDP水平(GDP)对其影响,各个指标来自国家统计局公开的统计数据以及"百度搜索指数""36氪""艾瑞咨询"等平台发布的网络数据。

选取企业营收额、产品价格、门店数量来指代企业自身市场策略,这一部分指标均来自网络公开数据、相关行业研报所披露的季度营业情况;选取用户关注度来表征品牌影响力及消费者消费热情,这一指标以与新式茶饮相关的关键词的"百度搜索指数"总和来表示;选取消费者消费水平和GDP水平来表征宏观经济形势,分别以我国居民人均可支配收入环比增长率和我国各季度GDP环比增长率来表示。

2. 描述性统计

企业营收额以某品牌全国范围内每季度线上、线下总销售额为准,单位为千万元,可以看出115个样本数据中,最小值为2151万元,最大值达28亿元,各样本之间差距较大(见表2)。

表2 描述统计

变量	样本数	平均值	标准差	最小值	50分位值	最大值
营收额(千万元)	115	74.66	50.052	2.150665	68	280
产品价格(元)	115	19.65	9.732	5.6	18	42.1

续表

变量	样本数	平均值	标准差	最小值	50分位值	最大值
门店数量（家）	115	2943.58	3769.970	50	1500	18340
用户关注度	115	5488.58	2244.547	3285.534	5043.344	17744.32
人均收入（％）	115	5.24	5.434	-3.9	6.1	13.7
GDP水平（％）	115	1.49	4.339	-9.5	1.6	10.7

注：数据来自国家统计局公开的统计数据以及"百度搜索指数""36氪""艾瑞咨询"等平台。

产品价格以某品牌全国范围内每季度线上、线下产品单品平均价格为准，单位为元，在115个样本数据中，最小值为5.6元，最大值为42.1元，产品价格在某种程度上可以代表企业的战略定位和市场策略。

门店数量以某品牌全国范围内官方门店数量为准，115个样本数据中，最小值为50家，最大值达到18340家。为了达到品牌门店管理、销售等的统一，直营品牌门店数往往较少，以奈雪的茶为例，目前直营门店仅有700多家；而由于加盟方式门槛较低，因此某一个品牌的加盟店在全国可达几千家甚至上万家，以蜜雪冰城为例，其加盟店已经达到18000多家，门店数量在某种程度上可以代表品牌竞争壁垒和营销策略选择。

用户关注度以每季度某品牌名称或产品名称关键词的"百度搜索指数"为准，最小值为3285.534，最大值为17744.32，这一指数在某种程度上也能代表企业的品牌影响力和消费者的购买情绪。

人均收入和GDP水平分别以每季度我国居民人均可支配收入环比增长率和GDP环比增长率表示，在某种程度上可以表示外部经济形势和消费者消费能力水平。受新冠肺炎疫情影响，2020年第一季度我国GDP增长率为-9.5%，但是调查发现第一季度新式茶饮行业整体业绩变动要远小于GDP变动，因此本文猜测其GDP水平对被解释变量的影响很小，所以在进行数据统计时并未剔除2020年第一季度的异常值。

（二）模型建立

1. 贝叶斯分位数回归模型

通过观察样本内各个指标的分布情况（见图5），发现其具有显著的非线性特点，因此基于均值回归的传统线性回归模型并不适用于本研究，

Koenker 和 Bassett 在 1978 年提出了分位数回归方法[1], 能够分析因变量在各个分位数水平上的情况, 但普通的分位数回归依然具有某些局限性, 例如当样本量较少时很难准确进行分析, Yu 和 Moyeed 又提出了贝叶斯分位数回归模型（BYQR 模型）[2], 通过非对称拉普拉斯分布的密度函数构造似然函数, 再根据贝叶斯定理求出后验分布的表达式, 利用蒙特卡洛马尔可夫抽样模拟（MCMC）得出服从后验分布的目标链, 再进行统计推断, 这在很大程度上弥补了分位数回归的不足。

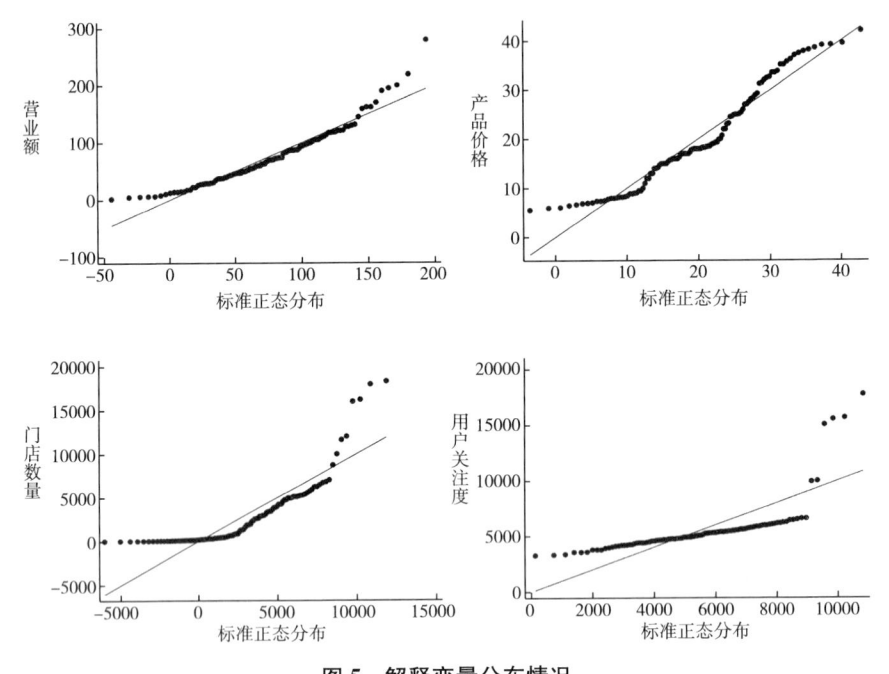

图 5 解释变量分布情况

假设 Y 是被解释变量, X 是多元解释变量, 对于方程:

$$Y = \beta_0 + \beta X' + \varepsilon_i \qquad (公式1)$$

---

[1] R. Koenker, G. W. Bassett, "Regression Quantiles", *Econometrica*, 46 (1), 1978.
[2] Keming Yu and Rana A. Moyeed, "Bayesian Quantile Regression", *Statistics and Probability Letters*, 54 (4), 2001, pp. 437-447.

当给定 $X=x$ 时，Y 的 τ（$0<\tau<1$）条件分位数记作：

$$Q\tau(y|X=x)=x'\beta_\tau \tag{公式2}$$

因此对于给定的样本，线性分位数回归模型为：

$$y_i=x'_i\beta_\tau+\varepsilon_i \tag{公式3}$$

系数向量 β_τ 的估计可通过求解以下最小化问题得到：

$$\hat{\beta}_\tau = \underset{\beta\in\mathbb{R}^p}{\arg\min}\sum_{i=1}^n\rho_\tau(y_i-x'_i\beta_\tau) \tag{公式4}$$

其中 $\rho_\tau(u)=\begin{cases}u(\tau-1),u<0\\u\cdot\tau,u\geq0\end{cases}$ 为损失函数。

定义非对称拉普拉斯分布：

$$f(u|\mu,\sigma,\tau)=\frac{\tau(1-\tau)}{\sigma}e^{-\rho_\tau\left(\frac{y-\mu}{\sigma}\right)} \tag{公式5}$$

则称 u 服从参数为 μ、σ、τ 的非对称拉普拉斯分布（ALD），记为 $u\sim ALD$ (μ,σ,τ)。假设 $y_i\sim ALD$ $(x'_i\beta,\sigma,\tau)$，则给定样本数据 y，其样本似然函数为：

$$L(y|\beta,\sigma)=\frac{\tau^n(1-\tau)^n}{\sigma^n}e^{-\sum_{i=1}^n\rho_\tau\left(\frac{y_i-x_i\beta}{\sigma}\right)} \tag{公式6}$$

由独立性条件及贝叶斯定理可知参数 β 和 σ 联合后验密度为：

$$\pi(\beta,\sigma|y)\propto L(y|\beta,\sigma)\cdot\pi(\beta)\cdot\pi(\sigma) \tag{公式7}$$

2. 计量模型设定

首先利用 spearman 对所选取的指标进行相关系数分析，各个指标间相关性如表3所示，并不是特别强，因此可以单独作为解释变量进行分析。

因此首先假设模型为：

$$YSE_{\tau,t}=\alpha+\beta_1 CPC_{\tau,t}+\beta_2 CMN_{\tau,t}+\beta_3 PFC_{\tau,t}+\beta_4 CSP_{\tau,t}+\beta_5 GDP_{\tau,t}+\varepsilon_{\tau,t}$$

表 3　解释变量 spearman 相关系数矩阵

	营业额	产品价格	门店数量	用户关注度	人均收入	GDP 水平
营业额	1					
产品价格	-0.00800	1				
门店数量	0.699***	-0.528***				
用户关注度	0.687***	-0.206**	0.791***			
人均收入	0.240***	0.0590	0.181*	0.273***	1	
GDP 水平	0.0570	0.0130	0.0250	0.00400	0.0250	1

注：***、**、*分别表示在1%、5%、10%的水平下显著。

（三）实证分析

1. 基准分位数回归

利用基于 Bootstrap 抽样方法的分位数回归，对样本进行 0.1、0.3、0.5、0.7、0.9 分位的回归分析，从结果可以看到在 0.3 分位以下时，各指标 p 值普遍较高（除门店数量外），说明线性关系并不显著，而在 0.9 分位时，p 值均小于 0.05，说明模型解释效果较好，可以看到产品平均价格每提高 1 单位，营收额将增加 3.267 个单位，门店数量对营收额只有 0.7%，影响并不显著，用户关注度和人均收入对营收额具有显著正效应（见表 4）。

表 4　不同分位条件下回归分析结果

营收额		回归系数	自助抽样标准差	t 值	$p>\|t\|$
0.1 分位	产品价格	1.412	0.437	3.230	0.002
	门店数量	0.012	0.002	4.990	0.000
	用户关注度	0.001	0.003	0.250	0.804
	人均收入	1.447	0.813	1.780	0.078
	GDP 水平	0.520	0.813	0.640	0.522
	截距项	10.260	12.512	0.820	0.414
0.3 分位	产品价格	2.131	0.358	5.950	0.000
	门店数量	0.014	0.002	8.610	0.000
	用户关注度	0.001	0.001	1.250	0.047
	人均收入	0.837	0.741	1.130	0.259
	GDP 水平	0.291	0.399	0.730	0.467
	截距项	11.540	18.613	0.620	0.537

续表

营收额		回归系数	自助抽样标准差	t 值	$p>|t|$
0.5 分位	产品价格	2.041	0.415	4.920	0.000
	门店数量	0.011	0.002	6.250	0.000
	用户关注度	0.005	0.005	1.120	0.266
	人均收入	0.697	0.611	1.140	0.255
	GDP 水平	0.134	0.362	0.370	0.715
	截距项	26.330	21.234	1.240	0.218
0.7 分位	产品价格	2.434	0.439	5.550	0.000
	门店数量	0.010	0.001	7.220	0.000
	用户关注度	0.007	0.002	3.680	0.095
	人均收入	0.692	0.287	2.410	0.061
	GDP 水平	0.294	0.064	4.580	0.006
	截距项	31.130	5.681	5.480	0.001
0.9 分位	产品价格	3.267	0.698	4.680	0.000
	门店数量	0.007	0.002	5.200	0.000
	用户关注度	0.008	0.002	3.330	0.002
	人均收入	0.779	0.192	4.060	0.003
	GDP 水平	0.439	0.067	6.510	0.001
	截距项	44.370	6.868	6.460	0.000

结合各个分位数回归系数、标准误的结果比较可以发现，在 0.3、0.5、0.7、0.9 分位下，产品平均价格、门店数量对企业营收额的影响在 99% 置信水平下显著，在 0.7、0.9 分位下 GDP 水平和人均收入对营收额影响在 99% 置信水平下显著。

另外，各项指标的标准误也会随着分位数的提高而逐渐降低，这表明各项指标对营收额的条件分布的高位的影响小于其对低位的影响，模型对于较低分位的各指标的回归系数估计不够准确。图 6 报告了不同分位数下各解释变量的估计值及置信区间。

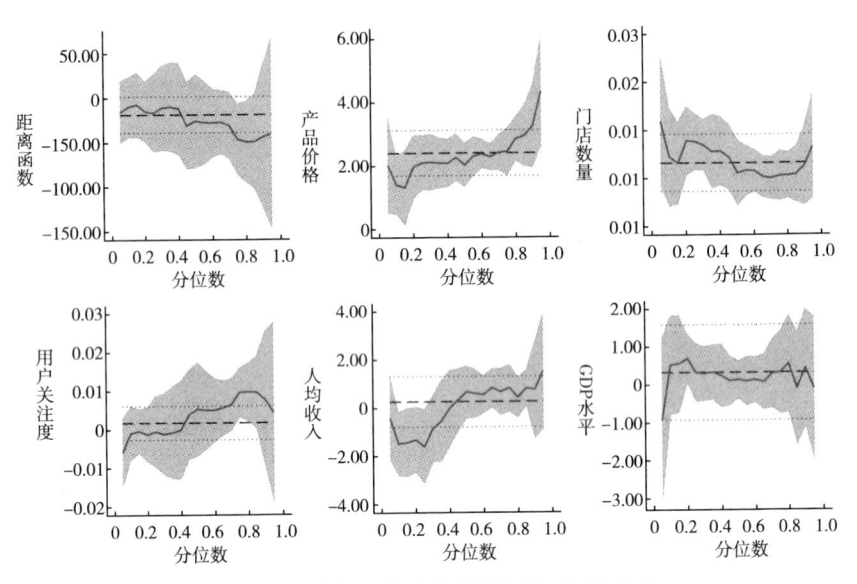

图6 不同分位条件下解释变量回归系数统计

另外，随着分位数的提高，产品平均价格的分位数回归系数逐渐增大（1.412→2.131→2.434→3.267），这说明产品价格对于规模较大的企业业绩增长的影响更大，因此对于规模较大的品牌，提高产品价格并不是明智的选择。而门店数量的回归系数出现"先低后高再降低"的趋势（0.012→0.014→0.007），这说明增加门店数量对营收业绩条件分布的两端影响大于其对中间部分的影响，因此低位和高位企业均可通过增加门店数量来提高营收额。人均收入和GDP水平的回归系数也逐渐增大，因此中等规模企业还应吸引更多中高收入用户，才能进一步提高业绩。

综合以上分析，认为选取0.9分位的回归系数能够比较好地解释假设模型，由分位数回归法得出的企业业绩决定拟合方程为：

$$YSE_{0.9,t} = 44.37 + 3.267 CPC_{0.9,t} + 0.007 CMN_{0.9,t}$$
$$+ 0.008 PFC_{0.9,t} + 0.779 CSP_{0.9,t} + 0.439 GDP_{0.9,t}$$

2. 基于MCMC方法的贝叶斯分位数回归

利用上述模型和指标，再次运用贝叶斯分位数回归方法进行比较分析，利用

MCMC（蒙特卡洛马尔可夫抽样模拟）进行迭代，模拟迭代10000次后进行参数估计，得出各解释变量的抽样轨迹（见图7）。

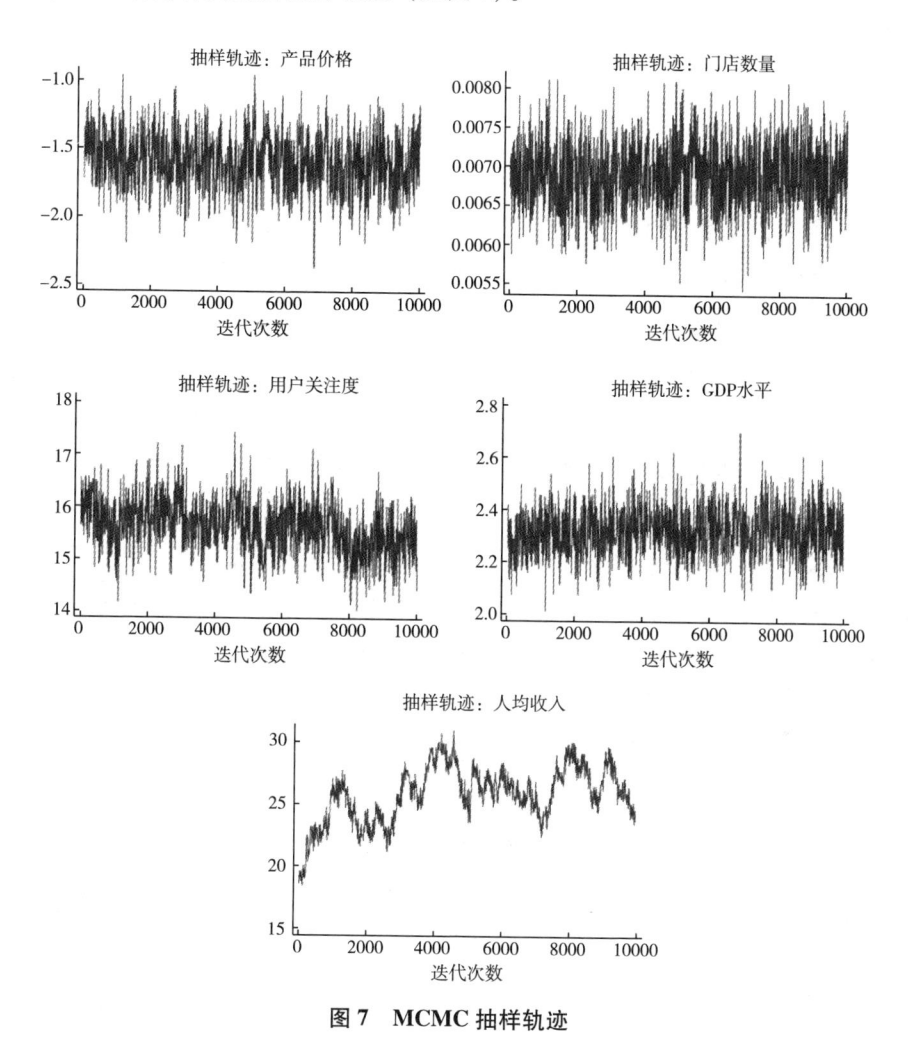

图7　MCMC抽样轨迹

抽样轨迹显示，参数抽样值均在某个值附近上下波动，趋于平稳，这说明我们的估计结果是有意义的。最后通过贝叶斯分位数回归方法得出在0.9分位时假设的拟合回归方程为：

$$YSE_{0.9,t} = -89.6 + 3.77CPC_{0.9,t} + 0.0076CMN_{0.9,t}$$
$$+ 0.009PFC_{0.9,t} + 0.338CSP_{0.9,t} - 0.05GDP_{0.9,t}$$

上述方程与基准分位数回归结果大致相似，也说明我们的模型是比较稳健且可靠的。

五 结论和展望

本文以2018年1月至2021年6月新式茶饮行业各品牌市场数据为研究样本，运用贝叶斯分位数回归模型，对产品价格、门店数量、用户关注度等因素和企业业绩规模的关系进行了实证检验，得出以下结论。

门店数量、用户关注度、人均收入、GDP水平对业绩增长均有正效应，而产品价格对业绩增长有负效应。其中，门店数量对业绩增长的影响微小，这说明简单地通过扩大经营规模、增加门店数量是无法保持业绩增长的。产品价格对业绩增长的负效应随着分位数的提高而逐渐增大，这说明提高产品价格导致的收入减少对于规模较大、价格较高的品牌更为显著，这类企业如果一味提高产品价格反而会导致业绩下滑，因此维持产品价格水平不变或者降低产品价格才能进一步提高自身业绩。用户关注度和人均收入对业绩增长具有非常显著的正效应，因此企业通过制造品牌热点新闻等方式提高品牌影响力是能够使自身业绩迅速增长的。

由此可以发现新式茶饮行业在后疫情时代快速实现复苏的原因。第一，新式茶饮代业不同于传统的餐饮业，具有低成本、周期短的特点，因此能够依托互联网平台迅速打开新市场。而受疫情影响，我国2020年线上经济迅猛发展，新式茶饮行业得以迅速进入大众视野。第二，行业新兴品牌追求差异化发展，出现了特点鲜明的头部品牌，不再依靠薄利多销、打"价格战"等方式抢占市场，正如上文所说，增加门店数量并不能提高收入，差异化的产品为新式茶饮行业进一步发展提供了新生动力。第三，利用互联网制造新闻热点，提高品牌影响力，形成社会舆论倾向。2020年出现的"秋天第一杯奶茶"、茶颜悦色爆红、各种奇怪的奶茶名称爆红、蜜雪冰城主题曲推广等现象，使新式茶饮的网络曝光度大大提高，于是用户关注度迅速提高，这对行业规模扩大也是有重要作用的。第四，市场层次分明，竞争格局明晰，行业健康发展。高、中、低端市场均有超大规模的头部品牌，各品牌面向不同群体深度挖掘消费者需求，并推出相应的配套新品，并保持产品价格相对稳定，以提高用户黏性。

基于我们的假设模型及实证分析结果，对于新式茶饮行业成功实现数字化转型提出以下几点建议。

首先，完善上游供应链资源基础。通过数字化技术，建立茶源、奶源、果源等上游渠道供应商的资源基础，实时动态更新和分析质量、价格的优劣势，选择优质的原辅材料，与之建立长期的动态合作关系。提高购买议价能力。对于仓储、物流、支付、在线等供应链关键环节，公司可依托行业领军企业或新兴科技企业提供数字化、智能化等专业支持，全面提升供应链整合能力和服务效率。

其次，建立标准化的各渠道产品服务体系。企业通过产品研发、供应链系统整合、多元化业态和营销渠道打造、商业模式创新、智能赋权等，不断推动新茶产业的迭代发展。供应过程和供应链的各个方面，包括原材料供应、仓储、物流和相应的技术手段，都对原材料成本、供应成本、产品质量和门店运营效率产生影响。随着企业不断走向供应链一体化，并通过数字化、智能化等现代信息技术手段进行赋能，整个行业的运营效率和盈利能力得以提高。

最后，拓展下游营销渠道多元化。除目前"线上平台+线下门店"结合营销以外，可以通过建立智能沉浸式体验店，发挥新式茶饮的社交属性，利用短视频、游戏、音乐等载体进行营销，从而将品牌影响力拓展到日常生活的方方面面，借助互联网迅速提高三、四、五线城市的市场渗透率。

（指导教师：杜创）

关于起次要作用的从犯的实证调研

白书晗　梅　丹　李　京　邓雅兰[*]

摘　要　我国刑法中的主犯从犯体系区别于传统的正犯共犯体系，规定了起次要作用的从犯，即直接实施构成要件行为的从犯。这与传统的共犯即帮助犯和传统的实行犯皆为正犯的观念有所不同。因此其成为正犯共犯体系和主犯从犯体系的一个冲突点，具有我国刑法自身的特色，但是学界对起次要作用的从犯关注不多，致使何谓次要作用、究竟应当如何对其量刑等问题并不明晰。基于此，项目组对司法实践中有关起次要作用的判决进行了实证调研。本文主要是关于实证调研结果的数据分析，同时对调研结果和学理研究进行了比较分析，探讨了起次要作用的从犯的认定和量刑的特征与实务现状。

关键词　共同犯罪；次要作用；从犯；实证调研

一　研究背景：正犯共犯体系和主犯从犯体系的冲突焦点——起次要作用的从犯

犯罪参与体系一直是共同犯罪理论中的核心争议点，各国的理论与实务所采取的立场都不尽相同。德国是区分制理论的诞生地，其立法与主流学理

---

[*] 白书晗，法学院2019级本科生；梅丹，法学院2019级本科生；李京，法学院2020级本科生；邓雅兰，法学院2020级本科生。

均承认正犯与共犯的二元区分模式，认为所谓正犯即为犯罪的核心人物，对犯罪事件得以施加决定性影响之人，而共犯则为犯罪的边缘角色，即无法对犯罪事实进行支配之人。①意大利、奥地利等国则采取了单一制的立法模式。其中，意大利与奥地利的一元参与模式亦有所不同。意大利刑法所采取的单一制，理论上被称为"形式的单一制"。形式的单一正犯体系完全放弃了正犯、教唆犯与帮助犯的区分，"每个对结果具有因果贡献者均系正犯"。②而奥地利刑法典所确立的单一制则被称为"功能的单一制"。功能的单一制虽仍主张各参与类型具有价值等同性，但还是认为应当区分直接行为人、惹起行为人与协助行为人③，以避免与法治国原则的抵牾。日本的情况则较为特殊。日本刑法典效仿德国之立法，于第 60～62 条中规定了共同正犯、教唆犯与帮助犯。虽然该刑法典中同样存在"从犯"的概念，但第 62 条将帮助犯与从犯做了等同处理④，因此大抵可以认为日本的刑事立法仍遵循发端于德国的二元体系。不过，由于日本的刑法理论与实务广泛承认共谋的共同正犯⑤，日本的刑法理论实际上已经在相当程度上偏离了德国的二元论模型。

而根据我国刑法第二十六条和第二十七条的规定，我国将共同犯罪中的行为人分为主犯和从犯，并未有明确的正犯与共犯概念⑥，有学者据此指出，我国刑法采取的并非区分制体系，而是单一制体系⑦。也有学者认为，

---

① 参见〔德〕克劳斯·罗克辛《正犯与犯罪事实支配理论》，劳东燕译，《刑事法评论：第 25 卷》，北京大学出版社，2009，第 5～6 页。
② 袁国何：《功能单一正犯体系的理论脉络及其检讨》，《中外法学》2019 年第 1 期，第 136 页。
③ 参见〔奥〕莉安妮·绍特纳《奥地利刑法中的单一正犯》，翟辉译，《中国社会科学院研究生院学报》2020 年第 4 期。
④ 参见《日本刑法典》，元照出版公司，2018，第 53～54 页。
⑤ 关于日本判例与学说的态度，可参见〔日〕西田典之《共犯理论的展开》，江溯、李世阳译，法律出版社，2017，第 49～77 页。
⑥ 参见高铭暄《中华人民共和国刑法的孕育诞生和发展完善》，北京大学出版社，2012；王华伟：《中国犯罪参与模式之定位：应然与实然之间的二元区分体系》，《中国刑事法杂志》2015 年第 2 期；王昭武：《教唆犯从属性说之坚持与展开》，载赵秉志主编《刑法论丛》（第 15 卷），法律出版社，2008，第 63 页。
⑦ 参见刘明祥《再论我国刑法采取的犯罪参与体系》，《法学评论》2021 年第 4 期；阮齐林、耿佳宁《中国刑法总论》，中国政法大学出版社，2019，第 221 页；江溯《犯罪参与体系研究：以单一正犯体系为视角》，中国人民公安大学出版社，2010。

我国刑法采取的是区分制体系，将主犯正犯化、从犯共犯化[①]，或是认为我国刑法中关于共同犯罪的条文的规定隐含着正犯与共犯的概念[②]。也有少部分学者认为我国采取的是既不同于单一制也不同于区分制的具有中国特色的犯罪参与体系。[③]

其中，各方争议的焦点之一即在于起次要作用的从犯。根据《中华人民共和国刑法》第二十七条之规定，"在共同犯罪中起次要或者辅助作用的，是从犯"，由此可见，我国刑法将从犯大致分为两类，即起次要作用的和起辅助作用的参与者。所谓起辅助作用的一般认为是帮助犯；所谓起次要作用的从犯，则指有一部分实行犯由于其在共同犯罪中所起的作用较小而被认定为从犯。其实施了构成要件行为，却又被认定为从犯，具有极大的特殊性，意味着实行行为被区分为主要和次要作用，并予以轻重不同的处罚，这区别于区分制的实行犯规定，区别于区分制的从犯的概念，区别于归责区分制的归责基础和归责流程，并且其认定和量刑也区别于我国刑法中起辅助作用的从犯，而与构成要件实行行为相关联。这一特殊规定彰显了我国刑法自身的特色，值得深入研究，其理论上的内在逻辑、规范目的，司法实践中所采取的分析方法、分析角度等都是值得我们思考的。

鉴于目前学界针对共同犯罪的理论研究一般集中在犯罪参与体系、主犯问题，对于起次要作用的从犯的研究关注不多，即便为数不多的研究也多以理论探讨为主。故而我们欲先跳出理论研究的视角，选择以实证研究的方式切入，从实践的角度出发考察起次要作用的从犯在实务中的具体样态。具体而言，我们将统计、总结、分析司法实践中与起次要作用的从犯相关的部分案例，以数据的方式总结出司法实践中对起次要作用的从犯的定罪量刑的角度、规律，再与理论上对其内在逻辑的研究进行对比分析，从而厘清该类犯罪的认定与量刑的基本情况；同时也希望该实证研究能够为学界研究我国刑法在犯罪参与体系的立场、司法实践中对起次要作用的从犯的定罪量刑提供一些参考。

---

① 参见杨金彪《分工分类与作用分类的同一——重新划分共犯类型的尝试》，《环球法律评论》2010年第4期。
② 参见张明楷《刑法学》（第6版），法律出版社，2021，第521~523页；周光权：《"被教唆的人没有犯被教唆的罪"之理解——兼与刘明祥教授商榷》，《法学研究》2013年第4期。
③ 参见夏伟《走出"共犯与身份"的教义学迷思："主从犯体系"下身份要素的再定位》，《比较法研究》2019年第3期。

二 调研目的与调研基本情况

（一）调研目的与样本选择

基于对具有中国特色的起次要作用的从犯进行研究的需要，以及我国人民法院在互联网公布裁判文书的客观条件，我们将收集并统计司法实践中涉及起次要作用的从犯的案例。调研的具体目的在于，对案例中的有效信息进行提取与分类整理，从数据中发现真实、寻找规律，从司法实践的角度进一步明确我国对起次要作用的从犯的认定以及量刑的基本情况。

我们以中国裁判文书网为工具进行检索，并且根据研究进度将检索条件日期限定在 2021 年 8 月 19 日之前。

我们以"从犯"为关键词检索出的刑事案件裁判文书共有 549236 份（见图 1）。

图 1 与"从犯"相关的裁判文书

裁判日期在 2021 年 8 月 19 日之前，以"从犯""次要作用"为关键词检索出的刑事案件裁判文书共有 235320 份（见图 2）。

图 2 与"起次要作用的从犯"相关的裁判文书

与图 1 对比可知，涉及起次要作用的从犯的案例在认定从犯的共同犯罪案件中占比为 42.84%。

由于裁定书等其他类型文书的内容特点对本研究作用有限，我们进一步检索时将文书类型限制于"判决书",从而得到了裁判日期在 2021 年 8 月 19 日之前,以"从犯""次要作用"为关键词检索出的刑事案件判决书共有 202615 份(见图 3)。

图 3　与"起次要作用的从犯"相关的判决书

考虑到工作量过大、主从犯认定及量刑的争议更容易出现在二审中的实际情况,以及二审判决书中法院说理往往比较详尽的特点,为使本文研究内容更具代表性和有效性,我们进一步将检索条件限缩为"刑事二审",得到裁判日期在 2021 年 8 月 19 日之前,以"从犯""次要作用"为关键词检索出的刑事案件二审判决书共有 8713 份(见图 4)。

图 4　与"起次要作用的从犯"相关的二审判决书

基于法律在社会发展中不断更新完善的特点,为使研究内容更加贴近现实情况,我们最终将案例检索的时间范围限定在 2021 年 1 月 1 日之后,并为保证统计数据的时效性,得到裁判日期在 2021 年 1 月 1 日至 8 月 19 日之间,以"从犯""次要作用"为关键词检索出的刑事案件二审判决书共有 198 份(见图 5)。

图 5　与 2021 年 1 月 1 日至 8 月 19 日"起次要作用的从犯"相关的二审判决书

至此，在充分保证研究数据代表性与时效性的前提下，初步得到 198 份判决书。随后我们通过人工阅读对这 198 份判决书进行了逐一筛选与信息提取。具体统计时我们统一设计了表格，表格共分为以下六大部分。

统计表格第一部分为判决书基本信息，包括案号、案例名称、法院级别、裁判日期、地区、案例简述（见表1）。

表 1　统计表格第一部分标题

判决书基本信息					
案号	案例名称	法院级别	裁判日期	地区	案例简述

第二部分为一审信息，包括一审认定主从犯人数、主犯罪名、从犯罪名、主犯刑罚、从犯刑罚，一审信息的主要用途是为二审提供部分参考，不是信息收集与分析的重点（见表2）。

表 2　统计表格第二部分标题

一审					
一审认定主从犯人数		一审认定主从犯罪名		一审判决主从犯刑罚	
主犯	从犯	主犯	从犯	主犯	从犯

第三部分为二审信息，包括二审是否改判，（如果改判）改判原因，所涉法条，二审认定的主从犯人数、主犯罪名、从犯罪名、主犯刑罚、从犯刑罚，最终确定的犯罪分类（指我国刑法分则的各章节名）、社会危害性（见表3）。

表 3　统计表格第三部分标题

二审								
二审是否改判	（如果改判）改判原因	所涉法条	二审认定主从犯人数		二审认定主从犯罪名		二审判决主从犯刑罚		犯罪分类	社会危害性
			主犯	从犯	主犯	从犯	主犯	从犯		

第四部分为具体案件事实，包括在共同犯罪中主犯所起作用、主从犯身份等信息；在从犯的认定上收集包括从犯的犯意表示、从犯对案件的实际参与程度、从犯对结果所起的作用等信息（见表4）。

表 4　统计表格第四部分标题

具体案件事实				
主犯在案件中所起作用	主从犯身份	从犯的认定		
^	^	从犯的犯意表示	从犯对案件的实际参与程度	从犯对结果所起的作用

第五部分为从犯的量刑，包括该案中对从犯是否有从轻、减轻、免除处罚，从犯的责任要素，是否存在其他影响量刑的情节（如自首、坦白、立功等）（见表5）。

表 5　统计表格第五部分标题

从犯的量刑			
责任要素	其他影响量刑的方面		
^	是否累犯	是否有自首、立功情节	存在特殊的犯罪形态（未遂、中止等）

最后第六部分确定该案是否属于共同犯罪的几种特殊情形（例如集团犯罪、单位犯罪、网络犯罪等）（见表6）。

表 6　统计表格第六部分标题

特殊情形		
集团犯罪	单位犯罪	网络犯罪

经过仔细甄别，我们最终得到 151 份有效案例样本，样本有效性达 76.26%（见图6）。

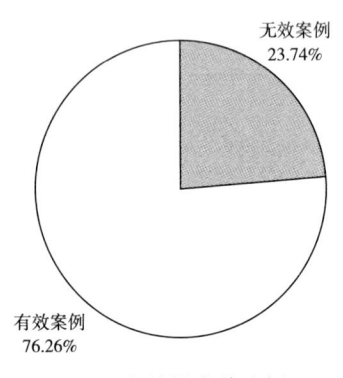

图 6　有效样本的比例

其中无效案例主要有以下几种情况。

（1）一审法院认定为共同犯罪区分了主从犯，但二审法院认为该案虽为共同犯罪但不宜区分主从犯，导致该案在数据统计中缺乏统计对象。例如郑岗王占军抢劫案①，一审法院认为"二被告人的犯罪系共同犯罪，在共同犯罪中，被告人郑岗起主要作用，是主犯，应按其所参与的全部犯罪予以处罚。被告人王占军起次要作用，是从犯，应从轻处罚"；但二审法院认定二人虽系共同犯罪，但综合考虑该案中二人地位、作用相当，不宜区分主从犯。

（2）一审法院认定为共同犯罪区分了主从犯，但二审法院认定该案并非共同犯罪而是涉及几个独立的单独犯罪，导致该案在数据统计中缺乏统计对象。这类无效案例主要涉及共同犯罪的认定问题，例如张睿、张兆烁走私、贩卖、运输、制造毒品案②中，一审法院认为二被告人系共同犯罪，一人起主要作用，为主犯，一人起次要作用，为从犯；但二审法院认为二人系毒品犯罪的上下线关系，不应认定为共同犯罪而区分主从犯关系。

（3）一、二审法院始终未认定从犯，关键词"次要作用""从犯"出现在辩护人意见部分。对于该类案件，法院自始至终未认定从犯，导致该案在数据统计中缺乏统计对象，例如陈萧宇、毛昌义诈骗案③中，一审法院未认定主从犯，二人在上诉理由中均提到自己系从犯；二审法院最终认定二人在共同犯罪中分工合作，共同实施诈骗的犯罪行为，二人所起作用相当，不宜区分主从犯。

（4）判决书中法院将从犯认定为起辅助作用的从犯，因此该案涉及的从犯类型与本文研究内容无关。例如在杨晓文诈骗案④中，上诉人诉称其在共同犯罪中起次要作用，属于从犯，二审法院根据其具体犯罪行为，最终认定其为起辅助作用的从犯。

---

① 郑岗王占军抢劫案，辽宁省大连市中级人民法院（2021）辽02刑终198号刑事判决书。
② 张睿、张兆烁走私、贩卖、运输、制造毒品案，贵州省贵阳市中级人民法院（2021）黔01刑终171号刑事判决书。
③ 陈萧宇、毛昌义诈骗案，贵州省贵阳市中级人民法院（2021）黔01刑终172号刑事判决书。
④ 杨晓文诈骗案，福建省泉州市中级人民法院（2021）闽05刑终144号刑事判决书。

（二）调研基本情况

本次调研提供了关于起次要作用的从犯的丰富信息，既有认定方面的影响因子，也有量刑方面的影响因子。在具体展示认定与量刑的影响因子之前，先分地域、法院层级、主从犯与犯罪单位数量、主从犯罪名、主从犯量刑、涉及法条、特殊犯罪形态、主犯所起作用、特殊犯罪类型等多个方面介绍本次调研的基本情况。

1. 案例所涉地域

由于案例涉及省区市较为零散，仅对省份进行统计。从图7可以看出，案例样本遍布除西藏自治区、青海省、海南省以及港澳台地区之外的28个省级行政区，具有较强代表性。

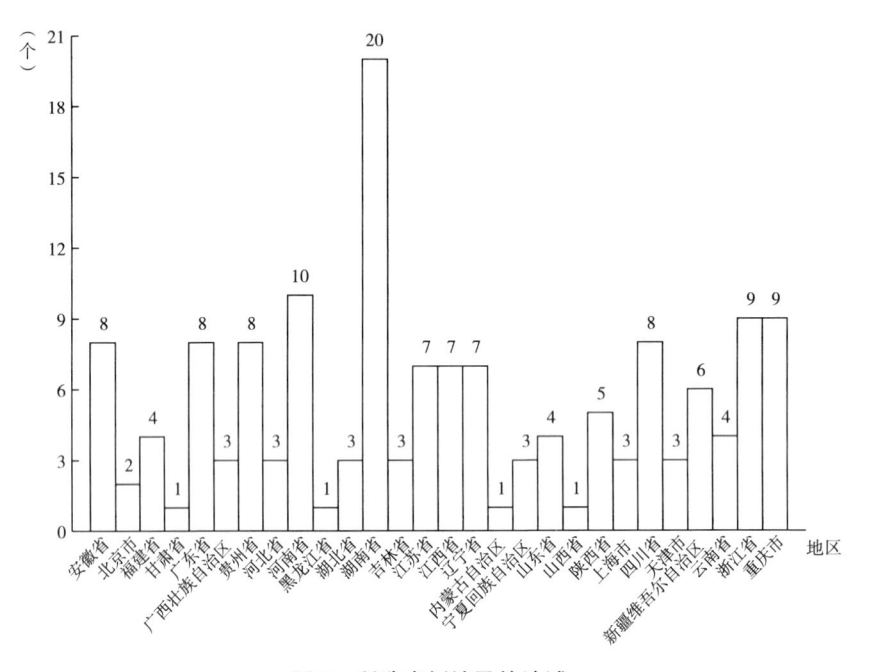

图7 所选案例涉及的地域

其中涉及1~3个案例的有黑龙江省（1例）、甘肃省（1例）、内蒙古自治区（1例）、山西省（1例）、北京市（2例）、广西壮族自治区（3例）、河北省（3例）、湖北省（3例）、吉林省（3例）、宁夏回族自治区（3例）、上海市

（3例）、天津市（3例）。

涉及4~6个案例的有福建省（4例）、山东省（4例）、云南省（4例）、陕西省（5例）、新疆维吾尔自治区（6例）。

涉及7~9个案例的有江苏省（7例）、江西省（7例）、辽宁省（7例）、安徽省（8例）、广东省（8例）、四川省（8例）、浙江省（9例）、重庆市（9例）。

涉及9个以上案例的有河南省（10例）、湖南省（20例）。

涉及案例最多的前四个省份为湖南省（20例）、河南省（10例）、浙江省（9例）、重庆市（9例）。

2. 法院级别

如图8所示，151个案例中，由中级人民法院进行裁判的案例有143个，占比达94.7%，由高级人民法院进行裁判的案例有8个，占比为5.3%。

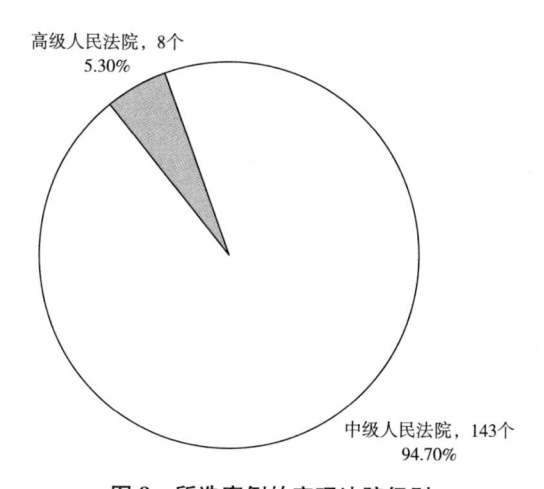

图8 所选案例的审理法院级别

8个由高级人民法院审判的案例中，有4个案例由广东省高级人民法院裁判，1个案例由陕西省高级人民法院裁判，1个案例由北京市高级人民法院裁判，1个案例由天津市高级人民法院裁判，1个案例由浙江省高级人民法院裁判（见图9）。

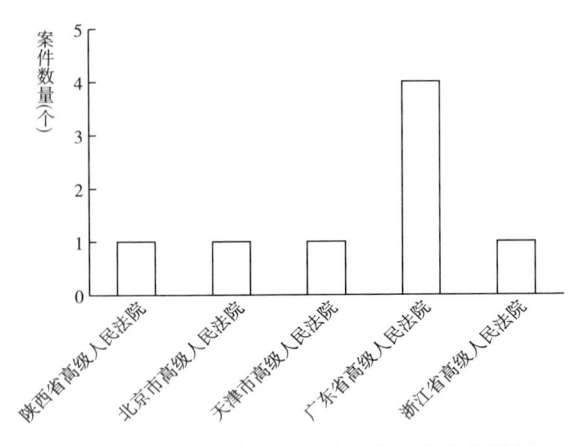

图9 所选案例中高级人民法院审理的案件数量

3. 主从犯与犯罪单位数量

由于存在相当一部分一审未区分主从犯、二审才认定从犯的案例，未单独统计一审时认定的主从犯人数。如图10所示，151个案例中，主犯人数为263人，从犯人数为494人，单位数为5个。

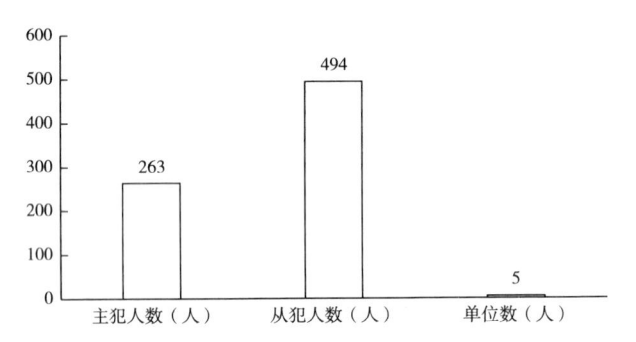

图10 所选案例中主从犯及犯罪单位的数量

4. 案例所涉罪名

由于存在部分主犯犯数罪的情况，图11中数据为该罪名在所有统计案例中的主犯罪名中出现的次数。如图11所示，除14份不涉及主犯的判决外，剩余137份判决书的主犯共涉及50个具体罪名。其中诈骗罪出现最多，达57次；盗窃罪第二，达39次；妨害信用卡管理罪第三，达27次。

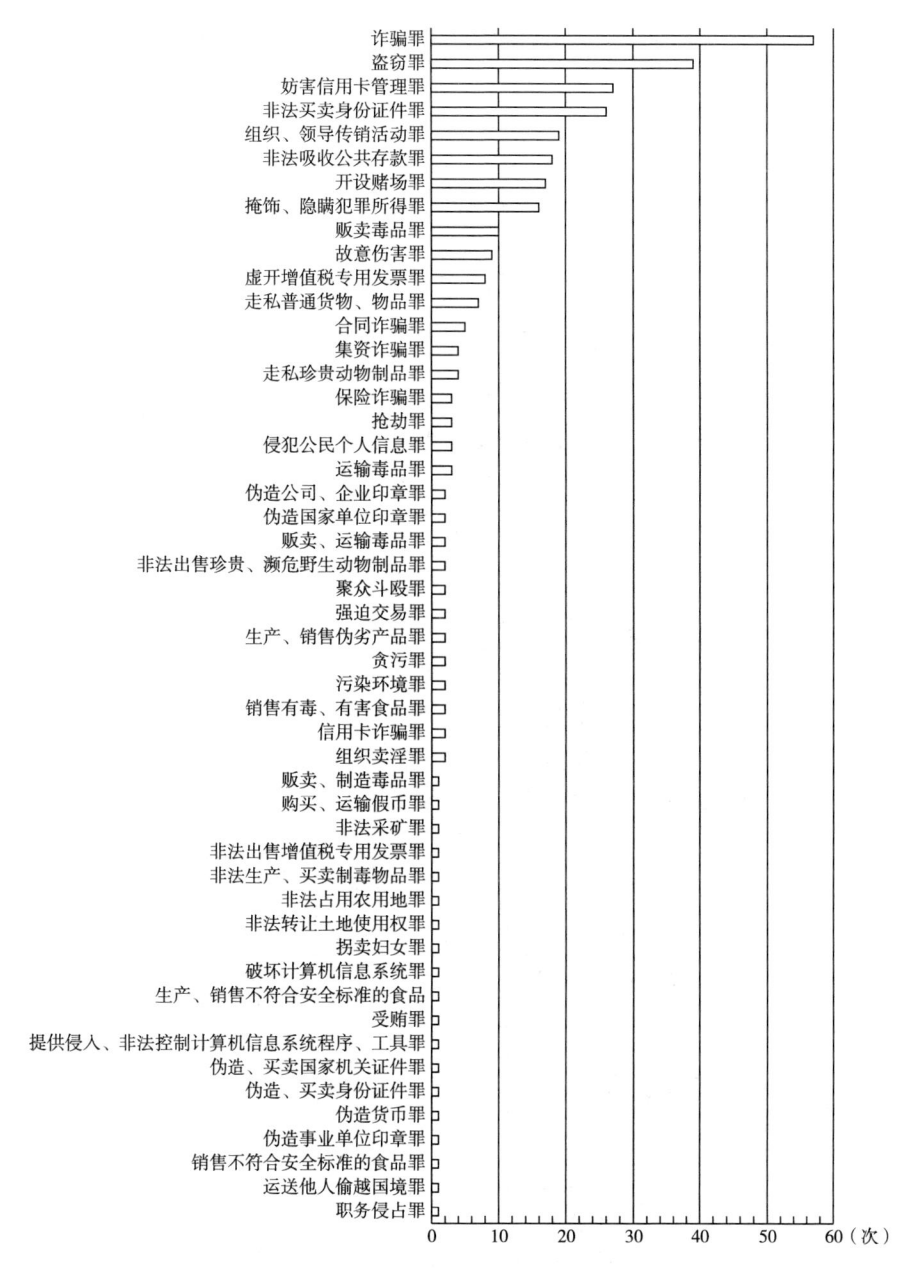

图 11　所选案例中主犯涉及的罪名出现次数

由于存在部分从犯犯数罪的情况，图 12 中数据为该罪名在所有统计案例中的从犯罪名中出现的次数。如图 12 所示，494 名从犯涉及 51 个具体罪名；其中诈骗罪出现最多，达 130 次；非法吸收公共存款罪第二，达 75 次；开设赌场罪第三，达 47 次。

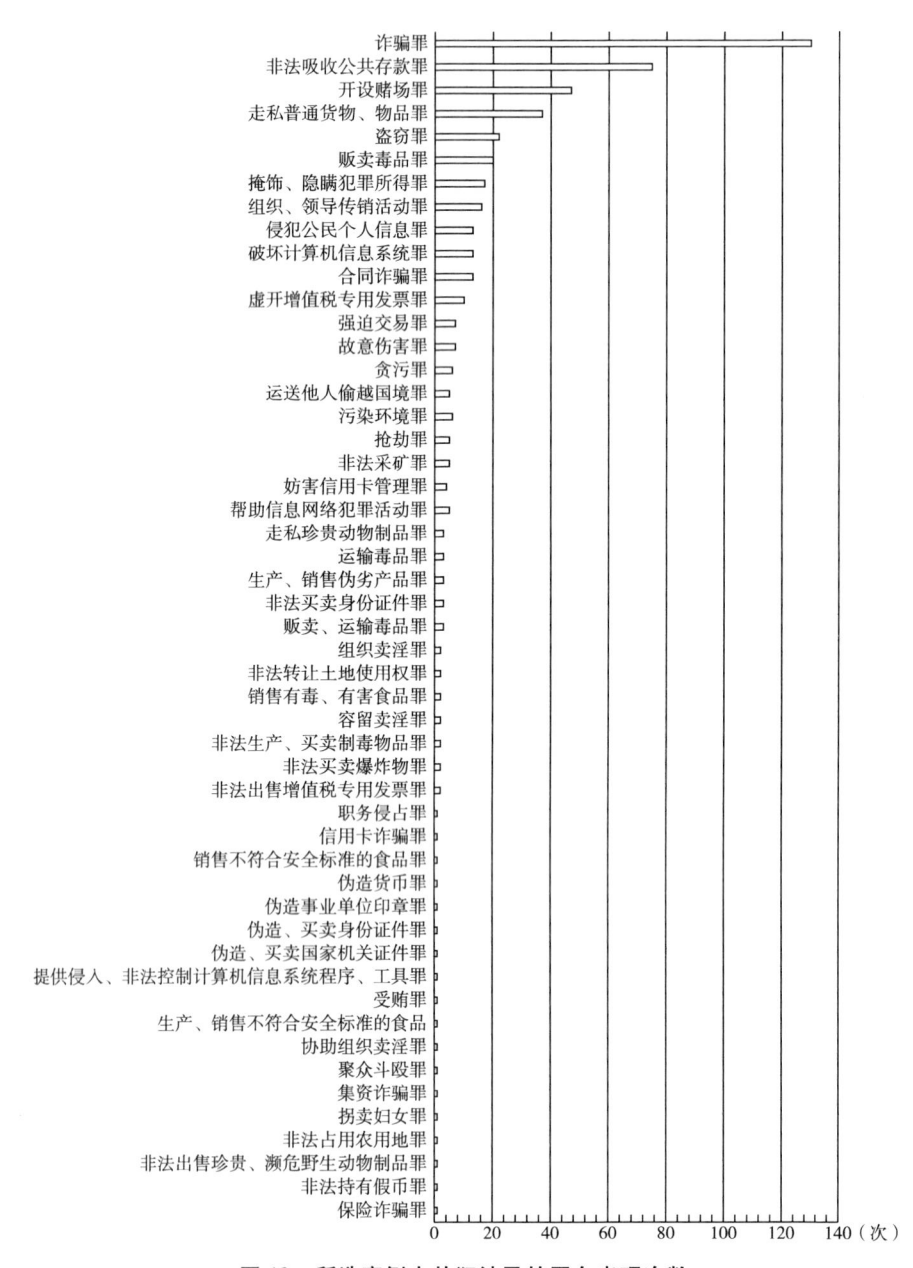

图 12　所选案例中从犯涉及的罪名出现次数

按我国刑法分则各章节名的犯罪分类对案例样本进行统计，并且对同一份判决书涉及两个及以上犯罪分类的案例分别统计，得到图13。如图13所示，破坏社会主义市场经济秩序罪在案例样本中占比最大，达31.85%；妨害社会管理秩序罪占比第二，达29.30%；侵犯财产罪占比第三，达27.39%。这三类犯罪占比超过85%。

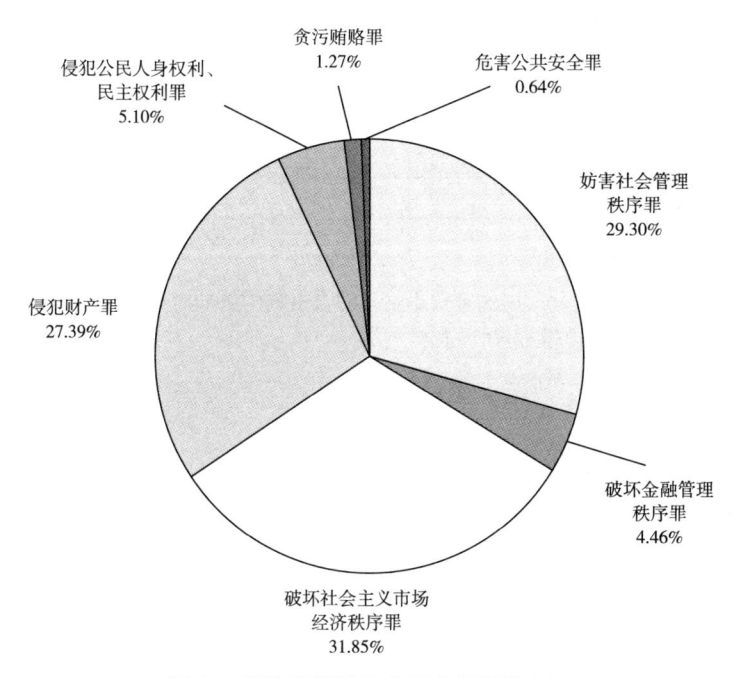

图13 所选案例涉及的罪名类别及占比

5. 主从犯的自由刑

由于每案判处的罚金数额受具体案件事实和情节的影响较大，在此不进行统计，仅统计自由刑。同时将自由刑的统计分为免予刑事处罚、缓刑和实刑（包括拘役、有期徒刑、无期徒刑、死刑）。如图14所示，在494名从犯中，有12人免予刑事处罚，有171人被判处缓刑，最高刑期为10~15年，不存在被判处15年以上有期徒刑、无期徒刑、死刑的情况。在263名主犯中，不存在免予刑事处罚和死刑的情况，有25人被判处缓刑，有2人被判处15年以上有期徒刑，1人被判处无期徒刑。

另外有3名从犯被判单处罚金。

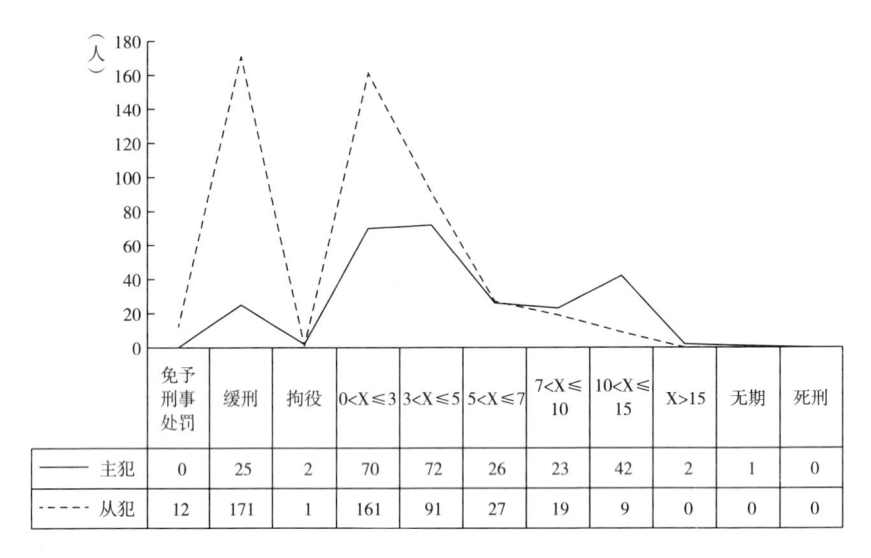

	免予刑事处罚	缓刑	拘役	0<X≤3	3<X≤5	5<X≤7	7<X≤10	10<X≤15	X>15	无期	死刑
主犯	0	25	2	70	72	26	23	42	2	1	0
从犯	12	171	1	161	91	27	19	9	0	0	0

图 14 所选案例中主从犯自由刑的量刑对比

注："X"为罪犯的实际量刑刑期。下同。

6. 犯罪形态

如图 15 所示，在 151 个案例样本中，有 12 个案例存在犯罪未遂的特殊形态，不存在犯罪预备和犯罪中止的情况，其余 139 个案例均不存在特殊犯罪形态。

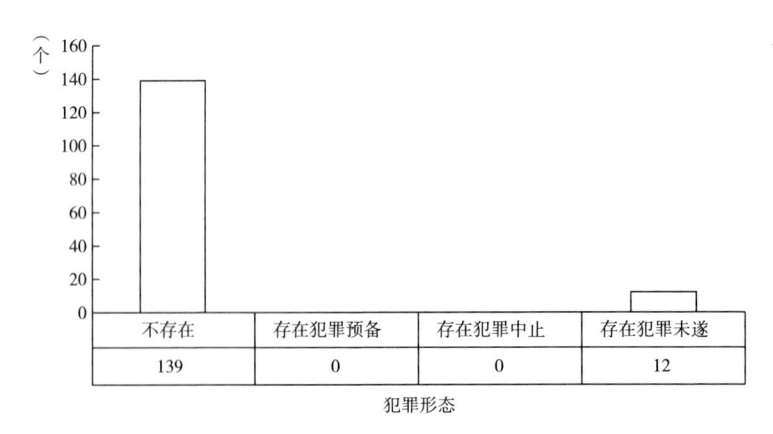

犯罪形态	不存在	存在犯罪预备	存在犯罪中止	存在犯罪未遂
	139	0	0	12

图 15 所选案例涉及的犯罪形态类别及数量

7. 主犯所起作用

如图 16 所示，关于主犯在共同犯罪中所起作用，在 263 名主犯中，有 1 人为犯罪集团首要分子，其余 99.62% 的主犯均在共同犯罪中起主要作用。

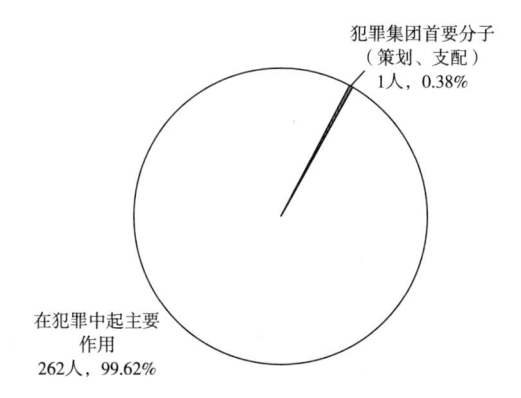

图 16　所选案例中主犯在共同犯罪中所起的作用

8. 以互联网为主要犯罪手段的案例

鉴于互联网的不断发展，以及互联网相关犯罪中主从犯认定与量刑与传统犯罪的差异，我们将互联网相关的犯罪进行了单独统计分析。151 个案例样本中，以互联网为主要犯罪手段的案例有 18 个，占比为 11.92%（见图 17）。

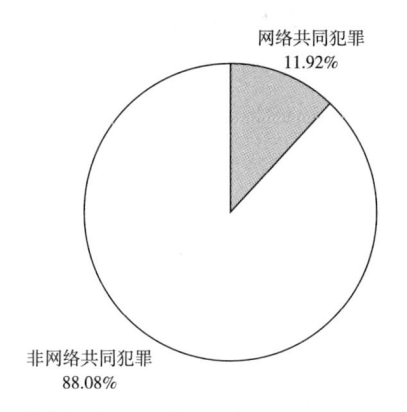

图 17　所选案例中以互联网为主要犯罪手段的案例占比

9. 案例类型

151 个案例样本中，涉及单位共同犯罪的有 4 个，集团共同犯罪的有 2 个，其余 145 个均为普通共同犯罪（见图 18）。

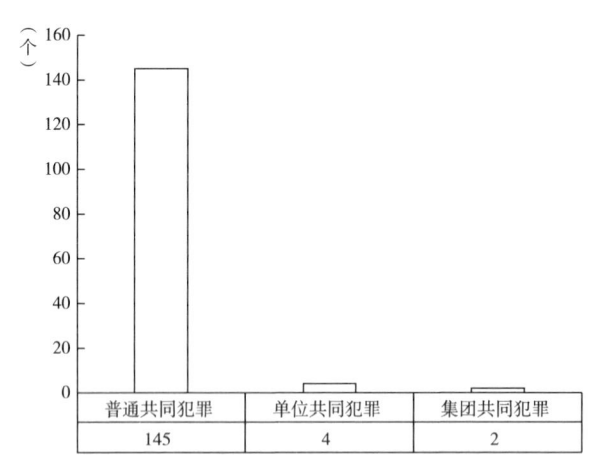

图 18　所选案例涉及的共同犯罪类型

在此特别说明，主犯所起作用部分显示仅有 1 人为犯罪集团首要分子，却存在 2 个集团共同犯罪案例的原因为，有一集团共同犯罪案例二审判决书最终认定 6 名被告人均为从犯[①]，即该集团共同犯罪的判决书中未涉及犯罪集团首要分子。

三　影响次要作用认定的主要因子

在上一部分，我们对调研目的和调研基本情况进行了初步呈现。以下我们将对收集到的数据统计结果进行进一步分析，以便展现我国具体司法实践中认定起次要作用从犯的主要影响因素。

在对收集到的所有案例判决书进行分析和比对后，我们发现，从犯的犯意表示、作案过程中的参与程度及其对危害结果所起的作用都会影响关于次要作用认定的判断。因此接下来我们将针对这三个影响因子进行具体分析，并对其他影响因子与互联网犯罪中从犯认定情况予以补充说明。

（一）影响因子之一——犯意表示

在最终统计的 151 个案件中，143 个案例的判决书中关于从犯的认定部分均

[①] 熊月辉、吴瑞珥、龚发彪、梁天鸿、郑界、范江诈骗案，江苏省南京市中级人民法院（2021）苏 01 刑终 247 号刑事判决书。

提及与"犯意表示"相关的内容（占比为 94.70%），仅有 8 例判决书没有对犯意表示进行直接说明（占比为 5.30%），这说明从犯的犯意表示是我国司法实践中进行从犯认定考量的重要环节之一。

而在对案例中所有从犯的犯意表示进行统计和分类后，我们得出了如下结果（见图 19）。

部分知情但被动参与 12 人
不确定，但有明确犯意表示（口头、书面、行动）1 人
部分知情且主动参与 23 人
对主犯意图知情且主动参与 445 人

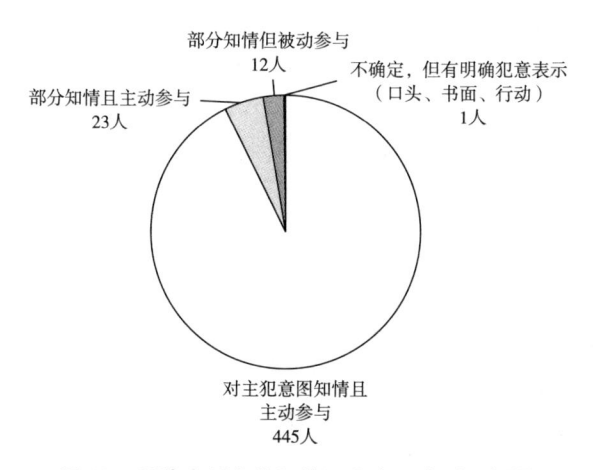

图 19　所选案例中从犯的犯意表示类型及数量

关于以上四种类型的分类标准，在知情程度方面，我们以"知晓主犯的犯罪手段和犯罪目的"为"全部知情"，"不完全知晓犯罪手段或犯罪目的"为"部分知情"，若裁判文书中未有证据表明从犯知情程度则为"不确定是否知情"；在从犯行为方面，以"主动配合主犯犯罪意图以达到犯罪目的"为"主动参与"，"在判决书中有明确表明从犯行为系非自愿"则为"被动参与"。

例如，在杨某、王某出售购买运输假币、持有使用假币案①中，判决书对主从犯有着如下的描述："上诉人杨某明知是伪造的货币而帮助王某运输，数额特别巨大，其行为构成运输假币罪。原审被告人王某、上诉人杨某共同故意犯罪，系共同犯罪……关于指定辩护人提出的'假币是王某购买的，杨某不知道购买过程，假币实际在王某的控制之下，不应认定为非法持有假币罪'的辩护意见，上诉人杨某及其指定辩护人提出的'原判量刑过重'的上诉理由和辩护意见，

---

① 杨某、王某出售购买运输假币、持有使用假币案，辽宁省本溪市中级人民法院（2021）辽 05 刑终 14 号刑事判决书。

有事实和法律依据，予以采纳。"该案例中，杨某被认定为从犯，而根据判决书中"杨某不知道购买过程"这句话，我们可以将杨某分类为"部分知情且主动参与"的从犯。

在这四种类型中，我们将"全部知情且主动参与""部分知情且主动参与""不确定是否知情，但有明确犯意表示"归类为"积极的犯意表示"，将"部分知情但被动参与"分类为"消极的犯意表示"。对统计结果进行计算后我们得出，在被纳入统计范围的 481 名从犯中，存在 469 名"积极犯意表示"的从犯，占比为 97.51%；仅有 12 人为"消极犯意表示"，占比为 2.49%。在所有表现为"积极犯意表示"的从犯中，94.88% 的从犯对主犯的犯罪意图知情且主动参与；4.90% 的从犯对主犯的犯罪意图部分知情但主动参与；0.22% 的从犯对主犯的犯罪意图知情程度尚不明确，但是判决书表明存在证据证明其具有明确的积极犯意表示（统计结果如图 20、图 21 所示）。

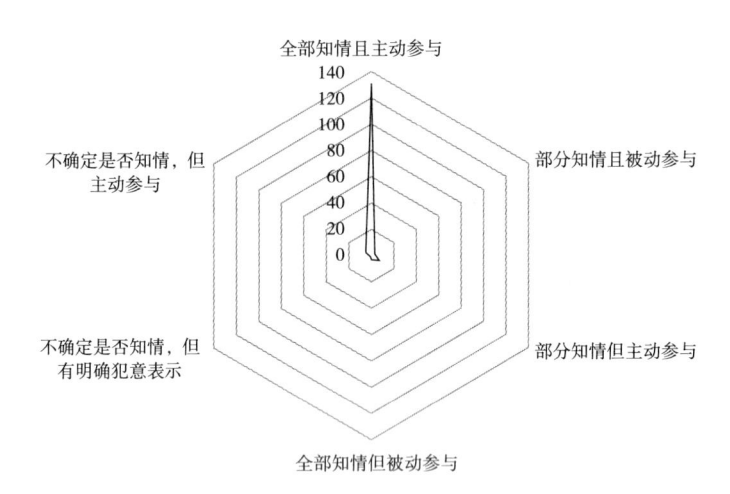

图 20 所选案例中从犯的犯意表示类型

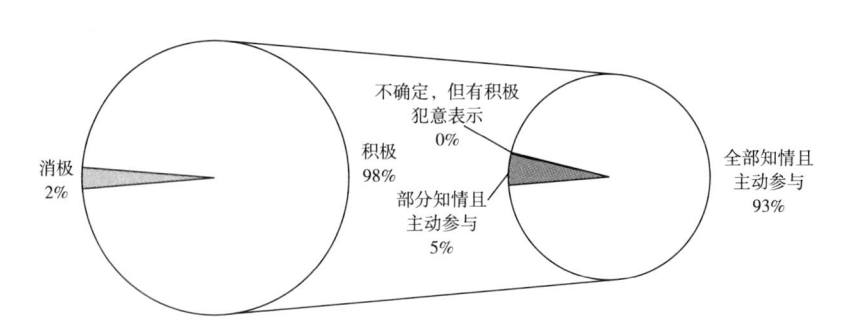

图 21 从犯"积极"与"消极"的犯意表示占比

综上所述，我们认为积极的犯意表示是认定"起次要作用"从犯的重要因素之一，而在积极犯意表示的具体分类中，"对主犯意图知情且主动参与"所占比重最大，因此可以被认为是"起次要作用从犯"的主要标志之一。

（二）影响因子之二——参与程度

除犯意表示外，我们对案例的统计结果同时表明，从犯在共同犯罪过程中的参与程度也是其次要作用认定的主要影响因子之一。在收集到的151个案例中，96.69%的判决书中关于从犯认定的部分会详细说明其在案件实施中的具体行为，并根据他们在共同犯罪中的参与程度进行"是否起次要作用"的认定。

在对参与程度进行分类后，我们得出了以下结果。在所有494名"起次要作用"的从犯中，有470人法院在认定其起次要作用时以"从犯在犯罪过程中的参与程度"为依据之一；剩余24人，法院在认定其起次要作用时，没有在判决书中明确说明以"从犯在犯罪过程中的参与程度"为依据之一（见图22）。

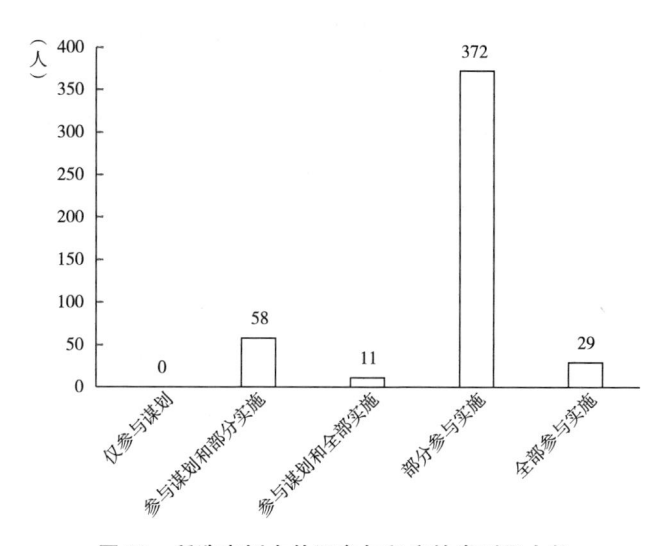

图22 所选案例中从犯参与程度的类型及人数

如图22所示，在总计494名确认为"起次要作用"的从犯中，470名从犯在犯罪过程中的参与程度是法院认定其"起次要作用"的依据之一。其中，"部分参与实施"的人数最多，占总数的 79.15%；"参与谋划和部分实施"占比为 12.34%；"全部参与实施"与"参与谋划和全部实施"的人数较少，占比分别为 6.17% 和 2.34%。

在划分"部分参与"和"完全参与"的标准方面，我们以"判决书中表明该从犯参与了犯罪行为实施的全部环节"为"全部参与"，以"参与部分环节"为"部分参与"。

例如，在黄晓勇、苏直枝拐卖妇女案[①]中，由判决书对犯罪过程的描述可以概括得出，主犯黄晓勇谋划和实施了全部犯罪行为（拐骗妇女、送至山区、收取钱财），而从犯苏直枝未实施"拐骗妇女"这一过程，仅作为"居间人"收容被拐骗妇女并介绍买主，在犯罪中起次要作用。由此，我们可以将苏直枝分类为"部分参与犯罪"的从犯。

综上所述，从犯在共同犯罪行为中的参与程度是司法实践中关于其是否"起次要作用"认定的重要标准之一。而在所有最终被确认为"起次要作用的从犯"中，"部分参与实施"的从犯占比最大，"全部参与实施"及"参与谋划和全部实施"的占比最小，由此可见，在我国具体司法实践中，"在共同犯罪中参与实施部分环节"应为起次要作用从犯的主要标志之一，而"参与实施全部环节"（包括"全部参与实施"和"参与谋划和全部实施"）与"参与谋划和实施"（包括"参与谋划和部分实施"与"参与谋划和全部实施"）的行为被认定为"起次要作用"的可能性较小（即法院可能更倾向于认定其为主犯）。

（三）影响因子之三——对结果所起作用

"从犯在犯罪危害结果中所起的作用"同样是影响判定其是否"起次要作用"的因素之一。151 份判决书中，96.03% 的判决书在从犯认定部分会提及从犯在危害结果中所起的作用，并将其与主犯进行比较，最终得出其"是否起次要作用"的判定。

在对所有案例中主犯所起的作用进行统计后，结果如图 23 所示。

在被纳入统计范围的 263 名主犯中，99.62% 的主犯在案件中起主要作用

---

① 黄晓勇、苏直枝拐卖妇女案，陕西省高级人民法院（2021）陕刑终 43 号刑事判决书。

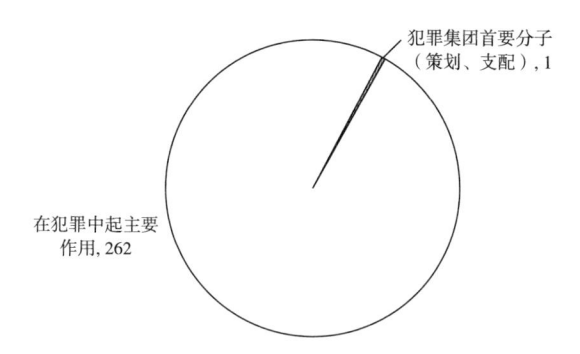

图 23　所选案例中主犯在犯罪中所起的作用类型

（即在判决书中明确表明其起关键作用，在共同犯罪中占据主要地位），0.38%的主犯被确认为犯罪集团首要分子，在共同犯罪中起策划和支配的作用。

而在目前收集的所有案例中，100%的判决书显示，被认定为"起次要作用"的从犯相比于主犯，所实施的行为都并不是最重要或者最关键的。

例如，在陈华党、伍玉林伪造货币案[①]中，判决书在主从犯认定部分具有以下描述："在共同犯罪中，陈华党邀约伍玉林，并提供资金、负责购买印刷设备及原材料、负责制作假币的电子图案等关键技术、直接制造假币等，所起作用较大，系主犯；伍玉林在陈华党安排下参与印制假币并提供制造假币的地点等，起次要作用，系从犯，依法可以从轻或减轻处罚。""伍玉林应邀参与制造假币，虽然直接参与制造假币并提供制造假币的地点，但其未掌握制作假币的电子图案等关键技术，系按照陈华党安排下参与印制假币，起次要作用，系从犯。"由以上描述可知，起次要作用从犯相较于主犯，所起的作用都是非关键性的。

而在对案例中涉及的从犯作用进行初步分类和统计后，我们得到了以下结果（见图24）。

在对从犯所起作用进行分类时，我们以"直接促成结果发生""间接促成结果发生""对结果无较大影响"为划分标准："直接促成"指判决书中明确表明该从犯的行为直接导致了危害结果的发生；"间接促成"指从犯的行为为危害结果的发生创造了条件，或者放大了危害结果。

例如，在李春林、郑庄盗窃案[②]中，判决书对从犯张殿光、安良在共同犯罪

[①] 陈华党、伍玉林伪造货币案，四川省成都市中级人民法院（2021）川01刑终85号刑事判决书。
[②] 李春林、郑庄盗窃案，辽宁省阜新市中级人民法院（2021）辽09刑终36号刑事判决书。

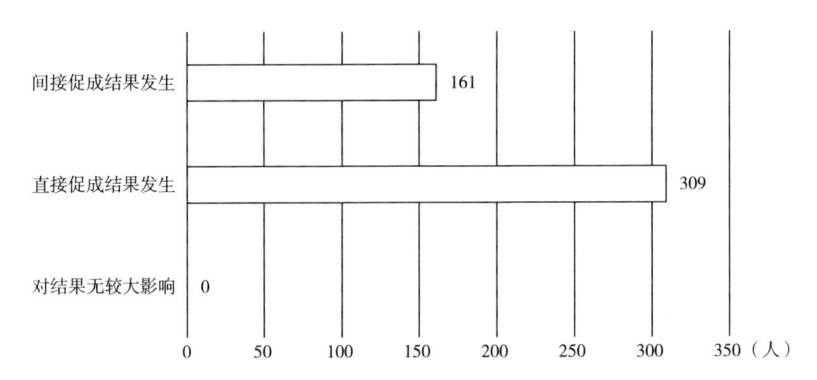

图 24　所选案例中从犯在犯罪中对结果所起作用的类型及人数

过程中行为有着如下描述:"被告人张殿光、安良明知被告人李春林等人在恒大公司多次实施盗窃行为,却为获取好处费而故意放纵被告人李春林(主犯)等人实施盗窃行为,为被告人李春林等人盗窃犯罪提供帮助便利。"在该案例中,从犯张殿光和安良并没有实施具体的盗窃行为,而是为获取利益向主犯提供帮助,这种行为并没有直接导致危害结果,而是为危害结果的发生创造了条件,因此我们将其分类为"间接促成结果发生"的从犯。

对统计数据进行计算后的结果表明,在所有被判定起次要作用的从犯中,"直接促成结果发生"的占比较大,为 65.74%;"间接促成结果发生"占比较小,为 34.26%(见图 25)。

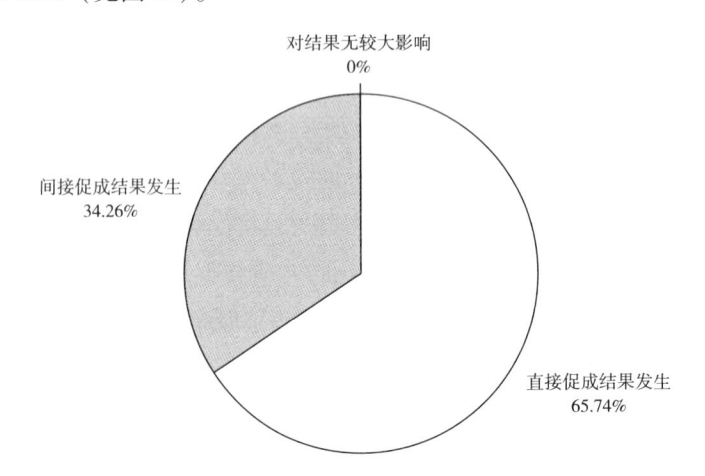

图 25　从犯在犯罪中对结果所起作用的类型占比

综上所述,"相比于主犯起较小、非关键作用"和"实行行为直接促成结果发生"同样也是判定从犯"起次要作用"的影响因素之一。

四 影响起次要作用从犯量刑的主要因子

经过对影响次要作用认定因素的调研结果的阐述,接下来本文将探讨影响次要作用从犯量刑的主要因子。在对判决书的从犯量刑部分进行研读、统计和分析后,我们发现影响起次要作用从犯量刑的因素主要有两个:从犯对犯罪结果的态度和在危害结果中所起的作用。

(一)影响因子之一——从犯对犯罪结果的态度

在研读目前收集到的所有案例判决书后,我们发现,100%的判决书都会说明主从犯到案后的具体情节,而从犯对于犯罪结果的态度和表现将会影响其具体量刑结果。

首先我们将从犯依照有无认罪悔罪表现进行粗略分类,结果如图26所示。

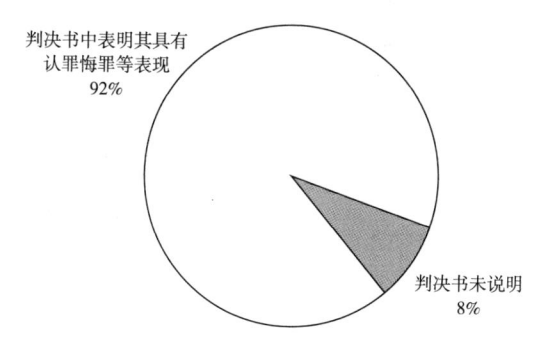

图26 所选案例中从犯到案后情节的类别

在被纳入统计范围的494名从犯中,有92%的从犯到案后具有认罪悔罪等表现,其中,100%的判决书都表明,将从犯到案后的表现作为其量刑的依据之一。

例如,在丁建东、裘波军、陈浩亮等走私普通货物、物品案①中,浙江省高

---

① 丁建军、裘波军、陈浩亮等走私普通货物、物品案,浙江省高级人民法院(2019)浙刑终432号刑事判决书。

级人民法院在从犯量刑部分做出了如下说明:"海亨公司、李帅、陈浩亮、平静、王佩智均系从犯,均可减轻处罚。陈浩亮归案后认罪悔罪,其亲属代为退赔国家税款损失,根据其犯罪情节和归案后的认罪悔罪表现,可对其从轻改判并适用缓刑。"可见,从犯陈浩亮到案后"认罪悔罪、亲属代为退赔损失"的情节是其被"从轻改判并适用缓刑"的主要影响因素。

在分类筛选出从犯"具有认罪悔罪表示"的案例后,我们对这些判决书中涉及的各类情节进行统计,并对其中出现 10 次以上的各种情节组合根据出现频次进行排序,得出了如下结果(见图27)。

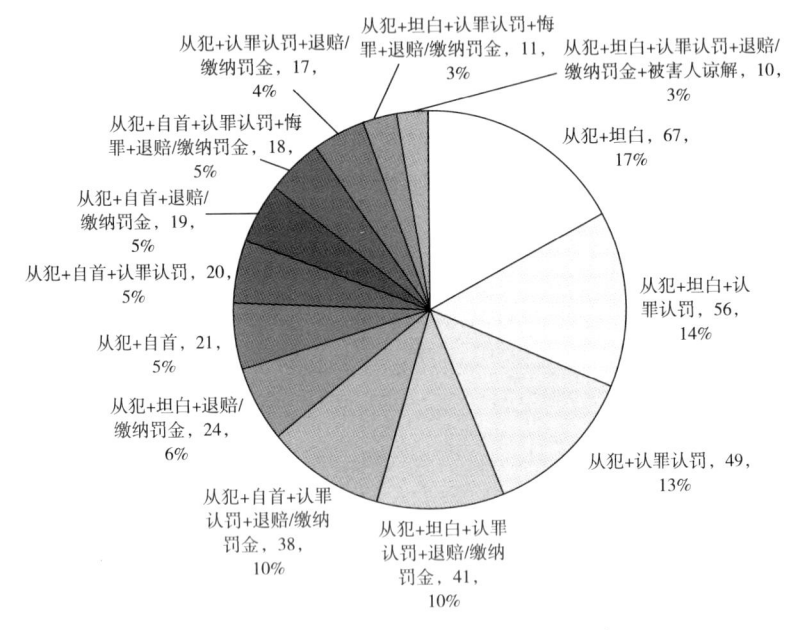

图 27 从犯到案后的主要情节的具体分类

在被纳入统计范围的 151 个案例中,从判决书中直接体现的"从犯到案后的表现和认罪悔罪态度"总共可以被分为 42 种情形。其中"到案后仅坦白"的从犯最多,其次为"同时具有坦白和认罪认罚情节"的从犯,"仅认罪认罚"的从犯,"同时具有坦白、认罪认罚、缴纳罚金、退还赃款、赔偿受害人多个情节"的从犯。这些情节无一不被判决书详细记录,并作为量刑的依据之一,法院将依照这些情节做出"免除处罚""减轻处罚""从宽处罚"等判定,最终影响从犯的具体刑罚。

以下为法院做出的"免除处罚""减轻处罚""从宽处罚"等判定的统计结果，如图28、图29所示（图28为所有统计结果，图29为主要类型分布）。

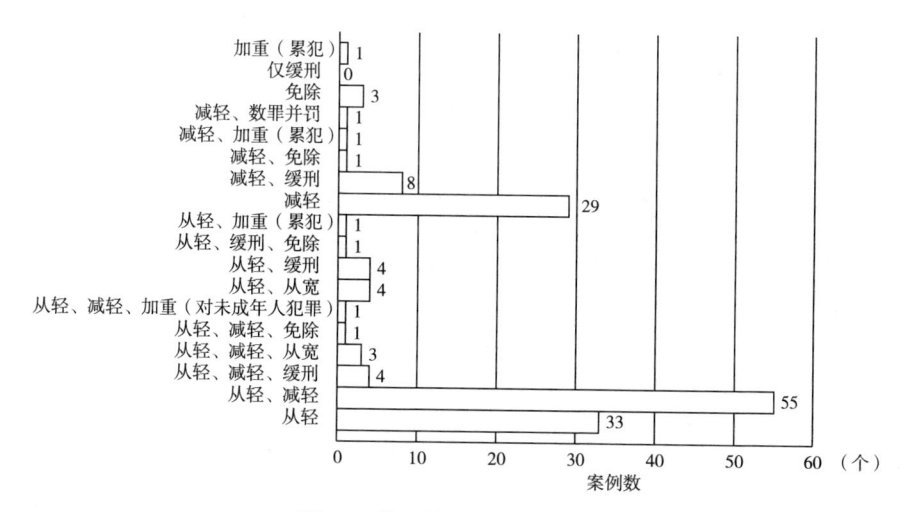

```
加重（累犯）         1
仅缓刑              0
免除                3
减轻、数罪并罚        1
减轻、加重（累犯）     1
减轻、免除           1
减轻、缓刑           8
减轻               29
从轻、加重（累犯）     1
从轻、缓刑、免除      1
从轻、缓刑           4
从轻、从宽           4
从轻、减轻、加重（对未成年人犯罪） 1
从轻、免除           1
从轻、减轻、从宽      3
从轻、减轻、缓刑      4
从轻、减轻          55
从轻               33
```

图28　从犯的量刑结果的统计

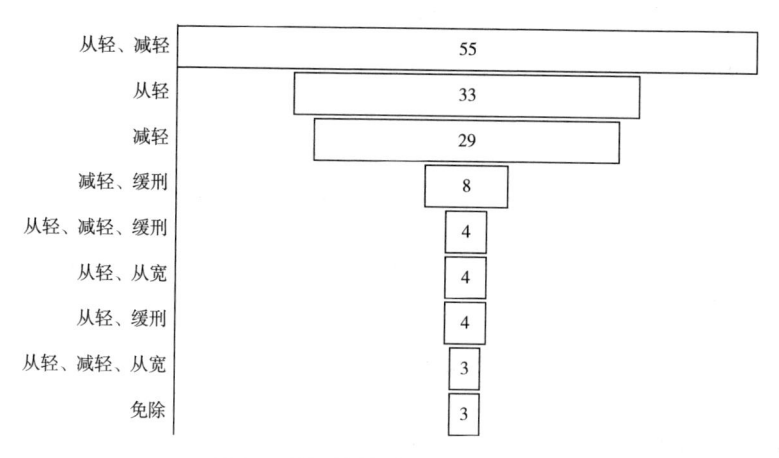

```
从轻、减轻          55
从轻               33
减轻               29
减轻、缓刑           8
从轻、减轻、缓刑       4
从轻、从宽           4
从轻、缓刑           4
从轻、减轻、从宽       3
免除                3
```

图29　从犯的量刑结果的主要类型

综上，我们可以得出结论，从犯"是否有认罪悔罪态度和行为表现"应为影响其量刑的主要因子之一。

（二）影响因子之二——在危害结果中所起的作用

除认罪悔罪表现外，我们在研读案例判决书时发现，从犯对危害结果所起的作用不仅是影响认定的因素之一，同样也是影响量刑的主要因子之一。

在151个涉及共同犯罪的案例中，100%的判决书在认定起次要作用的从犯后，在量刑部分都会做出如下描述："xxx在共同犯罪中起次要作用，系从犯，应当从轻处罚。"由此可见，法院在对从犯进行量刑时同样会考虑其对结果所起的作用。（关于"在危害结果中所起的作用"的案例统计结果和分类与上文"次要作用认定部分"的"影响因子之三——对结果所起作用"大致相同，在此不予赘述。）

而根据我们的调研结果，"对结果所起作用"作为影响因子之一，其对量刑的影响主要可以从主从犯刑罚对比中体现。

在对主从犯自由刑部分①进行统计后，我们得出了如下结果（见图30）。

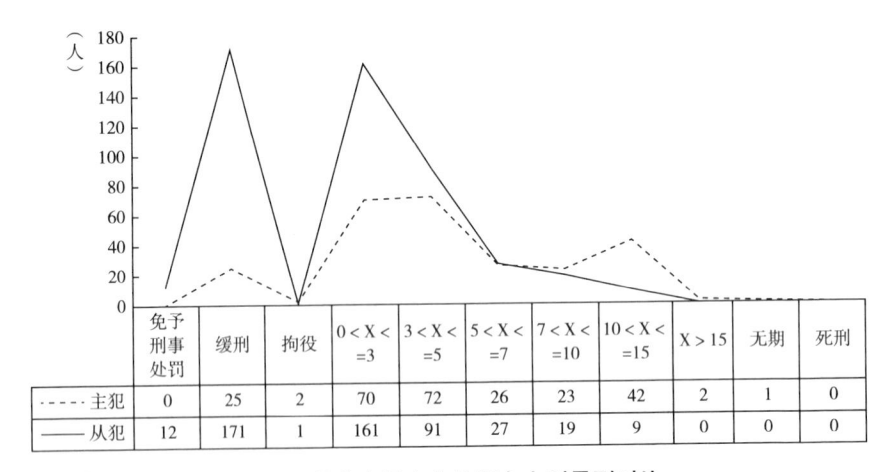

	免予刑事处罚	缓刑	拘役	0<X<=3	3<X<=5	5<X<=7	7<X<=10	10<X<=15	X>15	无期	死刑
----主犯	0	25	2	70	72	26	23	42	2	1	0
——从犯	12	171	1	161	91	27	19	9	0	0	0

图30 所选案例中主从犯自由刑量刑对比

对统计结果进行计算后，我们得出，主犯总计263人，免于刑事处罚0人，占比为0；缓刑25人，占比为9.51%；拘役2人，占比为0.76%；判处有期徒刑的共235人，占比为89.35%；无期徒刑1人，占比为0.38%；死刑0人，占比

---

① 由于罚金刑和具体犯罪情节相关，与研究主题不符，所以不予统计；同时如前文所述，我们将自由刑的统计分为免予刑事处罚、缓刑和实刑（包括拘役、有期徒刑、无期徒刑、死刑）。

从犯除去单独判处罚金刑的，共计491人，其中免于刑事处罚的12人，占比为2.44%；判处缓刑的171人，占比为34.83%；拘役1人，占比为0.20%；有期徒刑307人，占比为62.53%；无期徒刑和死刑0人，占比都为0。

将主从犯各刑罚占总数比例进行比较，结果如图31所示。

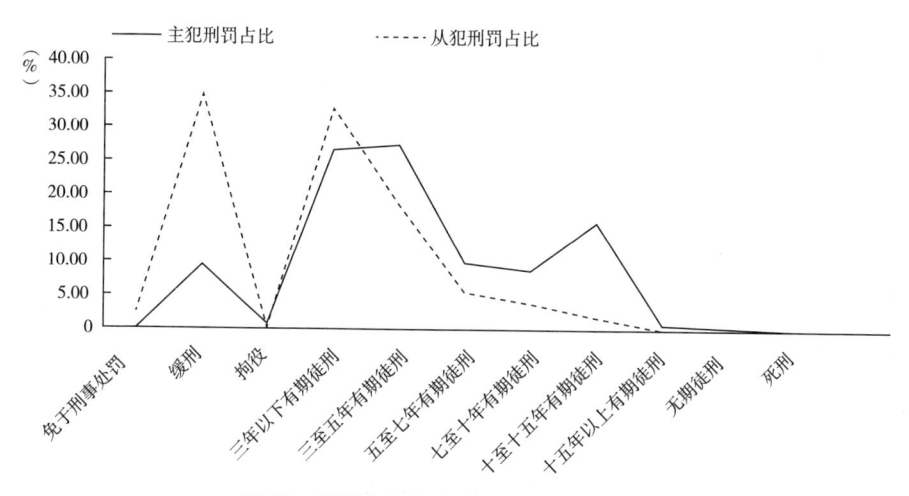

图31 所选案例中主从犯的刑罚数量占比

从图31我们可以看出，以"五年有期徒刑"为分界点，判处"五年以上有期徒刑"刑罚的主犯占比整体上较从犯更高，判处"五年以下有期徒刑""免于刑事处罚""缓刑"的主犯占比整体上较从犯更低。（同时可见"五年有期徒刑"也应为法院量刑的一个重要区分点，但由于该内容与"从犯量刑影响因子"关联较小，在此便不做赘述。）

图32使结果表现得更为直观。由图32可知，在认定主从犯后，相比于"起关键作用"的主犯，法院对"起次要作用从犯"的判决更倾向于"免于刑事处罚""缓刑"等较轻的处罚，这同时也与法院做出的"从轻""减轻"等判定相符（图33为我们对判决书以"从轻""减轻"等主要情形为划分标准进行统计后的结果，与图27大致相同），可见"对犯罪危害结果所起的作用"显然是影响起次要作用从犯量刑的因素之一。

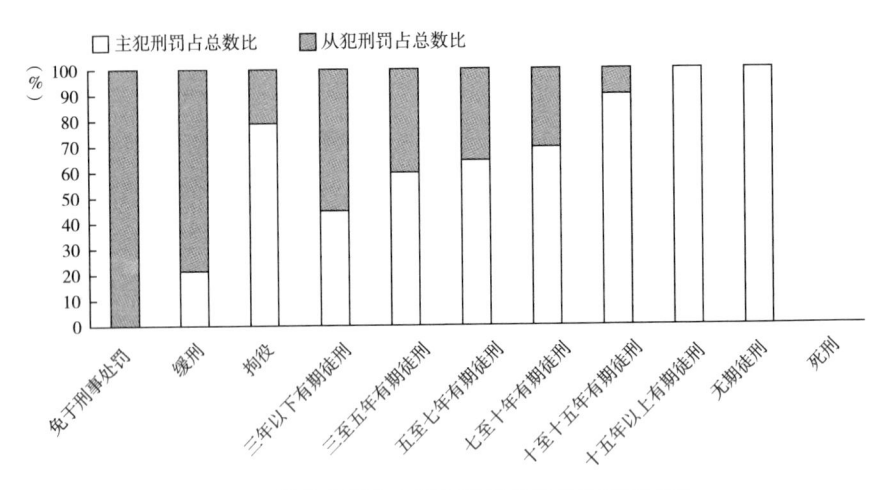

图 32　所选案例中主从犯被判处的具体刑罚占比

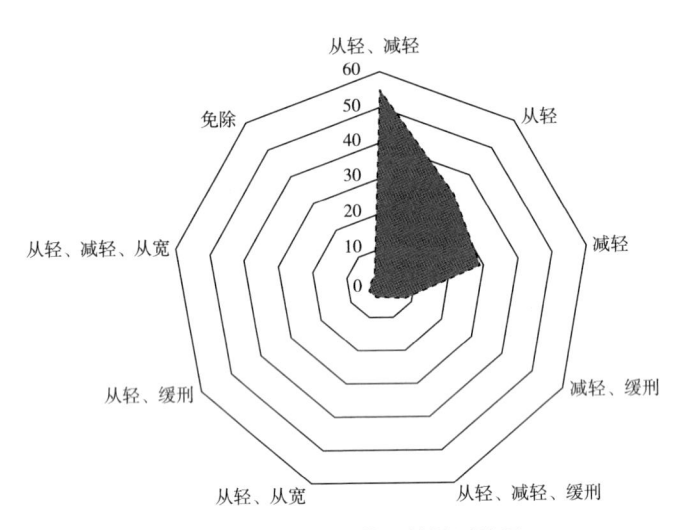

图 33　所选案例中从犯的量刑结果

（三）其他影响因子

除上述两种因素外，还存在其他可能影响从犯量刑的因素。由于这些因子的出现频次较低，且不同案例中存在特殊情节，所以目前的数据统计结果并不能证明这些因素对从犯的量刑的影响具备普遍性，仅在此部分进行简要说明。

1. 累犯

在被纳入统计范围的 151 个案例、总共 494 名被判定起次要作用的从犯中，存在 9 名累犯，占比为 1.82%（见图 34）。

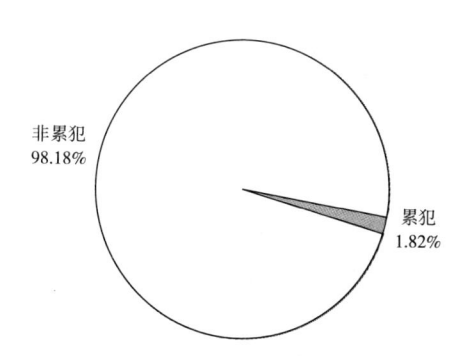

图 34 所选案例中的从犯为累犯的数量占比

关于这 9 名"从犯兼累犯"到案后的态度和表现如图 35 所示。

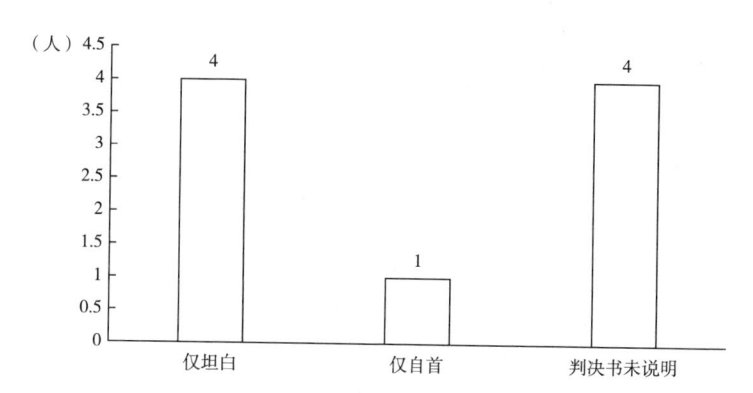

图 35 所选案例中"从犯兼累犯"到案后的表现

关于这 9 名"从犯兼累犯"的量刑，100% 的判决书中都会说明"xxx 系累犯，应从重处罚"，可见"是否累犯"在这些案例中应为影响从犯量刑的因素之一。但是由于样本量过少，加之裁判文书最后的判决结果应为综合多种因素后所做，无法体现"是否累犯"此单一因素对量刑结果的影响。因其不具备普遍性，所以我们不将其作为"次要作用从犯量刑的主要影响因子"。

2. 存在特殊犯罪形态

在被纳入统计范围的 151 个案例中，有 12 个案例具有犯罪未遂的特殊情形，占比为 7.95%（见图 36）。

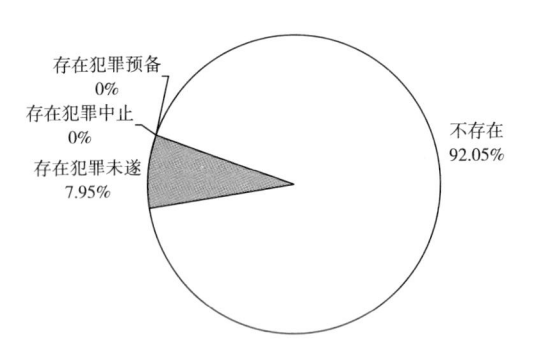

图 36　所选案例涉及的特殊犯罪形态占比

在被筛选出的涉及犯罪未遂的 12 个案例中，100% 的判决书都会提到 "……（以上为具体原因）xxx 是犯罪未遂，可以比照既遂犯从轻或减轻刑罚"，或者 "xxx 系部分未遂，应以 xx 罪既遂处罚，对未遂部分作为量刑情节酌情考量"。可见 "存在特殊犯罪形态" 也应为影响量刑的因素之一。

以下为对这 12 例判决书中各种情况的量刑统计（见图 37）。

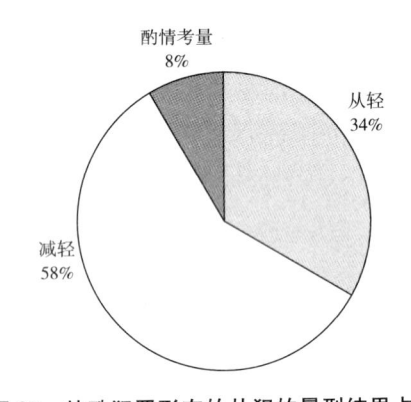

图 37　特殊犯罪形态的从犯的量刑结果占比

由于被纳入统计范围的 12 个案例中，法院的判定是案例中的主从犯均为犯罪未遂，并未出现仅主犯未遂或者仅从犯未遂的情况，所以仅从本次调研结果看，"存在特殊犯罪形态" 不仅是影响 "起次要作用从犯的量刑" 的因素之一，显然同样也应为影响主犯量刑的因素之一。但是，同样由于样本量过少且各案例情节差异较大，该因素也不宜被归类为"次要作用从犯量刑"的主要影响因子之一。

五　调研结论与学理研究之对比分析

在对检索筛选的案例进行了数据分析之后，为了更好地探讨调研结论与学理观点之间的关系，分析司法实践与学理研究之间的一致性和差异性，从而更好地拉近我国司法实践和学理研究在起次要作用的从犯方面的认定与量刑的距离，我们选取了学理研究中几个具有代表性的问题结合调研结果进行对比分析。

（一）关于主从犯认定的问题

根据《中华人民共和国刑法》第二十六条和第二十七条的规定，组织、领导犯罪集团进行犯罪活动的或者在共同犯罪中起主要作用的是主犯；在共同犯罪中起次要或者辅助作用的是从犯。起次要作用的从犯直接实施了具体犯罪构成客观要件的行为，但在整个犯罪活动过程中较之主犯所起的作用小。[1] 由此可以得出：行为人在共同犯罪中所起作用的大小是区分主从犯的唯一标准。关于如何判断行为人所起作用的大小，学界多采用综合判断说。张明楷教授认为，在认定从犯时，要根据行为人在共同犯罪中所处的地位、对共同故意形成的作用、实际参与的程度、具体行为的样态、结果所起的作用等进行具体分析，来判断其是否在共同犯罪中起次要或辅助作用。[2] 高铭暄等学者也认为需要综合考虑其在共同犯罪中所处的地位、参与程度、犯罪情节以及对造成危害结果所起作用的大小等各方面的因素来确定。[3]

实际上法官在量刑时，是根据各共犯在犯罪事实中的地位、作用、参与程度等客观情节，加之参与动机、犯罪意图、实施犯罪时的态度等主观情节予以综合判断，进而判定各共犯的主从地位和作用大小。但共犯间的地位、作用、参与程度等量刑情节多种多样，无法在成文法中完全反映出来，法官只能根据自身的朴

---

[1] 贾宇主编《刑法学》，高等教育出版社，2019，第248页。
[2] 张明楷：《刑法学》（第6版），法律出版社，2021，第611页。
[3] 高铭暄、马克昌主编《刑法学》（第9版），北京大学出版社，2019，第171页。

素正义观对各共犯的地位和作用进行相对评判，在共同犯罪的整体事实中按一定比例在共犯间进行分配。①

共犯人在共同犯罪中的作用往往会被以"社会危害性"认定，但若只是以社会危害性大小来区分主从犯太过抽象和宽泛，在我们统计的 151 个有效判决中，也没有一份判决书中是直接以社会危害性为标准来区分主从犯的。

黎宏教授认为对起次要作用从犯的认定，必须考虑以下几方面的情况。(1) 起因。即要看共同犯罪的意思是谁最先提出来的。一般来说，最先提出犯罪的起意者，是主犯；跟随附和的，是从犯。(2) 行为人在共同犯罪中所处的地位。即要看行为人在共同犯罪中是居于主导、支配地位还是处于从属、被支配的地位。如属前者，则为主犯；如属后者，则为从犯。(3) 行为人在共同犯罪中的实际参与程度。即行为人在共同犯罪过程中是参与了整个犯罪的始终且行为积极主动，还是只参与了一部分犯罪活动且缺乏积极主动精神。如系前者，就是主犯；如系后者，就是从犯。(4) 行为人具体罪行的大小。即要看行为人在犯罪的形成、实行到完成的各个环节中，特别是对危害结果的发生所起的作用的大小。如起的作用大，就是主犯；如起的作用小，就是从犯。(5) 看利益的分配情况，即犯罪所得是如何分配的。一般来说分配多者是主犯，分配少者是从犯。②

根据我们的调研结果，对于特征 (1)，在我们收集的 151 份判决书中，均未涉及从犯对犯意形成的次要作用，但是大部分从犯对犯意均知晓并主动配合以达犯罪目的；对于特征 (2)，判决中并没有涉及从犯的被支配地位，我们仅对从犯对案件的参与程度做了统计分析，无法直接得出特征 (2) 的结论；对于特征 (3)，我们的统计数据如图 22 所示。大部分从犯均属于主动参与，被动参与的从犯占比较小，与特征 (3) 有不相符之处。同时我们注意到司法实践中大部分起次要作用的从犯是部分参与实施，参与实施全部环节与参与谋划和实施的认定占比较小，这也符合法理对于起次要作用从犯的定义。如图 25 所示，在 151 份判决书中，对结果无较大影响的从犯为 0。在大部分判决中，从犯直接促进结果发生，这与上文中提到的特征 (4) 并不相符。对于特征 (5)，在整理分析判

---

① 武鑫：《共犯间量刑平衡的裁判逻辑与适用情形》，《法律适用》2020 年第 15 期，第 133 页。
② 黎宏：《刑法学总论》（第 2 版），法律出版社，2020，第 289 页。

决书的过程中发现，部分判决书（比如以牟取利益、非法占有财产为目的的共同犯罪）在认定"起次要作用的从犯"时，会具体考虑其在分配非法利益中所占比例大小，以此来辅助判定其是否应被认定为"起次要作用的从犯"，与特征（5）相符。

（二）关于主从犯量刑的问题

共犯的处罚依据大致有三种学说：责任共犯说、违法共犯说和因果共犯说。责任共犯说认为，致使正犯实施了（符合构成要件、违法且）有责的行为这一点是共犯处罚的根据，其着眼于使正犯堕落、致其陷入罪责与刑罚，即着眼于制造出了所谓犯罪人。违法共犯说认为，致使正犯实施了（符合构成要件且）违法的行为这一点是共犯处罚的根据。因果共犯说（也称惹起说）认为，介入了正犯行为而自己引起（惹起）了法益侵害这一点是共犯处罚的根据，这种主张也被称为惹起说。[①] 采取修正惹起说的黎宏教授非常清楚地指出，共犯的违法性最终只能通过正犯行为的法益侵害性而完全体现出来。[②] "共犯是因为以正犯为中介，间接地侵害了法益才受到处罚的，所以，共犯是否违法，完全取决于正犯是否违法，即承认共犯的从属性，而不认可共犯具有独立的违法性。"[③] 同样采取修正惹起说的杨金彪博士也认为："在处罚根据上，正犯与共犯没有质的不同，都是因为引起法益侵害或者危险的结果而受到处罚。只不过正犯是直接引起侵害法益的结果，共犯是间接引起侵害法益的结果。"[④]

通说坚持因果共犯说的观点，认为是数个人的行为引起了同一个法益侵害的结果或者事实，因此每个参与者的行为对侵害法益的结果的发生或侵害事实的造成、所起的作用可能会有较大差异，所以其承担的法律责任也应有所差别，因此出于公平合理的考虑，在量刑中对每个人的处罚也应当有所区别。具体表现在，对于共同犯罪中的组织领导者或者犯意引起者，即从刑事政策的角度也应当认为其是起主要作用者，这类人是犯罪产生的源头，理所应当要给予更重的惩罚。最高人民法院、最高人民检察院《关于常见犯罪的量刑指导意见（试行）》第三

[①] 付立庆：《刑法总论》，法律出版社，2020，第286~287页。
[②] 何庆仁：《共同犯罪的归责基础与界限》，中国社会科学出版社，2020，第20页。
[③] 黎宏：《刑法总论问题思考》（第2版），中国人民大学出版社，2016，第449页。
[④] 杨金彪：《共犯的处罚根据》，中国人民公安大学出版社，2008，第240页。

条第（五）款中也有相关规定，认为对于从犯，要综合考虑其在共同犯罪中的地位、作用等情况，应当予以从宽处罚。而共犯在共同犯罪中的作用越大，罪责越重，从严比例就应相对大一些，从宽比例就应相对小一些；共犯的作用越小，罪责越轻，从严比例就应小一些，从宽比例就应大一些。[1]

根据调研的最终统计结果，从犯被判处缓刑的人数和 7 年以下自由刑的人数远远多于主犯，而主犯被判处 7 年以上自由刑的人数远远多于从犯。值得关注的是，在调研结果中，有 0 名主犯、12 名从犯免予刑事处罚，有 1 名主犯、0 名从犯被判处无期徒刑。很明显，在司法实践中，从犯的处罚会比主犯的处罚更轻，主犯从严比例更大，而从犯从严比例更小，这与学理上的研究是相符的。

但是我们也关注到，关于起次要作用的从犯对法益侵害结果所起的作用正如图 25 所示，其通常对法益侵害结果有着直接影响。这与因果共犯说的观点即共犯间接引起法益侵害、正犯直接引起法益侵害的观点存在不一致之处。

（三）对触犯不同罪名的共犯人能否区分主从的问题

实践中，对于数个行为人共同参与犯罪，但由于各方面因素而触犯不同的罪名，是否成立共同犯罪；以及如果成立共同犯罪是否还要再区分主从犯有不同的认识。

对于这样的案件该如何处理，涉及共同犯罪的本质问题。关于共同犯罪的本质，学界有着不同的观点，传统的共同犯罪说认为"共同犯罪必须以一个犯罪构成为成立的前提"[2]；"构成共同犯罪必须二人以上具有共同的犯罪行为。所谓共同的犯罪行为，指各行为人的行为都指向同一犯罪，互相联系，互相配合，形成一个统一的犯罪活动整体。"[3] 以张明楷教授为代表的一些学者主张部分犯罪共同说，认为二人以上虽然共同实施了不同的犯罪，但当这些不同的犯罪之间具有重合的性质时，则在重合的限度内共同犯罪。[4] 现在的部分犯罪共同说则认

---

[1] 武鑫：《共犯间量刑平衡的裁判逻辑与适用情形》，《法律适用》2020 年第 15 期，第 139 页。
[2] 曾宪信、江任天、朱继良：《犯罪构成论》，武汉大学出版社，1988，第 160 页。
[3] 高铭暄、马克昌主编《刑法学》（第 9 版），北京大学出版社，2019，第 160 页。
[4] 何庆仁：《共同犯罪的归责基础与界限》，中国社会科学出版社，2020，第 22 页；参见张明楷《刑法的基本立场》，中国法制出版社，2002，第 253 页。不过张明楷教授在其第 4 版的教科书中改变了立场，开始支持行为共同说，参见张明楷《刑法学》（第 4 版），法律出版社，2011，第 357 页。

为:"两个行为的构成要件之间有较大范围的重合关系时,就可以判断实行行为具有共同性,共犯的成立就可以肯定。"① 而按照行为共同说的观点来看,共同正犯应该理解为各人通过共同的行为实现各人的犯罪,因此,在能够肯定共同引起的法益侵害范围内,即使与共同者各自的故意相对应的犯罪(罪名)不同,也能成立共同正犯。② 采取行为共同说的黎宏教授也认为共同正犯尽管是数人共同实施同一特定犯罪,但最终受罚的只是单个参与者,所以共同正犯的本质是数人共同行为,来实现各自的犯罪。③

从我们的调研结果来看,符合前文所述的数个行为人共同参与犯罪,但触犯不同的罪名的判决书共 2 份,其余 149 份判决书所涉及的共同犯罪均只涉及同一罪名(见图 38)。此种情况在司法实践中出现的频次不高,但本次调研中出现的 2 份判决书均区分了不同罪名中的主从犯,比较符合上述部分犯罪共同说和行为共同说的观点,而与传统的共同犯罪说相矛盾。

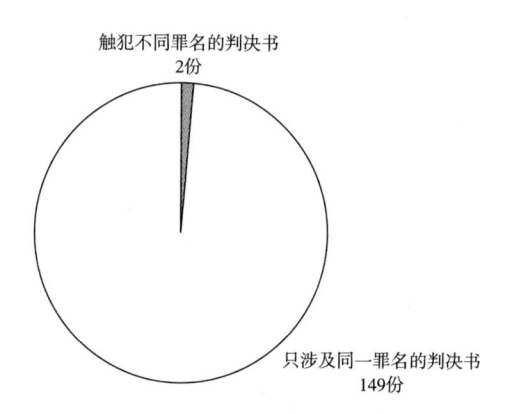

图 38 所选案例的判决书涉及的罪名数量对比

(四)只有单一共犯人到案的情况下是否区分主从犯

从理论层面上说,对单一被告一般情况下不宜区分主从犯,主要理由是未知证据在时间上和空间上具有可变性。如果生效判决认定的主从犯的根据是当前证

---

① 周光权:《刑法总论》(第 3 版),中国人民大学出版社,2016,第 317 页。
② 张明楷:《刑法学》(第 6 版),法律出版社,2021,第 539 页。
③ 黎宏:《刑法学总论》(第 2 版),法律出版社,2020,第 263~264 页。

据，等到其他共犯归案后，当前证据可能会发生变化，只要有一项证据同所证实的主从犯情节相悖，那么证据组合就达不到一致性、排他性的要求，从而会影响主从犯的认定。①

在整理有效判决书时，我们已经将只有主犯的判决书排除，即使在这样的情况下，在剩余的151份有效判决书中，仍然有3份判决书属于一审只认定了主犯，二审才将其中一部分主犯认定为从犯的情况（如图39所示）。可见，在只有单一共犯人到案的情况下是否可以认定主犯的问题上，司法实践和学理上的观点存在偏差。

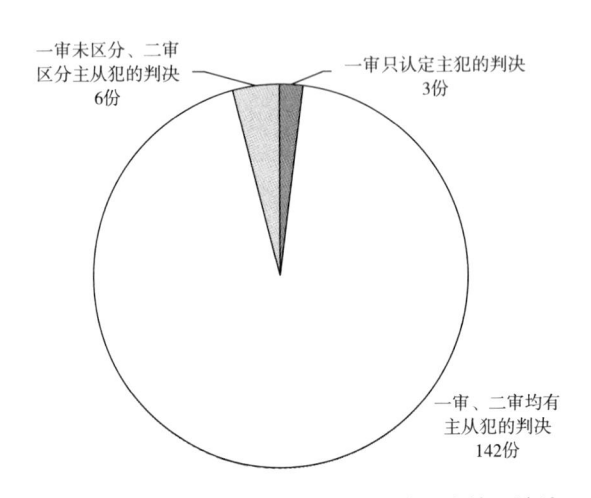

图39 所选案例的判决书对主从犯的认定情况统计

认定从犯则是另外一个问题，因为从犯是法定的从轻情节。如果确有证据证实先到案的个别从犯在共同犯罪中起次要作用或者辅助作用，就不能因为其他从犯未到案而不将其认定为从犯，甚至将其认定为主犯或按主犯处罚。而且只要认定了从犯，无论主犯是否到案均应援引《中华人民共和国刑法》中有关从犯的规定对其从轻、减轻或免除处罚。② 调研结果显示，只认定从犯的判决共15例（如图40所示）。

---

① 李小文：《主从犯认定的若干问题研究》，《上海大学学报》（社会科学版）2008年第2期，第131页。
② 参见最高人民法院下发的《全国法院毒品犯罪审判工作座谈会纪要》（法〔2015〕129号）。

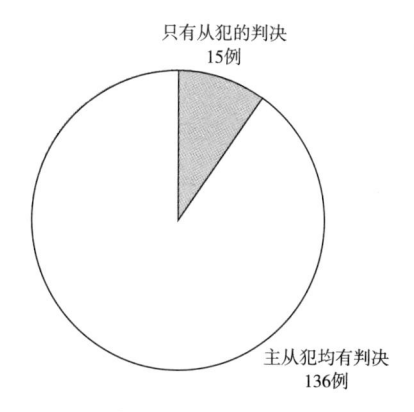

图 40　所选案例中认定从犯的情况统计

由此可见，在只有单一共犯人到案的情况下是否认定从犯的问题上，司法实践和学理上的观点具有一致性。

（五）单位共同犯罪的情况下单位内部的自然人是否区分主从犯

理论上来说，单位和自然人是刑法上平等的犯罪主体，单位是法定的犯罪主体当然可以成为共同犯罪的主体。现代刑法学普遍认为，一个单位与其本单位的职员之间不能构成共同犯罪，但是单位与单位、单位与自然人之间，都可以构成共同犯罪。[①] 本次调研中单位共同犯罪共 5 例（如图 41 所示）。

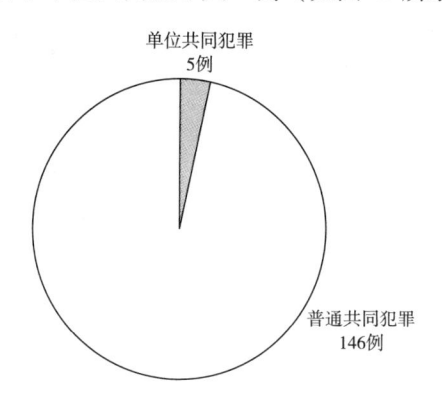

图 41　所选案例涉及单位共同犯罪的数量

[①] 高铭暄、马克昌：《刑法学》（第 9 版），北京大学出版社，2019，第 160 页；王世洲：《现代刑法学（总论）》（第 2 版），北京大学出版社，2018，第 256 页。

从调研的最终结果来看，虽然单位和自然人都可以成为共同犯罪的主体，应当区分主从犯，但是在统计的5份关于单位共同犯罪的判决书中，有4份判决书明确认定了一单位为主犯，另一单位为从犯。有1份判决书虽然也属于单位共同犯罪，但是并没有明确指出单位是主犯还是从犯，与学理上的研究存在一些差异。

而对于单位共同犯罪中单位内部自然人是否需要区分主从犯的问题，一般认为对单位犯罪中的直接负责的主管人员与直接责任人员，也应当分清正犯、共同正犯、从犯，分别适用不同的处罚原则。[①]

在5份关于单位共同犯罪的判决书中，有3份判决书中法院对单位内部的自然人也做了主从犯的区分，剩下2份判决书中法院认定单位内部自然人都为从犯（如图42所示）。

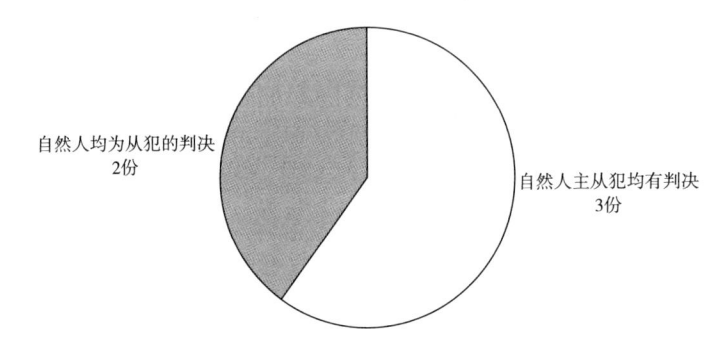

图42 单位共同犯罪案件中单位内部自然人的主从犯认定情况

根据这一调研结果可以看出，司法实践中对于单位共同犯罪情况下单位内部的自然人是否区分主从犯这一问题的处理是符合学理研究的。

结　语

根据本次实证调研的结果，司法实践中起次要作用的从犯大部分知晓主犯犯意并主动配合，部分参与实施，直接促进结果发生，涉及以牟取利益、非法占有

---

① 张明楷：《刑法学》（第6版），法律出版社，2021，第539页；付立庆：《刑法总论》，法律出版社，2020，第129页。

财产为目的的共同犯罪时所分得的非法利益较少，具有认罪悔罪表现。而司法实践中对起次要作用的从犯的认定同学理上的观点既有一致也有差异，故而对起次要作用的认定和量刑分析必须有机结合司法实践与学理研究寻求发展。

我们认为，我国刑法应当同等地对主从犯进行定罪量刑分析，对各犯罪参与人从违法性、有责性、所起作用的认定方面同等地进行分析。其中，对起次要作用的从犯的"次要作用"认定要综合考量其参与程度、社会危害性、犯意表示、非法获利分配的占比、认罪悔罪表现、具体量刑情节等在犯罪事实与情节中的具体体现。同时，无论是司法实践还是学理研究都应当对共犯从属性理论的合理性和合适性进行反思，学术研究的方向并不应当以提出一个又一个例外来不断修补为主。

在研读案例判决书的过程中，我们也注意到各地法院判决书的撰写思路、书写习惯有极大的不同，比如对于我国刑法第六十七条第三款的规定的表述，如实供述与坦白的比例几乎各占一半。此外，存在一审法院法律适用错误、二审法院未对法律的具体适用进行列明的情况[1]，这不利于我国司法实践的良好发展。同时，虽然几乎所有法院都将犯罪行为人的社会危害性纳入考量，但均未对此进行详细说理，这不利于学界和我国司法实践在起次要作用的从犯的认定与量刑上的研究与发展。

（指导教师：何庆仁）

---

[1] 杨云华、曾秀峰抢劫、诈骗案，广东省高级人民法院（2020）粤刑终1371号刑事判决书。

乡村集体经济组织特征与运行逻辑考察
——基于湖南省开慧村的田野调查研究

赵文鹏　张以恒　尹煜炎　谢国梁[*]

摘　要　发展乡村集体经济是推动乡村振兴战略实施的重要基础，是促进农民农村共同富裕的必由之路。本文将乡村集体经济视作一种特殊的经济组织，从实践层面去理解当前乡村集体经济组织的实际特征与行为逻辑，对于优化乡村经济治理结构的有效运行、破解乡村振兴系列难题具有重要意义。本研究以湖南省开慧村为研究案例，对该村集体经济组织的运行情况进行经验研究与实证分析并得到相关结论。针对集体经济组织的运行困境，本文在经验研究发现基础上，尝试提出了优化乡村集体经济组织结构、创新组织运行方式的改革思路，目的是使乡村集体经济组织运行既能充分发挥市场资源配置作用，又能更好发挥政府调控作用。

关键词　共同富裕；乡村振兴；集体经济组织；双重性

一　绪论

（一）研究背景

在中国共产党的领导下，经过全党全国各族人民持续奋斗，我国已实现了

---

[*] 赵文鹏，政府管理学院2019级本科生；张以恒，经济学院2019级本科生；尹煜炎，经济学院2019级本科生；谢国梁，政府管理学院2020级本科生。

第一个百年奋斗目标，在中华大地上全面建成了小康社会，历史性地解决了绝对贫困问题。根据党中央精神，新阶段要把解决好"三农"问题作为全党工作重中之重，举全党全社会之力推动乡村振兴。从集中力量脱贫攻坚到全面推进乡村振兴，"三农"工作重心也将实现历史性转移，乡村地区产业振兴成为关键一招。

乡村产业发展壮大、产业兴旺，必须以更有力的举措、汇聚更强大的力量推进，坚持原有的家庭小农式的经营模式已不适应当前乡村振兴需要，找回乡村集体经济组织，成为必然的要求。[1] 近年来，对集体经济发展的研究不论是数量还是质量都呈爆发式增长。[2] 一方面，学术界已普遍认可集体经济组织是乡村振兴战略的核心；另一方面，大量研究指出乡村集体经济处在发展困境中。事实上，除却部分集体经济发展明星村与示范村，绝大部分的村集体经济处在极低的发展水平。[3] 而学术界现有的研究大多集中在对困境的宏观概括或具体问题的阐释上，提出的解决方式较为抽象或集中在操作层面，难以形成系统、有效的理论指导。[4] 此外，当前所提出的困境都是静态的、割裂的，当触碰到实际解决层面，往往出现"两头不可兼顾"的局面。[5]

乡村振兴战略的成败也是共同富裕成败的决定性要件，而实现乡村振兴，必须要以乡村集体经济发展为总脉络。乡村集体经济作为村民以合作、联合等形式开展生产经营活动并共享经营收益的经济形态，是社会主义公有制经济在农村的重要体现。事实上，我国乡村集体经济的发展速度正在加快，在促进农民农村共同富裕方面发挥了重要作用。然而，在一些地区，集体经济组织仍处在难以突破的困境中，缺乏支持乡村振兴的能力。

部分地区的乡村集体经济组织由于其历史和广泛存在的党、政、经"一肩

---

[1] 刘冠军、惠建国：《中国农村集体经济的实现形式与创新发展》，《甘肃社会科学》2021 年第 3 期。
[2] 来自中国知网"集体经济"关键词的关注度指数分析。
[3] 张亿钧、朱建文、秦元芳、徐冠宇：《政策诱变与政府规制：农民合作社"空壳化"的形成原因与规范路径》，《中国合作经济》2021 年第 1 期。
[4] 杨一介：《我们需要什么样的农村集体经济组织？》，《中国农村观察》2015 年第 5 期。
[5] 关锐捷、黎阳、郑有贵：《新时期发展壮大农村集体经济组织的实践与探索》，《毛泽东邓小平理论研究》2011 年第 5 期。

挑"的现状①，兼有政治组织与经济组织的双重性。这种双重性使村集体面对村民、基层政府和民营市场经济主体时表现出不同的作用，这两种性质需求的不同使集体经济组织处在双重性质的张力之中。

乡村集体经济组织何以带有国家与个人的双重性呢？最终，这种双重性又是怎样造成集体经济组织发展困境的呢？如何更好协调这种固有的双重性组织特征，使其既能够落实好作为社会主义公有制经济主体的政治使命，又能够作为完善的市场主体发挥好应有的经济社会功能？对此，我们选定了湖南省长沙市长沙县开慧镇开慧村作为实地研究对象，开展调查研究。

（二）研究对象

本文的研究对象是乡村集体经济组织。乡村集体经济组织不仅是一个经济组织，也是一种组织形态和特殊的经济制度安排。从法律意义上来讲，乡村集体经济组织是对乡村集体经济进行管理的组织，它整合村集体的生产要素，担任农民直接利益的分配主体。② 乡村集体经济组织在我国由来已久，如今的乡村集体经济组织多脱胎于实行家庭联产承包责任制前的乡村人民公社。

市场经济体制下，绝大部分人民公社已经解散，家庭联产承包责任制推行后，实行个人与集体经营的"统分结合"，集体经济组织就此产生，承揽集体经营的职能。在运作中，许多村的集体经济组织和村民委员会、村党支部是"三块牌子，一套班子"，这种情况，实际上是原有人民公社的制度遗产。集体经济组织在集体经济管理和发展的过程中，兼有乡村基层社会整合的政治性责任和作为市场主体发展壮大自身的经济性责任。有观点认为，应将村党支部、集体经济组织和村民委员会分离，在村党支部的领导下，后两者各自肩负起自身的责任，但其制度成本和村务工作的综合性使其在现实中的推行并未取得实质性的进展；相反，部分学者甚至认为应当顺应行政化的现状，以服务乡

---

① 王均宁：《村党组织书记实现"三个一肩挑"后的使用管理问题研究——基于湛江市的实证分析》，《行政与法》2021 年第 10 期。
② 刘观来：《合作社与集体经济组织两者关系亟须厘清——以我国〈宪法〉的完善为中心》，《农业经济问题》2017 年 11 期；李凤娣：《农地使用权制度中的强制性规范研究》，暨南大学硕士学位论文，2016。

村振兴。[①]

本文中所使用的集体经济组织的概念,是不与村委会、村党支部分离的集体经济管理组织。

(三) 研究框架

为了在国家发展大规划与乡村发展大战略的基础上讨论集体经济组织的发展,建构共同富裕、乡村振兴和集体经济组织发展由宏至微的视角,本文首先将进行三个问题的文献综述,即集体经济与共同富裕远景规划的关系、集体经济与乡村振兴战略发展的关系以及集体经济发展的困境和出路问题。

在概述了个案选择的村落具体情况以及研究中的具有代表性问题的基础上,针对该村的特性,我们设计了一套案例研究的方法,其中包括实地观察法、半结构式访谈法等。

进入文章主论部分,首先我们详述了开慧村集体经济发展的具体矛盾,以主体与主体对照的逻辑展开,在整个开慧村集体经济发展困境中,主体包括村民、村集体、县镇政府与民营企业四者。这些具体叙述为后文的模型化分析提供了讨论的基础。

其次,我们引入国家化与农民性的理论,把前文所描述的具体矛盾模型化,并把整个过程中的主体行事逻辑概念化,得出了村集体经济组织内部存在双重性身份的行事逻辑的结论。通过比对具有双重性的集体经济组织与一般市场主体的差异,得出这种双重性决定了集体经济组织无法作为一个完整独立的市场主体面对市场风险的结论。这两个结论形成了一种看待集体经济组织发展困境的视角。

最后,我们从模型化中形成的视角,依照乡村集体经济组织的经济特性,用市场化的方法尝试建构了一套集体经济组织内部股权三分的方案,并对这种模式进行了必要性和可行性分析。

二 文献综述

本部分总结了关于共同富裕、乡村振兴以及乡村集体经济关系的相关研究,

[①] 张庆贺:《"行政激活治理":社区行政化的新阐释》,《求索》2021年第5期。

梳理了乡村集体经济与实现共同富裕、乡村振兴的内在联系。

（一）集体经济与共同富裕

共同富裕的基本内涵是全民富裕、全面富裕、渐进富裕和共建富裕。① 改革开放后，随着农村经济体制改革深化，家庭联户承包经营使农村集体经济逐渐转向农户家庭经济。虽然在改革开放初期，政策上鼓励加强集体统一经营，但家庭联产承包削弱了这一特征。② 有学者认为家庭联产承包带来的"分散"现象有合理性，在人地关系得不到改善的情况下，"两权分离"的家庭联产承包就是可行的、合理的。③ 对于家庭联产承包的实际作用，学界也有比较一致的看法，即其保障了农民利益、调动了农民生产积极性等。在当时中国的实际状况下，家庭联产承包是最经济的次优选择。④

党的十八大以来，党中央提出精准扶贫与乡村振兴等战略，努力推动广大农村地区在实现脱贫的基础上缩小收入差距，实现城乡居民同步富裕。在新时代的背景下，小规模的家庭经营已不适应现代化生产要求，甚至与城市的社会化大生产、工业化乃至整个现代化进程相背离。⑤ 要实现这一目标必须激发广大农村地区经济发展的内生动力，并要求农村集体经济组织在这一过程中发挥关键作用。国内许多学者也持类似观点。有学者认为应该把农民共同富裕作为乡村振兴的出发点和落脚点，将集体经济作为公有制经济的重要组成部分。发展乡村集体经济不仅能优化产业布局，还能将城镇化、工业化与农业现代化有机结合，推动城乡协调发展并实现共同富裕。⑥ 除此之外，乡村集体经济组织在提供农村基本公共服务、推动城乡基本公共服务均等化等方面具有重要作用，能将乡村集体经济与家庭联产承包有效融

---

① 李海舰、杜爽：《推进共同富裕若干问题探析》，《改革》2021年第12期。
② 高鸣、芦千文：《中国农村集体经济：70年发展历程与启示》，《中国农村经济》2019年第10期。
③ 温铁军：《中国农村基本经济制度研究——三农问题世纪反思》，中国经济出版社，2000。
④ 谭贵华：《农村集体经济组织的研究回顾与前瞻》，《重庆大学学报》（社会科学版）2013年第1期。
⑤ 谭贵华：《农村集体经济组织的研究回顾与前瞻》，《重庆大学学报》（社会科学版）2013年第1期。
⑥ 杨博文、牟欣欣：《新时代农村集体经济发展和乡村振兴研究：理论机制、现实困境与突破路径》，《农业经济与管理》2020年第6期。

合,是建设社会主义新农村、实现共同富裕和全面小康的重要基础。① 由此可见,集体经济在使人民走上共同富裕的道路上具有不可比拟的优势,因此应该在适宜地区将新型集体经济作为发展方向,促进农村地区经济发展。②

可以发现,学界大多数研究认为应该通过重新激发乡村集体经济组织的能动性、发展集体经济来实现全体人民的共同富裕;但这些研究对于如何通过发展集体经济组织实现共同富裕,大多止于理论指导和思想引领,并未言明具体、可行的方法。如何开拓出一条具体有效的现实实现路径仍是当前亟须解决的问题。

(二) 集体经济与乡村振兴

党的在十九大报告中提出了乡村振兴战略。乡村振兴不只需要实现农业现代化和产业振兴,还需要最终实现乡村"产业兴旺、生态宜居、乡风文明、治理有效、生活富裕"。③

实行乡村振兴战略,可以改善、提高乡村居民的物质生活,丰富乡村居民的精神生活,切实提升乡村居民生活的幸福度。乡村振兴有利于维持社会秩序稳定,巩固与增强党在基层的执政地位与威望。④

目前乡村振兴面临的主要困境是经济发展困境,乡村集体经济组织不能有效发挥其能动性,功能弱化。⑤ 这些发展现状与困境严重制约着中华民族伟大复兴历史使命的实现。因此,重振乡村集体经济组织、推动乡村集体经济发展、促进乡村集体经济形式的创新是实现乡村振兴的基本途径。⑥ 并且,村集体经济良好发展,是落实社会公有制、坚持农村共同富裕的必然要求⑦,是实现农村治理有

---

① 王国敏、罗静:《农村集体经济:辩证审视、现实困境与必然出路》,《探索》2011年第3期。
② 于金富、徐祥军:《实现邓小平"两个飞跃"思想 坚持发展集体经济》,《马克思主义研究》2010年第10期。
③ 郭晓鸣、张克俊、虞洪、高杰、周小娟、苏艺:《实施乡村振兴战略的系统认识与道路选择》,《农村经济》2018年第1期。
④ 张云、陈丹妮:《乡村振兴视域下农村集体经济组织发展困境及治理思路》,《中国经贸导刊(中)》2021年第8期。
⑤ 侯风云:《壮大农村集体经济,走出农村发展困境》,《福建论坛》(人文社会科学版)2017年第9期。
⑥ 杨博文、牟欣欣:《新时代农村集体经济发展和乡村振兴研究:理论机制、现实困境与突破路径》,《农业经济与管理》2020年第6期。
⑦ 童列春:《村级集体经济发展困境与出路探索——以杭州市为例》,《河北农业大学学报》(社会科学版)2019年第4期。

效的重要保障，是打造农村乡风文明的牢固基石，是建设农村生态宜居的长远支持，是推进农村产业兴旺的基本条件。①

基于上述观点，有学者提出使新型城镇化与乡村振兴融合发展，以适应经济规律，消除农村发展的不平衡与不充分，最终实现乡村振兴。② 在城乡融合发展中，实施乡村振兴战略有利于优化城乡间公共资源的配置，促进公共服务在城乡间的互联互通，进而带来的农村居住环境和公共基础设施的改善，进一步推进农村基层治理现代化。③ 考虑到农村发展水平，基于城乡融合发展实现乡村振兴不失为创新之举。

除上述观点外，有学者对乡村集体经济发展提出了新的思考与探索。为实现基层资源的有效、集中利用，进而实现乡村人才振兴和培养本土文化的基层组织人员，实行村支书"党政经一肩挑"模式，使村党组织书记通过法定程序同时担任村委会主任与集体经济负责人，加强农村党组织引领作用。④ 此模式目前在一些省份得到推广，如四川省、广东省等；其他地区也有部分村庄实行，如江西省永新县等。

总之，乡村集体经济组织是实现乡村振兴长远发展的主体，乡村振兴是发展乡村集体经济最终要实现的目标。

（三）集体经济的困境与讨论

无论是达到共同富裕目标，还是实现乡村振兴，乡村集体经济都是不可或缺的组织主体。然而在一些地区，乡村集体经济的现实运行状况并不理想。根据现有研究，乡村集体经济面临如下困境。

其一，农村经济发展能力的问题。有学者指出，由于将土地资产转变为收入的能力较差，农村集体经济组织基于土地经营的收入状况很不理想。⑤ 一些村集体经济组织负债重、收不抵支，加剧了整体发展的两极化。⑥

---

① 杨洋：《农村集体经济振兴的蕴含价值、现实困境与实现路径》，《农村经济》2020年第9期。
② 张琛、孔祥智：《乡村振兴与新型城镇化的深度融合思考》，《理论探索》2021年第1期。
③ 陈建：《城乡融合背景下农村集体经济组织发展的困境及治理》，《农业经济》2021年第8期。
④ 宗成峰、李明：《党建引领新型农村集体经济发展：基本逻辑、现实困境与实践进路》《理论视野》2020年第9期。
⑤ 崔超：《农村集体经济组织发展的内部困境及其治理》，《山东社会科学》2019年第4期。
⑥ 梁昊：《中国农村集体经济发展：问题及对策》，《财政研究》2016年第3期。

其二，产权制度方面的问题。长期以来，在集体经济组织实际经营中存在"只分不统"的问题。① 基于制度经济学分析视角，经营权的扩大削弱了土地的集体所有权，导致农村集体经济组织职能弱化。尽管我国于20世纪90年代就已开始农村集体经济制度的改革，但是至今仍存在一些难以解决的问题，包括集体经济组织中组织成员思想认识问题、资产量化范围问题、股权设置问题、股份流转问题与治理机构问题。②

其三，成员权认定等问题。党的十七届三中全会指出，应当对农村产权进行确权。在土地分配实际操作中，土地承包权的依据不是成员权而是户籍。对于现行土地分配政策，学术界主要存在两种声音。一方面认为现行土地政策实质上是一种固化分配模式，与农村土地承包法相违背，并且忽视了劳动力的变化，是一种不公平的静态赋权，违反了法理的平等要求，这种分配模式非但不利于土地功能实现，反而将导致社会财富分配不公。③ 另一方面则认为固化成员权是一种有依据的非绝对平均主义的做法。固化成员权赋予土地产权排他性，有利于提高农户资源配置效率，奠定社会主义市场经济体制在农村的微观基础。④

其四，组织法人地位方面的问题。集体经济组织不具备法人地位，导致许多村集体合作社不能进入市场，造成集体经济主体缺位，缺少长效发展。⑤

其五，农村集体经济组织职权不明晰。在绝大多数农村中，集体经济组织常常与村民自治组织混同，这导致农村集体经济组织主体地位不明，致使集体经济组织不能发挥带动全体组织成员发展的作用。⑥

学术界针对上述问题的解决思路有如下几种。关于产权问题，应该深化农村产权制度改革以明确组织成员身份、确认集体资产所有权，同时加强集体资产财务管理、引领和指导基层组织维护农村集体资产所有权。⑦ 针对集体组织主体问

---

① 侯风云：《壮大农村集体经济，走出农村发展困境》，《福建论坛》（人文社会科学版）2017年第9期。
② 方志权：《农村集体经济组织产权制度改革若干问题》，《中国农村经济》2014年第7期。
③ 杜文骄、任大鹏：《农村土地承包权退出的法理依据分析》，《中国土地科学》2011年第12期。
④ 余梦秋、陈家泽：《固化农村集体经济组织成员权的理论思考》，《财经科学》2011年第11期。
⑤ 孔祥智、高强：《改革开放以来我国农村集体经济的变迁与当前亟需解决的问题》，《理论探索》2017年第1期。
⑥ 杨一介：《我们需要什么样的农村集体经济组织》，《中国农村观察》2015年第5期。
⑦ 梁昊：《中国农村集体经济发展：问题及对策》，《财政研究》2016年第3期。

题，应该将集体经济组织与基层自治组织分离，使经济职能与公共职能分开。①针对集体经济组织法人地位问题，则建议政府从政策、法律上给予帮助，明确集体经济组织法人地位，使之能进入市场独立活动，刺激集体经济的发展。②

但是，由于现实情况太过复杂，到目前为止，多数研究的构想与建议或聚焦对现行政策的修补与填充，或只给出原则性意见和方向性指导，并不能系统有效地解决上述问题。如何纾解当前困境、冲破限制发展的桎梏，仍需要进一步研究。

三 研究设计

本部分将详细介绍本研究选用乡村个案的原因以及研究中所使用的方法。

(一) 案例基本情况

开慧村地处湖南省长沙市长沙县北部，村域总面积10.08平方公里，处于长沙县、汨罗县、平江县交界之处，距长沙市区约59公里，村内公路联通京港澳高速，交通便捷。村内以丘陵地貌为主，耕地面积近3000亩，气候温暖湿润，适应农业发展。

开慧村有着特殊的历史环境，这种历史造就了开慧村特色的红色文化与红色资源。该村是毛泽东主席妻子杨开慧的家乡，也是毛泽东青年时受教于杨昌济先生的地方，还是毛泽东早年进行革命活动的基本根据地。这些为开慧村积淀了厚重的红色文化与红色精神，造就了极富生命力的红色旅游资源。开慧村有各种明星示范头衔，其中包括入选中国传统村落名录、国家级农村综合性改革试点、省级生态村、省级民主法治示范村等；在智力支持上，开慧村与湖南省社会科学院联办农村集体经济研究会，是一个在省内乃至在全国范围内皆享有盛誉的"明星村"。

开慧村对其产业发展进行了全面、科学的规划，并切实地取得了相对成效。

---

① 付宗平：《关于理顺涉农社区集体经济组织与自治组织关系的探讨》，《农村经济》2015年第4期。
② 张云华：《关于制定〈农村集体经济组织法〉的思考——以四川省都江堰市的探索为例》，《农业经济问题》2010年第5期。

而选择开慧村作为本项目调研的对象,主要原因在于开慧村的集体经济发展事实上处在发展突破、升级的瓶颈之中。

首先,开慧村位居中部地区的湖南省,相对于东南沿海的发达地区,开慧村的大环境背景对于我国广阔的农村地区更具有参考性。

其次,开慧村身兼多种示范基地,同时由于村内特色禀赋,知名度较高,因此研究开慧村内部的不同需求的相互作用与影响,能够发挥一定的"明星村"效应,对广大的乡村地区起到更大的参考作用。

最后,开慧村具有其他村所没有的优势,除红色资源外,该村还由湖南省社会科学院前院长担任党总支第一书记,政治资源、人脉资源与智力支持相对丰富,但这些仍然不能解决集体经济发展的难题。

出现这种难题的主要原因是,在集体经济发展中,开慧村村民、村集体、上级政府、私营企业等多方面利益主体为满足各自的需求和利益而产生的发展张力,而这些利益主体是普遍存在于我国乡村集体经济组织发展中的。拥有比较优势的村落在发展集体经济中都难以避免这种问题产生,其他村落就更加难以突破这样的困境。因此,探究开慧村集体经济发展困境产生的根源性问题,有助于为乡村集体经济的发展提供更深层的抓手。

(二) 经验研究方法

1. 总体研究方法:基于个案的田野调查

在研究对象上,我们采用个案研究法,选择开慧村作为调研对象进行深入研究。在研究方式上,我们采用实地研究法,前往开慧村进行了为期数天的蹲点式田野调查。秉持科学的研究态度,我们知道,开慧村的实际情况不一定和它在网络上展现出来的"明星村"面貌相同,要想了解其集体经济的真实情况,就必须进行实地考察。也正是由于运用了实地研究法,我们才能发现开慧村的集体经济发展事实上处于困境之中,进而探究其背后的深层原因。

2. 实地研究时的资料收集:实地观察法和半结构式访谈法

(1) 实地观察法

在开慧村,我们首先调研了开慧村村史展览馆。该展览馆详细地介绍了开慧村的红色历史背景、产业建设、组织建设、人才队伍建设、乡村文化建设、生态文明建设等方面的信息,是探寻该村对于自身的定位和认识的宝贵材料。通过参观该展览馆，我们收集了许多对我们的研究有用的资料，增加了对开慧村的新认识，并依据这些资料补充了后期调研需要继续深入探究的话题。

此外，我们还仔细观察了开慧村的基础设施建设、生态环境、村委工作状况、村民生活情况等，旨在通过细节还原最真实的开慧村的经济发展和社会发展状况，获取详尽的一手资料。

（2）半结构式访谈法

半结构式访谈法，指的是在访谈之前设计访谈提纲，在访谈过程中总体遵循提纲的内容但可以根据访谈对象的回答情况灵活进行追问或调整问题的访谈方法。相比结构式访谈，半结构式访谈更具有弹性；相比无结构访谈，半结构式访谈更具目的性。在开慧村，我们运用半结构式访谈法较为成功地访谈了10名村干部和20户村民。通过对不同职位的村干部的访谈，我们从不同角度认识了开慧村集体经济组织的现状和可能导致发展困境的原因。通过对村民的访谈，我们获取了他们对开慧村集体经济发展的看法，了解到更多的相关细节。对村民的访谈也在一定程度上和对村干部的访谈相互佐证。

四　对集体经济组织运行一般过程的观察

本部分我们将以实地调查出的情况具体描述开慧村集体经济发展中主体之间的互动张力与内在逻辑，包括村民个人与村集体之间的张力，村集体与县镇政府之间的张力和村民、村集体与民营企业之间的张力。

（一）脱贫攻坚与乡村振兴下的发展成就

开慧村通过产业扶贫，推动一二三产业融合发展，着力于产业链、价值链建设，将原来的省级贫困村升级为产业兴旺的新农村。

自2012年起，开慧村先后成立了种养专业合作社、土地合作社及水稻、水果、蔬菜合作社，引进现代农业企业，壮大农村集体经济。自此，开慧村打造了一系列村级品牌与特色产品，如"开慧"牌湘绣、红薯干等产品。利用村内保存完整的红色资源，开慧村还大力发展旅游业，为创收开辟了一条新路子。至2021年，开慧村村集体年收益达到100万元。

在发展产业之外，开慧村还为本村贫困户建档立卡，切实做到了精准扶贫。

扶贫扶智，开慧村与私企合办惠民幼儿园，建设青少年教育实践基地，吸引种植大户、返乡大学生、创业人士等多元人才，并开展技能培训，培养新型职业农民。经过村民的多年奋斗与村两委的辛苦工作，2020年，开慧村贫困户清零，顺利打赢了本村的脱贫攻坚战。

（二）集体经济组织运行中的个人与集体

1. 理论视角

个人作为独立个体和作为集体组成部分的身份的两重性是促成农村集体发展张力出现的一个重要因素。当前对此问题的研究主要有以下分析：其一，个人理性至上、集体行动困难[①]；其二，农民合作意识缺乏[②]；其三，"统分结合"失效，土地集体所有权虚化。[③]

现有研究对这一问题缺乏深入、透彻的认识，在分析上过于宏观，没有对张力产生的机理给出详细阐述。因此，本项目组基于已有的研究对村民个人与村集体的互动张力展开如下分析。

2. 实践观察

通过入户访谈得知，许多村民对发展集体经济有一定的顾虑、担忧，甚至是不认可。我们以村内两户农户为例，展现村民个人与村集体互动张力在该村中的具体表现。首先，某农户家庭是典型的"空巢家庭"，子女在外务工，家中只有3个老人，只有2亩多的责任田，土地是其生活基础依赖。另一户家庭6口人，同样是"空巢家庭"，虽然其家中有4亩地，但是家中有精力与能力从事农业活动的只有一个60岁的老人。虽然人地矛盾在不同家庭中的表现存在差异，但相同的一点是每一户农民都非常重视家中现有的土地。土地作为其最大的、最稳定的收入来源和依靠，很难轻易被进行统一流转。在谈及集体经济时，这些农户不愿意将土地投入发展集体经济当中，认为这种做法不仅回报低，而且风险过高。

[①] 何平均、刘睿：《新型农村集体经济发展的现实困境与制度破解》，《农业经济》2015年第8期。
[②] 王守智：《集体经济组织在新一轮农村改革发展中的功能、困境及出路》，《长江论坛》2009年第3期。
[③] 侯风云：《壮大农村集体经济，走出农村发展困境》，《福建论坛》（人文社会科学版）2017年第9期。

此外，在访谈中，我们还发现村民对村集体有诸多诉求，多数诉求与社会保障有关。几乎每户农村家庭都在老年关怀、医疗保障、教育等方面有强烈的诉求，并将诉求寄托于村集体。然而，开慧村作为一个经过几次合村的大村，面积广、人口多，村两委的工作人员却不多。加之农村利益诉求的多元化与农村实际状况的复杂性，村集体无法做到全面兼顾，这就引发了一些村民的不满。

3. 互动关系

基于以往对个人与村集体之间互动张力的研究，结合项目组在开慧村的调研发现，我们认为在集体经济组织运行中，村民个人与村集体之间的关系呈现以下特征。

首先，村民实现个人利益的要求与村集体实现整体发展的目标存在不相投合的张力。开慧村村民不愿意出让土地的经营权，其实是出于保障自身利益不受损的考虑。虽然农户利用土地发展农业生产并不能产生巨大的经济效益，但至少可以获得相对稳定的农产品，并将超过家庭需求的农产品出售以获得额外收入。然而农村集体的发展必须突破个人主义的利益考量，整体的发展有时难以全面顾及个体的需求。但这种张力并不是对抗性的，而是可以通过村集体合理配置各种资源得到解决，实现"1+1>2"的效果，从而达到个人与集体的共赢。

其次，村民生存依赖土地与集体经济发展要求在一定程度上无法形成有效共鸣。村民在历史上长期拥有属于自家经营的土地，并且在相当长时期，村民一定程度上拥有少量土地的所有权。村民在自家土地上耕种粮食并实现自给，将土地视为自身生存发展的依托。实施家庭联产承包责任制后，开慧村实行"统分结合"的双层经营体制，但实际情况还是重"分"虚"统"，这也就导致了村民对土地国家所有的认识逐渐模糊。尤其是在农村土地进一步确权、国家允许第二轮土地承包期到期后再延长30年后，村民逐渐认为土地为自己所"拥有"。他们依然认为，自己必须依靠拥有土地、种植土地获得收益，在农村必须通过这种方式生存。进一步分析，村民的生存逻辑又根植于自身的弱势地位。具体而言，开慧村村民长期以来与城市居民得到不同的福利待遇，这也是我国城乡发展面临的一大难题。同时，由于村民在上述路径依赖中形成了对土地的依赖心理，在探索新的生存逻辑时就会存在一定的软弱性。

最后，村民诉求与村集体回应之间存在滞后性。如上所述，开慧村村民在各方面对村集体提出了利益诉求。然而村集体财力有限，无法实现全面、彻底帮扶，而国家的社会保障政策又有具体的适用条件。当村民无法实现自身诉求时，就产生了对村集体的不信任，从而导致村民诉求与村集体回应之间存在一定程度的冲突。

（三）集体经济组织运行中的村集体与基层政府

1. 理论视角

依村组法规定，县镇政府对于村集体经济组织应当是一种指导而非领导的关系。随着农业现代化理论的动态变革，实践的路径转化为"工业反哺农业"，这带给了农村新时代的发展机遇[1]，但政府的行政化"渗入"带来了巨大的挑战。现有的文献对村集体与县镇政府之间存在的问题的主要观点有：一是国家不得不在推行村民自治制度的情况下强化对乡村的行政控制、管理和动员[2]；二是村民自治组织的行政化，政府强化对其领导和控制[3]；三是村集体承担着重大的政治、经济和社会职能，但常常无法真正履行其本应能够自主实现的职权[4]。

以上文献清楚地表述了村集体与县镇政府的关系，但未免让人将村集体和县镇政府放入二元对立的观点之中，而事实上，这两个主体都指向乡村振兴与共同富裕的治理目标，为此，我们通过具体化二者之间的关系，寻找造成双方公共价值无法整合的原因。

2. 实践观察

经济方面，为了实现农村产业融合发展，工业招商引资是开慧村进行集体经济建设的基础战略。但当村集体与企业达成合作协议，开始进行厂房建设时，长沙县政府针对全县农村整体发展制定推出了"南工北农"政策。"南工北农"政策规定了长沙县内农村发展的宏观方向，顾名思义，即县内北部地区农村发展经济应当进行农业生产类的发展，而南部地区应当进行"工业进村"的发展。开慧村位于长沙县县北，不被允许引工业进村，合同已经达成的建材工业项目、电子厂扩大项

---

[1] 曹俊杰：《新中国成立70年农业现代化理论政策和实践的演变》，《中州学刊》2019年第7期。
[2] 王春光：《迈向多元自主的乡村治理——社会结构转变带来的村治新问题及其化解》，《人民论坛》2015年第14期。
[3] 郎友兴：《走向总体性治理：村政的现状与乡村治理的走向》，《华中师范大学学报》（人文社会科学版）2015年第2期。
[4] 杨秀丽、徐百川：《精准扶贫政策实施中村民自治能力提升研究》，《南京农业大学学报》（社会科学版）2017年第4期。

目被迫中止，同时开慧村不得不以村集体经济组织承担合同的违约成本。

政治方面，长沙县政府将开慧村选定为"合村"试验点，将附近共6个行政村合并为开慧村一个行政村。合村后的村务复杂，涉及村民数量增多，微观利益主体冲突加剧，仅依靠村集体权威很难推行各种项目的建设。

此外，开慧村还特殊嵌入了一个开慧红色旅游区，该区域由长沙市直管，定级副处。也就是说，在开慧村的核心地带，同时存在一个副处级编制文旅单位、一个正科级镇政府、一套村民基层组织。这三个主体之间存在级别等差，存在相互之间的权力关系，开慧村村委处于相对弱势地位，事实上接受前二者的领导和调配。

3. 互动关系

结合相关文献资料的研究以及开慧村实地调研的发现，村集体与县镇政府之间的具体矛盾可以总结归纳为两个方面。

一是乡村集体经济组织的自主能动性受限。村民自治组织并不能真正体现自我管理、自我教育、自我服务的基层群众性自治组织的性质。村委会如果不能依照广大村民的集体意愿治理、发展、建设村民自己的农村，基层组织架构在村民中的公信力将大打折扣。

二是县镇级政府对村集体经济组织的干预、限制过多。县镇政府在行政化趋势下将村委简单视为自己工作的下属，不重视村委所代表的村民的意愿，生硬地对村委提出规定、指示并强制其实施。

（四）集体经济组织运行中个体、集体与民营企业

1. 理论视角

温铁军认为，现在的农村集体经济主要是"吃租经济"，即将农村的厂房、土地等资源租给企业，交由它们开发资源的使用价值，村集体通过收取租金获取开发收益。然而，这种合作往往会出现一系列问题，导致乡村集体经济组织的经营失败。当前文献对个人、村集体与企业之间的张力大致有以下解读：一是乡村集体经济组织自身产权制度不完善[1]；二是组织管理制度不健全，即出现政经合

---

[1] 王守智：《集体经济组织在新一轮农村改革发展中的功能、困境及出路》，《长江论坛》2009年第3期。

一、政社合一的现象[1]；三是乡村集体经济组织法人主体地位不明确[2]；四是村集体对企业行为缺乏监督机制[3]。

以上解读价值很高，但讨论有些空泛，层面过于虚化。通过对开慧村的调研，我们探讨个人、村集体与企业之间的在发展过程中存在相互制约问题的深层原因，以完善当前对该问题的理论阐释。

2. 实践观察

入户访谈时，有多户居民提到了这样一件事：2017年3月，开慧村朱家组将承包经营的260亩土地的经营权流转给湖南草帽工社农业科技有限公司（下文简称"草帽工社"），土地经营权租赁期限为10年。在开慧村朱家组，草帽工社拟将土地用于开发红色旅游与高质量水稻种植。但是，草帽工社在开慧村的旅游开发一直没有实质性进展。2019年，草帽工社经营不善，开始拖欠村民的土地流转金，2020年的疫情更是加重了草帽工社的生存危机，该公司至今仍未走出危机，濒临破产。村民、村组、村委屡次向草帽工社索要土地流转金，但草帽工社均以破产为由一直拖欠。目前，村委决定诉诸法律武器，但开展其他工作的急迫性使村委对于该问题的起诉工作分身乏术。

开慧村主要负责经济的党支部委员兼村委委员提到，开慧村发展集体经济的主要方式是发展村级物业，即对老建筑进行改造，改造后与企业合作。但开慧村目前只靠村委会和企业进行对接，没有利用村民资源，原因是村民没有抗风险能力。

通过以上两段叙述我们可以看出，开慧村集体经济的发展走的正是温铁军所说的"吃租经济"这一途径，但其发展过程中又出现了一些文献里未涉及的特殊的、值得探讨的实际问题。

3. 互动关系

综上所述，我们可以将村民个人、村集体、民营企业三者在发展过程中的问题具体概括为：对外，乡村集体经济组织作为一个独立的市场主体，需要承担市

---

[1] 王国敏、罗静：《农村集体经济：辩证审视、现实困境与必然出路》，《探索》2011年第3期。
[2] 童彬：《农村集体经济组织的现实困境和法律构造研究》，《重庆理工大学学报》（社会科学版）2018年第5期。
[3] 王留鑫、何炼成：《农村集体经济组织的制度困境与治理之道——基于制度经济学分析视角》，《西北民族大学学报》（哲学社会科学版）2017年第3期。

场风险；对内，承担管理的政治性诉求，而同时，村集体的经济性与政治性是与上层的国家动因和下层的农民诉求动因直接挂钩的。乡村集体经济组织是村集体资产管理的主体，所谓"承担管理的政治性"，指的就是村集体经济组织整合土地、房屋、劳动力等多种资源进行统一管理和开发的功能。在当今社会主义市场经济背景下，民营经济、私营经济等市场主体往往能得到较好的发展，而乡村集体经济组织的发展却成为一个"老大难"问题。下文结合开慧村的实际情况阐述该具体表现的三种内在逻辑。

第一，农村集体经济整合的资源性质决定了其抗风险能力较弱。在开慧村中，集体经济整合的是农民手中的土地、房屋等资源，这些资源是农民的基本生活保障。因此，如果开慧村整合后的集体经济出现问题，该村村民可能不会自觉承担损失，而是将问题归因于开慧村集体的领导错误，这就决定了村集体经济组织的抗风险能力较弱。

第二，农村集体经济组织的股权制度决定了其内部问题难以解决。在开慧村中，集体经济组织通常是以村民的土地使用权入股的。然而在具体实践中，开慧村的村委和村民普遍反映家庭成员的增加和减少、集体经济组织成员的进入和退出等诸多因素都会影响土地的分配，土地使用权的确认一直是一大难题，这就导致开慧村的集体经济组织中的股权实际上是不明晰的。因此，村集体经济组织一旦在市场竞争中遭受损失，开慧村村民无法为自己的参与行为负责，他们只能将组织经营问题归因于村集体，由村集体承担损失。这样一来，村集体经济组织难以承担市场风险。

第三，农村集体经济中"委托—代理"问题难以解决。开慧村中草帽工社的案例便是此类问题的典型表现。朱家组把土地流转给草帽工社后，朱家组仍然保有土地的所有权，而草帽工社拥有土地的经营权，因此朱家组和草帽工社在土地上构成了类似现代企业中的"委托—代理"关系。然而，由于村组不仅要承担经济职能，还要承担政治性的管理职能，朱家组内部无法建立现代企业的股权和管理制度，这就导致其很难规避草帽工社出于自身利益最大化的目的做出的违背村组意愿的行为。草帽工社在从事农业技术开发的过程中没有获取足够维持其正常运行的收益，因而它会选择拖欠土地流转金以最小化其亏损，这严重损害了村民和村集体的利益。

综上，农村集体经济组织对内承担管理的政治性阻碍了其作为独立的市场主体发挥核心竞争力、承担市场风险，使农村集体经济陷入困境。而在当前的家庭联产承包责任制下，农村集体经济组织一旦无法发挥其经济职能，农民就会选择家庭生产而不是集体生产，导致集体的虚无化，造成重"分"轻"统"的局面，反过来又会影响其管理职能的发挥。目前许多学者提出要将农村集体经济组织完全公司化，我们并不赞成这一观点。我们认为，一旦将村民的各种社会关系完全利益化和资本化，乡村集体经济组织便无法发挥其管理乡村关系的职能。

五 对集体经济组织运行关系的理论分析

承接上一部分对于实践中多主体间张力及其内在逻辑的分析，本部分旨在借助学术界的概念分析工具，将我们在实地调研中观察到的集体经济组织运行关系纳入特定的理论框架中，试图实现由特定经验的观察结论向一般化的理论分析的转化（见图1）。

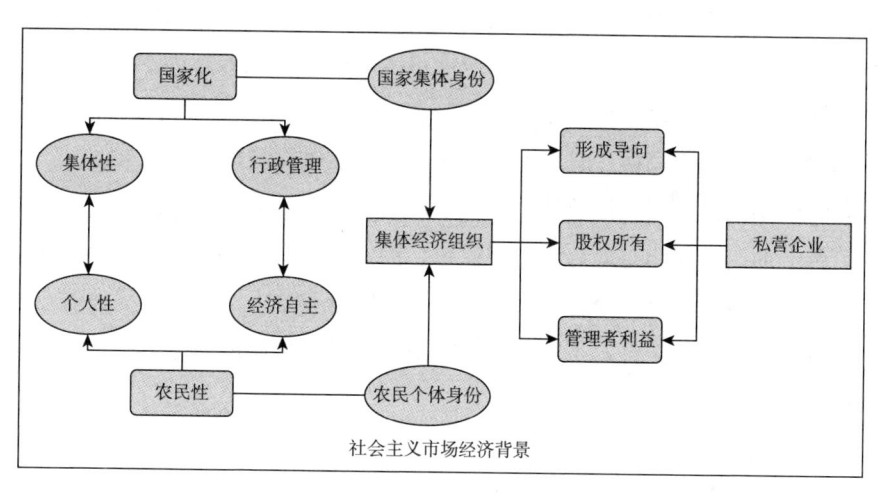

图1 国家化与农民性分析框架

乡村集体经济组织的发展困境，主要是由国家化和农民性两大动因造成的，集体经济组织身兼国家化逻辑与农民性逻辑，正如上文对开慧村具体发展性问题所阐释的，集体经济组织在处理县镇政府、农民与自身的关系时，分别扮演了国家化逻辑和农民性逻辑对其要求的双重性角色，而这种角色每每切换都会与其他主体站在不同的立场上，使集体内部产生难以化解但并非绝对割裂的张力，并以集体经济发展困境的形式呈现出来。根据这个模型，我们可以看到，造成集体经济组织发展困境的根源性因素是在社会主义市场经济下集体代表的国家利益与个人利益不相协调、不相适应。

（一）分析框架

对于乡村问题的阐释，纵向上有自上而下与自下而上两个视角。

从自上而下视角，杜赞奇描述了"国家政权建设"和"权力的文化网络"两个中心概念，其描述了中国近代史中国家现代化的过程是政府政权力量进入乡村以取代传统的乡村自治机构的过程。[1] 张静着重关注乡村社会的权力结构，介绍了以国家权威为中心的动员体系，展示了基层权威来源趋向于政府政权授予。[2] 徐勇则将这种国家介入基层社会的趋势总结性地定义为国家化，自上而下地去看国家对乡村社会的塑造。[3]

从自下而上视角，黄宗智详细地阐释了小农经济的内卷化，这种内卷使小农无法突破自身生存和生产属性的限制。[4] 吴毅情景化地描绘了农民微观形象在新农村的国家建构中为自己的生存逻辑争取最大的生存空间的行为。[5] 陈胜祥则明确了农民自身具有土地产权幻觉的生成机理。[6] 这种普遍根植于农民自身属性的性质被徐勇定义为农民性，自下而上地去看农民在乡村治理中的需求。

值得强调的是，虽然徐勇的研究更多地强调自上而下的研究视角，但在本研究中，强调的是上下相对均衡的研究视角。我们认为，不论是上层政府的意志还是下层村民的意志，对于乡村集体经济组织都同等重要，两种意志呈现动态的关系，在具体运作过程中针对不同的问题会呈现一种意志压倒另一方的效果，但这种压倒势头会随着问题终结而改变。

虽然乡村集体经济组织发展是一个经济学问题，但由于其自身历史缘起的路径依赖与组织造成的行政干预，不能单纯地从其经济组织本身的性质去

---

[1] 〔美〕杜赞奇：《文化、权力与国家：1900—1942年的华北农村》，王福明译，江苏人民出版社，2008。
[2] 张静：《基层政权：乡村制度诸问题》，上海人民出版社，2007。
[3] 徐勇：《国家化、农民性与乡村整合》，江苏人民出版社，2019。
[4] 〔美〕黄宗智：《华北的小农经济与社会变迁》，中华书局，2000。
[5] 吴毅：《决裂——新农村的国家建构》，中国社会科学出版社，2007。
[6] 陈胜祥：《中国农民土地产权幻觉研究》，中国社会科学出版社，2015。

思考它的行事逻辑。更重要的问题是，乡村振兴，振兴的主体是农民。由此，本文引入国家化和农民性的政治学理论，用于承接国家和个人两大主体的两种行事逻辑，在这两种逻辑下，村集体经济组织居中，勾画出其承载两方需求压力的双重性身份。

（二）概念工具

本部分将详细介绍国家化、农民性、集体经济组织三个概念与具体内涵，为具体分析开慧村内部集体经济发展困境提供理论分析工具。

1. 国家化

国家化一般被认为是一个政治学概念，用于描述现代化进程中国家与社会之间的关系。城乡二元结构对立是现代化国家进程中的基本问题，亨廷顿认为："城乡区别就是社会最现代部分和最传统部分的区别。处于现代化之中的社会里政治的一个基本问题就是找到填补这一差距的方式，通过政治手段重新创造被现代化摧毁了的那种社会统一性。"[1] 其明确了政治上现代国家有将权力深入乡村社会的基本要求。徐勇将基层乡土社会的整合引入国家化概念，他认为，国家化是"指具有现代特性的国家将国家意志输入包括传统社会在内的各个部分，使社会国家化"[2]，从国家对社会变革的视角，为现代国家建构和对乡土社会的改造建立了因果联系。

对于乡村社会，国家化有其经济基础上的需求。徐勇历史地阐述了新中国成立后的诸多经济政策如土地改革、农民合作社、统购统销、人民公社乃至家庭联产承包责任制都有国家化的政治动因的考虑。这种国家化的政治动因根源于乡村社会的特殊性质：乡村社会不仅涉及个人的经济发展需求，更涉及基层社会治理的要求。因此，对于乡村集体经济组织的发展，政治上的国家整合要求是其重要的行事逻辑。

本文所使用的国家化，基本沿用了徐勇对于国家化概念的阐释，但在本文中，国家化概念的解释范围应当有所放大，即顺应国家意志对于乡村社会的整合要求，是国家治理力量深入乡村基层社会政治、经济各个方面的过程。

---

[1] 〔美〕塞缪尔·亨廷顿：《变革社会中的政治秩序》，王冠华、刘为等译，上海人民出版社，2008，第56页。

[2] 徐勇：《国家化、农民性与乡村整合》，江苏人民出版社，2019，第5页。

2. 农民性

农民性是一个社会历史概念，徐勇认为："农民性是指与传统农业生产方式和社会交往方式相联系所赋予农民的社会特性。它既包括构成传统乡村社会的农民，更包括决定传统乡村社会成员意识和行为的社会历史条件。"[①] 简而言之，农民性就是农民的自我生存逻辑和历史长期形成的农民生存模式路径依赖。所谓路径依赖，"是指人类社会中的技术演进或制度变迁均有类似于物理学中的惯性，即一旦进入某一路径就可能对这种路径产生依赖"。[②] 徐勇认为，这种路径依赖"内化于农民内心"并"形成乡村共同体集体记忆"，难以由外部力量加以改变。

生存是农民的第一逻辑，而生存模式的路径依赖与之相互促进。我国自古以来长期是小农生产经营模式，其规模小、盈亏自负、自给自足的特点从始至终贯穿在农民的生产生活之中，这种模式的特点决定了小农经济自身的软弱性：为其生存，不与国家权力对抗；为其生存，敢与国家权力对抗。社会主义市场经济条件下，随着民主法治观念和农民对美好生活向往的意识增强，农民群体对于自身的生存逻辑已形成了新的看法和期待。

本文所使用的农民性，是指农民在乡村集体经济发展的过程中对于自身所具有和应得的基本利益的要求与保护，是农民基于自身所固有的生存逻辑和小农生产经营模式路径依赖在社会主义市场经济条件下做出选择的动因。

3. 集体经济组织

集体经济组织是一个法律概念。它是对集体经济进行管理的组织，整合乡村社会以土地、劳动力为主的生产要素，并作为农民直接利益的分配主体。学界定义普遍强调其具有生产资料劳动群众集体所有制和公有制组成部分两大特点。[③] 集体经济组织在我国由来已久，现如今的乡村集体经济组织多脱胎于实行家庭联产承包责任制前的乡村人民公社。

[①] 徐勇：《国家化、农民性与乡村整合》，江苏人民出版社，2019，第5页。
[②] 张卓元主编《政治经济学大辞典》，经济科学出版社，1998。
[③] 参见刘观来《合作社与集体经济组织两者关系亟须厘清——以我国〈宪法〉的完善为中心》，《农业经济问题》2017年第11期；李凤娣：《农地使用权制度中的强制性规范研究》，暨南大学硕士学位论文，2016。

人民公社是"我国社会主义社会结构的、工农商学兵相结合的基层单位"①，在历史上，实质上作为基层行政组织，连接公民与国家，渗透到人民生产生活的方方面面，将个人的生活和公共事务紧密地联结了起来。人民公社具有政治性、管理性、经济性，是地方集体意志的代表，更是上级政府乃至中央在地方意志的"代言人"，在计划经济体制下，管理着地域内的人民生产生活及分配。

市场经济体制下，虽然部分"明星村"保留了人民公社制度，甚至取得了巨大的成就，但绝大部分的人民公社已经解散，家庭联产承包责任制推行后，实行个人与集体经营的"统分结合"双层经营体制，集体经济组织就此产生，承揽集体经营的职能。

（三）集体经济组织运行中的张力

本部分将国家化与农民性进一步具体化，将国家化在乡村社会的具体需求和农民个人对于自身生活的具体需求进行详细的叙述。在面对两种不同需求时，集体经济组织自身的逻辑站位会发生切换，这将展现为什么集体经济组织内部发展处于困境。本部分涉及三个主体：农民个人、村集体、基层政府。

1. 国家化与农民性

国家化与农民性的双重逻辑，首先表现为集体逻辑和个人需求的差异。处在张力中的两主体是村委会和村民本身，据前文所述，集体与个人的诉求差异在开慧村表现为对土地整合的不同要求。

集体性是村集体对集体占有物质基础和乡村整合的国家化要求。这种整合动因不能单以规模化经营带来的村集体的额外收益进行分析，但在我国南方地区，尤其如本文主要阐述的开慧村，山川、丘陵广布，规模经济效应相对较弱，单以规模经济效应解释土地整合是有限的。从村集体角度看，经济上，乡村集体经济的发展所能依靠的是土地所有权和对劳动力的整合；政治上，村集体对内承担管理村落和乡村整合的任务，其政治责任要求村委会拥有经济的物质基础。而从乡村振兴视角看，村集体经营土地将农产品和农民联系到一起，掌握农产品定价权，使农民成为产品的主人。因此，村集体自身有将村民手中的小规模土地整合

---

① 宋则会：《"农民专业合作社+家庭农场"：中国农业组织化的新模式》，中国青年政治学院硕士学位论文，2014。

起来的要求。

个人性是农民对个人占有土地和个人经营模式的路径依赖，是农民性最首要的特征。从村民的角度看，土地是其生存的基本依赖，是其生活的最大禀赋。在小农生产经营条件下，生产规模小，自负盈亏，虽然农民是市场价格的被动接受者，但长期以来自给自足的生活模式使其认为为自己的经营所得享受利益、承担风险是应然的，这是基于农民性路径依赖的个人需求表现，即将家庭联产承包责任制与经过确权的土地视为自己"所有的"土地。当村集体整合土地时，由于村民与经营分离的"吃租经济"模式和村集体出面的状况，村民出于个人需求将把土地带给村民利益的责任归于村集体，在小农模式下其将自己的生存逻辑放在首位。

2. 行政管理与经济自主

国家化与农民性的双重逻辑，同时表现在行政管理性和经济自主性的要求差异两方面。处在张力中的两主体是基层镇县政府与村集体。据前文所述，县镇政府与村集体的张力在开慧村表现在政府政策管理制约与村集体的自我能动性发挥上。

行政管理性是县镇基层政府对其辖区发布政策和进行行政管理的要求，是国家化通过基层政府展现其影响力的过程。乡村社会是县镇政府行政辖区的组成部分，县镇政府对其有管理的权力和职责。由于乡村社会的劳动力是将土地作为中介产出产品的，县镇政府的管理往往深刻影响着村民的生活。这种管理关系同样作用于村集体，使集体经济组织与私营市场经济主体十分不同，前者并不能作为一个完全的市场主体参与市场竞争。正如个案中，因为长沙县制定了全县"南工北农"的地方经济政策而对开慧村招商引资造成了限制；又如有审批要求的宅基地制度，降低了开慧村流转土地和使用土地的灵活性。

经济自主性是村集体经济组织作为市场主体发挥其自主能动性、促进村集体的发展和获得更大的村民切实利益的要求。乡村有其特殊的地理环境和乡土资源，这种特殊禀赋需要集体经济组织自身具有能动性，在基于对自身特殊性认识的基础上积极主动寻找村集体发展的个性化可行性道路。开慧村村集体根据自身劳动力、土地和交通禀赋，在工业上招商引资，但随着县镇政府的政策性管理限制导致项目搁浅，第二产业始终未建设起来，村内缺乏稳定的非农性收入，村民主要的经济来源仍然是土地和外出务工，导致劳动力外流，妇孺和老人大量留守。

3. 行政管理与民主决策

国家化与农民性的矛盾，最终表现为村集体经济组织的双重身份，即行政化与民主化的双重行事逻辑。国家化和农民性的双重动因，导致了村集体经济要按照两套运作逻辑运行，这两套逻辑在实践层面上时常发生冲突，这种内部冲突使村集体经济组织难以协调两方的张力。

行政化是指由于"三位一体"的现实情况，村集体经济组织事实上成为政府对乡村社会进行行政管理的基层机构组成部分。包括开慧村在内，我国许多乡村实际上是村党支部、村民委员会、村集体经济组织"三块牌子，一套班子"，这种形态被描述为"三位一体"。从乡村制度的角度上看，党支部服从上级党组织的命令，对村委会和村集体经济组织进行管理，在"三位一体"制度框架下，体制外的村委会和集体经济组织事实上成为政府管理体制的重要组成部分。国家化整合乡村的诉求使政府加大对农村的投入，也使村干部身份、村事务和村财务行政化。开慧村村集体经济组织的最大收入来源为县镇政府的拨款，村委会人事问题也在上级政府的影响范围内，集体经济组织人事、财务和日常工作都与上级政府挂钩，因此其不可避免地遵循行政化的逻辑。

民主化是指集体经济组织为村集体的经济利益服务，是村民经济利益的代表。村集体经济组织为村民服务，对村民负责，受村民监督。从制度正当性上讲，村集体经济组织是由村民大会产生的，是基层群众经济自治组织，应当以维护村集体的利益为前提，以实现村集体内村民共同富裕为目标。由此，在市场经济的背景下，村集体经济组织必然以村民实际利益和村落禀赋为基础发挥自己的能动性，以此创造更多的村集体经济营收，增加农民的非农性收入。总结而言，其运作逻辑又不可避免地受到农民性的生存逻辑以及小农生产关系的影响，产生民主化的倾向。

4. 村集体经济组织运行的双重性特征

国家化和农民性的双重逻辑使村集体经济组织成为一个具有双重性身份的组织，其内部的双重性是其处在困境的根本原因。

当村集体面临个体农户时，其相对于更具体微观的农民性，站在宏观的立场上，村集体此时代表国家化的要求，整合并管理土地资源、劳动力资源、生态资源，这种国家化乡村整合进而建构现代化国家的动因与农民性对小农切实利益的关注产生分歧，而这种分歧使农民与村集体虽然同样以共同富裕为目标，却站在了不同的立场上。

当村集体面临上级县镇政府时，其相对于更宏观的国家性，站在微观的立场上，村集体此时代表农民性的要求，寻求经济自主性发挥地方特色禀赋，这种农民性实现自身发展、维护地方利益与扩张的小农经营自主经营动因和国家化对基层管控治理的要求产生分歧，而这种分歧使村集体与县镇政府虽然同样以基层良治善治为目标，但站在了差异化的立场上。

村集体上下两次立场变换是乡村集体经济组织自身具有双重性的生动写照，内部的双重性是乡村集体经济组织造成乡村集体经济发展困境的根源。

（四）集体经济组织作为"非典型性"市场主体

1. 社会主义市场经济体系下的集体经济组织

在社会主义市场经济的体系下，每一个市场经济的参与者都是自由、独立竞争的市场经济主体，因此必须要独立面对市场风险，这对于乡村集体经济组织来说既是机遇，但也意味着更大的挑战。从机遇的角度看，华西村、南街村等集体经济的"明星村"就是在改革开放初期准确定位了自身的禀赋，在强调"统分结合"中村集体"统"的基础上，积极地将村集体经济投入市场化的浪潮中，取得了斐然的成绩。但从挑战来说，现有的"明星村"面临市场环境愈发复杂、后继乏力等问题；而更广大的乡村地区如本文所阐述的开慧村事实上面临的却是村集体经济尚处在初步发展阶段的问题。

农民所持有的并且敢于信任的生存依靠是土地与自己的劳动，小农经营模式是农民信任且认同的经营模式，虽然个体经营相对来说产出较低、质量较差，单一农户承受风险的能力更差，但这种风险不论盈亏都为农民心理上所接受。村集体将农民的土地和劳动力资源整合起来进行市场化经营，客观上的确有助于提高单一农户的营收和抗风险能力，但当面临市场风险时，农民自身的软弱性会将集体经济经营中的失败归结于村集体，导致村民对村集体产生不信任的情绪。

但是在市场经济条件下，村集体并不是一个独立的市场主体，在国家化的行政化驱动下，村集体的运作、人事和财务又受到政府系统的管理，它的行为均受到行政的制约。作为个案的开慧村，在政府行政化管理和制约的条件下，要集体经济组织突破困境实现乡村振兴乃至共同富裕是两难的。如何平衡集体经济组织的国家化和农民性两大动因之间的关系呢？首先应对集体经济组织与一般市场主体进行深度比较。

2. 集体经济组织的"非典型性"特征

（1）形成导向

所谓形成导向，是指市场经济主体是基于什么样的市场要素形成的，这些要素是该组织形成的依托和发展的线索。一般市场主体与集体经济组织有着截然不同的形成导向。前者是资本，后者是土地、劳动力和人民公社制度的路径依赖。

不论是国有企业、民营企业抑或是外资企业，足量的资本是其最基础的要素，关乎企业经营注册，现金流更是企业的生命线。资本是一般市场主体参与市场活动和应对风险的保证，现代企业制度的有限责任更是将出资人的风险限定在可控范围内，这从制度上为一般市场主体的资本利益相关者提供了面临多变的市场环境时的保护。

而普遍的乡村集体经济组织的资源禀赋是土地与劳动力，前者是农民最大的生存依赖，农民、农业通过土地产出产品；后者则是农民自身，在社会主义保障制度的基础上可以完成再生产。若土地要素出现了问题，农民就不得不进城务工，由于受到劳动力素质和现有的生产方式的限制，许多农民难以积累财富，最终造成农村弱势群体生存困境和贫困的代际传递。

然而，依靠土地和劳动力的生产模式生产周期长，利益主体分散且微观，很难应对市场风险。而土地和劳动力涉及政府治理，在政治性上对经济自主性有着制约。总结而言，农民的生存和致富主要依赖整合土地与劳动力的乡村集体经济，要让其既能保护农民生存的逻辑，又能满足共同富裕的需求；既能应对市场风险，又要适应国家化的需要。这些要求是在市场化的背景下出现的非对抗性矛盾，但不应因噎废食，而应积极为乡村集体经济的形成导向寻找出路。

（2）股权所有制

一般市场经济主体与集体经济组织在股权所有制上也存在差异。

前者以所有者的劳动、资本等生产要素入股。在市场经济条件下，纵使市场经济风险对所有者个人利益造成了损害，所有者可只承担有限责任，维护其自身利益。

后者以土地、劳动力入股，但由于土地固定在农村，村民在集体经济组织遭受市场风险的时候难以携带生产要素转投其他集体经济组织，因此其可能重复走上个人外出务工的道路。而现行的集体经济组织股权划分存在组织内资格不明、组织股权划分不清、股份进入与退出机制建立不完善的问题。因此，集体经济组织现行的股权所有制难以保障乡村集体经济的可持续发展。

(3) 管理者利益

一般市场经济主体和集体经济组织的管理者的分利模式也不同。

前者已经普遍建立起现代经理人制度，经理人在企业经营的过程中可以获得足够的激励，使其为企业发展服务，同时将承担相应的责任和义务。

后者缺乏相关的经理人制度，在"三位一体"制度框架下，乡村集体经济组织的管理者通常是"党政经一肩挑"，缺乏经理人制度的经济激励，集体经济组织的管理者有将政治性要求置于经济性要求之上的倾向。

六 创新思路：基于"股权三分"的治理方案

依前文论述，国家化与农民性之间的张力是本案例问题产生的根源。因此，要解决实践层面的问题，亟须调整国家化与农民性之间的关系，既着眼于强化乡村基层国家公共服务力量，又立足破除农民性面对市场化的劣势，以更好发挥政府作用，同时更加有效促进乡村更好融入社会主义市场经济体系。由于乡村集体经济组织内部涉及三大主体——村民、集体经济管理者和县镇政府，我们认为，要协调集体经济组织运行的内部张力，根本着力点就是协调这三大主体的利益关系，实现三者关系的良性互动。为此，设计植入一个新的契约关系加以疏导实现。

我们构想，通过在集体经济组织内部构建的新的三方契约关系，最直接的做法就是使三大主体各自占集体经济组织一部分股权，三大主体各自以股权的形式划分针对集体经济发展的村内经济性与政治性事务的决策权，由明确划分的股权确定主体对于集体经济村务的影响力，以集体经济组织股东大会的形式处理问题。针对集体经济管理者引入现代企业制度中的经理人制度。

对村民来说，将村民的土地资源与劳动力资源以股权为基础形成对集体经济组织切实、具体的权责划分体系，不仅能让村民的诉求直接被集体听到，更能培养村民的集体经济组织权责和主人翁意识，在顺应村民农民性诉求的同时逐步破除农民性的思维桎梏，使其在参与集体经济组织的决策中学会从集体的视角看问题、解决问题。

对县镇政府来说,把县镇政府的专款下拨转变为对集体经济组织的投资,以占有股权的形式对村内集体经济事务形成具体切实的治理诉求,这种方式顺应了市场在资源配置上发挥决定性作用的要求,更是对国家化政治要求的进一步发展,即现代化国家与基层社会的村民距离更近了。

对集体经济管理者来说,股权激励和经理人制度使其个人利益与集体经济发展的实际状况直接挂钩,管理者有更大的动力去发挥自主能动性,带动集体经济组织发展,协调组织内部矛盾,更好地应对市场风险。

总体而言,这种模式通过股权建构了一个予以双重性协调的平台,用经济性方式让各方在村集体经济组织中掌握自身话语权,同时为自身意愿负责,明确各方对于村集体经济的权责关系。

(一) 有效协调集体经济组织运行中的内部矛盾

村民、集体经济管理者、县镇政府三者的行为逻辑带来的张力将通过股东大会的形式协商解决。

在集体经济组织的股东大会上,以三方主体各占股权来统合张力的做法是合理的,主体承担自己的股权所带有的责任,享受股权所带来的收益和权力[①],将内部矛盾向内部多元主体决策转化。股权三分将有效统筹和配置集体经济组织内部资源,统一以股权方式计算,明确资源提供者的股权所带有的权责关系。

多元的资源提供者对于繁杂的资源负有主体的责任和权力,从而可在内部资源利用时有效调度;统归股权简化了集体经济组织利用内部资源的流程,提高了内部运作效率;此外,具体划分权责和收益有助于资源提供者树立对集体经济内部资源的主人翁意识,但同时资源以股权形式统归集体,是兼顾效率与公平的设计。

(二) 有效提高集体经济组织对抗市场风险的能力

股权不仅意味着收益,也意味着风险。强调主人翁意识就是要使农民从小农生产经营的模式中脱离出来,使其在集体的庇护下承担市场风险,培育现代农民。

---

① 权力,表现为主体对集体经济组织的控制力。

农村集体化经营的抗风险能力是强于个人经营的,可破除农民性对农民的限制,打破农民个人生存逻辑及小农生产方式的驱动,将个人利益内化到集体利益当中,使个人以集体生存的逻辑去看问题,让农村成为我国经济发展的未来空间。

(三) 转变基层政府营收环境缓解财政赤字窘境

县镇政府项目拨款是村集体经济组织运作的最大资金来源。而政府的项目拨款往往是从宏观层面为满足乡村地区的治理需求而设计的,拨款或与村实际需求的金额不符,或与村当下亟须解决的问题的项目款项不匹配。

基层组织行政化问题是两难的问题:一方面,政府要依赖基层组织在基层社会治理中的作用,使自身与村民联系起来,实现自身治理职能中的国家化要求;另一方面,对乡村社会的各种投资和指引使基层组织行政化,难以厘清治理关系,饱受诟病的同时还让下拨款项利用程度不足,财政压力极大。

在本解决方案中,若将政府的管理资金转变成对乡村集体经济组织的投资,以股权计,则既能深入乡村社会了解其迫切的诉求,又能将自己的诉求通过股权占比的模式加以实现,更能在村集体经济组织发展壮大后产生营收,形成良性循环,理想状况下,还有助于缓解当下大量地方基层政府财政赤字的窘境,同时疏解基层组织行政化的种种问题。

(四) 降低集体经济运行成本,优化乡村治理结构

我国农村覆盖范围大,村居面积广,农村人口多,如果在农村大面积铺开建设一项新的制度,所需的人力物力财力不计其数,对于处在经济转型阶段的我国来说是一项极为巨大的开支。而当下,农村普遍建立起了包括村党支部、村委会和村集体经济组织在内的基层组织,本解决方案设计是在现有制度的基础上调整内部关系,不影响各方利益,普遍推行的制度成本较低。

而许多已有研究提到的集体经济组织缺乏可行的监督机制,且建设一套可铺开的监督机制制度成本很高。这种监督机制也可以使多方主体秉持基于自身股权的权责,在参与协同治理的过程中得以建立。

七　总结与讨论

发展农村集体经济对于维护社会主义公有制经济地位、优化乡村经济治理结构、破解乡村振兴难题具有重要现实意义。本研究将乡村集体经济组织视为一种特殊的经济主体，以湖南省开慧村为研究案例，对该村集体经济组织运行情况进行了经验研究与实证分析。本研究通过对村集体经济组织实际运行过程尤其是处理各类复杂关系的观察，揭示了这类组织背后存在显著的"国家化"和"农民性"的双重逻辑，并得出了这种双重属性衍生出乡村集体经济组织具有明显不同甚至相互冲突的双重组织行为逻辑的结论。

调研还发现，这种乡村集体经济组织的双重逻辑，不但影响了基层政权对乡村的治理效能，而且在一定程度上制约了集体经济组织应对市场风险的能力。这些观察和结论提供了一种看待集体经济组织发展的新视角，有助于理解当前一些地区乡村治理中出现的组织困境。

本研究更加关注集体经济发展困境的根源性问题，即集体经济组织内部国家化逻辑的行政化和农民性逻辑的民主化的双重性身份致使其应对市场风险乏力，乡村治理与农民利益在该过程中一定程度受损，村集体经济组织陷入两难的窘境。这些发现，可以更准确地解释目前农村集体经济组织运行中出现的问题与面临的挑战。

具体来说，开慧村的农民具有显著的农民性，难以使其作为独立的市场主体在较高市场理性支配下自主进入市场，而这种性质和土地情结密切相关。土地是一种社会关系的表现，如果试图通过强制性手段使农民和土地分离，通过短时强效更新其社会关系和裙带关系来实现"本质"变革进而减小市场嵌入阻力，会大大激起农民对于市场风险的恐惧感。本研究提出的解决方案以上述研究发现为基础，以中央提出的乡村振兴目标为依据，尝试提出了优化集体经济组织的创新思路。

农民性是一种社会特性，它是乡村经济基础在农民生产方式和社会交往方式中的一种表现形式。因此，国家化在主导乡村市场化的进程中，应当因地制宜地分析本地农民是否正在突破或已经突破了农民性的局限，这种分析是多维度的、动态的、有机的，以社会现实为市场化放开程度的衡量指标。该解决路径如图 2

所示。

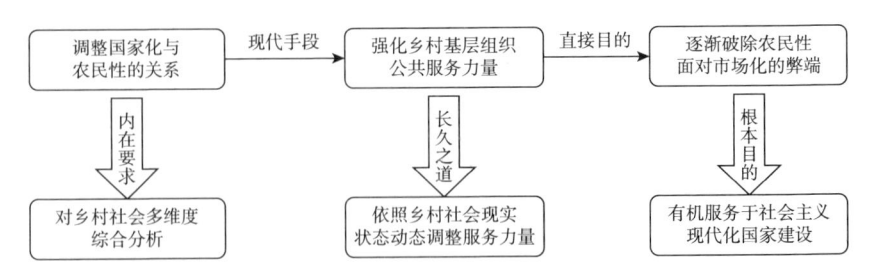

图 2　国家化与农民性视角破局路径

所谓多维度，是指对乡村社会诸多方面均进行考察。部分维度发生变动，并不能证明农民性发生了变动。这些维度包括：其一，经济上的市场化与公共服务之间的关系；其二，政治上的政权、政党和群众之间的关系；其三，乡村资源中土地、劳动力和产品的所有与分配的关系；其四，行政上群众与政府之间的关系；其五，社会上的城乡阶层与城乡二元对立关系。此外，也包括乡村制度层面的、财政层面的、文化层面的、生活层面的种种关系。对乡村社会进行多维度综合分析，是调整国家化与农民性关系的内在要求。

所谓动态的，就是指这种分析是建立在变化的视野上的，要与时俱进地看待乡村社会的变化，决不能观察到一次变化之后，就停滞了对国家化与农民性关系的调整，定位了乡村社会的市场化发展。这要求上到各级党组织和政府，下到乡村基层行政组织，不仅要了解过去乡村社会的状态，看到当下的乡村社会的多维度变化；还要合理推断未来乡村社会的变化方向，及时调整社会主义市场经济下的国家与农民关系。依照乡村社会现实状态，才能动态调整国家公共服务力量以长久地服务于社会现实，这是调整国家化与农民性关系的现代手段。

所谓有机的，就是指国家化与农民性关系的调整是服务于整个有机体的，并非孤立的。这种调整是乡村振兴视域下的，而乡村振兴是全面建设社会主义现代化国家的要求；也就是说，这种调整是根本服务于这个有机体建设的要求的。这要求调整国家化与农民性关系的过程，是服务于缩小城乡区域发展差距的，要时刻指向社会主义现代化国家建设目标的要求。因此，不仅要认识到国家化与农民性关系的调整是与脱贫攻坚和乡村振兴相衔接的关系，更要在更大的"一盘棋"上找好调整关系的着力点。逐渐破除农民性面对市场化的弊端是强化乡村基层组织公共服务力量的直接目的，而有机服务于社会主义现代化国家建设，则是这种关系调整的更为根本的诉求。

当然，所谓"收""放"并不是逆市场化，并非要用行政性力量将乡村整合，而是要基层政府和具有行政化趋向的乡村基层组织发挥更强的公共服务性，村集体在使用和开发具有集体所有性质的生产要素时，发挥更大的积极主动性，压实"国家化权责"，扮演好责任主体、参与主体、监管者等角色，将消除农民风险感的国家化力量贯穿在市场化的全程。

综合本研究针对目前集体经济组织运行困境提出的创新构想与方案，可以看出：其一，从经济层面，我们构设了集体经济组织内部的协调多方主体之间张力的现实框架，通过明确多方主体对集体经济组织所担负的权责关系，使集体经济组织得以实现内部行动统一化，发挥市场在资源配置中的决定性作用，以此平衡、消解集体经济组织双重性带来的发展制约；其二，在政治层面，我们抓住国家化在乡村市场化进程中的主导作用，阐释了调整国家化和农民性关系的核心作用，以及在这一调整过程中应当着重关注的现代手段和直接目的，进一步表述了多维度综合分析的内在要求和依照现实状况动态调整乡村基层组织公共服务力量，最终指明了协调国家化与农民性之间的张力根本服务于社会主义现代化国家建设的目的，为更好发挥政府力量构设了理论空间。

总之，本研究引入政治学理论分析乡村集体经济，不仅提供了一个新的视角，在一定程度上丰富了前期理论界有关"国家化"和"农民性"等理论的具体内涵和实践特征，而且找到了解释目前集体经济发展困境的根源性问题，找到了从优化利益关系入手综合协调村民、集体经济组织、县镇政府三者关系的政策抓手，有利于在未来乡村集体经济组织建设中，更加充分发挥市场在资源配置中的决定性作用，同时更好发挥政府作用；通过不断发展完善我国的乡村集体经济组织，推动我国乡村振兴不断向前发展。

（指导教师：樊鹏）

社会互构视角下单身青年的心理体验研究
——以"90后""母胎单身"青年为例

许宇童　曹之龙　张楚芊　吴蕙羽[*]

摘　要　本研究以"90后""母胎单身"青年为研究对象,以社会互构为视角,通过访谈法考察"90后"城市青年的"母胎单身"现象及其心理体验。研究发现,对"90后""母胎单身"青年心理体验的讨论可以围绕"平衡"这一关键词展开,个体对于单身平衡的把握以及对于婚恋平衡的预期都会对其婚恋观念和态度产生重要影响。青年在单身状态下达成身心平衡和预期自己难以达到婚恋平衡是他们选择单身并维持单身状态的两种重要机制。

关键词　社会互构;母胎单身;心理体验;平衡状态

一　引言

单身已经成为当今社会的一种普遍现象。民政部的统计数据显示,2018年我国单身人口已突破2.4亿,这个数字还在持续上升,单身者在总人口中的占比不断提高,"单身社会"的概念有了越发坚实的现实基础。单身现象中,又以"母胎单身"最为特别,"母胎单身"指自出生起从未谈过恋爱,排除了失败恋

---

[*] 许宇童,社会学院2019级本科生;曹之龙,社会学院2019级本科生;张楚芊,法学院2019级本科生;吴蕙羽,社会学院2018级本科生。

爱经历等因素对青年婚恋观造成的影响，能够更直观地透视当代青年在社会生活中处于单身的诱因。

"母胎单身"群体在"90后"青年中占据了相当的比重，他们的生存状态与婚恋观念颇受社会舆论关注。"90后""母胎单身"青年已经或即将步入社会，有着一定的人生阅历，对社会现象有独到的观察与思考，其思维方式被深深地打上了互联网时代的烙印。他们对于单身的体验和理解必然带有鲜明的时代印记，契合于转型期中国社会的宏观背景以及其城镇化、信息化时代亲历者的身份，具有重大的学术研究价值。但是"母胎单身"现象尚未引起社会学界的关注。

本课题从社会互构的视角出发，运用质性研究方法访谈了12名"90后"城市"母胎单身"青年，深入发掘"母胎单身"青年在思想观念和生命历程中的普遍性与特殊性，明晰他们选择单身和保持单身的特殊心理机制，兼具理论和现实价值。就理论价值而言，社会互构的视角能够很好地解释当代青年单身的机理和内涵，并通过对青年的研究反视社会发展，以此运用和拓展社会互构理论的基本观点；就现实价值而言，单身问题是社会学研究的重要议题，也是当今中国不可被忽视的社会现象，而单身青年的身心健康在一定程度上反映了社会发展的健康性与可持续的水平，单身青年心理体验的研究由此具备了极强的现实意义。

二　文献综述

（一）关于单身青年的研究概述

1. 单身与"母胎单身"

在学术研究中，"单身"这一概念经常被提及，但少有学者对其进行清晰的定义。不同研究主题的学者对单身赋予了不同的内涵，有学者在研究单身热潮时，将"单身"界定为过了结婚适龄期却仍然未婚的状态[①]；在讨论大学生恋爱心理时采纳年轻人的基本观念，认为单身状态就是不处于恋爱关系[②]；针对单身

---

① 杜双燕：《"单身"热潮的社会学解析》，《西北人口》2008年第5期。
② 吴萍霞、范晨霞、郑娟、高静：《大学生恋爱心理与单身歧视现象研究》，《校园心理》2010年第5期。

女性的系列讨论认为单身女性包括未婚的女性、离异的女性、独居的女性[1]。综合多位学者的观点，单身状态指的是未婚且未处于恋爱关系之中的状态。

在互联网上，"母胎单身"一词是"母胎SOLO"的变体，通常指的是从出生开始到现在仍保持单身的人。"母胎单身"最早来源于韩国娱乐圈用语，用来指代"年龄就等于单身时间的人"，因形式新颖、表意清晰而广为使用。判定一个人是否为"母胎单身"主要看他（她）是否有过男女朋友，若从来没有类似经历就可以被称为"母胎单身"。没有结果的暗恋、暧昧等通常不算恋爱经历，有这些经验但从未确认过男女朋友关系的人也应该被视为"母胎单身"者。

2. 单身成因

在探讨单身的成因时，过往学者通常将单身作为一种群体现象，在肯定先赋性因素——如身高、相貌、身材、健康状况——的同时，着重探讨了个人后天因素和社会环境对青年人婚恋选择的影响。从家庭接收到的负面信息[2]、过往消极的情感经历[3]、获取过多关于婚恋的负面信息[4]都可能形成并强化个体对婚恋的消极印象。社会因素则包括人口结构失衡[5]、经济基础不够以及社会包容度增强[6]。针对"90后"的研究发现，青年人广泛认同个人主义，注重自我的发展和完善。婚恋不再是人生的必由之路与个人价值的硬性标准，还可能成为事业成功和自我实现的绊脚石。[7] Stein 认为，过去单身的原因可能更多以消极形式表达，但现在单身的理由更为积极：单身意味着经济独立、更多的自由和生活乐趣、结识朋友和发展友谊的机会，以及更多更好的社会体验和个人发展机会。[8]

3. 单身心理

单身心理体验可分为积极和消极两方面。Jeewon Oh 等人对3439人进行了

---

[1] 刘莫鲜：《回顾与展望：关于女性单身现象研究的思考》，《中国青年研究》2010年第5期。
[2] 毛燕凌：《社会学视野下的单身女性——对单身女性的质性研究》，《理论界》2009年第6期。
[3] 苏雅兰：《大学生恋爱伤害应对方式及其与恋爱幸福感的关系研究》，云南师范大学硕士学位论文，2019。
[4] 钱嫦萍：《青年婚恋情感的异化境遇与破解之道》，《中国青年研究》2020年第7期。
[5] 陈友华、米勒·乌尔里希：《中国婚姻挤压研究与前景展望》，《人口研究》2002年第3期。
[6] 刘莫鲜：《回顾与展望：关于女性单身现象研究的思考》，《中国青年研究》2010年第5期。
[7] 张巍：《大都市单身青年"婚恋焦虑"现象调查及成因分析》，《当代青年研究》2014年第6期。
[8] Peter J. Stein, "Singlehood 1975: An Alternative to Marriage", *The Family Coordinator*, 24（4），1975.

10年的跟踪调查，发现单身人士的生活满意度更高。① 单身幸福感来源于婚姻态度、学历和收入，而且单身女性报告的心理幸福感水平较高，表现出良好的适应能力。② 就消极体验而言，年轻人有明显的婚恋焦虑心态，并呈现低龄化趋势。③ 对单身青年的歧视导致多方压力增大④，单身者也会因为受到家庭和社会的普遍谴责而加剧在社会中的疏离感⑤。Knupfer 等人在研究单身男女的心理健康差异时发现，单身人士会更容易受到社会孤立，产生反社会心理。⑥ 还有研究显示，大学生群体中也存在"单身歧视"现象，且会随着年级增长影响大学生恋爱观，部分临近毕业的大学生会为了缓解压力而选择谈恋爱。⑦

（二）关于个体平衡的研究概述

目前学界有关个体平衡的研究主要集中于探讨个人的工作—生活平衡，也有学者尝试借助"平衡"这一概念来对亲密关系进行分析。

1. 工作—生活平衡

工作—生活平衡指的是人们能够较为均衡地分配自己在工作和生活领域的时间和精力，同时兼顾好自己作为工作者和家庭照顾者的角色需要。这一议题的兴起是全球化和现代化背景下社会转型的结果：激烈的市场竞争导致职员的工作压力日益加大，劳动力市场的变革使大量女性进入职业市场，与此同时人口老龄化的加剧和生育率的降低也在不断增加家庭的养育负担，使个体更难在工作和生活中取得平衡。⑧ 而工作与生活的冲突会给个体带来众多消极影响，例如会导致个

---

① Jeewon Oh, W. Chopik & R. E. Lucas, "Happiness Singled Out: Bidirectional Associations Between Singlehood and Life Satisfaction", *Personality and Social Psychology Bulletin*, 2021.
② 赵静、王晶晶、韩布新：《适婚单身女性的宗教信仰与心理幸福感研究》，《中国全科医学》2017年第32期。
③ 张巍：《大都市单身青年"婚恋焦虑"现象调查及成因分析》，《当代青年研究》2014年第6期。
④ 刘莫鲜：《回顾与展望：关于女性单身现象研究的思考》，《中国青年研究》2010年第5期。
⑤ J. H. Ho, "The Problem Group? Psychological Wellbeing of Unmarried People Living Alone in the Republic of Korea", *Demographic Research*, 32, 2015.
⑥ G. Knupfer, Walter Clark & Robin Room, "The Mental Health of the Unmarried", *American Journal of Psychiatry*, 122 (8), 1966.
⑦ 吴萍霞、范晨霞、郑娟、高静：《大学生恋爱心理与单身歧视现象研究》，《校园心理》2010年第5期。
⑧ 岳经纶、颜学勇：《工作—生活平衡：欧洲探索与中国观照》，《公共行政评论》2013年第3期。

体生活满意度、健康水平、工作效率降低。① 因此个人需要主动采取策略来应对工作和生活的冲突，如工作分享②、家庭支持③等方式有助于缓解员工在工作和生活中的矛盾，减轻个人的工作和生活压力，帮助他们更好地应对工作和生活领域的多重角色需求。在传统家庭分工里，女性承担着照料家庭的主要职责，因此也有学者关注职业女性在工作—生活平衡问题上的表现，提出可以借助领导力效应从个人层面和组织层面帮助职业女性走出角色冲突困境、建构工作与生活的平衡机制。④

2. 恋爱关系中的平衡

从社会交换理论切入，刘旭考察恋爱关系中情感交换、财物交换、服务交换和信息交换的不对等对于亲密关系的影响，结果显示社会交换的适度不平衡有助于增强双方的亲密感受，但过度不平衡则会给亲密关系带来消极影响。⑤ 孙雪松在研究中发现大学生在恋爱关系中的投入和回报主要涉及感情、交流、时间和金钱四要素，而投入与回报的平衡有助于提升大学生的恋爱满意度。⑥ 裴志珍则根据平衡的程度与面向将大学生分为平衡型、不平衡型、外失衡型和内失衡型四类，发现能够在恋爱关系中不断提高自我能力，遵照自身意愿并满足恋人要求，即平衡型的大学生的恋爱满意度最高，随后分别是内失衡型、外失衡型和不平衡型。⑦

（三）文献评述

社会互构论通过将个人与社会之间的关系理解为"互构共变"来超越个人

---

① 马丽、徐枞巍：《人力资源管理的新视角：工作—生活平衡》，《企业经济》2010 年第 6 期。
② 陈维政、李贵卿、吴继红：《工作分享对促进工作—生活平衡的作用研究》，《中国工业经济》2007 年第 6 期。
③ 费小兰、唐汉瑛、马红宇：《工作—生活平衡理念下的家庭支持：概念、维度及作用》，《心理科学》2017 年第 3 期。
④ 蒋莱：《领导力发展视角下的职业女性工作—生活平衡策略研究》，《妇女研究论丛》2012 年第 2 期。
⑤ 刘旭：《恋爱关系中社会交换的不平衡状态研究》，河北大学硕士学位论文，2017。
⑥ 孙雪松：《投入与回报及平衡对大学生恋爱关系满意度的影响研究》，陕西师范大学硕士学位论文，2010。
⑦ 裴志珍：《大学生恋爱关系平衡特点及其与依恋、恋爱满意度的关系研究》，闽南师范大学硕士学位论文，2017。

与社会之间的二元对立,诠释现代社会的各种现象。社会互构论重视分析个人与社会的关系,认为社会是个人存在的方式,众多个人的行动关联即为社会。[①] 社会互构论在分析当代中国社会转型期中个人与社会之间关系的经验现实问题上有广泛应用,彰显出其在分析多元性主体、多维性时空上的优势,这是因为社会互构论既是对社会关系主体之间关系的因果性现象的研究,也是对其不确定性和或然性现象的研究。[②] 基于社会互构论与以往文献,可以从宏观、中观与微观提取三个有关平衡的分析维度,即个体与环境的平衡、个体与亲密对象关系的平衡、个体自我生活的平衡。过往学者对于单身现象的分析往往只针对其中的某一部分,如聚焦个体如何处理亲密关系,着重分析个体在亲密关系中的投入,却忽视了作为社会的个体,其观念容易受到社会环境的影响,缺乏整体思路和互构框架。又或者将单身这一现象过度社会化,完全将其理解为某一时代的产物,或只关注到了青年人对自身的看法,完全将其从社会关系的分析中抽离。

近年来,随着"母胎单身"这一概念的兴起,这一从未有过恋爱经历的人群成为社会关注的焦点,让人们意识到单身群体内部也会因单身状态的不同而存在多样性。但现有研究对"母胎单身"群体的分析尚不足够,对该群体有何单身体验、如何看待单身状态尚不了解。互联网上对"母胎单身"的大量讨论建立在默认本词字面含义的基础上,更多以人生指南和心灵鸡汤的形式存在,该流行词语丰富的社会学意涵尚未被发掘。

三 研究设计

本研究以符合"母胎单身"界定标准的"90后"青年为研究对象。"90后"青年已经步入社会且有了较为丰富的人生经历,处于人生重要发展阶段:一是处于传统意义上的婚龄期与最佳生育期,单身也可能对他们的生活和心理产生更深的影响,他们对于"母胎单身"的体验和理解会更为深刻;二是这部分人或初入职场,或仍在求学,多处于人生事业的拼搏上升期,面临多方面的生活压力。由于无法做

[①] 谢立中:《超越个人与社会之间的二元对立——"社会互构论"理论意义浅析》,《社会学研究》2015年第5期。
[②] 郑杭生、杨敏:《社会互构论的提出——对社会学学术传统的审视和快速转型期经验现实的反思》,《中国人民大学学报》2003年第4期。

到对这一群体中的所有类型成员完全覆盖,本研究充分考虑了异质性抽样（Purposive Sampling）要求[①],通过滚雪球抽样的方式,以最大限度地覆盖具有差异性的研究对象,经过筛选之后最终确定了12名受访者（见表1）。

表1 受访者基本信息

姓名	性别	出生年份	籍贯	目前工作生活地	职业
F女士	女	1997	江苏	上海	电气工程师
Z女士	女	1997	安徽	上海	法务工作者
C女士	女	1995	江苏	深圳	文化场馆综合管理员
N女士	女	1998	黑龙江	厦门	建筑师
L先生	男	1994	四川	内江	事业单位工作人员
S女士	女	1994	湖北	武汉	环境工程博士在读
L女士	女	1992	辽宁	北京	语言学博士在读
H先生	男	1994	四川	北京	建筑学硕士
K先生	男	1998	广东	深圳	计算机本科在读
Z先生	男	1999	广东	北京	法学本科在读
X女士	女	1998	广东	广州	签派员
D先生	男	1997	湖南	广州	航空情报员

受疫情影响,半结构式访谈主要采取线上方式进行,围绕"'母胎单身'现象及其体验是什么"和"'母胎单身'对单身青年产生了何种影响"这两个主题展开了探索。在访谈正式开始前,研究者向每名受访者介绍了研究的内容和目的,同时以书面同意的形式确保每名被研究者的自愿参与。访谈将对研究问题的前涉和价值判断悬置,完全沉浸在资料中,当对访谈信息有思考时,撰写备忘录记录自己的想法。访谈结束当天将录音转成文字录入NVivo软件中。访谈录音转为书面文字共计约110000字,备忘录共计约15000字。

四 "母胎单身"的体验诠释——平衡的艺术

（一）"母胎单身"的自我认知

"母胎单身"青年从两方面刻画自己的单身状态。

[①] 孙晓娥:《深度访谈研究方法的实证论析》,《西安交通大学学报》（社会科学版）2012年第3期。

首先从价值观层面,大多数受访者对"母胎单身"的看法偏向于中立和积极。独立、要求较高是受访者经常提到的词,例如,受访者谈到"应该是一群有崇尚自由、有自己坚持的原则的人"(F女士),"可能对感情要求也比较高,因为如果想随便谈的还不是手到擒来吗?"(C女士)等,他们表示"母胎单身"者保持单身状态是有原则、不愿将就和妥协的体现。并且,"母胎单身"作为一个较为流行的词,大多数受访者认为这是一个中性词,只是形容一个事实状态,并不带有褒贬的价值评价。在进行生活事件排序时,受访者往往将学习、事业或者自我价值实现放在恋爱前面,这也体现了"母胎单身"状态有益于或至少无害于他们实现更高的价值追求,保持该状态对他们而言是积极的。相反,他们对于自己步入恋爱状态却带有负面色彩的评价,例如,受访者认为谈恋爱会造成麻烦:"脱单也没有什么用,我现在只要管好我自己就行了,然后我找个女朋友,觉得她也帮不了什么,我就完全不想有一个人来成为我的累赘"(K先生),"(谈恋爱)我就不能想干嘛就干嘛,或者我的时间会变少了,你要为对方去花时间而不是为自己,然后这些时间就不能做自己喜欢的事情了"(X女士)等。受访者并不愿意改变"母胎单身"的状态,同习惯于生活在亲密关系中的人群一样,这是一种心理舒适区。综上,"母胎单身"是一种几乎不含有价值评价的事实状态,对"母胎单身"者自身而言也是心理舒适区。

其次从心理与个性层面,受访者反复提及"情感比较懵懂""不了解女生(异性)""没有经验""社恐""内向",这意味着多数受访者认为"母胎单身"既是实际上没有恋爱经验,也是心理上没有恋爱准备的人群。恋爱准备包括经验、社交能力等一系列认知,这种认知不一定是实际情况,而是受访者对自己的认知,例如,有些受访者实际社交能力不错,但他们也认为自己不擅长社交,因而不知如何开始一段恋爱关系。可见,"母胎单身"并不是一种对"从来没有谈过恋爱"的客观描述,而是一种心理状态,是对恋爱没有准备的状态,而这种状态透过不同性格的折射形成不同的外观,例如,有的受访者认为自己社交能力弱,有的则觉得自己内向或者不了解异性等。综上,"母胎单身"还体现为没有恋爱准备的心理状态。

综上所述,"母胎单身"指的是从出生开始从未确定过任何形式的恋爱或婚姻关系的人群,其心理状态是从未通过任何与他人交互的形式来满足亲密关系的情感需求,并且处在没有恋爱心理准备的舒适区中。

(二)"母胎单身"的成因分析

1. 达到个人的平衡

在问及受访者"单身是否会对您的生活产生积极或消极影响"时,他们普遍谈及的是单身的好处,而且有3名受访者明确表示单身不存在任何消极影响(X女士、N女士、F女士),认为自己已经"习惯了这么多年的一个人生活状态,觉得也挺好的,就没想去改变它"(F女士)。与之相应的是,"母胎单身"青年对脱离单身进入恋爱关系持十分谨慎的态度,认为谈恋爱会带来很多风险和挑战,例如"占用我的时间"(X女士),"被人管着,会失去自由"(F女士),"变成恋爱脑"(K先生),"吵架会影响我的工作生活"(L女士),等等。这从侧面反映出部分"母胎单身"青年保持单身的原因是其在单身状态下达到了自我身心的平衡,找到了自己的"单身舒适圈",从而形成了一种"单身惯性"。

那么"母胎单身"青年的自我平衡是如何达成的?他们通过哪些途径来维持单身的平衡?通过访谈发现,"母胎单身"青年的个人平衡可以从现实和心理两个层面进行梳理归纳。

(1)现实层面:生活质量与经济负担的权衡

"母胎单身"青年生活平衡的达成与维持也有其现实、物质的基础:一方面,现代社会激烈的竞争环境导致工作和学习成为很多青年目前生活的全部;另一方面,城市建设的完备使青年的单身资本越来越厚。

从生命历程上看,"90后"青年正处于个人发展的黄金期,经历着从学生到职场人身份的转变。无论是认真学习,还是投身工作,"母胎单身"青年都正在为了自己的事业发展而努力奋斗,甚至有人会为此牺牲全部休息时间,"我们那是相当的忙,一天十几个小时。基本上每天就'两点'——家跟公司,然后回来就睡了"(F女士)。工作之余,以单身群体为目标的商品繁荣为单身者提供了舒适的生活方式。从单身公寓、健身房、酒吧到各种各样的服务如清洁、烹饪、外送等,单身青年可以更便捷地从商品世界中获得感情和消费的支持。近年来,单身经济的兴起催生出一系列"一人居""一人食""一人玩"等服务,在更大程度上满足了单身青年的日常需要。值得注意的是,访谈中有相当一部分受访者表示,他们在自己的日常生活中更喜欢独处,不会主动参加社交活动,"我可能也是稍微有一点社交恐惧,闹腾的时候是挺闹腾的,但是大部分时候也很喜欢独处"（S 女士）。为此，"母胎单身"青年培育出了以"有事可做"和"享受其中"为主要特征的独处模式，"周末的话就看看电影，看看书，然后出去逛逛街……不会感觉到孤单寂寞，就是闲下来也有事情可以做"（Z 女士）。对他们而言，单身生活已经成为一种习惯，"我养狗其实挺长时间了，已经有 6 年了，现在生活算是比较规律。下班以后基本上回家就是遛狗，然后运动。我现在是坚持每天练吉他，可能会穿插尤克里里半小时到一个小时的练习时间，然后运动大概半个小时"（L 先生）。

（2）心理层面：丰富的情感支持体系

在被问及单身的消极影响时，大部分受访者不认为单身有任何消极影响，即便会面对"一个人有时可能感到孤单"（D 先生）、"生病时怕无人照料"（L 先生）等情况也有其他解决路径，并非一定要通过找对象这种方式。"也不会说什么太寂寞，因为有家人的、有宠物的陪伴，还有这么多业余爱好，也不会感到孤单"（Z 女士）。由此可见，现代单身青年的情感寄托方式更加丰富。

虽然"母胎单身"青年没有爱情，但是他们的情感需求可以通过亲情和友情来得到满足："有朋友，然后也有家长什么的，可能不是一定要爱情来陪伴我"（N 女士）。对处在互联网时代的"90 后"青年来说，社交网络也极大扩展了他们的个人关系网络，他们能够更容易地在知乎、豆瓣、微博等虚拟社区中找到和自己"感同身受"或是志同道合的朋友。借助社交软件，他们也可以随时随地和朋友联系，和朋友交往的质量和深度相应提升，能够更好地从朋友处获得所需的情感支持。

有趣的是，不少"母胎单身"青年在访谈中表示自己是"社恐"，不喜欢和人打交道，因此他们的情感需求还会通过宠物的陪伴来得到满足。"现在就是因为我家也养狗，所以有宠物的陪伴，也不会说想要去找另外一个人。我觉得这个可能是比较大的一个原因"（Z 女士）。"我觉得孤单的话可能会想一想，现在很多人都是养宠物，可能也是一种情感寄托，就会从人的身上转移到动物……我不知道是不是这样的，人可能是有点情感寄托的"（C 女士）。现在很多青年越来越不愿意出去主动社交，而以动物为伴既可以满足他们的情感需要，也不需要他们耗费心神去处理复杂的人际关系。

除了亲朋好友的支持外，兴趣爱好也是"母胎单身"青年日常生活中非常重要的一环。首先，"母胎单身"青年会把大量的休息时间花在兴趣爱好上，

"我身边的'母单'可能在自己的爱好上会花更多的时间，比如说喜欢打游戏，然后喜欢汉服或者是喜欢小裙子，大家平时空闲的时间真的是……确实都是在做这些事情上面"（N女士）。其次，兴趣爱好能够满足单身青年的情感需求，"比如说你有这么多好看的电视剧、电影，然后有这么好玩的游戏是吧，可能都是蛮有吸引力的，对大家这个精神上面也是很容易得到满足"（Z女士）。最后，兴趣爱好是单身青年自身价值观的一种重要体现，也是他们的一种身份认同。所以在谈及择偶标准时，"母胎单身"青年也十分关注对方是否和自己有相同的兴趣爱好。例如受访者中有一个 lo 娘①认为自己找不到对象的其中一个原因是自己的兴趣爱好非常小众，可能和主流审美不一样，"也许自己的兴趣爱好在异性眼里比较张扬，然后跟大众的审美不是那么的契合"（N女士）。虽然如此，但在这名受访者眼中，与恋爱相比，坚持自己的兴趣更为重要。她不愿意为了找对象而放弃自己的兴趣爱好，而是期待找到一个能够接纳并理解自己的兴趣爱好的人。

综上，"母胎单身"者会维持单身状态在某种程度上是出于一种路径依赖，单身是个体进入社会的最初形态，经历多年的实践和调整，他们已经习惯了这种单身生活，达到了自我平衡的状态。他们能够在这种熟悉的环境中游刃有余地生活，而这种对于生活的掌控感可以给他们带来安全感。另外，找对象、"脱单"意味着他们要主动打破自己在单身状态下达到的个人平衡，出于成本和收益的考量，面对"脱单"所带来的种种不确定性和风险，这部分"母胎单身"者选择留在自己的"单身舒适圈"内。

2. 难以达到婚恋的平衡

在对婚恋的消极预期与单身的事实之间建立因果，可以有两条路径。一是单身人士由于存在对婚恋的消极预期而主动选择单身；二是无法"脱单"的事实推动单身者省察自身，并在这种反思中得出了对婚恋的消极预期。这两条路径的最终结果是导致"母胎单身"者预期自己无法或很难在婚恋中达到并维持平衡状态，因而保持单身。

本研究共访谈了12名"母胎单身"青年，其中6人表现出了明确的渴望"脱单"意向（Z女士、C女士、X女士、D先生、Z先生和H先生），4人"脱单"随缘（L女士、L先生、S女士、F女士），2人不想"脱单"（K先生和N

---

① 这里所指的 lo 娘是把 lolita（洛丽塔）服饰当成日常服来穿的女性。

女士)。12人中，宣称未来一定要结婚的受访者仅有3人（H先生、Z先生、K先生），其余均表示结婚与否随缘。相当一部分受访者并不认为自己一定要结婚，也表示恋爱未必要以结婚为目的，婚姻也不一定非要从一而终。纯逻辑上看，"对婚姻恋爱平衡的消极预期"应该体现为两类，即否认婚姻恋爱关系能够达到平衡，以及承认平衡的存在而否认自己有能力达到平衡，受访者集中体现了后者。

在受访者眼中，"恋爱的平衡"主要包括三方面。一是情感精力付出与回报之间的相对平衡，"最害怕被辜负的那种感觉，就是说说通俗点被'绿'的这种感觉，有点功利吧，这样听起来。就是为她付出了很多时间跟努力，最后一点回报都没有，就这种你感觉付出和回报不对等"（K先生）。二是个人空间与公共空间的相对平衡，"我想想噢，应该平时大家都有自己的生活，然后我觉得是这样，就不一定要两个人每天每时每刻都黏在一起，大家都有自己的空间，还是要自由"（X女士）。三是新关系与旧关系的平衡，"如果身边的姐妹都脱单了，但是我没有脱单的话，可能更多的是觉得跟姐妹可能相处的时间就少了"（N女士）。而无法达到恋爱平衡的原因，则因人而异。有受访者认为自己不了解异性，"不知道怎么和异性交流、交际，而且也有可能不知道从什么话题开始展开，就是迈出第一步比较困难，方法上就挺困难的"（H先生）；有受访者怕另一半会成为自己的负担，"现在只要管好我自己就行了，然后我找个女朋友，觉得她也帮不了什么东西，我就完全不需要一个人来成为我的累赘"（K先生）；也有受访者表示自己处于事业的起步阶段无法兼顾事业和爱情，"我觉得我所在的建筑行业，它其实是女性处在一个比较劣势的地位的，我觉得如果我很早地去谈恋爱或者结婚，会影响我事业上的一些发展"（N女士）等。

受访者对于"婚姻的平衡"的理解则更具个性化，多表现为个体对理想的婚姻模式的设想以及对个人权利和义务的主张，但总体上关注家庭事务与个人发展之间的平衡。有受访者强调双方经济背景上的总体对等，"物质还是需要考虑的，也不一定要说是多么的有钱，可能就门当户对差不多吧，然后满足基本的生活条件那些就可以了"（F女士）。有人强调婚后家务以及子女养育问题上的共同参与，"我爷爷奶奶基本上是男主外、女主内的这种模式，之前我爷爷工作在外地，基本上我奶奶就一个人在家里操持。但是我觉得自己没有办法胜任，家务可能需要双方共同参与；以后如果要结婚有孩子，父母双方也尽量还是要多陪伴孩子的"（S女士）。因此婚姻平衡之道体现在对于双方家庭关系的处理之中，例如会考虑每年春节去哪一家过或是陪伴各自家人的时间问题，"我就在想如果说谈谈恋爱的话，会不会就是说可能对我家里人的陪伴稍微少一些？"（L女士）。也有人关注自我发展，不希望自己的职业规划、个人成长被婚恋所牵绊，"不论性别，我觉得对方为了一个恋爱或结婚的关系，然后就说去打断自己的职业规划，不合适"（L女士）。

在婚姻与恋爱中，受访者对这样的关系模式通常有较高评价：双方付出相对平等、妥善处理个人发展与家计和感情经营的关系、包容对方的兴趣爱好、保持一定独立性以及互有情绪支持，"两个人相互理解、相互支持，然后都觉得相互陪伴，然后觉得对方很重要，然后重要到自己愿意将自己的财产与他共同所有"（Z先生）。这是对"理想爱情"或"理想关系模式"的一个总体画像，他们普遍认为理想爱情仍然会存在，但是并不是所有人都会在等不到理想爱情时做出妥协，"如果你去为了到了一定的年纪而去将就地找一个，那你不是跟自己的意图违背了吗？"（F女士）。还有受访者会由于"脱单"不成功而去省察自身的不足或参照身边成功案例，愈发觉得自己不了解异性的思维模式，很难与异性特别好地处理关系，于是更不愿意主动地开启一段关系，继续单身下去（K先生和H先生）。这种"知难而退"，其实也暗含了对平衡的预测，只不过结果是不知道如何与异性相处更能维持关系，或者懂得平衡如何达成却对自身能力失去自信。简而言之，知难而退则"愈来愈难"。因此，存在这样的事实，即"母胎单身"由于预期自己无法或很难在婚恋中达致平衡状态而继续保持单身。同时也有这样的机制，"母胎单身"在尝试"脱单"的过程中受挫而反思自己，经过反思对婚恋平衡的预期愈发消极，而更加不愿继续进行"脱单"尝试，这种"受挫—反思—拉低预期而愈发受挫"的自我强化机制也真实地被观测到。

综上，由低预期导向继续单身的因果链条得以搭建。可以说，"母胎单身"者会维持单身状态在一定程度上是由于对在婚姻和恋爱中维持平衡（工作与生活的平衡、收益与付出的平衡、个人与社会关系的平衡等）缺乏信心。这种低预期可能来自自我的想象与推演，也可能源于"脱单"受挫后的自我反思，判断的标准通常包含时间、精力、金钱、情绪、社交上的对等或不对等，以及自我的满足和充实等因素。在此前提下，保持单身状态就是这些人就可预期的未来而做出的一种选择，是合乎理性却也是有限理性的。

（三）小结

本研究从社会互构论出发对青年婚恋观展开探讨，既可以避免自上而下的过度审视，又可以加入单身青年的自我视角[①]，从多层面交织中深层次理解单身青年群体的选择，尤其是关注单身青年与社会、与家庭婚恋观以及与朋辈群体的互构。这也正是实现宏观、中观层面和个体微观层面充分结合探讨的思路。

就婚恋关系而言，"互构"具体可以体现为"维持多种关系的平衡"。从文义出发，平衡形容一种稳定的状态。这种平衡尤其体现在个人观念与社会观念的平衡，需要回应社会对个人的规训，或是内化，或是突破。中华文化追求和谐，注重平衡。深受个人主义的影响，西方文化的特点是强调个人的奋斗与个人需要的满足，因此西方在探讨心理平衡问题上更多是强调个体的内在平衡。而中国社会十分强调关系，生活在社会环境中的人，是同其自身以外的各类事件、人、观念、文化等因素紧密相连的。个体的需求特点及其满足方式，都与其自身及自身之外的各种因素密切相关，所以中国人的平衡还需要考虑外界对于个体的要求。同时，由于婚恋往往意味着打破个人独处的状态、维持与另一半持久亲密的关系，因此这一平衡也表现为个人独处的平衡与两性关系的平衡。借助社会互构的视角，通过对"90后""母胎单身"青年的研究，本课题梳理出了"母胎单身"体验诠释的理论框架，这一框架有助于从多个层次进行思考，在整体性把握的同时考虑到个体微观的差距（见图1）。

人与社会的平衡可分成两个部分，即个人周围的小社会和整个社会环境，个人通常同时受到这两个环境的影响。周围环境的影响即主要指单身青年与朋辈群体的互构，表现为亲朋好友对于婚恋的态度、对于单身青年婚恋状态的关心，有无催婚和有无同辈压力是主要的衡量指标。大多数受访者表示自己很少受到周围环境的压力，父母催婚较少，几乎没有同辈压力。社会环境对于单身青年的影响是间接的，大致可以分为社会舆论和社会观念两个部分。社会新闻、舆论较有冲击力，尤其是关于家暴、感情纠纷引起的刑事案件可能引起单身者恐婚、恐育甚至恐恋的情况发生。而社会观念的影响是潜移默化的，当今单身者面临的是一个

[①] 陈昕苗、卫甜甜、任明明：《城市单身青年的身份认同探究——基于社会互构理论的视角》，《北京青年研究》2021年第1期。

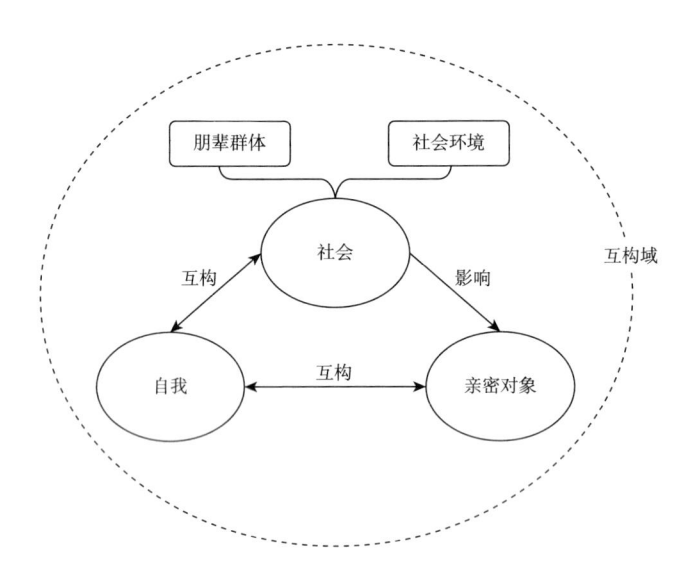

图1 "母胎单身"体验诠释的理论框架

多元化的社会，不同的价值观念之间有冲突，但更多的是共存。婚恋从每个人的必经之路，从每个人对社会的义务，转化为强调自我价值的实现，转化为紧密自我和世界的连接，即使国家仍然提倡婚姻、生育，但单身者与社会在大多数时间都能够达成和解。

  由于本研究以异性恋为样本，所以人与人的平衡主要是指两性的平衡。在过去，由于性别分工的差异，两性在经济地位上很难达成平衡，导致在亲密关系中，男性仍然占据优势地位。但随着市场经济的不断发展，女性从私领域中脱离，不断进入公共领域，两性在经济地位上逐渐趋于平衡。由此也带来了两性关系的改变，亲密关系中的两性逐渐走出传统模式，借由爱情，达成新的平衡。"母胎单身"者，其从未构建过爱情项下的亲密关系，也无从发展两性的平衡。那么在该群体中，是否构建出新的两性平衡关系？传统模式下，女性处在私领域，两性关系的构建仅限于伴侣和自己之间，"男女授受不亲"是长久存在的观念和事实。而如今，男女两性在不同场合接触，发展出多重关系，如朋友、竞争者、合作伙伴等，两性关系拓展了，从原来单一的不平衡的家庭模式，拓展为各种各样的新模式，人们在构建两性的平衡时并不只是依靠恋爱、婚姻，异性也不只是潜在的性对象，而是真实的独立个体。单身者群体中确有对构建以爱情、婚姻为纽带的两性关系的担忧，认为难以实现这种意义上的平衡，但是，社会何尝不是构建了多元的两性关系，削弱了刻板的性别印象，人们并不以男性或者女性的身份面对人际平衡，而仅以人来进入不同的关系，单身与否，已经无关紧要。

对个人自我平衡的理解必须基于单身青年从自身视角对自我进行的剖析。通过对受访者的研究和观察，自主选择单身的人表现出顺其自然的心态，对目前的生活大多持积极态度，对改变持消极态度。可见在单身的前提下，个体也能够寻找到个人自身的平衡。除了心理因素外，单身餐、单身活动、"一人游"等单身经济的发展在某种程度上也支撑着他们维持此种平衡。不过作为一个具有个性化的问题，当被追问该平衡是什么的时候，每个人对个人的平衡都可能有不同的描述。本文从心理状态的角度切入，能够比较好地呈现不同个体所理解的个人平衡。

五　总结与反思

个体在现代社会中扮演着多重角色，需要处理工作和生活、家庭和事业、外界和个体等多方面的平衡问题，使对于平衡的把握成为个体为人处世、安身立命的一项重要技能。对于从未谈过恋爱的"90后"而言，单身是他们在现代社会环境下为维持个人平衡、权衡利弊后的主动选择，是他们的一种心理舒适区。一方面，单身能够使他们达致生活质量与经济负担之间的平衡，而丰富的其他情感支持体系也能够填补爱情的空缺；另一方面，现实婚恋的多重困境也让"母胎单身"青年预期自己无法或很难在婚恋中达到并维持平衡状态，因而选择一直单身。在这两方面的共同作用下，长期维持单身状态成为越来越多年轻人的一种常态模式。

本研究通过与"90后""母胎单身"青年进行访谈，对当今"母胎单身"现象进行了描述和分析，有助于进一步认识当代社会的单身现象及其背后所反映的社会问题，为未来更好地迎接可能到来的"单身社会"提供经验借鉴。但研究还存在一些不足与局限，有待后续的研究补充。

首先，在研究对象的选取上，本研究主要选择了城市、高学历、经济和家庭状况较好的"90后""母胎单身"青年作为访谈对象，这部分人的客观社会经济地位较高，由此得出的研究结论在普遍性和代表性上会有所不足。未来可以补充对于农村地区"母胎单身"青年的考察，分析农村生活背景会对青年的婚恋观产生何种影响、农村青年如何感知平衡,从而补充城乡差异对于单身的影响。

其次,未来研究可以关注文化背景差异对于亲密关系平衡的影响。过往平衡理论对于亲密关系的分析更多是基于西方的社会背景,那么在中国的语境下,青年在考量亲密关系的平衡时会更看重哪些因素,会有哪些"中国特色"?例如,在访谈过程中,不少受访者会将恋爱与婚姻直接联系起来,更强调在亲密关系中获得情绪价值,希望能有一段白头偕老的情感体验,等等。

最后,在研究方法上,受疫情影响采取了线上访谈的形式。线上访谈的优势是为受访者提供了一个更加放松自在的环境,让对方可以畅所欲言。但与此同时,线上访谈使研究者无法观察到受访者在访谈中的言行举止,再加上研究问题本身带有的私密性特征使受访者可能会在访谈过程中对回答进行矫饰,导致最终的访谈结果可能与受访者的真实想法存在一定程度的偏差。

(指导教师:田丰)

附录　访谈提纲

一　个人生命历程与基本信息

1. 请问您的学历是（学校、专业）？
2. 现在从事的工作是？工作压力大吗？身边的异性朋友多吗？
3. 是什么时候来到现在的生活地呢？为什么选择了这里呢？
4. 现在的居住状态是独居还是和家人一起住？
5. 您每天的时间是怎样分配的？休息时间会做什么？
6. 平时主要会和哪些人打交道？

二　个人（情感）经历与体验/感受

1. 是否渴望"脱单"？
2. 单身会给您的生活带来什么影响呢？（积极和消极的方面）
3. 您觉得您的单身状态是一种主动选择还是被动接受？
4. 您觉得可能是什么原因导致您一直没有找到合适的那个 ta？
5. 您有为"脱单"做过任何尝试吗？
6. 您的择偶标准是？
7. 在这些年里，关于情感方面，有什么很难忘的经历或事件吗？
8. 父母的婚姻状态会影响您的婚恋观吗？
9. 身边的亲人朋友对您的单身会有什么样的看法呢？他们会催您"脱单"吗？
10. 现阶段，你会把恋爱放在第几位？
11. 您找对象最希望得到什么？最害怕失去什么？
12. 对于谈恋爱和结婚的关系的理解是？
13. 您觉得现在年轻人会把恋爱视作自我价值实现的一部分吗？
14. 您的情感需求是如何被满足的？这些情感体验可以替代恋爱吗？

三 现象经历的本质提炼

1. 可以请您描述一下单身的心理状态吗？是怎么样的心理历程？
2. 如果请您对"母胎单身"群体/现象做一个总体描述，您会怎么说？
3. 当别人用"母胎单身"来评价自己的时候，会有什么感受？

张岱家族对张岱美学意识建构的影响
——以《陶庵梦忆》与《古今义烈传》为中心

魏钰姗 席佳萱 靳佳琪[*]

摘 要 张岱是明清之际著名的文学、史学大家,其越地张氏家族则是典型的官宦型、文化型家族,深厚的家族底蕴和文化传统深深影响着张岱,张岱家族与张岱的交互性关系不可忽视。本文以张岱小品文集《陶庵梦忆》与史著《古今义烈传》为主要文本,探寻张岱家族对张岱美学意识的建构与影响。文学方面,张氏家族成员对张岱小品文的题材内容、语言结构等影响颇深,族人"戏谑气"的性格特征与张岱文风互有照应;史学方面,张岱的著史情结是张氏家族著史传统的延续,张氏家族的道德感与责任感投射于张岱的历史人物审美观上;日常生活方面,张岱汲取了家族的心学思想与疗愈方式,重视精神乐趣。其对园林曲艺、金石古董、花鸟赏玩、茶饮交游的审美意趣,与家族传统交相辉映且不尽相同。张岱的美学意识脱胎于张岱家族,而又别有洞天。

关键词 张岱;张岱家族;美学意识

一 绪论

在中国传统社会中,地方家族在政治演进与文学文化传承方面承担着重要功

---

[*] 魏钰姗,文学院2019级本科生;席佳萱,历史学院2020级本科生;靳佳琪,应用经济学院2020级本科生。

能，而家族内部成员也受独特家风的熏陶，家训、家规、家风等都对族中个体的精神追求、审美旨趣产生深远影响。

张岱（1597—1680），字宗子，号陶庵，山阴人（今浙江绍兴），明末清初著名文学家、史学家，被誉为"小品圣手"。前半生是纨绔享奢的贵公子，后半生沦为穷困潦倒的山村野人，张岱因其独特的身世经历与文风特点对后世产生了深远影响，从五四新文学运动至今，对张岱的研究从未中断，近几十年则出现了新的研究热潮。以下简略梳理"张岱家族"和"张岱美学意识"两方面既有成果。

对张岱家族的研究始于20世纪80年代末，年谱的编订与家族考是研究的重心。时至今日，共有张岱年谱四种：佘德余《张岱年谱简编》、胡益民《张岱年谱简编》、韩金佑《张岱年谱》、周宵《张岱新考》。① 后两本年谱相较前两本，删略了张岱同时期的社会大事，着重补充了张岱的思想观点与行迹考。

在家族考方面，对张岱家世、师承、交游、著书，包括"遗民"身份的研究，有胡益民的《张岱著述考》《张岱卒年考辨》，对张岱的著述（含参与编写）与数量进行考察罗列；何冠彪《张岱别名、字号、籍贯及卒年考辨》考察了张岱五祖以外先祖的世系和籍里的变迁；蒋金德《张岱的祖籍及其字号考略》对张岱先祖世系与几次迁移情况进行了排列；张则桐《张岱〈家传·张汝霖〉笺证——张汝霖事迹辑考》、《张岱与徐渭》及《张岱探稿》，研究了张岱家族的内部交游与社会关系网络，以及张岱文学、史学上的师承关系；佘德余的《张岱家世》《都市文人——张岱传》深入考察了张岱的外祖家族，论述了家族家庭对张岱成就的深刻影响作用，认为祖父张汝霖对张岱影响更深；杨泽君《明遗民心态：张岱个案分析》从"遗民"视角出发，对张岱晚年基本生活、心态与自我价值判断等方面进行多维度论述；另有论文如张海新《张岱及其诗文研究》对家世进行再检，在党争背景下研究家族兴衰史等。

在张岱美学审美意识研究方面，五四时期周作人、沈启无等人出于自己的文学主张，发掘并重塑了张岱的形象面貌。"艺术派"将五四时代的文学精神追溯到晚明，将"性灵""诗言志"等标签贴到张岱身上，虽多有谬误，却是对张岱美学意识的初步探讨。20世纪80年代以来，学界对张岱文学、历史、日常生活等多方面的审美意趣进行了不同维度的探讨。文学方面，有陈平原《"都市诗

---

① 岳莹：《张岱心态变迁与创作研究》，深圳大学硕士学位论文，2019。

人"张岱的为人与为文》、刘舒甜硕士学位论文《张岱〈陶庵梦忆〉与晚明文人审美风尚研究》、陈秀梅硕士学位论文《论张岱散文的艺术特征》等。史学方面，有胡益民《张岱史学著述考》、佘德余《张岱的史学》、赵一静硕士学位论文《张岱的〈四书〉学与史学》等。日常生活美学方面，有张则桐的《张岱与戏曲艺术论述》《试论戏曲艺术对张岱散文的影响》、安思余《"雪月花时，千空幻梦"——张岱小品文的自然审美路径、意蕴及内涵研究》、梅晓萍《张岱的音乐思想研究》等。

综上所述，近30年来学界对张岱的研究不断深入，从文学研究逐层深入其他领域，但从张岱与张岱家族交互性关系切入的成果较少，尚有较大的研究空间。本文拟由此切口入手，从文学、史学、日常生活美学三方面，探寻张岱家族家风等因素对其美学意识的影响。

二 关于"家族"与"美学意识"概念的界定

（一）明清之际的"家族"

家族，是以家庭为核心实体并以血缘关系为纽带的一种社会细胞结构群体，其兴衰荣辱乃是考察历史发展的重要坐标。中国古代封建社会，从三国时期江南地区的宗族群体，到隋唐科举制度下的门阀宗族，直至宋代政治上"世家大族"基本消亡，明清时期家族发展形态更多表现为文化世家。部分缙绅家族通过科举考取功名，走上仕途，形成官宦型世家大族；或以商贾起家，商贾科举并行，将经济优势向文化优势转化，成为百年绵延世家。《明清两代嘉兴的望族》一书中，潘光旦认为嘉兴地区的世家名门，大多为科举入仕起家，而在江庆柏看来，"文化型家族"一词更符合明清时期江南地区名门望族的基本特征。从家庭微观视角看，文化的发展体现在家族中数代家族成员间垂直性的文化积累和家学传承。张岱家族便是整个江南地区文化世家发展背景下的一个典例，具体情况见表1。

表1 张岱家族四代基本情况

名	字	号	与张岱关系	生卒年	最高官职
张天复	复亨	内山	太仆公（高祖）	生正德八年 卒万历元年 （1513~1573）	甘肃道行太仆寺卿

续表

名	字	号	与张岱关系	生卒年	最高官职
张元忭	子荩	阳和	文恭公（曾祖）	生嘉靖十七年 卒万历十六年 （1538~1588）	左谕德、直经筵
张汝霖	肃之	雨若	大父（祖）	生嘉靖四十年 卒天启五年 （1561~1625）	兵部主事
张耀芳	尔弢	大涤	先子（父）	生万历二年 卒崇祯五年 （1574~1632）	鲁王右长史

越地张氏家族乃典型的官宦型、文化型家族，张岱对政治、仕途的冷淡似乎有违于张氏家族四代为官的传统。但深入晚明历史，将张氏家族置于党争的历史背景下，或许能从微观角度探寻张岱及其族人的政治心态。明代自世宗起，党派斗争愈演愈烈，稍有不慎，甚至会导致整个家族的倾覆进而直接改变个体的命运。张岱高祖张天复主要活动于嘉靖一朝，张天复讨伐叛乱，却遭沐氏陷害打击，张岱在《家传》中详录此事道：

> 后武定乱，高祖提兵出讨，与元戎会，间道驱巨象四十有二，杂毡衫铁铠，出入洞菁猩狖间，俘名酋以十数，斥地二千余里，惟时功当伯。沐氏辇金巨万饵高祖，曰："孰不闻沐氏滇者？功出尔，则无沐矣，盍以金归公，而功归沐，则两得。"高祖以辇金相鸷，非人臣所宜，严词绝之。沐氏知不可饵，乃辇金至都，赂当事者，龁龅之。时高祖已迁甘肃道行太仆卿，方抵家，疏入，逮对云南。①

这次政治诬陷与当时朝廷内阁争权密切相关。张天复因文学才华受到首辅徐阶的赏识，随之李春芳、高拱先后入阁，高拱与徐阶有隙，世宗驾崩后，两人相互斗争攻击，双方借"乞归"以退为进，这次斗争中高拱占据上风，徐阶在隆

---

① （明）张岱著，夏咸淳辑校《张岱诗文集》（增订本），文集卷四《家传》，上海古籍出版社，2014，第329~330页。

庆二年告老还乡。徐阶从朝堂退场，天复失去政治依靠，此后张居正与高拱的政治联盟把持了朝政。而这次政治陷害对张氏一族却是难以抹去的阴影，且看元忭受其父亲政治事件的影响：

> 文恭彻夜走庭除，计无所出，则泣。公于暗中出呼舅曰："有策乎？"对曰："无有。"复泣，公亦泣。如是者，至再至三。天曙，文恭须鬓皤然成颁白矣！公见之大惊，曰："孝子！孝子！"①

张元忭此时不过30多岁，却一夜白头，甚至当元忭高中状元后，仍两次为父亲奔波喊冤，可见张氏一族在此次事件中初尝政治斗争之害。元忭所处万历年间，与张居正有座主、门生之谊，初年张居正位高权重，权盛一时，但元忭坚守自我并不结党，也不依附逢迎张居正。万历十年后张居正家族被抄家、发配甚至差点被开棺鞭尸，下场惨烈，曾鼎盛一方的豪门家族却如此收场，这让张元忭深刻认识到政治的残酷与无情。

待至张汝霖时期，党争越发激烈，即使无心陷入，也难免不被牵连。作为首辅朱赓的女婿，张氏家族与朱氏家族的姻亲关系，势必影响张汝霖的政治生涯。朱赓被视为浙党，担任首辅后更受各方势力关注，万历三十四年汪若霖对张汝霖的弹劾正体现了张氏一族在党争中的被动性。《明史》载张汝霖"典试山东，所取士有篇章不具者。若霖疏劾之，停其俸"②，汝霖在山东副使任上，录取了名士李延赏，遭到了礼科给事中汪若霖的弹劾，被免职还乡。不仅如此，随后汪若霖跟与史宋焘联合，以朱赓年老、不善理朝政为由弹劾朱赓本人，从这些事件中可窥当时党争环境下朝堂的政治环境，后来张岱修史时对浙党与东林党人冲突对峙的态度不言而喻。

张家一族接连受到政治打压，开始有意控制族人对政治的参与，张汝霖教育张岱的父亲张耀芳"惟读古书，不看时艺"③，但张耀芳耀祖光宗的意愿太过强

---

① （明）张岱著，夏咸淳辑校《张岱诗文集》（增订本），文集卷四《家传》，上海古籍出版社，2014，第330页。
② （清）张廷玉等：《明史》，卷二百三十《汪若霖传》，中华书局，1974，第6026页。
③ （明）张岱著，夏咸淳辑校《张岱诗文集》（增订本），文集卷四《家传》，上海古籍出版社，2014，第337页。

烈，以至于三会乡试却未中，只能草草谋职，未了济世之志。从张岱高祖天复到父亲耀芳，张家几代人被动地承受着政治的考验，也都有过仕宦被免的经历，族中对政治的警惕性与消遣政治失意的方式都直接影响了张岱，促使他走向一个与科举、仕宦不同的世界。

（二）美学意识

关于本文"美学意识"的界定，特指审美过程中主体与现实之间的审美关系，具体细化为文本所见的张岱在文学、史学、生活娱乐等方面蕴含的美学思想与审美意识。

叶朗先生认为，每个时代的一些大思想家的美学思想，往往凝结为若干个美学范畴与美学命题，而这些"范畴"与"命题"，便是体现该时代审美理论的恢宏诗篇。[①] 宗子一生著作等身，虽然他在美学方面未有任何系统性的理论著述，但我们能在他留下的传世作品中寻找其"美学意识"的蛛丝马迹。例如在文学方面，张岱偏好"冰雪"这一审美意象，以"冰雪"喻空灵之境与高尚情操；在评鉴历史人物时，表彰忠义之士，不问地位出身；在园林建筑方面，讲究山水园林的"空灵"之美；张岱还继承了阳明心学的重要内容，探寻"本心"，主张"性灵"；等等。诸如此类，皆是张岱美学意识的重要内容。本文结合张氏家族中不同族人的审美意趣，探寻家族成员对张岱日常生活审美的具体影响。

三　张岱与小品文

（一）张岱小品的文学渊源

小品，本为佛教用语，《世说新语·文学》引释氏《辨空经》"有详者焉，有略者焉。详者为大品，略者为小品"[②]，即"小品"本指佛经节文，西晋以后，逐渐成为高僧雅士所用的特定术语。吴承学先生在其著作《晚明小品研究》中将小品界定为一种"文类"，"它可以包括许多具体文体"，小品文"不是表现在对于体裁外在形式的规定，而主要在于其审美特性。一言以蔽之曰：'小'即篇

[①] 叶朗：《中国美学史大纲》，上海人民出版社，2005，第4页。
[②] （南朝宋）刘义庆撰，朱碧莲注《世说新语》，中华书局，2019，第212页。

幅短小，文辞简约，而韵味隽永"。①

晚明小品文的发展属于晚明散文文体发展的分支，从前后七子到公安派、竟陵派，文学思潮中"复古"与"反复古"的因素相互交锋，散文至小品文逐渐摆脱"文以载道"的束缚而获得独立品格。张岱被誉为晚明小品集大成者，欲真正了解张岱作品的深度与精妙，需将其小品文置于晚明小品文文体的发展历程中。晚明小品文的创作主要集中在万历初年到明末这70年间，初期小品文具有多形态与多特质，大致可分为三类：一是屠隆、虞淳熙等人以继承前后七子崇尚散文形式美的特点，讲求小品的形式美；二是袁宗道等人反对前后七子末流的拟古，主张文体应遵唐宋古文，要求形式自然顺畅；三是李贽持童心说的小品创作，反对文以载道的创作宗旨，讲求直白童心。此后，以袁宗道、袁宏道、袁中道兄弟为代表的公安派，成为小品文创作的中心，小品文体迎来了繁荣时期。公安派以"独抒性灵，不拘格套"②为创作宗旨，主张作品自然真实地流露真性情。其《解脱集》等多实践"性灵说"的主张，同时极其推崇"趣"，趣味与率真的结合共同表现不受拘束的性情。随后，以钟惺、谭元春、刘侗为代表的竟陵派崛起，逐渐替代公安派。竟陵派同样主张反对拟古，他们提倡"幽深孤峭"的艺术风格，力求新奇，不同于公安派对"趣"的重视，钟惺等更追求严谨与理致。

张岱的小品正是继承吸收、改进融合了公安派、竟陵派的文体特征，形成了自己独特的小品风格。首先，张岱受公安派袁宏道的影响较大，袁强调"世人但有殊癖，终身不易，便是名士"③，这与张岱交友原则即"人无癖不可与交，以其无深情也"④一致，他们都欣赏率真个性之人。除此之外，张岱在《琅嬛诗集自序》中直言"余少喜文长，遂学文长诗，因中郎喜文长诗，而并学喜文长

---

① 吴承学：《晚明小品研究》（修订本），北京大学出版社，2017，第5页。
② （明）袁宏道著，钱伯城笺校《袁宏道集笺校》，卷四《叙小修诗》，上海古籍出版社，2008，第187页。
③ （明）袁宏道著，钱伯城笺校《袁宏道集笺校》，卷五十五《与潘景升》，上海古籍出版社，2008，第1597页。
④ （明）张岱著，夏咸淳、程维荣校注《陶庵梦忆》，卷四《祁止祥癖》，上海古籍出版社，2001，第72页。

之中郎诗"①，借鉴吸收袁宏道文风中的特质，这在《陶庵梦忆》中可证，《葑门荷宕》篇直接引用袁宏道"其男女之杂，灿烂之景，不可名状。大约露帏则千花竞笑，举袂则乱云出峡，挥扇则星流月映，闻歌则雷辊涛趋"②，表达对世俗之人的讥讽之意。张岱对竟陵派的态度是"后喜钟谭诗，复欲学钟谭诗，而鹿鹿无暇，伯敬、友夏虽好之，而未及学也"③。虽未刻意学之，但也略提一二，如《秦淮河房》篇"钟伯敬有《秦淮河灯船赋》，备极形致"④；《合采牌》篇借一个"采"字生发史论、政论，符合竟陵派"谨理"的特质；《湘湖》篇："西湖，田也而湖之，成湖焉；湘湖，亦田也而湖之，不成湖焉。湖西湖者，坡公也，有意于湖而湖之者也；湖湘湖者，任长者也，不愿湖而湖之者也。"⑤语言结构曲折，合于竟陵派的文体追求。

张岱将两派不同特征巧妙运用到自己的作品中，兼容并取，并融合自己对亡国之悲、人生困苦的多重感遇，对小品文体的发展起到了承上启下的分流作用，既集合前人的艺术特色，又推动小品文风转变，展现出明末清初文学新气象。

（二）张岱小品文与张元忭散文比较

张岱家族中众多祖辈都有各自的文集，张天复有《鸣玉堂集》，张汝霖有《易经淡窝因指》、《四书荷珠录》以及《砎园文集》等，但多亡佚，今存留其曾祖张元忭文集，例如《张阳和先生不二斋稿》《张阳和文选》等，今集为《张元忭集》。以下从两人散文入手，探析张元忭散文对张岱小品文的影响。

首先，须知张元忭时期的文坛与张岱时期大不相同。张元忭处太平盛世，当时文坛正处前七子复古派与唐宋派相互"斗争"时期，也夹杂着徐渭、李贽等个体开拓先驱，此时的小品文处于一种由旧式古文向追求解放、摆脱"文以载

---

① （明）张岱著，夏咸淳辑校《张岱诗文集》（增订本），文集补遗《琅嬛诗集自序》，上海古籍出版社，2014，第474页。
② （明）张岱著，夏咸淳、程维荣校注《陶庵梦忆》，卷一《葑门荷宕》，上海古籍出版社，2001，第14页。
③ （明）张岱著，夏咸淳辑校《张岱诗文集》（增订本），文集补遗《琅嬛诗集自序》，上海古籍出版社，2014，第474页。
④ （明）张岱著，夏咸淳、程维荣校注《陶庵梦忆》，卷四《秦淮河房》，上海古籍出版社，2001，第59页。
⑤ （明）张岱著，夏咸淳、程维荣校注《陶庵梦忆》，卷五《湘湖》，上海古籍出版社，2001，第80页。

道"的发展时期。而张岱处于明清易代之际，经历了国破家亡、生死离散，生活境遇急速变化，张岱的两"梦"多写于清初。清初一些思想家如顾炎武将晚明士风和文风结合起来，将晚明创作当作一种"亡国之声"，但仍有不少文人如李渔、金圣叹、袁枚等，继承晚明小品中的闲适与赏玩。此时的小品文可以自由舒展，独抒己见，并且与通俗文化深度融合，在文体形式、内容方面达到协调状态。

张元忭的散文文体庞杂，诸体兼备，种类众多。在题材方面，可比较张岱与张元忭的游记散文。张元忭的游记较为模式化，开篇多详写行程路线，记载游玩胜迹，杂以忧国忧民的时兴之感。例如《游白鹿洞记》："白鹿洞之山曰'后屏'，当五老峰之东南……有水自西来，萦绕其前，为贯道溪，东流出峡口，声益喧豗如雷，名'小三峡'"[1]；《游兰亭记》："然则兰亭之兴废，信存乎其人，盖非更新之难，而使民乐于新之为难也"[2]。而张岱的游记与此不同，他游玩记文的切口并不要求全面，而是讲求偏小，如《孔庙桧》游历孔庙却不写景致胜迹，而是着眼孔庙的桧树，详写一棵桧树历经数朝的生死交替，反映朝代兴亡，颇具匠心。《报恩塔》不写寺庙全景，而着笔写塔身一砖一瓦的工艺，从细致处侧写报恩塔的壮丽。但两人相似的是，对游记中群像描写都十分形象生动，张元忭《游兰亭记》载"民将喜色相告，日延颈跂足"[3]，张岱《金山竞渡》写"金山上，人团簇，隔江望之，蚁附蜂屯，蠢蠢欲动。晚则万艓齐开，两岸沓沓然而沸"[4]，群像之态栩栩如生。

在语言结构方面，张元忭的炼字技巧对张岱有深远影响。张元忭善炼字，好精练简洁，其诗文中形容词、量词的用法深刻影响着张岱。张元忭《杜辖岩访吴公度》中"晴峰万点青，云溪几条白"[5]，将"点"与"条"相对、"青"与"白"相对，色彩形容词与量词的巧妙结合形象化整个画面，绘画感强。对比张

---

[1] （明）张元忭撰，钱明编校《张元忭集》，卷八《游白鹿洞记》，上海古籍出版社，2015，第228页。
[2] （明）张元忭撰，钱明编校《张元忭集》，卷八《游兰亭记》，上海古籍出版社，2015，第196页。
[3] （明）张元忭撰，钱明编校《张元忭集》，卷八《游兰亭记》，上海古籍出版社，2015，第196页。
[4] （明）张岱著，夏咸淳、程维荣校注《陶庵梦忆》，卷五《金山竞渡》，上海古籍出版社，2001，第89页。
[5] （明）张元忭撰，钱明编校《张元忭集》，卷十五《杜辖岩访吴公度》，上海古籍出版社，2015，第386页。

岱《湖心亭看雪》"湖上影子，惟长堤一痕，湖心亭一点，与余舟一芥，舟中人两三粒而已"①之量词"痕""点""芥"与形容词"白"的巧妙结合，勾勒出雪景的浩渺与洁净，延伸画面感。张岱《巘花阁》谓从叔父"一肚皮园亭"②，用"肚皮"作量词，道出从叔父喜爱园林之深。

张岱家族对张岱作品内容、文风、语言特色等影响颇深，但因材料散佚，其间影响不能尽述，但通过《陶庵梦忆》各篇提及家族成员的情况，仍可看出家族成员对他的深远影响。《陈章侯》《及时雨》篇提及季祖张汝懋，《筠芝亭》《三世藏书》《张东谷好酒》言及高祖张天复，《雪精》《朱氏收藏》《曹山》谈及外祖陶兰风，《天镜园》《花阁》《及时雨》《焦山》《斗鸡社》《仲叔古董》《世美堂灯》等篇中具体讨论了张岱与仲叔张联芳、三叔张炳芳、五雪叔及七叔张烨芳的交游游玩。

（三）《陶庵梦忆》中的"戏谑之气"

张岱主张诗文写作应具"冰雪之气"："盖文之冰雪，在骨在神，故古人以玉喻骨，以秋水喻神，已尽其旨。"③张岱不仅以此标准鉴赏、品评小品文，也在作品中自觉表露出此审美特质。但细读文本后发现，"戏谑气"也是理解张岱小品文审美特质的重要线索。

"戏谑"简言之，多以讽刺为实质内涵，幽默玩笑为表象特征，读者品来会忍俊不禁，感到趣味盎然。戏谑因素解构了诗文传统中的庄重与严肃，表露出的是诗文家更为轻松的创作心态与性格魅力，但同时戏谑也具有更深层的痛苦因素，它是一种人生忧苦难以消遣，无可奈何只能自解自嘲的手段。张岱小品文善用戏谑之语传达讥讽与批评，透露其性格，也将国破家亡的悲痛之情寄予在小小的戏谑中。"此是格言，非止谐语"④，此句正体现出张岱惯以"谐语"表达自

---

① （明）张岱著，夏咸淳、程维荣校注《陶庵梦忆》，卷三《湖心亭看雪》，上海古籍出版社，2001，第56页。
② （明）张岱著，夏咸淳、程维荣校注《陶庵梦忆》，卷八《巘花阁》，上海古籍出版社，2001，第130页。
③ （明）张岱著，夏咸淳辑校《张岱诗文集》（增订本），卷一《一卷冰雪文后序》，上海古籍出版社，2014，第225页。
④ （明）张岱著，夏咸淳、程维荣校注《陶庵梦忆》，卷六《噱社》，上海古籍出版社，2001，第104页。

己的观点态度，自觉运用谐语去构思创作。如《砎园》篇："有二老盘旋其中，一老曰：'竟是蓬莱阆苑了也！'一老哂之曰：'个边那有这样！'"① 作者并没有直言比较砎园与蓬莱，而是借他人之口，借用口语搭建情景，戏剧化的一问一答突出砎园艺术水准之高；《王月生》篇："有公子狎之，同寝食者半月，不得其一言。一日口嚅嚅动，闲客惊喜，走报公子曰：'月生开言矣！'哄然以为祥瑞，急走伺之，面赪，寻又止，公子力请再三，謇涩出二字曰：'家去。'"② 张岱细写人物神态，"面赪""謇涩"寥寥数笔，人物的惊奇窘态皆生动鲜活，戏谑此"趣"。

张岱在《快园道古》特设卷十四《戏谑部》，载时人戏语。他的"戏谑气"并非无源，张岱家族族人多有此性格特征。外祖父陶兰风"闻昔年朱氏子孙，有欲卖尽'坐朝问道'四号田者，余外祖兰风先生谑之曰：'你只管坐朝问道，怎不管垂拱平章？'"③；先大父张汝霖："先大父髫时入狱中候文长，见囊盛所著械悬壁间，大父戏之曰：'岂先生无弦琴邪？'文长抚其顶而笑"④；张岱在《家传》直言先君张耀芳："先子喜诙谐，对子侄不废谑笑"⑤；仲叔张联芳善诙谐，"结'嚛社'，嗟喋数言，必绝缨喷饭"⑥，可见张岱自幼生活在一种善谑、诙谐有趣的家庭氛围中，家中长辈族人诙谐的性格深深影响着他的成长心态。

四 张岱与史学：从《古今义烈传》看张岱的历史人物审美观

张岱以史学见长，并以著史为一生之业，笔耕不辍。《古今义烈传》作为张

---

① （明）张岱著，夏咸淳、程维荣校注《陶庵梦忆》，卷一《砎园》，上海古籍出版社，2001，第13页。
② （明）张岱著，夏咸淳、程维荣校注《陶庵梦忆》，卷八《王月生》，上海古籍出版社，2001，第128页。
③ （明）张岱著，夏咸淳、程维荣校注《陶庵梦忆》，卷六《朱氏收藏》，上海古籍出版社，2001，第102页。
④ （明）张岱著，路伟、郑凌峰点校《快园道古 瑯嬛乞巧录》（订补本），卷十四《戏谑部》，浙江古籍出版社，2019，第175页。
⑤ （明）张岱著，夏咸淳辑校《张岱诗文集》（增订本），文集卷四《家传》，上海古籍出版社，2014，第339页。
⑥ （明）张岱著，夏咸淳、程维荣校注《陶庵梦忆》，卷六《嚛社》，上海古籍出版社，2001，第104页。

岱众多史学著作之一,是张岱在史学领域的第一次实践。该书写于万历四十七年(1619 年),记载上至周镐京戊寅,下至明崇祯甲申的义烈之辈,于崇祯初年完成初稿,余暇续加增订,最终"得五百七十三人,为四百七十二赞"①。张岱在书中不仅记录了大家耳熟能详的忠义之士,还留下了籍籍无名之辈的身影,在史籍中采取义烈人物之余追加评赞,道尽肺腑之言。

(一)《古今义烈传》的著书背景

《古今义烈传》的编纂过程历经万历、泰昌、天启、崇祯四代。这一时期,明代历史发生了重大变迁。明成祖朱棣设置内阁,以辅佐皇帝办公。自永乐之后,内阁权力逐渐上升,与六部分庭抗礼。内阁首辅张居正在位期间,内阁权力达到极盛。1582 年张居正逝世,内阁权力也随之崩塌,进而引发阁部之争,批判阁臣专权的台谏势力崛起。当是时,明王朝的统治阶层陷入一片混乱,阁部双方在行政过程中为了己方利益颠倒黑白、搬弄是非。不仅如此,六科给事中的权力渐涨,直接干涉官员的铨选;至崇祯年间,给事中基本控制了会推。富家子弟能够通过捐纳谋取一官半职,严重干扰正常的科举取士,显失公平。明神宗消极怠政,挥霍无度,且毫无节制地向百姓敛财,百姓置身水火。天启年间,魏忠贤手握要权,从天启四年开始大肆迫害东林党人,党争不断。崇祯滥杀无辜,令君臣离心,政治上可谓分崩离析。这一时期,政治环境不断恶化,世风日下,一些有志之士既感到身负国家大任,坚持洁身自好,却又出于身份地位不能尽绵薄之力,转而将情致寄寓其他事物之中。

(二)张岱家族的修史传统

私家修史之风在明末清初颇为兴盛。明代学者十分重视当代史料的收集、记录与编纂,以及对旧有史料的研究、续写与整理加工,张氏家族亦然。张天复著《山阴县志》未成,其子张元忭在此基础上进行续写。另外,张元忭撰有《绍兴府志》《会稽县志》,被誉为"一方信史"②。张汝霖著有《饕史》四卷,并与好友黄寓庸、罗玄父、张梦泽、王弱生等人成立读史社。张则桐先生认为,"除了

---

① (明)张岱著,石梅点校《古今义列传》,《古今义烈名籍》,凤凰出版社,2020,第 25 页。
② (明)张元忭撰,钱明编校《张元忭集》,卷首《明奉直大夫左春坊左谕德兼翰林院侍读阳和张公墓表》,上海古籍出版社,2015,第 16 页。

高、曾祖相继著史的风气之外，张汝霖的读史社对他影响尤其巨大。张岱继承了张汝霖的读史精神，经世致用的思想贯穿在他的史学著作之中"。① 张氏家族的修史传统，潜移默化地影响着张岱的著史情结与史学观念。

秉笔直书为史家上乘之德。清代史学家章学诚提出史家不仅应具备"史才""史学""史识"，还应拥有"史德"。所谓史德，是指史家治史要有尊重历史真实的基本态度，做到善恶必书，务必公正。可是在明代，秉笔直书的史家传统渐渐屈服于统治者的淫威之下。明代后期党争不断，受到权力各方的影响，《明实录》被一再删改。张岱在《石匮书自序》中也同样指出了这一时期史书撰写的乱象："国史失诬，家史失谀，野史失臆。"② 明代的历史任人施加粉墨，有失前风。同时，张岱高度评价与崔浩共写国史的高允，在评赞中表示"族可灭，史不可缺。身可诛，心不可欺"。③ 可见张岱推崇良史，反对曲笔。

面对国史倾颓的情形，部分具有历史责任感的史家勇于冲破官修史书的束缚，开始有意识地整理史料，编订史书。张氏家族自张元忭起便开始收集当代史料，为张岱修史提供了丰富的材料来源。

（三）张岱的历史人物审美观

人物审美观是按照一定审美标准对"人物美"所进行的评价。《古今义烈传》不仅是张岱编纂的纪传体史书，还是张岱对于历史人物审美活动的"集合"。其中记载了大量的义烈之辈，是探究其人物审美观的上佳文本。张岱的历史人物审美观，可以归纳为以下几个特点。

1. 关注小人物的"美"

关注小人物，是一种审美选择。在《古今义烈传》中，张岱除了记载历史上赫赫有名的忠义之士，还记载了大量籍籍无名的底层人民，如为伍子胥隐瞒行踪的"江上丈人""击絮女子"等。其中，张岱对"周主父婢"的记载与评价，深刻地反映了张岱对于历史中行忠义之举却不留姓名的小人物的态度。

---

① 张则桐：《张岱〈家传·张汝霖传〉笺证——张汝霖事迹辑考》，《中国典籍与文化》2005年第1期。
② （明）张岱著，夏咸淳辑校《张岱诗文集》（增订本），文集卷一《石匮书自序》，上海古籍出版社，2014，第183页。
③ （明）张岱著，石梅点校《古今义烈传》，卷四《高允》，凤凰出版社，2020，第108页。

周主父婢是周代大夫主父的婢女。主父的妻子背叛了他，又害怕被主父发现，于是派遣婢女给主父献毒酒，意欲谋杀主父。婢女认为毒杀主父没有道义，但违抗主人的命令是不忠的行为，故假装打翻毒酒，甘愿因此被主人杀害。好在主父的弟弟道明真相，婢女得救，从此美名远扬。

张岱在文末这样感叹：

> 赞曰：卮酒可弃，主命不可弑；股肉可碎，主淫不可议。不忍辱主名，忍代主之戮，一全则义，两全则智。是姬姜之流亚耶？敢目之以婢！[①]

在张岱眼中，她的行为完全称得上"姬姜之流亚"，是大国贵族之女。小人物虽然出身卑贱，但是有着难得的义胆忠肝。他在《古今义烈传·自叙》中表示，阅读这些人物的事迹，"为之颊赤耳热，眦裂发指。如羁人寒起，颤栗无措；如病夫酸嚏，泪汗交流"[②]。这些人物深深地激起了张岱胸中的家国情感与共鸣之情，张岱不问出身，将他们统归"义烈"一行。

张岱在著史中关注底层民众，这与张岱和长辈们的交游日常密不可分。张氏家族颇爱戏剧，张岱在《张氏声伎》中记载祖父张汝霖在万历年间组建"可餐班""武陵班""梯仙班""吴郡班""苏小小班""茂苑班"六个张氏戏班，常与这些底层民众打交道。张岱与这些声伎也常有往来，并且亲自为其撰写唱词，共同组织演出。与这些底层人物的交往中，张岱看到了他们身上的高尚品格，遂用幽暗悲怆的笔触记下了一往情深的女戏子朱楚生的往事、对同样爱品闵老子茶的名妓王月生不吝赞词等。关注小人物，是祖辈交游对张岱的影响，同样也是张岱内心强大的共情意识使然。

2. 讲求气节，死得其所

中国古代士人受儒家思想熏陶，十分讲究个体精神层面的"气节"。"气节"一词在史书典籍中常有记述。如《北史》卷一九《孝文六王传》中写元劭"善武艺，少有气节"，《明史》卷一六〇《张鹏传》载张鹏"初为御史，刚直尚气节，有盛名"。气节一词代表着人格独立与品行高洁，一直受到士人的追捧。从

[①] （明）张岱著，石梅点校《古今义烈传》，卷一《周主父婢》，凤凰出版社，2020，第3页。
[②] （明）张岱著，石梅点校《古今义烈传》，《自叙》，凤凰出版社，2020，第9页。

张岱祖辈的个人经历中也能看出此主流价值观深深地根植于士人心中，并通过言传身教的方式代代延续。

张岱在《古今义烈传》中记载了马隆的事迹，其与张岱曾祖张元忭的经历十分相似：

> 马隆字孝兴，少而智勇，好立名节。武帝时，魏兖州刺史令狐愚坐事伏诛，举州无敢收者。隆以武吏托称愚客，以私财殡葬，服丧三年，列植松柏。一州以为美谈。
>
> 赞曰：豹皮不上蚁，松柏不栖蝉。凛然正气在，不为蒲柳羶。蚁死蚂封垤，蚕亡蜂置棺。墓旁松柏干，枝枝尚指南。①

马隆为令狐愚收尸设棺，张元忭为杨继盛设位于署，二者同是主持世间大义。在张岱眼中，这是"凛然正气在"的有力佐证。

"义"与"烈"是气节的表现之一，"义"即忠义，做正直之事，"烈"是指为了正直之事慷慨赴死。张岱有着自己独到的义烈观，从《古今义烈传》的书名便可看出张岱对于义烈之辈的审美态度——"义"在"烈"前。"义"先于"烈"，即不做无意义的牺牲，行义以保全自身为上，切忌盲目赴死或因惧死而变节。张岱指出，"有死主之勇，须先有择主之明"②。如果效忠于一个品行恶劣的主人，就好似蔡邕哭董卓，扬雄为王莽而死，这些举动毫无意义，不过是徒增笑柄罢了，称不上义举。

综上，历史大环境中的家族变迁与祖辈个人经历培养着张岱的道德感，张岱家族修史传统对张岱著史行为具有启发意义。透过张岱对历史人物的记述与评赞，能看到张岱的历史人物审美观，并窥见张氏家族在其间的身影。

五　张岱"日常"生活的审美意趣

张岱的小品文集日常生活、体验感受于一体，不同于前文对其随笔小品文学

---

① （明）张岱著，石梅点校《古今义烈传》，卷四《马隆》，凤凰出版社，2020，第98页。
② （明）张岱著，石梅点校《古今义烈传》，《凡例》，凤凰出版社，2020，第12页。

性的分析，此部分着眼于文本中丰富的市民生活图景，以张岱及其家族成员在日常互动交往中展现出的兴趣嗜好为基础，管窥其人生乐趣、审美意趣，从其家族层面探寻形成这种美学意识的影响因素。

张岱家族在日常生活中的审美意趣与当时影响深远的阳明学派密切相关，张岱对心学思想的认同有着家族传承的因素，他对阳明心学的评价极高："阳明先生创良知之说，为暗室一炬。"①《明儒学案》将其曾祖父张元忭归入浙中王门，他与王畿友谊深厚，二人经常切磋问答，在《王畿集》中有《书同心册卷》和《与阳和张子问答》两篇文章，"前者为王畿为张元忭的《同心册》写的序言，后者是张元忭发问，王畿作答的实录"②。张元忭主张"天下之万事万物皆起于心"③，张岱承接其思想，在《四书遇》中引姚承庵言"人心本伸于万物之上"，并进一步阐发道："心之若人，只提醒方寸之间便是。"④ 可见，在本体论方面，张岱以"心"为本体，认同阳明心学中"心"是产生万物根源的观点。张岱祖父张汝霖具体操作了《龙溪王先生全集》的丁宾刻本，同时张岱言"余幼遵大父教，不读朱注"⑤，张汝霖对朱学的否定性看法与对心学的笃信都对张岱产生了深刻影响。张岱小品文中对节日民俗、杂玩说唱、奇花异草、园林巧匠、底层小民的描写正可窥见心学与阳明后学的烙印，王艮作为泰州学派的代表人物，继承发展了阳明"百姓日用"的思想，"即事是学，即事是道"⑥。张岱作品中对世俗"日常生活"的描写正是其内化心学的体现。

除思想传承外，张岱家族有传承性的疗愈方式。其高祖张天复因不肯出让军功遭奸人陷害。革职后，张天复归里隐居，日日纵酒，寄情于修建园林建筑。祖父张汝霖因陷入党争离开官场，自此蓄养声伎耽于声色。中年丧妻后，张汝霖对声色之欢有所顿悟，转向纵情山水园亭与读书著述，过上了闲云野鹤般的隐居生

---

① （明）张岱：《石匮书》，卷一百三十《王守仁列传附阳明弟子》，南京图书馆藏凤嬉堂钞本。
② 朱义禄：《论张岱与阳明心学——兼论家族传承在阳明心学传播中的意义》，《浙江学刊》2018年第2期。
③ （明）张元忭撰，钱明编校《张元忭集》，卷三《又答田文学》，上海古籍出版社，2015，第88页。
④ （明）张岱著，朱宏达点校《四书遇》，《孟子·告子上〈信指章〉》，浙江古籍出版社，2017，第491页。
⑤ （明）张岱著，夏咸淳辑校《张岱诗文集》（增订本），文集卷一《四书遇序》，上海古籍出版社，2014，第192页。
⑥ （明）袁承业：《明儒王心斋先生遗集》卷一，国粹学报馆·神州国光社，1912。

活。张岱的父亲张耀芳因为屡试不中而耽于声色歌舞，或兴土木、造楼船以度日。由此层面观之，这种传统视角的"不务正业"，寄情于华靡外物的精神消遣，是其家族成员惯常采取的精神疗愈法。

张岱园林布景理念深受家族影响，但也并非趋同。对于五叔蠟花阁的布置，岱评其"身在襄阳袖石里，家来辋口扇图中"[①]，意指蠟花阁的楼阁回廊太多，梅花密集拥挤，整体过于小家子气。在《琅嬛福地》中张岱借助梦境表达了自己的审美意趣，讲求山水树石错落，环境气氛清幽，返璞归真之境、闲适惬意之美，这种布景追求与岱父张耀芳悬杪亭有关，张岱并记《悬杪亭》以纪之。

张岱痴迷梨园曲艺，这深受家族成员影响。《目莲戏》载其叔父从徽州挑选戏子，演了整整三天目莲戏。《闰中秋》《过剑门》等篇中见张岱有众多爱好趋同的友人，身边的仆人、小厮也是卧虎藏龙，能够随时在宴会上表演戏曲助兴。《金山夜戏》中记载张岱夜晚过金山寺时，在龙王殿里亲自唱了多个戏目，锣鼓喧嚣声引得整个寺庙的人观看。在旅途中张岱仍能有此兴致自娱自乐，足见其幽默情趣和诙谐、谑笑的性格。

张岱曾言"余谓博洽好古，犹是文人韵事，风雅之列，不黜曹瞒，鉴赏之家，尚存秋壑"[②]，他认为收藏古董是雅韵之事，这与张氏家族收藏传统有关。《松花石》中提到其祖父曾专门雇人将江口神祠中的石头抬回官署，亲自清洗，专做《松花石纪》一文，甚至将其称呼为"石丈"。《仲叔古董》中叙其二叔联芳年少与朱敬循一同游历，精于鉴赏古董，藏品丰富。张岱对于古董藏品的执念也可以称作"痴"，其曾趁外祖父在广西做官时将其花樽收藏赏玩两年。

在花鸟赏玩方面，《宁了》提到张岱祖母曾饲养过一些珍贵的禽鸟，如舞鹤、孔雀、白鹦鹉等，更有"宁了"等颇具灵性的珍禽。张岱本人曾仿照王勃写《斗鸡檄》来邀请同社斗鸡，这种纵浪游戏的风格放眼其家族并不少见。张岱二叔给鸡脚装上金属套子，翅膀戴上保护套，极为讲究，甚至连自己最珍视的古董字画都作为斗鸡的赌资。但张岱的纵情冶游不是"商女不知亡国恨"的耽乐，其思想有着文人世家关心家国的底色，"一日，余阅稗史，有言唐玄宗以酉

[①] （明）张岱著，夏咸淳、程维荣校注《陶庵梦忆》，卷八《蠟花阁》，上海古籍出版社，2001，第131页。

[②] （明）张岱著，夏咸淳、程维荣校注《陶庵梦忆》，卷六《朱氏收藏》，上海古籍出版社，2001，第102页。

年酉月生,好斗鸡而亡其国。余亦酉年酉月生,遂止"①,可见其性格上的纯良。

茶饮是中国古代文人雅士的重要嗜好,张岱曾在《斗茶檄》道出"一日何可少此,子猷竹庶可齐名"②。《闵老子茶》中,张岱听朋友道闵汶水茶不置口,便专门拜访,两人共同品茶较量,从茶叶品种、泡茶所用泉水品类、制茶方法一一分辨,张岱也一一破局,汶水不由感叹:"予年七十,精赏鉴者,无客比。"③以此观之,张岱不仅好茶,亦真正懂茶。张岱在茶饮研究上达到如此境界,离不开族人的影响,《禊泉》载张岱祖父专门用惠泉水泡茶,饮茗大佳。《兰雪茶》篇详写张岱与三叔张炳芳制作兰雪茶的过程,此茶的制作、烘焙、冲泡工艺极为复杂,冲泡完成后,"真如百茎素兰同雪涛并泻也"④。

张岱的小品文勾勒出明末市民社会各色人物的群像,从江湖上各类能人异士,到与其志气相投的痴人,甚至是梨园声伎等,可见其交往人士之广杂,并不自矜家室,更见其通达。张岱的日常生活史也是一部晚明江南地区文化世家的生活趣味史,家庭成员间的趣味相投,这种人际交互性的影响因子逐步塑造出真实的张岱,深刻影响了张岱的美学意识。

结　语

综上所述,本文主要以张岱家族为脉络主线,分析张氏族人与他的交互关系,分别从小品文、史书、日常生活审美三方面,探寻家族生活在张岱身上留下的烙印。文学方面,张岱小品继承发展了公安派、竟陵派的文体特征,独具一格。曾祖张元忭对张岱散文的题材、语言结构等影响颇深,并且族人"戏谑气"的性格特征与张岱的文风互有照应。史学方面,张岱的著史情结是张氏家族著史传统的延续,张氏家族的道德感与责任感投射在张岱的历史人物审美观上,表现

---

① (明)张岱著,夏咸淳、程维荣校注《陶庵梦忆》,卷三《斗鸡社》,上海古籍出版社,2001,第54页。
② (明)张岱著,夏咸淳、程维荣校注《陶庵梦忆》,卷八《露兄》,上海古籍出版社,2001,第133页。
③ (明)张岱著,夏咸淳、程维荣校注《陶庵梦忆》,卷三《闵老子茶》,上海古籍出版社,2001,第48页。
④ (明)张岱著,夏咸淳、程维荣校注《陶庵梦忆》,卷三《兰雪茶》,上海古籍出版社,2001,第44页。

为关注小人物的"美"、讲求气节。日常生活方面,张岱汲取了家族的心学思想与疗愈方式,对园林曲艺、金石古董、花鸟赏玩、茶饮交游的审美意趣与家族传统交相辉映而不尽相同。张岱的美学意识脱胎于张岱家族,却也独树一帜。

(指导教师:井玉贵)

翻译腔的成因初探及相关特例分析

冯乐瑶　赵　芮　程意涵　王馨雨　林　治[*]

摘　要　在我国与外来文化交流、翻译外国文化作品过程中，翻译腔在译文中普遍存在，已日益成为翻译的重要问题。本文主题一分析了不同文化间文化差异、思维差异对翻译的影响，探究翻译腔的成因。主题二通过对受外语影响形成的句末语气成分"的说"进行个案分析，观察口语层面的"翻译腔"现象。主题三梳理"and"与"和"的语法特征，对比二者的异同，并从现象入手，探讨英汉之间语言和思维的差异。最后据此提出一些翻译"and"时的建议。

关键词　翻译腔；文化误读；and；口头用语；英汉差异

前　言

随着人类文明的不断进步，不同语言体系、不同文明间的交流和翻译也越来越多，本研究总体围绕翻译腔展开。美国翻译理论家尤金·奈达在《翻译理论与实践》中提出，翻译腔是"一种形式上的忠实，导致了不忠实于原文信息的内容和效果"[①]。本文中，翻译腔指翻译外国文化作品时，译文存在洋化现象或

---

[*]　冯乐瑶，文学院 2020 级本科生；赵芮，文学院 2018 级本科生；程意涵，文学院 2020 级本科生；王馨雨，外国语学院 2020 级本科生；林治，社会学院 2020 级本科生。

[①]　E. A. Nida, *Language and Culture: Contexts in Translating*, Shanghai Foreign Language Education Press, 2001.

不符合源语的表达习惯等问题，导致其不流畅、不自然、生涩难懂。

自外语传入我国以来，翻译腔在外来作品的译文中普遍存在。余光中在《哀中文之式微》中说："常见的翻译体，往往是文言词汇西化语法组成的一种混血问题，不但行之于译文，而且传染了社论及一般文章。"[1] 翻译腔导致译文生涩难懂，阻碍读者顺畅地理解原文内涵，也在潜移默化中影响读者的语言表达和文化接受。翻译带来的新式表达，可以给现代汉语带来新活力。人们吸收这些表达，可以为自己的口头表达增强表现力。

主题一　从文化误读、思维差异方面浅析翻译腔的成因

笔者关注不同文化之间文化误读现象、思维形式差异及语言差异对外国文化作品的翻译工作造成的困难。语言是民族文化习惯的产物，文化、思维和语言相互联系、相互影响。本部分分析不同文化中出现的文化误读、思维差异等现象在翻译过程中形成的阻碍。

一　从文化误读方面观照翻译腔的成因

在对外国文化作品的翻译中，两种文化中不同语言间的文化意象、词语的特殊文化意义及特殊的语气语感的差异对翻译造成了阻碍，例如译者无法对应两种语言间的特殊表达，或无法处理两种语言间的语感差异。

文化误读，简单来说就是以本土化的观念和思维去理解其他文化，在本文中则特指对其他语言文本的偏差理解。将文化看作文本的一个大语境，文化误读则是对文本去语境化和再语境化的过程。在正常的翻译过程中，文本的所指不应当发生变化，但由于两种语言所承载的文化不同，双方对同一事物或同一概念的理解是不同的。例如文学翻译史上的经典争论"milky way"和"银河"就是由于文化差异而产生的翻译问题。该问题主要表现在两方面：其一，有关文化的特殊表达；其二，两种语言的语感差异。

---

[1]　转引自沈琳《浅析英译汉中的"翻译腔"》，《教育教学论坛》2018年第11期。

（一）有关文化的特殊表达

语言和语言之间的对接并不是一对一的。在语言的发展过程中，许多词语发展出丰富的文化背景，对翻译工作产生了很大的影响。参考董洪川先生的研究，有关文化的特殊表达主要分为以下两种：一是文化意象；二是词语的特殊文化意义。

1. 文化意象

文化意象是一种固定的、具有民族独特性的文化符号，是民族性的联想和感情表达。由于地理和气候条件差异，英国文化中东风是冬天的寒风，象征着萧杀和凋亡。而在中国文化中则恰恰相反，东风是"老我何颜貌，东风处处新"的春风。这就给双方文学作品的互译带来了很大的困难。在 BBC 剧集《神探夏洛克》中，福尔摩斯的妹妹 Eurus，其名字即希腊语中的东风（the east wind），该剧在台词中也多次提到"东风要来了"以暗示剧情的急转直下和阴谋的浮现。但对于中国观众来讲，东风是温暖地吹来春天的风，只有通过注释和对该地地理文化有基本了解才能体会其中的引申义。

2. 词语的特殊文化意义

《漫长的告别》中，马洛遇到的一个司机很倔强地称旧金山（San Francisco）为 Frisco。美国读者可以很快明白这个司机很讨厌旧金山这个城市，因为 Frisco 这个昵称带有明显的贬义色彩，指向旧金山早期发展过程中的混乱不堪。在翻译成中文时就很为难译者。但在宋碧云译本[1]中很巧妙地使用了旧金山的"三藩市"译称，将后文的 Frisco 翻译成"番市"，令中国读者也感受到这个侮辱性别名对旧金山少数族裔聚居的嘲讽。这样的巧合很难在每个地方都遇到。陶渊明《责子》诗中"阿宣行志学"一句，本意是用了孔子"吾十有五而志于学"的典故，点出阿宣的年龄是 15 岁。但在阿瑟·维利的翻译中变成了"A-shuan does his best"，这显然是由于没有顾及"志学"的典故而产生的误解。[2]

在有关文化的特殊表达上，会产生翻译腔问题的情况有两种。一是原文本语言中的一些特殊表达，其概念意义没有办法用翻译语言完整表达，或在目标语的

---

[1] 〔美〕雷蒙德·钱德勒：《漫长的告别》，宋碧云译，新星出版社，2011，第 6 页。
[2] 董洪川：《接受理论与文学翻译中的"文化误读"研究》，《山东外语教学》2001 年第 1 期。

文化中根本没有该表达所指代的概念意义，这种现象的根源有一部分在于文化。例如翻译腔中最为经典的"哦，我的上帝啊"，上帝这一概念本身来自基督教文化差异，在中华文化中并没有这个概念，在汉语中上帝和基督教的文化观念息息相关，这一表达已经和其背后的文化紧密联结，另一语言接受者自然对它有陌生感。二是在原文本语言文化和翻译语言文化中都存在同一意象或概念，但双方在表达上存在区别。如上文所提到的"银河与牛奶路"。同理，在"modern"一词已经有了更本土的中文翻译"现代"之后，再使用"摩登"就显得不自然。但如果特殊表达所指在翻译语言方的文化中存在，且在翻译语言中没有固定的表达方式，即便该种表达不被加以意译或特殊对待，也可以自然地融入翻译语言中而没有特殊感。

（二）两种语言的语感差异

不同的文化有不同的语言，二者相互影响，导致每种语言都有自己独特的语气和语感，在将其翻译成另外一种语言时，很容易出现接受者感觉翻译后的文本"味道不对"。以日语为例，日语的语言特点是暧昧的、较温和的、过度尊重的。

例如，"ユメミ負けちゃったかち聞いて！"（译为"梦见我输了，所以请听一下！"）[①] 本句中"ユメミ（梦见）"即为说话人的名字，同时也作为这句话的主语出现在这里，在中文表达中几乎不会出现这种情况；同时，这句话在日语原文中没有出现指代说话对象的词语，在大部分的中文翻译中会加上"大家"来提示谈话的对象。

再例如，"食べでちゃんと生き残るの。エレンを餓死になんかさせない。"（译为"吃下去，要好好活下去。我不会让艾伦饿死的。"）[②] 本例对第二人称的避用则更为明显。这句话出现在"エレン（艾伦）"和"ミカサ（三笠）"的对话中。这段对话对象明确，甚至存在大量眼神和肢体交流，但说话人"ミカサ"第一句没有使用任何人称代词，第二句则直接用听话人的名字"エレン"作主语。在中文表达中，如果不存在误解的可能，二人对话时不会对第二人称代词避用。这一点带来的困扰也体现在翻译中，在翻译被职位、名字等替代的第二

---

① 该例句出自日本电视剧《狂赌之渊》第二季第四集。
② 该例句出自日本动漫《进击的巨人》第一季第二集。

人称代词时，一些译者会选择在名字后面加上"你"使之更符合汉语的语法规范，如本例句便可译为"我不会让艾伦你饿死的"。但与上一个例子里用自己的名字代替第一人称代词相比，第二人称代词的消失对中文造成的影响相对来说小一点，大部分译者依然忠于原文，在译文中也隐去第二人称代词。这种文化使许多日本文化爱好者也会在自己的日常对话中避用第二人称代词表示尊敬。

将"以心传心"视为表达交流的高境界的日语，更多时候是暧昧不明的，谈话双方从语气、氛围、表情神态等其他方面来揣测彼此的言外之意，也避免了直接否定对方的尴尬。日语语气词多的特点，使日语在翻译成中文后显得过于委婉。近年来日本动漫文化的大规模发展传播，使二次元文化成为重要的日本文化形象之一，动漫对语言及角色形象的夸张表达，让日语在被翻译后娇俏可爱感和叛逆感倍增。

二 从思维差异方面观照翻译腔的成因
——以东西方思维差异为例

东方人和西方人思维方式不同体现在很多方面，而个体思维和整体思维的差异是东西方思维差异的根源：西方人眼中的世界是一条条逻辑的因果线，事物独立存在；东方人眼中的世界是一个辩证的关系网，事物要依托相互联结存在。

（一）中心目标与外部环境

受传统道家思想的影响，中国人认为世界是一个整体，认识事物时总要先认识其所处的环境，然后逐步贴近；而西方人看到的是相互独立的物体，描述一个事物时总是从它本身出发，再描述环境。因此，在认识、描述一个事物时，中国人先想到事物的外部环境，再想到中心事件；而西方人更多先考虑事物本身，再考虑外部环境。例如英语中常见的"there be"句型，表达的意思是"某处有某物"，当在英语中表达"there is a book on the desk"时，翻译成汉语"桌子上有一本书"，可以看出，英语中是以描述的对象"书"为主体，"桌子上"只是作为书的位置特性，而不像汉语中作为一般性的环境背景，短语"桌子上的书"和"the book on the desk"也是一样的道理。思考方式决定了语言表达，正是东方人习惯于从大环境入手而西方人更习惯于从目标事物本身入手，才产生了这样语序的差异。

在翻译中，如果不能善加处理这种语序的差异，很容易导致翻译腔。例如，对英文"It is said that the dragon boat racing, began on the eastern shores of Dongting Lake in order to search for the body of Qu Yuan, a patriotic poet of Chu."而言，如果译者采取机械性直译的方法，很容易将原文翻译为"据说，龙舟赛始于东岸的洞庭湖，为的是搜寻屈原的遗体，一个在楚国的爱国诗人。"这种表述不符合中文的表达习惯，显得翻译腔重。而如果对同一段英文进行符合中文思维方式的修改，则可译为"据说，为了搜寻楚国爱国诗人屈原的遗体，龙舟赛于洞庭湖东岸开始。"这段译文中，译者先描述事物的外部环境，再叙述中心事物。调换后的顺序，更符合中国人的思维方式。

（二）独立性与关联性

语言学中将语言的三要素定义为语音、词汇和语法，每个要素又由若干更细致的要素组成。然而，在逻辑学等非语言学的领域，可以进一步归类，将"语音"和"词汇"划归为"语词"这一类，即表示事物或表达概念的一些声音或笔画；语词作为概念的语言形式，常被用来反映事物的特有属性，即某类事物区别于其他事物的性质和关系。这二者中，东方人和西方人的偏好不同。

例如，在一个实验中，来自美国和中国的儿童被要求将鸡、牛和草三种事物进行分类，美国儿童倾向于将鸡、牛分为一类，因为他们在划分范畴时更关注事物性质之间的相似性，而中国儿童则倾向于将牛和草归为一类，因为他们更多地关注到"牛吃草"，即事物之间存在的关系。这个实验很好地反映了东方人和西方人在这一方面思维方式的差异：东方人更关注事物之间的关系，西方人更关注事物自身的性质。

这种思维方式的差异在语言中体现为，西方人更在意句子的独立性，要求每个句子可以单独让人理解而不产生歧义，而东方人的句子则可以依赖当前的语境，因此，英语比汉语更强调主语重要性和句子成分完整。比如，汉语中"借个火"这种表达方式同时体现了东方人强调动词、语境化程度高的特点，而英语中同义表达"Do you have a light?"则关键代词"你"不可或缺，有时汉语的省略是因为语境中不可能出现歧义，对于听者的理解不会造成困扰，比如对某人说"借个火"的对象不可能有他人。"下雨了"这个动作的发出者也是唯一的，因此不需要像英语中"it is raining"这样表达。在翻译中，注重汉语中的语境化同样重要，比如在一段英文中"……who is a good Christian, a good parent, a good child, a good wife or a good husband."英语中同样的形容词"good"在被翻译成汉语时，比较好的翻译方法是"虔诚的教徒、慈爱的父母、孝顺的儿女、贤良的妻子和尽职的丈夫"，根据被修饰词的特点而翻译成不同的意思，如果直译成"好的教徒、好的父母……"则显得太呆板。

东西方思维方式的差异导致东西方语言存在种种差异。在描述事物的过程中，西方人习惯提出中心事物，而东方人从大局入手，逐步聚焦。在平时的语言表达中，东方语言语境化程度高，重在让听者意会；而英语则更重视句子的独立性和形式完整，较少对句子成分进行省略。在翻译过程中，译者若不能把握上述差异则往往导致翻译腔现象出现。

三　小结

当代大学生的文娱生活丰富，接触外来翻译作品的机会多。然而，文化误读、不同文化间思维差异问题极易导致翻译腔产生，这使得外国文化作品的译文生涩难懂，也潜移默化影响了当代大学生的语言表达和文化接受。

在与外来文化的交流过程中，广泛存在的翻译腔现象不仅使外国文化作品的译文不自然、不流畅、令人不知所云，也影响着本国人民的文化接受和两国之间的文化交流效果。为了有效消除翻译腔，译者可以广泛了解两国文化，尽量避免文化误读，关注不同文化之间的思维差异、语言差异，在翻译时尽量遵循汉语表达习惯。

主题二　音译词"的说"

已有研究主要关注书面语体，本研究偏向口语语体，具体关注出现在句末且删去后句子在语法上仍然完整的"的说"（下文简称句末"的说"），旨在通过对个例的具体分析，探究"的说"在大学生口头用语中出现和被接受的原因与合理性。

关于句末"的说"，已有研究主要认为来源有二："日语音译词"说和"汉语方言词"说。① 调研发现，大部分青少年认为"的说"是受日语影响，本文主要论述受日语翻译影响产生的一系列现象。句末"的说"源于一个动漫角色的口癖，"的说"由日语"です"演化而来。"です"读音上类似"desu"，出于种种原因，一些人接受并开始使用句末"的说"。

一 句末"的说"的语法特征、语用功能

（一）语法特征

本文所探讨的是汉语中出现在句子末尾，且删掉后句子在语法上依然完整的"的说"。如下例：

①a. 我很好的说。
　b. 我（是）很好的。
　c. 我很好。
　d. 我很好呢。

②a. 我很认真的说。
　b. 我（是）很认真的。
　c. 我很认真。
　d. 我很认真呢。

③a. 那个玩偶好可爱的说！
　b. 那个玩偶好可爱的。
　c. 那个玩偶好可爱。
　d. 那个玩偶好可爱呀。

④a. 这种事我一辈子都忘不了的说！
　b. 这种事（是）我一辈子都忘不了的。
　c. 这种事我一辈子都忘不了。
　d. 这种事我一辈子都忘不了吧。

⑤a. 周末西单会有很多人的说。
　b. 周末西单（是）会有很多人的。

---

① 秦岭：《说"的说"》，《语言文字应用》2010年第2期。

c. 周末西单会有很多人。

d. 周末西单会有很多人吧。

上述句子句末的"的说"删去之后，原句意思不变，如（①c）（②c）（③c）（④c）。且可以替换成其他语气词，如（①d）（②d）（③d）（④d）。

"的说"一般用于陈述句、感叹句中，较少用在疑问句中。陈述句去掉"的说"之后，语气发生变化，不如原句委婉；替换为汉语语气词之后，句子语气与原句略有不同。感叹句的语气变化较为明显，去掉语气词之后，原句变为一般的陈述句，如（④a）和（④c）；替换为汉语语气词之后，句子语气的强烈程度明显减弱，如（④a）和（④d）。这说明"的说"具有一定的表达语气的功能，具体表现为：陈述句中使语气显得委婉，感叹句中加强主观感情色彩。此外，"的说"出现的句子里，常常有程度副词出现，这也能说明"的说"与表达语气有关。

从结构上看，上述例句可分为"形容词短语（AP）+的说"和"动词短语（VP）+的说"两种。除了（③a）以外，其他例子都能够去掉"说"，加上"是"，变成"是……的"结构。所有的例子都能够去掉"说"而留下"的"。

⑥お元気です。

译：我很好的说。

出现的位置上，句末"的说"和源语基本一致，但是能否删去，日语和中文不同，如⑥，表示判断义的"です"删去后会使句子语法上不成立。一般来说，汉语中的句末"的说"不与其他句末语气词共用，这一点上和源语相同。在语法特征上，句末"的说"与其他句末语气词有相似之处，均是附着在句子末尾，表达语气。但是句末"的说"没有具体语义指向，可以表达多种语气。"的"本身在汉语中是语气词，主要表达陈述语气，而"说"原本是实词，用在此处意义虚化，句末"的说"并不是两个字的简单相加。

句末"的说"感情色彩也与源语相关。句末"的说"来源于日语中礼貌语末尾的助动词"です"，敬语与日本人重视等级、尊卑的文化息息相关。"从敬语的表达来看，敬语不只是单纯地向听话人表达敬意，更是体现说话者的社会意识和文化修养。"[①] 同时，日语中有很多委婉的表达。接触并深入了解过日本文

[①] 许晴、魏文娟：《论日语敬语的表达方式和文化内涵》，《农家参谋》2019年第4期。

化的人可能受到影响，其他人也可能在用语的不确定中体会到这种语言的模糊性，以及模糊的语言传达出的言外之意。汉语中的句末"的说"常常被用来使语气更加委婉。

（二）语用功能

1. 传达说话者的态度、语气

（1）附和时

⑦A："这周末我想去看电影！"

　B："我也想去的说。"

这里出现的句末"的说"，是加强了附和他人的语气。说话者赞同对方的观点。

（2）表示委婉拒绝时

⑧A："这周末我们一起去看电影吧！"

　B："可是我周末有点事的说。"

句末的"的说"在此时出现，主要是由于说话者比较为难，但是又需要避免过度直白，给对方造成伤害。（提出预期对方会感到不满的建议时与此同理。）基于礼貌原则，缓解尴尬氛围。句末"的说"的出现一方面类似句末语气词，能够缓和气氛；并且此时替代了其他有倾向的语气词，避免了可能造成的误会，降低了消极语义可能带来的消极影响。

2. 希望能够更有效传达信息

当说话者一句话中包含的信息量过大时，听话人就可能因为难以及时消化、吸收而错过部分信息。《说话连"嗯"带"啊"，口头语后面的另类道理》中提道："研究表明，口头语在某种程度上减缓了语速，有助于大脑'收听'对方话语内容，从而更好理解和记忆信息。"[1] 句末"的说"也可以在一定程度上起到这样的作用。它本身不带有感情色彩；且使听话人得到了休息的空间，能够帮助听者记住有效信息。由此可见，运用句末"的说"，也可能是说话人主观上希望能够更有效地传达信息的选择。

---

[1] 丁文曦：《说话连"嗯"带"啊"，口头语后面的另类道理》，《新华每日电讯》2007年9月25日。

二 句末"的说"进入汉语的过程和原因

(一) 句末"的说"从日语进入汉语的路径

句末"的说"是通过日本动漫的翻译让广大观众注意到的。"です"读音上类似"desu",它在日语中有两种用法。第一种是表示断定,相当于是。这种用法主要附在体言①的后面。第二种则是作为一种礼貌体标记,附于用言②后,通常位于句末。翻译中,有的译者会在确保用语礼貌后不翻译"です",有些译者会将"です"翻译为"的说"。

⑨やめてです。

而有些角色有严重的口癖,他们对"です"的使用甚至不符合语法规范。如⑨,有了语气词后该角色还是说了"です"。该角色几乎每句话结尾都使用了"です",译者为尽可能还原语气,选择将"です"([de sɯ])译为"的说"([tɤ ʂuo]),人物的口癖短时间内反复出现,给观看者带来冲击,留下深刻印象。而部分青少年追求新奇,自发在口头用语中使用句末"的说",促使更多人接触并开始使用句末"的说"。

(二) 句末"的说"能够被部分人接受的原因

1. 从语义上看

句末"的说"在用法上与汉语原有的语气词相似,都是和语调一起,表达语气。

⑩a. 他还没来的说。
  b. 他还没来。

以上两个句子都陈述了"他还没来"的事实,并且二者都可以与不同语调结合使用,表达不同感情色彩。从句子结构上来看,(⑩a)和(⑩b)都是动词谓语句,不会因为句末"的说"的存在与否对句子结构产生影响。因此,句末"的说"易于被人接受。

---

① 体言:日语中的名词和代词。
② 用言:日语中的动词、形容词、形容动词的总称。

2. 从语法上看

汉语句子本身就存在"是……的"句式，且大部分"的说"句都可以去掉"说"，变成"是……的"结构的句子，"是"大部分情况下可以省略。朱德熙先生把"程度副词+形容词+的"的形式看作状态形容词的一种，而状态形容词可以独立做谓语。秦岭的研究指出，"形容词短语+的说"与"是X的说"是"的说"句的优势表达格式，前者更为常见。① 笔者发现，在"形容词短语+的说"的类型里，形容词以状态形容词居多。"的说"相对于"的"而言仅多出一个音节，功能上与汉语的"的"有相似之处，这是"的说"能进入汉语的重要原因。

3. 从语音上看

此外，"です"（[desɯ]）和"的说"（[tɤ ʂuo]）在语音上具有相似性，第一个音节的辅音，中日仅有清浊的区别，第二个音节的辅音则为发音方法上的区别。

"的"的韵母本身是后、半高、不圆唇元音，轻声时靠近央元音 [ə]，发音轻松，且不易引起听话人注意。"说"的韵母是后响复元音，但是一般句末"的说"吐字轻而快，甚至可能发生一定的弱化。与其他语气词相似的是，"的说"在句子中时常跟随句子整体语调而产生音调改变，不易引起听话人的特殊重视。

4. 从方言角度看

一些方言中，句末"的说"是口语中习惯性的后缀，无实际意义。人们有时把方言词带入口语，听话人不自觉中接触过类似表达，因而不会感到突兀。况且，"的"是现代汉语使用频率最高、分布最广的虚字，这让人们的接受变得更加容易。

5. 从语用角度看

（1）口语对话中，人们态度上的不重视

口语相较于书面语，本身是较随意的。正因如此，听话人并不重视句末的没有实际意义的词语运用是否符合常规，不会特意纠正别人。《普通语言学教程》

---

① 秦岭：《说"的说"》，《语言文字应用》2010 年第 2 期。

提到,"促使语言演变的是言语:听别人说话所获得的印象改变着我们的语言习惯"。① 使用者变多了,潜在的使用者(听话人)也变多了。

(2) 口语语速快、内容密集

口语聊天一般语速较快且内容密集,听话人有时并不能听清句末表达语气的词。而听话人可能很快被下一句话中的内容吸引走了注意力,因而不再纠结于前一句句末出现的、没听清也不影响整句话意思的词。

(3) 追求新奇,可以丰富表达效果

部分年轻人追求新奇,对新词接受度高,熟练运用快。许多人接续开始使用,使更多人接触到并感到新奇,也可能有更多人希望与他们建立认同感于是使用。句末"的说"带有委婉的语气,可以丰富日常对话中的表达效果。另外,现代人用语变化迅速,在认识到自身可能滞后时,渴望融入群体,就可能对自己并不完全了解的词汇用法产生"顺应"。动漫人物的口癖在青少年群体中流行,体现出他们追求个性化表达、追求新奇的一种心理。在接触到句末"的说"后,他们也有了新的、关于委婉语气的表达需求。另外,使用群体不断扩大,群体内部也可能为该词找出其他合理的解释。

三 句末"的说"的翻译腔色彩

(一) 音译词"的说"无词汇意义和进入汉语必要性

⑪a. 这个很有趣的说。

b. 这个很有趣呢。

c. 这个很有趣。

⑫a. 我智商不够完全跟不上的说。

b. 我智商不够完全跟不上啊。

c. 我智商不够完全跟不上。

在(⑪a)中句末"的说"加强了肯定语气,但是(⑪a)(⑪b)(⑪c)均为形容词谓语句,形容词是句子的核心。(⑪b)中的语气词"呢"也能够起到

---

① 〔瑞士〕索绪尔:《普通语言学教程》,高名凯译,商务印书馆,1980,第41页。

指明事实的作用。(⑪c) 没有任何语气词,但是可以通过语调来表达语气。(⑫a) 中的句末"的说"舒缓了语气,(⑫b) 中的语气词"啊"也可以使语气舒缓,增加感情色彩。而(⑫c)虽然没有语气词,也可以通过语调来表达感情色彩。由上可知,第一,句末"的说"并没有词汇意义,不会对句子本身意义产生影响;第二,汉语中本身已经有足够多的语气词,可以替代句末"的说",表达相似的语气;第三,句末"的说"是音译的结果,实际上"说"是一个实词,并不符合汉语中语气词的特征。因此,句末"的说"接受范围有限,可被替代性强,无法完全进入汉语。

(二) 汉语中自有的语气成分语音上有弱化的趋势

李小军曾提道:"汉语在虚词衍生过程中,常常也伴有语音弱化现象,比如声母、韵母、声调等在发声上不同程度地减弱,甚至脱落,有时还会产生合音等。"[①] 首先,句末"的说"虽然整体作为一个语气成分,但单就"说"而言,"说"在单用时是一个实词,"的说"连用本身会有歧义。如(②a),如果仅听这句话的语音形式,就容易产生歧义,将作为语气词的"的说"理解为"认真地说"这一状中短语。其次,"的说"的后一个音节以辅音开头,难以形成合音,不符合句末语气词语音上弱化的特点。句末"的说"发音难度大于其他汉语中原有的语气词,增加了音节负担,不符合经济原则。为求简便,很多人在一时的新奇感过去之后就不再使用句末"的说",而是换用其他汉语中原有的语气词。如此一来,句末"的说"也就没能够被广泛接受并使用了。

四 句末"的说"的式微

句末"的说"的使用年龄段基本固定,随着年龄的增长,许多人不再使用句末"的说";随着时间的流逝,人们听到句末"的说"时的新奇感不再强烈。句末"的说"未能成功进入汉语而被汉语淘汰,笔者认为最主要的原因就是它不符合汉语的表达习惯。句末"的说"是双音节词,而普通话中最常用的语气词是单音节词;语气词是虚词没有词汇意义,而"说"是实词;句末"的说"

---

① 李小军:《虚词衍生过程中的语音弱化——以汉语语气词为例》,《语言科学》2011年第4期。

的第二个字是辅音开头，无法合音。次重要的原因是它可替代性强，汉语中原有的语气词在表达语气类别上可以取代句末"的说"。

本文中探讨的问题，也引发了笔者对翻译方式的思考。进入汉语中的日常表达的外来词，主要有两个特征。第一，不可替代性。或精妙绝伦如"幽默"，或直接音译但常用如"沙发"，找不到更好的翻译，并且该词我们在日常生活中时常会提及，这促使了它进入汉语。第二，符合汉语构词法或朗朗上口。日语外来词如"素人"，法语外来词如"银婚"，都符合汉语构词法，偏正型形容词能产性强，被接受程度高，这两个词现在都进入了汉语并且被人广泛使用，甚至有很多人误以为它们是本土词。虽然这只是外来词方面的一点总结，但是句式方面也是如此。符合汉语习惯表达的、具有不可替代性或传播必要性的，才会被广泛接受乃至使用。在翻译中我们也该注意到以上几个问题，才能翻译出人民喜闻乐见的文字。

五　小结

句末"的说"语用功能具有多样性，可以表达多种态度、语气，它的语音弱化和口头语本身的语体特征等多重因素致使它在口头语中有一定生命力。但是，它在句法上具有非强制性，在语义上并不具体。由于可替代性强以及不符合汉语表达习惯，它在汉语中的使用范围始终有限。本文选材有一定新颖度，但是，由于能力有限，还有很多不足之处，比如，有些地方分析不够准确，考虑不够全面等。而且，由于这一语言现象仅出现在口语中，与群体认同感相关，笔者的访谈对象也有一定的局限性。这些都是存在的问题，这一语言现象笔者也会在日后持续观察。

主题三　"and"与"和"的对比研究及翻译建议

译介外国作品时，译者需要避免的是"不中不洋、不伦不类"的翻译腔。虽然学界对"翻译腔"的定义并未统一，但"不自然、不流畅"是其主要特征，而且这种特征主要因译者机械地按源语的结构特征、表达方式进行翻译而形成。

以英语的汉译为例，大多数学者注意到了连接词的地位在英汉两种语言中有显著的差异。英语大量使用连接词以表达逻辑、组成篇章，而汉语则倾向于不用或少用连接词。Xiao 和 Yue 的研究指出，汉语译文小说文本比汉语母语小说文本更普遍地使用连接词。① 翻译实践中，一些典型的翻译腔现象正是连接词的不恰当处理导致的，如下例：

①原文：In the park, we singed and danced.

翻译腔：我们在公园唱歌和跳舞。②

"和"是完全不必译出的。这个例子说明，汉语母语者在看到表示并列关系的"and"的时候，很可能将其等同于汉语的连词"和"，因而无意之中就出现了这样的翻译腔。实际上，即便是表示并列关系的"and"，也只是在很少的情况下才能译为"和"。笔者着眼于"and"与"和"这两个连接词，对比"and"并列结构与"和"的并列结构在语法功能上的异同，并提出翻译建议。

一 "and"与"和"的语法特征

（一）"and"的语法特征

"and"作为连词，功能十分丰富，既可以在句内连接两个句子成分，也可以在整个复句中起连接分句的作用，前后承接的部分在语法上地位相当。"and"在《新牛津英汉双解大辞典》的释义中，正式的用法有两条："1 used to connect words of the same part of speech, clauses, or sentence, that are to be taken jointly [用来连接同性词、分句和句子] 和，与"; "2 used to introduce an additional comment or interjection [用来引导补充说明或插入语] 并且"。③ 其中第一种用法又可以分为不同的层次，可以翻译为"然后""就""又"等等，如下例：

②bread and butter

---

① 转引自任小华《翻译汉语中的连接词显化与隐化：基于语料库的研究》，《外国语言文学》2016 年第 1 期。

② 例子引自英语学习《据说有这十种常见的翻译腔》，语言生活研究微信公众号，2021 年 8 月 8 日。

③ 牛津大学出版社编，上海外语教育出版社编译《新牛津英汉双解大辞典》（第 2 版），上海外语教育出版社，2013，第 71 页。

③red and black tiles

④They can read and write.

⑤He turned round and walked out.

⑥Do that once more and I'll skin you alive.

⑦I cried and cried.

⑧All human conduct is determined or caused-but there are causes and causes.

②③④分别连接两个相同词性的成分（名词、形容词、动词），是最普遍的并列结构，"and"前后的词语可以调换位置。⑤则有时间序列，"and"前后的成分不能调换位置，"and"可译为"然后"或者不译，即"他转身然后走了出去"或"他转身出去了"。⑥则有条件性，"and"前后的成分也不能够调换，可译为"就"。⑦和⑧则是连接两个相同的词语，连接两个动词时可以译为"又"，连接两个名词时可以译为"还有"或者不译，总之这两类都表示程度的增加。

⑨If it came to a choice-and this was the worst thing-she should turn her back on her parents.

⑩"I found the letter in her bag."

"And did you steam it open?"

⑪And now to the dessert. （现在来谈甜食）①

"and"的第二种用法表现为语言使用时的衔接和关联，一般可以不译。⑨"and"引导插入语，⑩"and"衔接对话，可译为"那么"或者不译，例⑪则引导话题的转换。

"and"并列结构表示的语义关系十分丰富。根据徐盛桓的研究，我们可以大致将"and"并列结构的语义类型分为两大类：并列关系和主从关系。② 语义上的主从关系并不等于句法上的主从关系，只是"and"在一些语境之下，可以表达因果、条件、目的等关系，这类语义关系与一般意义上的并列已经有所区别。"and"并列结构表示的语义关系大致如表1所示。③

---

① 以上各例摘自牛津大学出版社编，上海外语教育出版社编译《新牛津英汉双解大辞典》（第2版），上海外语教育出版社，2013，第71页。

② 徐盛桓：《A and B 语法化研究》，《外语教学与研究》2004年第1期。

③ 以下各例引自徐盛桓《A and B 语法化研究》，《外语教学与研究》2004年第1期。

表1 "and"并列结构的语义关系

语义关系		例句
并列关系	并列	⑫What I say and what I think are my own affair.
	增补	⑬Don't be late-Oh, and put on your old clothes.
	重复	⑭They knocked and knocked.
	比较	⑮John is a student and Jack is a teacher.
	转折	⑯John was a student last month and he is a teacher now.
主从关系	因果	⑰He died and was buried in the cemetery. ⑱He was buried in the cemetery and he died.
	条件	⑲Push the door hard and it will open.
	目的	⑳Go and tell him about it.

(二)"和"的语法特征

传统观点认为,"和"有介词和连词两种属性。作为介词,"和"的功能是带上宾语充任连谓结构的前一个直接成分;作为连词,"和"的功能是连接两个两个或更多的并列成分①,如下例:

㉑我和他都是这个学校的学生。

㉒我和他开玩笑呢。

㉒中的"和他"是介宾结构,"和"是介词。㉑中主语位置的"我和他",传统上认为是并列结构,"和"是连词。

作为连词使用时,由"和"连接而成的并列结构语法功能相对受限。第一,"和"作为连词,前后连接的是句子成分或词语,不能连接分句。第二,"和"的并列结构常常是体词性的。"和"连接体词性成分时,由"和"组成的并列结构是体词性的;前后连接谓词性成分的时候,由"和"组成的并列结构也是体词性的。(㉓a)的谓语部分是谓词性并列结构,(㉔b)的宾语部分是体词性并列结构。第三,由"和"字组成的并列结构可以做主语和宾语,但一般不能做谓语。即便连接的成分是谓词性的,"和"字并列结构也难以独立充任谓语,如(㉓b)。

---

① 朱德熙:《语法讲义》,商务印书馆,1982。

㉓a. 大家唱歌跳舞。

　b.？大家唱歌和跳舞。

㉔a. 我喜欢唱歌跳舞。

　b. 我喜欢唱歌和跳舞。

㉕a. 他又高兴又着急。

　b. ＊他高兴和着急。①

从㉓也可以看出，①的翻译腔现象正是将原文谓词性的并列结构译入中文时候采用"和"连接前后动词造成的。去掉"和"字，"唱歌跳舞"作为谓词性并列结构，才更接近原文的表达。汉语中谓词性并列成分用"又……又……"或者是连词"而、并"等连接，如（㉕a）。

二　"and"与"和"的对比

（一）适用条件不同

如上所述，"and"与"和"不仅不能简单地画等号，二者的功能之间还存在较大的差异。从语法功能上说，"and"是功能单一的并列连词，可以连接句子成分和分句；而"和"不仅有连词的功能，还有介词的功能，作为连词的"和"也不能连接分句。从语义角度上说，"and"并列结构所表达的语义关系较为复杂，前后语境显得尤为重要；而"和"的并列结构相对而言表达的语义关系较为固定，表示并列，且前后项一般可以调换位置。此外，"和"组成的并列结构是体词性的，前后项词类不必然一致；而"and"并列结构的性质则与连接的前后项的词类有关，前后项词类必须一致。

从历史的角度看，汉语中并列结构可以不用连词，连词的使用疑为汉语欧化的结果。王力谈道："现代欧化的文章对于积累式的连词，虽未达到完全模仿英文的程度……但用'与'和'而且'的地方总比以前多了几倍。'年轻貌美的女子'已经渐渐倾向于变为'年轻而且貌美的女子'，'他喜欢

---

① 在语言学论文里，标"？"的句子表示在一定情况下可以成立，有可能会这么说。标"＊"的句子表示不合语法，一般不可说。无标记的句子，就是合法的、可以说的句子。

音乐美术'也渐渐倾向于变为'他喜欢音乐和美术'了。"① 现代汉语中，一些有口语色彩的小说文本中，并列结构各项并置的现象很常见。汉语的并列结构并不像英语并列结构那样严格，汉语口语中不加连词是常态，而不使用连词在英语中则是变态。

总之，"和"在汉语中的适用范围要小于"and"在英语中的适用范围。

（二）定语位置上的并列结构

因此，只有"and"出现在句中，连接两个句子成分的时候，才有可能对译为"和"。然而这种对译也不是全部有效。汉语并不习惯在任何有并列关系的两项之间加上连接词。以定语位置的并列结构为例，试比较以下翻译。

㉖a. red and black tiles②
　b. 红的和黑的瓷砖（《新牛津英汉双解大词典》翻译）
　c. 红的瓷砖和黑的瓷砖
　d. 红的瓷砖、黑的瓷砖

㉗a. your, his and my reports
　b. 我、你和他的报告
　c. 我的报告、你的报告和他的报告③

（㉖b）和（㉗b）当然是合法的句子，但不如后面的译文自然。拿㉖来说，定语是并列结构，翻译时定语位置上并列的项数增多会造成歧义。原文要表达的是两种物品，而这样的定中结构从形式上给人造成了一种物品的错觉。英汉的并列结构也确实存在语义上的差异，有时"red and black tiles"表达的是"红黑相间的瓷砖"，这时若将"and"机械地译为"和"就背离了原意。

然而，汉语的并列结构的复杂性还在于，"和"字前后连接的部分并不对称，如：

㉘北京和天津以东的地区。

㉙青铜是铜和锡的合金。④

---

① 转引自贺阳《现代汉语欧化语法现象研究》，商务印书馆，2008，第148页。
② 还可以理解为"红黑相间的瓷砖"。
③ ㉗引自吴阳《英汉并列结构的语序对比及翻译》，《四川外语学院学报》2003年第1期。
④ ㉘㉙引自朱德熙《语法讲义》，商务印书馆，1982，第158页。

不同于"北京和天津的高校",㉘不能拆分为"北京以东的地区和天津以东的地区",㉙也不能拆分为"铜的合金和锡的合金"。这是汉语"和"的并列结构与英语"and"并列结构在逻辑上的差异。

(三) 语法化路径不同

"and"与"和"的差异,还体现在这两个连词的语法化路径不同。徐盛桓指出,"and"作为表示并列关系的语法标记,是由连接篇章结构的手段,在特定句法环境里演化成一种相对稳定的语法手段。① 所以说,"and"是由篇入句。"and"在句内连接两个成分的用法,其实都可以还原成"and"连接两个分句的省略与简化。这正是差异所在,英语句中并列结构的两项一般可以拆开分别与谓语或中心语搭配。江蓝生的研究则指出"和"的本义是表示并列关系("偕同")的伴随义动词,而后由两条平行的语法化路径分别虚化为并列连词和伴随介词。② "和"的变化发生在句内,从相对紧密的述宾结构到相对松散的并列结构,保持了前后不对称的特点。

三 语言与思维的差异

(一) 语言方面的差异

首先,汉语的词类与句法功能之间不是一一对应的关系,因此在传统的讨论中出现过"依句辨品""词有定类、类无定职"等观点。英语的词类与语法功能的对应较为固定。沈家煊先生指出,汉语是"名动包含"的语言,"包含动词的名词可以叫'大名词',不包含动词的名词可以叫'小名词'"。③ "和"组成的并列结构最典型的形式是前后连接两个名词,正因为汉语的动词也有"大名词"的特征,所以当动词进入"和"组成的并列结构时,结构的语法功能并没有发生太大的变化。汉语的动词也可以跟名词并列在一起,比如"罪与罚"。④

---

① 徐盛桓:《A and B 语法化研究》,《外语教学与研究》2004 年第 1 期。
② 江蓝生:《汉语连—介词的来源及其语法化的路径和类型》,《中国语文》2012 年第 4 期。
③ 沈家煊:《语法六讲》,学林出版社,2016,第 10 页。
④ 沈家煊:《语法六讲》,学林出版社,2016,第 4 页。

其次，汉语口语中较少使用连词，汉语书面语使用连词的习惯颇与五四运动时期西方翻译作品的大量涌入有关。赵元任先生指出："用连词做并列结构的标记，在翻译文字和受翻译文字影响的文体中常见——'and'→'和'，'or'→'或者''还是'——在口语和接近口语的文字中并不用得很多。在平常说话中，零是最常用的并列标记。"① 相声艺术中的《报菜名》就极富汉语口语特色：

㉚有蒸羊羔、蒸熊掌、蒸鹿尾儿、烧花鸭、烧雏鸡、烧子鹅……卤什件儿、卤子鹅、山鸡、兔脯、菜蟒、银鱼、清蒸哈什蚂……炒肉丝、炒肉片儿、烩酸菜、烩白菜、烩豌豆、焖扁豆、余毛豆、炒豇豆，外加腌苤蓝丝儿。（283个菜名）

也正是汉语这种不需要连词就能够将名词无限并置的特点，才发展出这样一种极有特色的口头艺术。英语则习惯用各种连词连接各种成分或句子，一般情况下不能省略连词。现代汉语书面语中，较为严肃的形式如学术著作、政府公文等，为了表达的准确和严谨，也习惯使用连词。不太严肃的大众读物则更倾向于口语化的表达，所以翻译还需要注意语体风格。

（二）思维方面的差异

1. 名动包含的思维和名动分立的思维

"and"语义和用法如此丰富，为什么汉语使用者会下意识地将"sang and danced"译为"唱歌和跳舞"呢？笔者的一种猜测是，在汉语使用者的语法库中，所有的并列结构类型中，体词性的并列结构可能显著度较高。当我们把英语的词汇对应上汉语的词汇之后，不自觉地就用汉语思维将词汇连接起来。汉语的动词和名词具有共同点，动词充任名词的语法功能并没有形态上的变化。而"唱歌和跳舞"本身合法，因此在英汉对译时，译者不自觉地选用了体词性的成分。英语中动词与名词的区别在形态和功能上都比较明显，动词则有时和态的范畴，可以通过动词的形态了解其动态意义。英汉两种语言对于名词和动词区分有不同的认知模式。

2. 短句子的思维和长句子的思维

汉语较少使用连词，口语中以短句占多数，较少使用从句。汉语的句子之间

---

① 赵元任：《汉语口语语法》，商务印书馆，1979，第137页。

往往由话题接续，对语境的依赖性较强。英语则大量使用从句来增补修饰成分，使表达更精准，这样一来，连词的使用就必不可少，需要连词来确定分句之间的界限以及语义关系。"and"连接两个分句时，有时可以省去连词不译，若其表达了某种特殊的语义关系，便不可漏译。当西方语言译入中文时，为达到和原文同样的精确严谨，汉语也使用大量连词来连接句子，如下例：

㉛这种存在之领会不管怎样摇曳不定时隐时现，甚至至于仅流于单纯字面上的认识，但这种向来已可供利用的存在之领会的不确定性本身却是一种积极的现象，虽然这种现象还有待廓清。①

语言影响思维。汉语的短句言简意赅，却也的确在表达上不够精确。中国古代的思想家们探讨言意关系，大多认为"言不尽意"，同时倾向于"得意忘言"，以抽象的"意"为目的，轻视作为工具的语言。从先秦的"微言大义"，到禅宗"不立文字，教外别传"，可见中国文化有一种体悟的精神和对直觉的依赖。而西方人很早就发现了语言作为思维工具的作用，对西方人而言，语言与思维的关系密不可分。亚里士多德从语言中发现"是者"，创立了逻辑学。逻辑学以语言为载体，推动了思维的发展，反过来又促使语言表达更加精密。分析演绎的思维明确、推理，与汉语式的笼统、体悟相差较大。

五四运动之后知识分子们也将汉语语法上的不精密作为一种缺陷看待，认为汉语的模糊性反映出思想上的贫乏。因此，他们提出要以吸收西方语言的特点改造汉语。傅斯年就指出，"所以这理想的白话文，竟可以说是——欧化的白话文"。② 翻译在这个"汉语欧化"的过程中起了很大作用。翻译带来了新式的表达，创造了新的文学体式，也带来了西方"长句子"的思维，表达的精确和逻辑的严密对我们也同样重要。③ 翻译过程中的翻译腔现象，正是汉语与西方语言碰撞的结果，它既包含翻译不准确的因素，也有翻译不流畅的因素。翻译过程中，哪些能被汉语接受，哪些不能，需要在不断尝试中发现。由此，现代汉语的表达也将更加准确、典雅。

---

① 〔德〕海德格尔：《存在与时间》，陈嘉映、王庆节译，商务印书馆，2019，第8页。
② 傅斯年：《怎样做白话文》，《中国新文学大系·建设理论集》，上海良友图书印刷公司，1935，第217~226页。
③ 中国社会科学院大学外国语学院：《学术研究的问题意识与文学创作的语言创新》，中国社会科学院外国语学院公众号，2021年11月8日。

四 "and"的翻译建议

（一）语言上要准确

首先，"and"适用范围较广，要根据需要选择最合适的汉语连词或关联词语，不能机械对译。如果是句内成分，体词性结构则选择"和、跟、与、及"，谓词性并列结构选择"也……也……""又……又……""并且"等。如果是连接句子，则考虑"且""还"。

其次，要注意"and"表达的语义关系，联系语境，做出取舍。"and"可以表达增补、因果、转折等语义。与那些语气较强的话语标记词相比，"and"至少在表面上显得较为客观，语气较委婉。译者在翻译时要特别注意原作者的态度，若无特别强调则可以省译，或者以其他方式表达原作者的立场。

有时，"and"在翻译时其实可以隐去。表示因果关系的⑰和⑱，也可以分别译为"他死了，埋到墓地去了""他被生生地埋到墓地里，死了"。汉语句子不使用连词也可以表达因果关系，有时译出连词反而画蛇添足。汉语倾向于是一种"示意—推理"的语言系统。[①] 汉语靠语音上的停顿，而将前后部分并置在一起，这种并置涵盖的语义范围较广。正因如此，前人在论及连词的翻译时，常常提到"省略"的策略，这是有依据的。

此外，也要注意"and"前后连接的成分与汉语的对应。汉语不注重连词，但注重成分的线性排列，包括词汇的选择和语序。词汇的选择上，译者需要注意英语词汇与汉语词汇在词类上并不完全对应。比如，汉语的体词性并列结构可由谓词性成分作为组成部分，那么在这种条件下，就可以扩大备选词的范围，力求译出像"罪与罚""傲慢与偏见"这样精妙的译文。语序上，就"and"连接的并列复句而言，语序上英汉基本可以保持一致。但西方的语言往往是句子嵌套句子，倘若"and"前后的句子都较为复杂，则可以考虑分别译出，同时考虑汉语注重话题这一特点，注意句子前后的衔接问题。

---

① 袁毓林：《汉语意合语法的认知机制和描写体系》，〔日〕《中国语学》第262号，2015。

(二) 风格上要适宜

语言风格也是翻译需要考虑的因素。一般来说，书面语都比较严谨，但如小说、戏剧等文学作品，或者较为通俗畅销的大众读物，则可能富口语色彩。这种文体便不宜机械地把所有的连词都译出，而应该考虑如何表达原作者的感情和语气。此类文体特别要注意语境，翻译一定要在熟知原著的基础上进行。下面是一个典型的翻译腔的例子：

㉜我们知道这很难。当你成为一个父亲时，你可能是第一次没有了足够的睡眠，并失去了自由。而且，你一直爱着的女人突然就爱上了另一个人。这个人一直哭，一直要被抱着，上厕所的习惯比你还要糟糕。但她是如此深沉地爱着这个人，这份爱不会被任何事情破坏。这个人让女人变成了超人，并拥有了超人的直觉，还给了女人超人般的力量去履行守护和建立联结的职责。①

我们可以大概推测文中"而且""并""并且""和"可能对应的是"and"。原文应该是以一种幽默、调侃的口吻讲述的，然而这段译文除了让我们抓耳挠腮之外，很难感到原作者轻松诙谐的语气，这就是语言风格的不适宜。像这种情况，笔者认为可以省译"and"，只留下最必要的连接词。当然此例的问题不仅仅在于连词，限于篇幅，笔者不一一指出。

而对于语言准确度要求较高的学术类著作，首先要以准确为标准，其次考虑连贯性。正如上文所举的《存在与时间》的译文一例，哲学类译著尤其容易成为翻译腔现象的重灾区。

大量的连词、破折号以及各式从句的使用并不是汉语的习惯。英文的学术类著作译为中文时"and"是否译出、如何译出则需要更加严谨的考虑。这一方面如何取舍还有待我们从翻译实践中进一步总结经验。

综上所述，汉语的"和"与英语的"and"不能简单对应。从微观层面看，二者的适用条件不同，表达的语义不同；从宏观层面看，英汉语言之间、思维之间本身存在差异。我们不仅要注意到这些差异，还要异中求同，力求翻译准确、流畅，通过翻译架起不同语言和文化之间沟通的桥梁。

---

① 例子引自 Hellevasky《听我说，翻译腔是我见过的最好的表述形式，它只需要花费你一分钟来明白这一点》，豆瓣翻译腔小组，2021 年 1 月 8 日。

结　语

　　本文由文学院、社会学院、外国语学院的学生合作完成，综合多领域理论，运用多种研究方法，具有一定新颖性。通过课题研究我们认识到，我们必须以客观的态度对待翻译腔现象，既要继承传统汉语之美，也关注翻译腔现象存在的基础和必然性，即汉语本身容纳外来因素的可能性，同时也应自觉用好汉语，在翻译过程中关注双方的文化和思维差异，创作出典雅、精确的翻译作品以及现代汉语作品。本文也存在些许不足，如采访对象不够多、知识水平不够高、对部分内容的探讨不够深入等。后续，我们也会继续关注本文所提到的问题。

（指导教师：张伯江）

二语英语对三语法语的语音习得负迁移研究

林若凡　邱祺　肖燕　黄韫佳[*]

摘　要　本文聚焦二语英语对三语法语语音习得的负迁移现象。研究者通过口头测试和访谈的方式考察了39名法语专业或选修法语为第二外语[①]的英语专业学生的法语语音表现。研究发现英语语音在单音、词汇、超音段特征上都对法语语音习得有消极影响,其影响随着法语学习时长的增加而逐渐减小;此外,非法语专业学生更易受英语负迁移影响。研究还发现母语在某些单音上能够通过二语对三语产生影响。最后,本文讨论了本研究的意义及其对法语语音教学的启示。

关键词　语言迁移;法语语音;英语语音;外语习得

一　引言

"迁移"(transfer)是语言习得研究中的重要概念,指某些经验和学习的结果对之后的学习的影响,其根据性质可分为正、负迁移。正迁移指已掌握语言对另一门语言的学习的积极影响,负迁移则指已掌握语言对另一门语言的学习产生的干扰。目的语和已习得的语言越相似,越容易发生语言迁移。[②]

---

[*] 林若凡,外国语学院2019级本科生;邱祺,外国语学院2019级本科生;肖燕,外国语学院2018级本科生;黄韫佳,外国语学院2018级本科生。
[①] 本文中"第二外语(二外)"均表示学生的第三语言(三语),即法语。
[②] 高仁仁:《从迁移理论谈英语对二外法语语音学习的影响》,《疯狂英语》(理论版)2018年第2期。

我国学生多以英语为第二语言，有较丰富的英语学习经验，英语和法语有许多相似之处，故当学生接触三语法语时也易受到二语英语的影响。既有文献多通过对比研究预判语言学习中的迁移现象，如许朝阳和张菊[1]、杨宁霞[2]等学者从英法字母、音素、重音等角度比较英语、法语语音特点来判断英语的正负迁移现象，但采用实证研究的学者较少；高仁仁[3]通过对学生进行单词口语测试的方法研究英语的负迁移现象，但其结论缺乏具体数据支撑，且因受试者在测试前已得知测试内容并有充足的准备时间，测试结果的准确性也受到一定影响。此外，以往学者较少对单音、词汇及超音段特征进行全面分析，也不常提及母语通过二语英语对三语法语的影响。

基于既有文献中的空白与不足，本研究通过无准备的口头测试和测试后访谈的实证方法研究并论述二语英语对三语法语语音的迁移现象，结合具体调查数据分析讨论英语的负迁移现象，并就调查结果为法语语音教学提出建议。

二　研究背景

（一）语言迁移概念及影响因素

对于语言迁移的定义，自其产生就有不同的解释。目前，人们普遍接受语言学家奥德林（Oldin）的说法，即"迁移是目标语和其他任何已经习得（和尚未完全习得）的语言之间的共性或差异所造成的影响"。[4] 而在此之后，贾维斯和帕夫连科（Jarvis & Pavlenko）将其简洁定义为"一个人关于一种语言的知识对其另一语言的知识或使用产生的影响"。[5] 而对应到语音层面，一个人已掌握的语言的发音方式及习惯也会对其另一门语言的语音习得有着积极或消极的影响，

---

[1] 许朝阳、张菊：《英语对法语语音的迁移及对法语语音教学的启示》，《河北师范大学学报》（教育科学版）2011年第12期。

[2] 杨宁霞：《从二语习得看英语对法语语音学习的负迁移作用》，《山西青年》2017年第21期。

[3] 高仁仁：《从迁移理论谈英语对二外法语语音学习的影响》，《疯狂英语》（理论版）2018年第2期。

[4] T. Odlin, *Language Transfer: Cross-linguistic Influence in Language Learning*, Cambridge: Cambridge University Press, 1989, p. 27.

[5] S. Jarvis, A. Pavlenko, *Crosslinguistic Influence in Language and Cognition*, New York: Routledge, 2008, p. 1.

即正迁移或负迁移。

语言迁移的产生受到许多主客观因素的制约，其中最重要的影响因素为客观层面上的情景特征以及主观层面上的主动迁移意识和通达性。[1] 情境包括最初的学习情境和后来的迁移情境，两种情境的相似程度影响迁移水平。主动迁移意识使学习者在认知过程中能够自我调节，具体表现为主动分析已习得语言与目的语的相关性、识别恰当的语言使用或语言迁移情境、主动调用可利用资源等。通达性则强调学习者的主观能动性，指在迁移出现时恰当地调用相关经验或可利用资源的能力。

汉语属汉藏语系，与法语差异较大，因而不易发生语言迁移；英语、法语同属印欧语系，但英语属日耳曼语族，法语属罗曼语族，两者在语音、语法、词汇等方面既有相似也有不同，因而易发生语言迁移。英语在法语习得过程中存在各个方面的迁移现象，包括书面符号、词汇、语法等层面。本文主要研究语言迁移中的语音层面，通过比较分析英语和法语音素的异同点，结合实证调查，论述英语对法语在语音习得中的迁移现象。

（二）英语和法语的音素和音位比较

1. 英语和法语音素

英语有 48 个音素，包括元音 20 个（单元音 12 个，双元音 8 个）、半元音 2 个、辅音 26 个。法语有 35 个音素，包括元音 15 个、半元音 3 个、辅音 17 个。

2. 英语和法语辅音和半元音比较

法语与英语中存在相似而不同的辅音，此类音素的发音易受迁移影响。如法语和英语都有前腭擦音［ʃ］和［ʒ］，而英语还有前腭破擦音［tʃ］和［dʒ］。语言学习者在语音学习过程中有时难以区分擦音和破擦音之间的差别。

法语中也存在英语中没有的辅音，如半元音［ɥ］、硬腭鼻音［ɲ］、小舌音［R］。学习者发［ɥ］和［R］时常因不熟悉音素而出错；而发［ɲ］时出错，则可能是因为对法语字母组合"gn"的发音规则掌握不熟练。

声门辅音［h］仅在英语中存在，而法语中不存在辅音［h］，字母"h"不发音，以英语为二语的法语学习者也易忽略这条发音规则。[2]

---

[1] 姚梅林、吴建民：《迁移机制与语言迁移》，《宁波大学学报》（教育科学版）2000 年第 1 期。
[2] 高仁仁：《从迁移理论谈英语对二外法语语音学习的影响》，《疯狂英语》（理论版）2018 年第 2 期。

此外，两种语音辅音音素的发音规则还有一些细微差别。例如英语中存在"失去爆破"的发音现象，法语则无。又如英语的词尾辅音，如［p］、［t］等，发音较轻，而法语中发音较重。再如法语辅音在词末有"除阻"现象，即解除发音过程中口舌变化形成的障碍，如 belle、femme、bonne 中的最后一个辅音音素［l］、［m］和［n］。

3. 英语和法语元音音素比较

法语中一些元音音素可以在英语中找到对应的相似的元音音素。这些音素既有相似也有不同，在语音习得过程中可能产生正迁移和负迁移现象，因而在学习过程中需要仔细甄别。

而有 9 个法语元音音素，即［œ］、［ɔ̃］、［ø］、［ɑ̃］、［ɛ̃］、［o］、［y］、［œ̃］、［ɛ］，不能在英语中找到对应的音素。这些音素和英语的元音音素差异较大，若在习得过程中套用英语发音则会产生错误。

同时，法语中只有单元音，发音口型固定，不可滑动；而英语中存在大量双元音，发音时口型有明显滑动。其中，与法语单元音发音相近的双元音的发音方式易对法语发音造成影响。例如，法语单元音［e］和［ɛ］容易受到英语双元音［ei］和［ai］的影响。

法语中有 4 个鼻化元音，而英语中无鼻化元音，仅有元音鼻化现象。如英语单词"dance"和法语单词"danse"听起来较为相似。实际上，法语元音［ɑ̃］发音时软腭下降，气流同时从口腔和鼻腔流出，发音过程中口型和舌位无变化。而英语［æn］发音时先发元音［æ］，随后舌尖上抬顶住上齿龈形成气流阻塞，气流从鼻腔流出，且鼻音的阻塞明显，两者在发音方式上有明显差异，故法语学习者在语音学习时也易受英语元音鼻化的负迁移影响。

此外，法语中无长短元音之别，所有元音发音时长度相等，因而法语音素的发音可能受到英语中对应的长元音发音方式的影响。

4. 英语和法语超音段特征的比较

超音段的主要分类有语调、重音、连读等。① 重音方面，法语的重音较英语更为固定，一般落在最后一个音节，且无次重音；英语的重音不规则，且有次重音。在遇到词形相似的单词（如 indispensable）时，英语重音发音习惯可能对法

---

① 褚孝泉：《法语语言学导论》，上海外语教育出版社，2010，第 65 页。

语重音的发音产生负迁移。①

在联诵方面，英语和法语规则也有不同。英语的连读规则较复杂，既有辅音与元音连读，又有辅音与辅音连读，包括失去爆破、辅音元音相连等。② 法语的联诵规则较简单，其规则为：词末不发音的辅音字母，在同一个节奏组中，若其后单词以元音字母或哑音"h"开头，则与该元音合为一个音节。法语中也有词末发音辅音和后一词的词首元音相连的连读规则，法语学习者在语音学习时易受到英语语音的负迁移影响，混淆两种语言的联诵连读规则。

综上所述，既有研究主要通过质性分析揭示了英语和法语语音的异同之处，对英语在法语语音习得过程中的迁移现象进行了多方面的探讨，为法语语音的学习和教学提供了借鉴与参考。但既有研究多缺乏实证数据支持，无法深入了解法语学习者语音的实际掌握情况。此外，从单音、词汇及超音段特征对二语英语对三语法语的迁移现象进行分析的文献以及探讨母语经由二语英语影响三语法语的文献也较少。本研究立足于实证调查的方法，结合语言迁移理论对英、法语音做出系统分析与对比，并通过口头测试获取量化数据，通过访谈获取质性数据，调查和分析中国社会科学院大学39名学生的法语语音掌握情况。

三 研究设计

（一）研究问题

本研究旨在探析以下三个问题：

（1）二语英语对三语法语语音习得有何负迁移现象？

（2）负迁移与法语学习时长及主修专业有何关系？

（3）母语能否通过二语英语对三语法语语音习得产生迁移影响？

（二）研究对象

本研究调查对象为中国社会科学院大学外国语学院2018级、2019级、2020级、2021级法语专业学生，以及2018级、2019级英语专业学生（二外为法语），

---

① 刘玉琴：《二外法语语音习得中的英语迁移》，《黑龙江教育学院学报》2012年第3期。
② 陈颖莹：《英语连读和法语联诵的对比研究》，《语言文化研究》2019年第14期。

共 39 人。法语专业 2021 级、2020 级、2019 级和 2018 级研究对象的人数分别为 14 人、7 人、4 人和 5 人，他们学习法语的时长分别为两个月、一年、两年和三年。2019 级英语专业学生学习法语的时长为一年，本研究开始时他们每周参加两个课时的课堂学习；2018 级英语专业学生学习法语的时长为两年，本研究开始时他们每周参加四个课时的课堂学习。

（三）研究材料

为了解学生在单一音素、词汇、句子中的语音表现，观察二语英语在三语法语语音习得中的负迁移现象，研究者根据英语及法语语音特征的异同点，并结合既有文献中已指出的部分迁移现象，设计了一份测试表（见表1），要求受试者在未事先准备的前提下朗读该表格，并记录、整理朗读过程中出现的错误，以此推测有关负迁移现象。

表 1　法语语音测试表

一、法语音素表	元音： 1. ［a］、［ɛ］、［e］、［i］　　2. ［ɔ］、［o］、［u］、［y］ 3. ［œ］、［ə］、［ø］　　　　4. ［ɑ̃］、［ɛ̃］、［œ̃］、［ɔ̃］ 辅音： 1. ［p］、［b］　2. ［t］、［d］　3. ［k］、［g］　4. ［f］、［v］ 5. ［s］、［z］　6. ［ʃ］、［ʒ］　7. ［l］、［r］　8. ［m］、［n］、［ɲ］ 半元音： ［j］、［ɥ］、［w］
二、词汇	重音 gouvernement indispensable extraordinaire accélération 英语读音 aquarium Voyage situation digestion suggestion 不送气音 tête dette cadeau gâteau ［y］ musée musique furieux tulipe futur 鼻化元音 vampire impossible parfum environnement 除阻现象 bonne belle père voiture 词尾辅音 droit Paris pont moment chat tabac ouest sud net 口腔松紧 Monsieur œufs répété aller h 发音问题 hôtel histoire héros ［ʒ］ cher machine neiger joujou génial ［r］ bonjour sortir rose rat train paraître grâce pupitre ［j］ soleil rayon paille travail ［v］ voiture vidéo vouloir laver tion：solution pollution situation t 的发音：démocratie dynastie modestie

三、句子	Mais oui, les jeunes étudiants aux États-Unis aiment regarder les vidéos des héros très énergétiques de vingt et un ans de temps en temps chez eux.

其中，法语音素表部分中，研究者将法语音素按其发音特征分为若干组，并通过该部分考查受试者能否发准单个音素以及能否准确区分相似音素，从而判断受试者单一音素的发音方式是否受到英语迁移现象的影响。

词汇部分中，研究者根据高仁仁①研究所得结论并结合自身法语学习经历从法语词汇中筛选出发音具有代表性且有一定难度的词汇，以及易受英语语音影响的词汇以考查受试者在具体应用过程中能否准确发音。

最后，长句部分中，研究者将常见的必要联诵、禁止联诵规则融于一句长句中，以了解受试者对法语联诵、连音规则以及语调的掌握情况，考查受试者在超音段结构中的语音表现。

（四）语音语料收集方式

本研究的语音语料采集方式主要为一对一线下采集（部分受试者因时间冲突，采用线上发送音频形式）。研究者现场发放测试表并要求受试者朗读表格，考查结束后，研究者与受试者进行访谈，针对其发音习惯提出相关问题。调查过程在征得受试者同意的前提下进行录音。

（五）语料分析

本次调查得到的语料信息由两名法语专业研究者②进行分析。为保证分析标准的一致性，语料先由一名研究者对语料中出现的发音错误进行标注，并记录受试者相关信息，再由另一名研究者对语料进行抽检以保证结果的准确性。当二者意见不一致时，由专业指导老师进行判定。本次调查中，两名研究者的判断相似度为91.43%。

针对调查结果，研究者对受试者采用不同分组方式进行分析：

---

① 参见高仁仁《从迁移理论谈英语对二外法语语音学习的影响》，《疯狂英语》（理论版）2018年第2期。
② 两位法语专业研究者均具备扎实的法语语音基础，拥有良好的听辨音能力。

（1）统计分析全部 39 名学生的语音情况，研究英语语音对法语语音的负迁移及母语能否通过二语英语对三语法语产生负迁移。

（2）对比法语专业大一到大四学生的语音情况以及选修法语为第二外语（即三语为法语）的英语专业大三、大四学生的语音情况分析负迁移与学习时长的关系。

（3）对比法语专业大三和大四学生以及英语专业大三和大四学生语音情况，分析负迁移与主修专业的关系。

四 结果与分析

在对中国社会科学院大学外国语学院 39 名受试者的法语语音情况进行分析和总结后，研究者得出调查结果如表 2 至表 12 所示。

（一）二语英语对三语法语语音习得的负迁移

1. 单音迁移

（1）[œ]、[ə]、[ø] 发音迁移

表 2　[œ]、[ə]、[ø] 音掌握情况

问题	2021级法语	2020级法语	2019级法语	2018级法语	2019级英语	2018级英语	总计
[œ]、[ə]、[ø] 区分困难	12	4	3	4	3	3	29
[ø] — [y]／[u]*	2	1	1		1		5

* 此处表示"将正确发音 [ø] 错发为 [y]／[u]"，下同。

本次调查中，各年级、专业的受试者在该组元音上的表现均不理想，而既有文献较少提及该情况。调查中，74.4%的受试者难以区分这三个元音的口型，部分受试者将其统一发为英语中的 [ə] 音，由此可推断在这三个元音上，英语语音对法语语音有较为明显的负迁移现象。也有部分受试者无法区分其中的两个元音（如无法区分 [œ] 和 [ə]，或无法区分 [ə] 和 [ø]），受试者多在口腔开合度、上下唇相对位置及气流方向上出现混淆。

在测试后的访谈中，多数受试者表示其在听音时不能分辨这三个元音，且无

法准确理解老师对该组元音发音方式的讲解，不能准确掌握三个元音发音时口型要领，导致其发音困难。

（2）[ɛ]、[e]、[i] 发音迁移

表3　[ɛ]、[e]、[i] 音掌握情况

问题	2021级法语	2020级法语	2019级法语	2018级法语	2019级英语	2018级英语	总计
[ɛ]、[e]、[i] 区分困难	10	2	2	2	5	2	23
[e] — [ei]（英）	1	3				1	5
[e] — [ai]（英）		1					1

本次调查中，各年级、各专业受试者在该组元音中的表现也不尽如人意，验证了以往学者得出的结论。调查结果具体可分为以下两种情况。

① [ɛ]、[e] 区分困难或 [e]、[i] 区分困难。本次调查中，在这组元音上出现问题的受试者在开口度上呈两种极端：一种为口腔开合度过大，嘴角水平拉伸的幅度过小，将其发为 [ɛ] 音；另一种为口型过扁，偏 [i] 音。此外，部分受试者在发 [i] 时口腔开合度过大，发音偏向于 [e] 音。

②将 [e] 发为英语双元音 [ei] 或 [ai]。本次调查中，部分受试者将 [e] 发为英语双元音 [ei] 或 [ai]，发音时口型出现明显滑动。

在测试后访谈中，部分受试者表示其在学习法语语音过程中无法区分英语和法语中相似元音的口腔开合度，所以倾向于用英语音素的发音方式来发法语音素。此外，访谈过程中，部分受试者称其在发 [ɛ]、[e]、[i] 音时口型不稳定，尚未形成正确的口腔肌肉记忆，可见英语语音对法语语音发音方式的负迁移影响。

（3）鼻化元音发音迁移

表4　鼻化元音掌握情况

问题	2021级法语	2020级法语	2019级法语	2018级法语	2019级英语	2018级英语	总计
[ɑ̃]、[ɛ̃]、[œ̃] 区分困难	9	2	1	2	5	2	21
鼻化元音不熟练（偏元音鼻化）	4	1			4		9

续表

问题	2021级法语	2020级法语	2019级法语	2018级法语	2019级英语	2018级英语	总计
[ɛ̃]、[œ̃]、[ɔ̃]区分困难	3				1	1	5
[ɔ̃]口型不够圆	2		1				3

本次调查结果验证了既有文献中法语鼻化元音的发音易受到英语发音习惯的负迁移影响的推测。调查中，23.1%的受试者出现将鼻化元音发成元音鼻化的情况，如将[ɑ̃]和[ɛ̃]音发成了[æn]和[en]。此外，在区分鼻化元音口型方面，53.8%的受试者在区分[ɑ̃]、[ɛ̃]、[œ̃]的口型时遇到障碍，多数将三个元音一并发成[ɑ̃]，部分受试者[ɛ̃]、[œ̃]的发声部位靠后（类似于英语中的[ŋ]音以及汉语中的后鼻音）。还有12.8%的受试者无法区分[ɛ̃]、[œ̃]、[ɔ̃]。

在随后的访谈中，受试者表示在初学法语时不知道法语鼻化元音的正确发音方式，只能按照英语鼻音发音方式进行模仿（个别受试者通过母语中相似的发音模仿）。在语言习得过程中，当学习者在学习未接触过的语音知识时，往往倾向于借用既有语音知识来理解、掌握新语音知识，这些语言习得的惯性行为容易导致负迁移。

（4）[o]、[ɔ]、[u]、[y]发音迁移

表5 [o]、[ɔ]、[u]、[y]音掌握情况

问题	2021级法语	2020级法语	2019级法语	2018级法语	2019级英语	2018级英语	总计
[o]—[oʊ]	7	6		1	1	2	17
[y]—[ju]/[u]	5	4			3	2	14
[o]、[u]区分困难	2			2	3		7
[u]—[ʊ]	1	1	1		1		4
[ɔ]—[aʊ]		1					1

既往文献认为[o]、[ɔ]、[u]、[y]这组圆唇元音在英语中存在相似或对应音素，故推测该组元音上英语语音对法语语音习得不造成负迁移影响或存在正迁移影响。而本次调查结果与该推测相异：调查结果表明，在该组元音上，英语中相似或对应的音素对该组元音的习得造成的负迁移影响远大于其正迁移影响。本次调查中，46.1%的受试者在区分[ɔ]和[o]时存在困难，受试者在发音过程中倾

于将两个音素都发成英语中的［ɒ］音。此外，受英语双元音影响，43.6%的受试者在发［o］音时口型滑动，发成双元音［ou］。也有部分（17.9%）受试者在发［o］音时口腔开合度过小，双唇太靠前发成［u］音。而在发［u］音时，部分受试者受相似英语单元音［ʊ］影响，唇部肌肉较为松弛，唇型不够圆，导致发音不准确。同时，35.9%的受试者在单一音素发音以及单词发音过程中，将字母"u"读作［ju］或［u］，这也可体现英语对法语语音习得的负迁移影响。

（5）清辅音不送气音和浊辅音发音迁移

表6　不送气音和浊辅音掌握情况

问题	2021级法语	2020级法语	2019级法语	2018级法语	2019级英语	2018级英语	总计
清辅音不送气音/浊辅音区分困难	4	2		1	2	3	12

在清浊辅音的发音问题上，本次调查结果与以往学者的推断相符。本次调查中，30.8%的受试者将浊辅音发成清辅音的不送气音，即声带未在气流释放前震动。在测试后的采访中，受试者表示其并不了解浊辅音的发音要领，同时也将英语中浊辅音发成清辅音不送气音。而在英语中清辅音不送气音与浊辅音在口语交际过程中不易产生语义上的差异，故受试者对浊辅音的重视程度不足。而在法语中二者的差异会导致语义上的变化，当受试者用英语的清浊辅音来区分法语的清浊辅音时，就会受到英语的负迁移影响。此外，调查还发现英语和法语的清浊辅音的发音与母语都存在一定关系，该关系将在下文分析母语通过二语英语对三语法语语音的迁移影响中展开讨论。

2. 词汇发音迁移

（1）拼读规则迁移

表7　拼读规则掌握情况

问题	2021级法语	2020级法语	2019级法语	2018级法语	2019级英语	2018级英语	总计
［ʒ］—［r］/［dʒ］	5		1	2	3		11
［sj］/［tj］—［ʃ］/［tʃ］	4	1			3		8
用英语发法语单词（严重）					5	2	7

既有文献中指出，二语为英语的法语学习者在语音学习的阶段，由于英语语音体系所占的强势地位，用英语拼读法语的现象较为明显。本次调查中，英语专业受试者在测试过程中大多用英语整体拼读法语单词，受英语发音负迁移影响较大，验证了以往学者的推测。

在具体拼读规则上，英语的迁移更为明显。英语发音中虽然也有［ʒ］音，但大多与［d］组合成［dʒ］。受英语发音习惯的影响，28.2%的受试者在读字母"j"以及［ʒ］音时，将［ʒ］发成［dʒ］，如把单词"bonjour"中的［ʒ］发成［dʒ］。同样地，"（s）tion"在两种语言中的发音也不尽相同。本次调查中，20.5%的受试者将法语的［sjɔ̃］和［stjɔ̃］分别发成［ʃjɔ̃］和［tʃjɔ̃］，受英语发音习惯的负迁移影响明显。

（2）词尾辅音字母发音迁移

表8　词尾辅音字母发音规则掌握情况

问题	2021级法语	2020级法语	2019级法语	2018级法语	2019级英语	2018级英语	总计
词尾辅音发音					2		2

既有文献中，由于英语和法语词尾辅音发音规则相差较大，以往学者多在文献中预测在词尾辅音是否发音上法语学习者易受英语语音规则的负迁移影响。而本次调查中，仅有5%的受试者在该考查点上出错。事实上，在语言习得过程中，当两种语言相差较大时，语言迁移不易发生。因两种语言在词尾辅音的发音规则上有明显区别，法语学习者在语音学习过程中只需多留意该规则便能够正确区分英语和法语的发音规则，故该考查点上英语对法语语音习得的负迁移影响并不明显。

3. 超音段特征迁移

（1）重音迁移

表9　重音规则掌握情况

问题	2021级法语	2020级法语	2019级法语	2018级法语	2019级英语	2018级英语	总计
重音英语化	9	3	2	1	4	3	22

本次调查中，法语单词重音发音受英语影响的情况较为普遍，约占受试者的

56.4%，印证了以往学者在该考查点的推断。本次调查表明，当英法单词形态相同时，学习者发音易受已习得的英语单词重音的影响。受试者在遇到英法同形单词时往往停顿犹豫，但最后还是读了英语重音，如将"indispensable"［ɛ̃dispɑ̃'sabl］读成［ɛ̃di'spɑ̃sabl］。在测试后的访谈中，受试者多表示其未意识到自己读了英语重音，也有提醒自己法语单词重音应位于单词最后一个音节。由此可推断法语重音的发音受英语重音习惯的负迁移影响十分明显，且较难克服。

（2）连音联诵迁移

表 10　连音联诵规则掌握情况

问题	2021级法语	2020级法语	2019级法语	2018级法语	2019级英语	2018级英语	总计
吞音	3	3		1	1		8
联诵规则遗忘	1				1	1	3

而在超音段结构方面，以往研究者通过比较英法语音特征预判法语学习者有可能在联诵、连音时受到英语的负迁移影响，实际在调查中，受试者在超音段结构上的表现较好，对法语联诵、连音规则掌握较好。研究者推测，这可能是因为法语具有数量明确而严格的必要联诵和禁止联诵规则，法语学习者只需熟记规则即可正确联诵，所以在语音习得过程中不易受到英语语音的负迁移影响。

本次调查中，20.5%的受试者在读单词时存在吞音现象，而既往文献中未曾指出该现象。具体表现为两个辅音音素相邻时不读某一个辅音，或是两个元音相邻时不读某一个元音，或读成两个元音口型之间的一个音。在之后的访谈中，部分受试者表示其受到英语"失去爆破"规则的影响。法语中每个音素都需清晰准确发音，而英语语音中为保证单词和句子的连贯性，存在失去爆破现象，该发音习惯也会对法语语音学习造成一定影响。

（二）英语负迁移现象与学习时长、主修专业的关系

表 11　各年级、专业发音掌握情况

问题	2021级法语	2020级法语	2019级法语	2018级法语	2019级英语	2018级英语	总计
重音英语化	9	3	2	1	4	3	22

续表

问题	2021级法语	2020级法语	2019级法语	2018级法语	2019级英语	2018级英语	总计
口型松、滑动	2		1		3	3	9
吞音	3	3		1	1		8
用英语发法语单词（严重）					5	2	7
音标遗忘		1			3	2	6
发音规则遗忘（严重）					5	1	6

本次调查中，还有 15.4%的受试者在单一音素测试时出现音标遗忘的情况，出现该情况的主要为英语专业受试者。在测试后的采访中，部分受试者表示其对音标和发音规则不够重视，可见英语的学习习惯也会通过语言迁移影响法语语音的习得。

本次调查结果表明，学习时长上，随着法语学习时长的增加，两个专业的受试者在语音测试中出错的数量都在减少（如英语重音化现象），由此可推断法语学习时间越长，英语语音对法语语音习得的负迁移影响越小；主修专业上，英语专业的受试者受到的负迁移影响明显大于法语专业受试者（如口型滑动、音标遗忘、发音规则遗忘等）。研究者认为这是由于英语专业的法语二外课程课时较少，法语学习时长较短，且其教学标准与法语专业不同，所以英语专业受试者在语音测试中的表现明显不如法语专业受试者。

（三）母语通过二语英语对法语语音产生的迁移影响

表12 各年级、专业发音掌握情况

问题	2021级法语	2020级法语	2019级法语	2018级法语	2019级英语	2018级英语	总计
清辅音不送气音/浊辅音区分困难	4	2		1	2	3	12

问题	2021级法语	2020级法语	2019级法语	2018级法语	2019级英语	2018级英语	总计
[w]—[v]	2	2	1	4			9
[z]发音偏扁（上下齿空间小）	5	3		1			9
[v]—[w]	6	2					8

最后，本次调查发现，母语汉语的某些单音的发音习惯能够通过二语英语间接影响法语语音的习得。如本次调查中，30.8%的受试者将浊辅音发成清辅音的不送气音。研究者在查阅既往文献和访谈后发现，汉语声母"b"、"d"、"g"实际上用国际音标分别标注为［p］、［t］、［k］，即清辅音不送气音，而非浊辅音。语言学习者在学习二语英语时易受母语影响按照汉语声母"b"、"d"、"g"的发音方式发英语中的［b］、［d］、［g］音，而因英语中清辅音不送气音和浊辅音的区别不构成语义上的差异，所以学习者在二语英语习得过程中往往没有意识到自己发的其实不是浊辅音而是不送气音。进而在三语法语习得过程中，由于法语、英语都使用拉丁字母体系，学习者又将英语中已受母语影响的字母"b"、"d"、"g"的发音代入法语对应字母的发音中，由此可以看出母语对英语语音的迁移现象可以通过英语、法语相同的字母体系对法语语音的习得造成影响。

同样地，本次调查中，23.1%的受试者发［z］音时上下齿咬合过紧，发音偏扁平，与中文"字"的读音相似；23.1%的受试者倾向于将［w］音发为［v］音，20.5%的受试者则有相反情况。从英法音素比较角度分析，英语、法语音素中［z］、［w］、［v］三个辅音的发音部位基本相同，故在法语语音习得过程中，英语理论上不会对其产生负迁移。而在测试后的访谈中，研究者发现，在发［z］音时，受试者在学习英语时便将其等同于中文"字"的发音，而在三语法语习得的过程中受试者将法语音素中的［z］等同于英语音素中的［z］，实际上也就等同于中文发音，由此可见母语语言迁移的传递性。同样，北方受试者（尤其是京津冀地区）在母语中发［w］音时习惯咬唇发成［v］音，南方受试者则习惯发［v］音时不咬唇发成［w］音。母语的发音习惯通过英语进而传递到法语，使其负迁移现象同时影响了两门外语。

五　结论

本研究通过一对一口头测试及访谈的方式对中国社会科学院大学外国语学院学生的法语语音掌握程度进行了考察，以此研究二语英语对三语法语语音习得的负迁移现象、负迁移与法语学习时长及主修专业的相关关系以及母语能否以二语为纽带对三语习得造成间接迁移影响。调查结果表明，当法语音素和英语音素相近但发音方式不同，以及法语和英语单词形态相同而发音不同时，法语语音的习得容易受到英语语音的负迁移影响。其主要体现在部分口型相近的元音、鼻化元音，单词的重音等发音特征上。部分辅音的发音方式还会经过二语英语受到母语迁移的影响。英语语音负迁移的影响随法语学习时长的增加和对语音知识掌握程度的提升而逐渐减小。此外，二外为法语的英语专业学生在语言习得过程中较法语专业学生更易受到英语负迁移的影响。

本研究通过实证调查的方式验证了以往学者的推测。调查结果大部分与既有文献中的推测相符，但也有与推测相异的情况。这些情况或因样本容量、研究对象的差异导致，也让研究者对语言迁移的发生条件、语言迁移的方向等因素有了新的思考。

针对本次调查中所出现的问题，研究者认为法语教师在法语基础教学阶段，讲解语音时可以着重强调以上学生容易混淆的音素，对这些音素的发音方式做出明确解释，并在学生日常朗读过程中给予适时的提醒和纠正。此外，法语教师还可以鼓励学生模仿标准发音音频，自行对比纠正。这些方法可以帮助语言学习者在初学阶段打下扎实的语音基础，有助于之后的听力输入和口语输出。

本次调查研究取得了一定成果，为该领域研究提供了一些思路和参考。但本研究仍存在一定局限，如样本容量过小，仅能反映中国社会科学院大学外国语学院的法语学习情况，不能代表所有二语为英语的学习者在学习三语法语时的情况。对该领域感兴趣的研究者可通过增加样本容量以提升调查结果的客观性，也可使用更为规范、统一的语言标注系统来标记语音材料或通过声位图的方式更直观地体现受试者的发音情况，以保证语料处理时的严谨性。

（指导教师：马玉学）

智媒时代的健康传播效果研究
——以电子运动游戏为例

汪　燕　翟禹迪　张冰淇　张竞壹*

摘　要　随着科技的进步、游戏市场的发展，以及人们对于运动健身的重视，运动健身类体感游戏越来越受到消费者的青睐。本文对运动健身类体感游戏的健康传播效果进行研究，使用深度访谈的方式，探寻了用户参与运动健身类体感游戏的动机、在过程中感受到的沉浸感、内在/外在激励、游戏角色认同、与虚拟人物的准社会互动、自我效能，以及对于该类游戏的持续使用意愿在现实世界中的影响。

关键词　健康传播；体感游戏；使用动机；沉浸感；持续使用意愿

一　研究背景

疫情的来临大幅度改变了人们原有的生活和交流方式，网络的发展更加拉近了人们的线上距离。以互联网为基础的生活模式催生出电子游戏、网络购物、视频聊天等多种将虚拟与现实相结合的休闲娱乐方式。相比其他的娱乐形式，电子游戏具有更强的参与性、画面感，也更加关注用户的体验。威廉·斯蒂芬森提出，大众传播中的游戏性传播活动能够让人感受到快乐，受众以消遣

---

*　汪燕，新闻传播学院2019级本科生；翟禹迪，新闻传播学院2019级本科生；张冰淇，新闻传播学院2019级本科生；张竞壹，新闻传播学院2020级本科生。

和发泄情绪为目的使用媒介，并暂时将现实世界抛之脑后愉悦自我。[1] 特别是在疫情防控常态化背景之下，人们难以展开户外锻炼，各年龄段的人群对于室内健身的需求增加，基于运动功能的电子游戏——运动健身类体感游戏也越来越受到消费者的青睐。

体感游戏（Motion Sensing Game）指的是用身体去感受的电子游戏，它在某种程度上摆脱了普通手游、PC端游戏的手柄，人们直接利用肢体来完成游戏。运动健身类体感游戏则是一种通过互联网运营平台，进行日常健身或竞技运动的游戏项目。例如，在任天堂于2020年8月6日发布的运动健身类体感游戏《健身环大冒险》中，玩家只需将游戏主机上的手柄装入游戏自带的传感设备及腿部固定带，即可实现60种健身动作与游戏的交互。

健康传播是传播学的一个分支，美国学者罗杰1996年提出，凡是涉及健康内容的人类传播类型就是健康传播[2]，因此，运动健身类体感游戏也是健康传播的形式之一。游戏中的健康传播有着更强的互动性，现实中玩家的健康状况与虚拟的游戏设定紧密相连，游戏中的社交模式也使健康传播与人际传播形成了有机的结合。

基于健康传播理论，本文希望通过定性研究方法，探究运动健身类体感游戏中用户的游戏使用动机、持续使用意愿、游戏过程中的沉浸体验、内在/外在激励、游戏角色认同、准社会互动和自我效能等因素，并提出概念之间关系的构想，以此展现运动健身类体感游戏中的健康传播效果。

二 文献综述

（一）"使用与满足"理论

"使用与满足"理论是传播学者卡茨等基于大众使用媒介的五类需求（认知需求、情感需求、个人整合需求、社会整合需求和释放压力需求）提出的理论。运动健身类体感游戏的玩家是有能动性的主体，基于一定的需求选择和使用游戏

---

[1] W. Stephenson, *The Play Theory of Mass Communication*, New Jersey: Routledge, 1988, p. 9.
[2] Everett M. Rogers, "The Field of Health Communication Today", *American Behavioral Scientist*, 38 (2), 1994, pp. 208-214.

媒介，使个人化的健身、减肥等需求得到满足。① 越来越多的在线健身模式应运而生，如使用手机 App 运动打卡、跟随网络视频健身锻炼等常见方式。然而，基于"使用与满足"受众行为理论的视角进行分析，目前常见的在线健身模式存在指导形式单一、受众使用效果不理想、同质化严重、受众情感需求难以满足、受众认知与使用黏性不足等问题。由此可见，基于不同运动功能且兼具互动性与趣味性的体感游戏有着巨大的发展前景。

（二）沉浸理论

沉浸体验是一种正向的、积极的心理体验，能够为个体带来参与活动过程中的愉悦感。游戏使用过程中的沉浸感是决定玩家能否持续进行游戏的重要因素，有学者通过分析玩家的游戏临场感和享受游戏的程度来预测其是否会在未来继续使用该款游戏，发现二者都与持续使用意愿呈正相关关系。② 此外，游戏中的动画效果可以让用户对内容产生更强的亲切感，基于沉浸理论，越来越多的设计者更加重视游戏中的交互动画。

（三）持续使用意愿

持续使用意愿指用户决定重复当前使用行为的一种心理状态。在运动健身类体感游戏中，用户的游戏使用行为主要由游戏参与动机决定，而这种动机基于用户对游戏的不同感知，良好的游戏使用感知一般会增强用户的持续使用意愿。结合运动健身类体感游戏的现状分析得出，其中的奖励机制和对游戏完成度的记录是有效增强玩家持续使用意愿的重要因素。

（四）自我效能

自我效能感是指个体对有效控制自己行为能力的信念。③ 值得关注的是，自

---

① Katz, et al., (eds.), *The Uses of Mass Communications: Current Perspectives on Gratifications Research*, CA: Sage, 1974, pp. 19-34.
② S. S. Ho, M. O. Lwin, J. R. H. Sng, A. Z. H. Yee, "Escaping through Exergames", *Computers in Human Behavior*, 72, 2017, pp. 381-389.
③ Duane Brown, *Career Choice and Development*, San Francisco: Jossey-Bass, 2002.

我效能感并不是一个人真实能力的体现，主要反映的是个体的自我评价与自信心。[1] 运动健身类体感游戏中自我效能感的实现是指游戏中的奖励机制能够增强玩家对于运动健身能力的自信心和兴趣，进而增强玩家对于运动健身及其他学习生活、日常工作的自信心和兴趣。

（五）内在激励与外在激励

运动健身类体感游戏的激励形式可分为内在动机激励和外在奖励激励两种。玩家受到内在动机激励或外在奖励激励后会产生满足感和自信心，进而增强玩家对游戏的持续使用意愿。

内在激励是更稳定、更持久、更强有力的主导型激励[2]，属于高层次需求。玩家以内在激励为选择运动健身类体感游戏的基础，出于运动健身、减肥塑形等需求不断激励自己坚持运动以实现目标。而外在激励属于低层次需求，依靠外力促进玩家参与，比如吸引玩家购买产品的广告或者游戏本身的音乐、可玩性、吸引力等因素。[3] 外在激励也会对玩家的行为产生积极的正向作用，例如，玩家可能会因为游戏中教练的鼓励、振奋人心的背景音乐等因素继续游戏。

（六）角色认同

角色认同也被称为"化身认同"。在游戏中，角色的外貌、语言魅力等内在吸引力以及角色与玩家自身的相似性，均会对玩家的角色认同产生正向影响。同时，角色认同也可以通过沉浸感、忠诚度的中介作用间接激发玩家的持续使用意愿。[4] 以运动健身类体感游戏为例，玩家可以通过选择不同装扮将主角幻化为自己或者想象中的人物，通过选择"装备"与服饰提高角色认同感。

---

[1] 陈国权：《关于媒体融合中内部管理机制的创新》，《新闻论坛》2017年第1期。
[2] 刘宇文、张鑫鑫：《从外部激励走向内部激励：高校教师科研创新的动力转型研究》，《湖南师范大学教育科学学报》2010年第1期。
[3] 吴艳萍：《基于需求层次理论的科研激励管理研究》，《科技管理研究》2010年第21期。
[4] 孙牟昕：《探讨现实性数学教育在小学数学教学中的应用价值》，《才智》2016年第9期。

（七）准社会关系

20世纪60年代，准社会关系概念被首次提出，指受众通过媒体与广播电视节目主持人、商业广告名人、连续剧演员等媒体角色形成的类似于人际交往的关系。[①] 由于观众易于了解媒体角色，但媒体角色很难形成对观众的了解，因此这种准社会关系一般具有单边性，且不易扩展为双向发展。在游戏中，准社会关系即被定义为玩家通过参与游戏，与游戏中的角色频繁地互动而形成的友谊关系。运动健身类体感游戏中，非玩家角色（NPC）作为给玩家发布任务、陪伴玩家共同运动的游戏角色，往往能和玩家建立比较深厚的感情连接，提升玩家对游戏的喜爱程度。

三 研究方法

本研究将从使用者视角探究运动健身类体感游戏的传播效果及对人们的生活和身体实践产生的影响。研究者通过在游戏平台、淘宝、微博、Keep等发出访谈邀请及线下寻访的方式，访谈了18名使用《健身环大冒险》《有氧拳击》等运动健身类体感游戏的玩家，并对样本进行整理，归纳总结变量之间的关系。

在这些受访者中，有13人现居住于直辖市，4人居住于省会城市，1人来自非省会（首府）城市。其中9名受访者每月有一定的收入；另9人为高校在读学生，无月收入。有11名受访者曾使用超过一款运动健身类体感游戏，7人仅使用过《健身环大冒险》一款体感游戏。访谈内容主要针对受访者使用体感游戏的经历，围绕使用动机与满足、游戏过程中的沉浸感、感受到的内外在激励、游戏角色认同、自我效能和对游戏的持续使用意愿等变量提问（见表1）。

表1 运动健身类体感游戏玩家被访者基本情况

编号	性别	年龄	最高学历	居住地		职业	月收入（元）
M1	男	23	研究生	北京	直辖市	学生	无

[①] D. Horton, R. R. Wohl, "Mass Communication and Para-Social Interaction: Observations on Intimacy at a Distance", *Psychiatry-Interpersonal & Biological Processes*, 19 (3), 1956, pp. 215-229.

续表

编号	性别	年龄	最高学历	居住地		职业	月收入（元）
F1	女	29	本科	广东	省会城市	国企	15000
M2	男	23	研究生	北京	直辖市	学生	无
F2	女	24	研究生	北京	直辖市	学生	无
M3	男	21	本科	湖北	省会城市	电力工程师	8000~12000
F3	女	23	本科	福建	省会城市	行政服务	3000~4000
F4	女	23	硕士	北京	直辖市	学生	无
F5	女	23	硕士	北京	直辖市	学生	无
M4	男	24	硕士	沈阳	省会城市	学生	无
F6	女	20	本科	北京	直辖市	学生	无
M5	男	19	本科	北京	直辖市	学生	无
F7	女	20	本科	北京	直辖市	学生	0~5000
F8	女	23	本科	内蒙古	非首府城市	学生	无
M6	男	19	本科	上海	直辖市	学生	10000
F9	女	24	博士	北京	直辖市	学生	2000
M7	男	24	博士	北京	直辖市	学生	6000
M8	男	24	博士	北京	直辖市	学生	1200
M9	男	24	博士	北京	直辖市	学生	1200

四 研究结果

（一）玩家在运动健身类体感游戏中的"使用与满足"

1. 使用动机：对"锻炼、娱乐两不误"的期待

通过考察被访者游戏使用史及游戏使用习惯，研究发现运动健身类体感游戏玩家会根据接触过往电子游戏的经历与体验自我认定为游戏休闲玩家（代号为M1、F1、F2、F3、F4、F5、M4、F6、F8、M6、F9、M7、M8、M9）与硬核玩家（M2、M3、M5、F7）。然而两类玩家对运动健身类体感游戏的使用动机并未显现出较大差异，玩家的使用动机首先是对于游戏健身功能的期待，其次是对娱乐性及可玩性的期待。

M5：希望我可以通过玩这款游戏做到锻炼、娱乐两不误。

M6：首先因为它是一款健身游戏，我购买的时候对它的期待主要还是健身，同时它能具有一定的游戏性。

多名被访者表示，疫情使线下的运动健身活动难以实现。因此，集运动与娱乐于一体的运动健身类体感游戏不仅满足了人们居家锻炼的需求，还成为良好的生活调剂品，受到广大玩家和健身爱好者的喜爱，成为疫情期间游戏"宅经济"的突出代表。

M2：我的游戏没有买回来三天就"吃灰"的最主要原因都在于疫情，在家真是有啥玩啥。

F5：因为当时处于疫情期间，我没有办法下去（下楼外出），没办法运动，就在家里，就想能不能用这个东西来运动一下。其实在疫情期间对自己运动量要求也没有那么大，但主要就是太无聊了，天天闷在家里想快乐一点。

部分玩家会出于对游戏机制的期待选择使用运动健身类体感游戏。多元化的游戏机制为原本单调、枯燥、重复性强的运动锻炼增添了乐趣，如丰富的画面内容、可视化的游戏 NPC、具有激励作用的音效及奖励机制等。受访者表示期待这些游戏中的"附加因素"能够促进玩家运动健身的体验与效果。

M6：因为我本身也比较懒，主动健身这种事情比较困难，所以我就希望它有一个正反馈机制，来帮助我健身。

F9：自己运动是比较枯燥的，比如说跑步，但是听着歌跑步就会转移一定的注意力。我觉得体感游戏其实也类似于通过一些额外的机制，转移注意力，让你觉得运动没有那么累、那么无趣。所以我当时对它的期待就不是单纯运动，同时希望它对我的运动进行一定的指导。

基于访谈，玩家的使用动机主要被分为健身需求与娱乐需求。健身需求虽不易通过使用运动健身类体感游戏得以实现，但因实用性强，多数玩家倾向于持续使用游戏；而玩家的娱乐需求虽易被满足，但因实用性较弱，且玩家易找到其他的娱乐方式，因此以娱乐为使用动机的玩家往往不倾向于持续使用此类游戏。

2. 需求满足：难以实现的健身目标

研究发现，玩家很难通过使用运动健身类体感游戏完全实现最初设立的健身目标。由于重复使用一款游戏的单调性与持续锻炼带来的疲惫感等，大部分受访者很难坚持依靠游戏来进行锻炼或健身，仅有部分玩家能够完成阶段性的目标。

M3：会在一个阶段内实现，笼统的话没有实现过。我最多也就坚持过28天，断了一次之后我就再也没有打起游戏了，这是很难坚持的。我原先给自己制定的就是起码是90天，但是坚持到28天就放弃了。

F7：只在玩的前几天感觉到实现了锻炼的目的。

一些玩家在生活中有着其他的健身经历，如每天坚持跑步锻炼，或曾使用过Keep和Bilibili平台跟随视频进行锻炼。此类玩家更能够在使用运动健身类体感游戏的过程中坚持下来。受访者表示，游戏中的运动体验与其他的健身方式之间并无较为明显的差异。相比之下，没有健身经验的受访者则表示难以坚持长期使用运动健身类体感游戏，他们更倾向于将其视为娱乐手段，弱化其健身功能。

M4：因为我平时就健身，每天跑步锻炼，这些我是能坚持下来的。但我感觉如果本身真的是想用这个游戏来实现健身目的的人，可能无法达到。

F9：就健身而言，玩体感游戏半个小时和Keep锻炼半个小时，或者b站锻炼半个小时可能没有本质区别。

以休闲娱乐为使用动机的受访者多数在运动健身类体感游戏中实现了游戏目的。F6并未设立健身的目标，在后续的使用过程中虽未长期坚持，却满足了自身的娱乐需求。F1虽然没有实现减肥瘦身的目标，但也表示游戏"很好玩"，能够感受到运动健身类体感游戏较强的可玩性。

F1：好玩儿还是很好玩儿的，但是减肥失败了。

F6：我其实只是单纯为了收获快乐，达到娱乐的目的。在玩《健身环大冒险》的过程中也实现了这一点。

（二）运动健身类体感游戏玩家被疲惫感打破的沉浸体验

访谈发现，玩家在使用运动健身类体感游戏时较少有沉浸其中的感觉。因为这类游戏的运动强度非常高，随着运动时间越来越长，游戏动作开始重复，玩家的疲惫感逐渐加重，于是难以集中注意力，无法获得沉浸于游戏中所带来的愉悦感。

M4：到后期我玩的时候，甚至要自己放音乐。我已经很难集中在这个游戏里面了，我只是为了健身就跟他（游戏中的角色）而做。

F9：体感游戏重复动作会比较多一点，做多了确实会感到不耐烦。同时明明已经动作到位了，但还是显示打击点不准确，通不了关卡，也会感到不耐烦。

玩过多款运动健身类体感游戏的玩家也对在不同游戏中的沉浸体验进行了横向比较。访谈发现，《健身环大冒险》在运动之外，通过设置丰富主线与支线任务、增加道具的选择性、加强互动性等方式，提升了游戏的可玩性，在一定程度上提高了玩家的沉浸感。

F5：就可玩性而言，明显是《健身环大冒险》远远大于《有氧拳击》，因为《有氧拳击》非常不像一个游戏，就像一个健身软件，可玩性很差，就只有打拳、打拳和打拳。唯一的可玩性就是换衣服。但是《健身环大冒险》会让你有一个主线任务，还有各种各样的小游戏，我觉得还蛮舒服，还有各种各样道具可以买，我觉得这个游戏的可玩性就非常好。

虽然运动健身类体感游戏让玩家体会到的沉浸感并不强烈，但是其中一些细节设计依然吸引着玩家们，如游戏中的反馈与互动设计、精美的游戏场景等。

F5：《健身环大冒险》有一个瑜伽圈，然后你在玩的时候，那个瑜伽圈会给你一些反馈和震动，相当于瑜伽圈就是一个"灵魂"，他说话的时候就好像真的是瑜伽圈在说话，我感觉这个地方比较有趣。但是《有氧拳击》就差一点，我玩《有氧拳击》唯一的动力就是给我的健身教练换衣服。

F6：它有一个比较吸引我的地方是，当你做运动的时候，游戏角色的头发会随着跑动速度变快变得越来越"blingbling"（亮晶晶）的，我觉得这一点挺好玩儿的。

基于以上信息，玩家长时间运动的疲惫感会打破他们的沉浸体验，抑制持续使用意愿。而丰富的游戏设置能提升玩家的沉浸感，继而增强持续使用意愿。

（三）玩家的持续使用意愿

与传统的电子游戏相比，运动健身类体感游戏中玩家的身体参与感更强，可以达到一定的健身效果，实现玩家的健身目的。访谈结果显示，用户在购买体感游戏时，希望通过游戏的形式转移注意力，减轻运动带给自己的疲惫感和不适感，同时达到健身的目的。由此可知，运动健身类体感游戏的特殊定位成为其用户持续高使用意愿的重要原因。

此外，设备、环境的限制都可能抑制玩家的持续使用意愿。相较于有氧锻炼，运动健身类体感游戏对玩家有更高的门槛，玩家在使用运动健身类体感游戏之前，需要购买价格不菲的设备、手柄，同时，玩家需要保证具有将游戏连接到电视上的室内环境条件，才能正常使用此类游戏。另外，由于这款游戏的消费群体主要是20~30岁的学生或上班族等年轻人群，居住地发生改变也会导致玩家中断游戏。

F10：因为在外上学，目前我在宿舍没有Switch设备。

运动健身类体感游戏训练姿势单一，同质性过高，也会对玩家的持续使用意愿产生负面影响。例如在《健身环大冒险》中，某一关卡可能会出现大量深蹲动作，如果不能按照规定完成这些动作，将不能开启后续关卡。部分玩家因为长期卡在某一关卡、无法继续推进游戏而选择放弃继续使用。

F2：已经好久没玩了，因为它后期经常会有深蹲，我的膝盖受不了这个动作。

（四）运动健身类体感游戏中的自我效能与现实影响

玩家在游戏过程中对自我行为能力的评估与自信心均会影响其目标的实现。运动健身类体感游戏的部分玩家认为运动健身是一种枯燥、痛苦的活动，对自己的体能不够自信，进而产生对运动的逃避心理。因此，这部分玩家希望使用运动健身类体感游戏督促自己坚持运动。例如《健身环大冒险》会将健身动作可视化为打怪闯关的过程，在增强了运动趣味性的同时缓解了运动带来的枯燥和疲惫。同时，该游戏也会通过生成训练日志的方式，形象地向玩家展示训练成果，增强玩家的自信心。

F2：《健身环大冒险》每次在你做运动的时候，它都会在旁边热情洋溢地鼓励你，我觉得这个对我来说影响还是挺大的，确实会给我带来一些良好的感觉，例如对于运动的自信、成就感。

运动健身类体感游戏也会在玩家完成设定的目标后给予即时反馈，通过语音提示或赋予荣誉称号肯定玩家的健身效果。在《健身环大冒险》中，玩家在打怪场景中根据系统显示做出相应的动作，在完成任务后可以听到NPC激昂热情的语音鼓励，并获得相应的装备或奖励勋章。传统的电子游戏中，个体只能通过体重、脂肪含量等量化数据观察健身结果，但运动健身类体感游戏会实时跟进玩家的运动数据，并给予具象化鼓励。这一过程有效地增强了玩家对于运动的信心，激发他们对于运动的热情，刺激其继续使用游戏训练，弥补了有氧健身的不足。因此，运动健身类体感游戏带来的正向反馈作用，增强了玩家对游戏的持续使用意愿。

F12：我会觉得毅力变强了。虽然玩到后面我也并不是为了完成锻炼，但每次锻炼完我会觉得开心、更有毅力。

自我效能感可以影响人们面对挫折和困难时的思维过程。高自我效能感将使人们产生实现目标的勇气，而目标的实现将会进一步强化对自身能力的自信；反之，低自我效能感可能造成人们提前停止努力。运动健身类体感游戏中的激励机制有效地改善了玩家面对运动健身的消极和恐惧心理，玩家自信心的提升也促使他们在遇到其他困难时采取更加积极主动的行动，增强了玩家对于运动健身乃至其他学习生活、日常工作的自我效能感。

F14：我感觉到了身体素质的提高和心理层面的正向影响，对自己的日常学习生活肯定也是有帮助的。

（五）玩家的内在激励与游戏的外在激励

1. 内在激励：以目标设置为主要形式

访谈中发现，大部分玩家使用运动健身类体感游戏的主要需求为健身和减肥。基于此需求，一些玩家将能在游戏中获得锻炼的动机直接作为一种内在激励方式。洛克的目标设置理论提出目标是行为最直接的动力，他认为，如果设置的目标具有内容具体、难度适中、实时反馈等特点，则会提高玩家完成任务的水平。[1] 大部分玩家倾向于给自己提前设定不同的锻炼目标，以督促自己按照训练内容完成游戏。同时，游戏的关卡也是较为重要的目标机制，很多玩家更倾向于以一次性完成两到三个游戏关卡为目标，在娱乐的同时也能满足锻炼需求。

F6：我比较注重游戏就是同样是锻炼，今天我一定要把这个关卡打完，可能大概40分钟，我觉得应该就是有锻炼到。健身环上面会有健身的标准，然后尽量按这个去做。

目标的实现普遍会让玩家产生运动后的快感和完成目标的满足感，很多运动健身类体感游戏为了增加用户黏性，将目标设置理论直接融入游戏表现形式和关卡机制中。例如，《健身环大冒险》中设置了难度梯度，随着玩家完成阶段性目

---

[1] 转引自邹静《激励理论及其综合模型的新发展》，《应用心理学》1994年第2期。

标,游戏会进一步设定递进的目标,玩家在完成略高于之前的运动目标时会感觉到自己在朝着最终目标进步,这种逐渐递进的成就感是玩家持续使用游戏的主要原因。

同时我们注意到,由于运动健身类体感游戏的表现形式还是以运动为主,玩家进行游戏(锻炼)时产生的疲惫感也是不能忽视的一个重要部分。由于其运动属性,运动健身类体感游戏天然带有运动量大、锻炼时间较长等问题,对玩家的意志力也产生了一定的考验。超出自身能力范围的目标设定会导致玩家体力不支、难以坚持,进而产生厌烦和恐惧心理,这可能会对玩家的锻炼意愿带来负面效果。

2. 外在激励:以奖励机制为主要形式

外在激励是指来源于除自身外的某种诱因,运动健身类体感游戏的外在激励主要体现在奖励机制上。奖励机制将玩家的运动时长或效果可视化,例如在《健身环大冒险》中,游戏把健身和打怪升级相结合,玩家在打怪场景中每完成一个动作就会直观看到怪兽血量有所减少并得到 NPC 教练的语音鼓励,完成整个任务后还可以获得装备或奖章,由此产生较为直观的激励效果,激发玩家长期使用游戏的意愿。

日常体育锻炼由于身材、健康带来的正反馈有一定的延迟,往往经过很长一段时间的运动才能带来肉眼可见的体态变化,对锻炼者产生的激励作用往往周期较长,无法得到及时的激励反馈。运动健身类体感游戏通过积分数字或打怪升级等方式将锻炼结果量化,玩家可以清晰地看出每一次下蹲产生的数值增加和级别提升。这种将锻炼结果量化的机制更加直观、更具吸引力,能够促进玩家坚持完成体育锻炼。

此外,相比于现实生活中的锻炼,运动健身类体感游戏通过营造出平时难以实现的场景和环境给玩家带来更好的锻炼体验,这对于玩家来说也是一种外在激励。

> F8:体感游戏和现实中的锻炼相比,它的奖励机制起到的效果最大的不同在于它可以带你进入一个崭新的世界,比如说《健身环大冒险》,你可以做蔬菜汁,可以买运动装备,我感觉蛮有意思的。

部分玩家认为虽然游戏中的奖励机制会对玩家坚持使用游戏起到一定的促进作用，但是玩家长期使用运动健身类体感游戏还是出于对健身目标的追求。游戏中的虚拟奖励机制实用性较弱，对于有强烈健身需求和明确健身目标的玩家来说，运动后真实消耗的"卡路里"才是最好的激励。也有玩家认为奖励机制的设计可以通过视觉（更鲜明的积分）、音效（语音或歌曲）等方式予以改进，强化其激励作用。

3. 内在激励与外在激励的比较

玩家在对自身的锻炼目标和外部奖励机制提升持续使用意愿的效果进行比较时，大部分人认为奖励机制的反馈的确有效，但只能作为辅助措施。对于锻炼意愿较弱的玩家来说，游戏的奖励机制难以真正起到激励作用。个别玩家认为相比于传统意义上的锻炼活动，运动健身类体感游戏的锻炼效果难以望其项背，游戏的吸引力更多在于其娱乐性，玩家愿意坚持玩下去的原因也是游戏机制。

由此可见，不同玩家对不同激励形式进行的比较与其自身使用运动健身类体感游戏的目的和游戏体验中的侧重点相关，但由于运动健身类体感游戏的大部分玩家的使用动机是锻炼身体，因此内在激励对于玩家的作用可能会更显著于外在激励。

（六）游戏在增强角色体验的同时也会破坏沉浸感

受访玩家认为，运动健身类体感游戏有比较强烈的互动感。比如当角色和自己都在跑动，而角色在大草原上跑动，很容易带给玩家一种自己也在大草原上的参与感。尤其随着科技的发展，机器反馈迅速，玩家可以通过外部设备，随着游戏的画面和音乐变换，实现实时无延迟的震动和触感，这样的知觉刺激更容易给玩家身临其境的感觉。

> F1：你在跑的时候，角色就在屏幕上面跑。挤压健身环的时候，你的角色就会飞起来，在这个过程中是真的有一种失重的感觉，这方面是远超其他游戏的沉浸感的。

但是，运动健身类体感游戏中运动的过程不具有角色代入的特性。首先，在其他电子游戏中，玩家获得代入感的主要方式是能够在游戏中按照自身意志行动

（如行走、射击、发动某种武技），从而使玩家产生身临其境般的感受，通过剧情与世界观构架一个被玩家接受的虚拟场域。但是运动健身类体感游戏恰恰缺少这些元素，在这些类似的游戏中，任天堂的《有氧拳击》最为单调，作为纯粹的健身游戏，它几乎没有娱乐元素，玩家代入感会相对较弱。其次，由于运动健身类体感游戏需要大量的运动，玩家会在进入角色之前便感到疲惫，进而难以产生共情或与主角产生融为一体的感觉。最后，大多数运动健身类体感游戏的玩家往往也不在乎"角色和装备"，因为装备造型上的"美与丑"对他们来说并非最为重要的因素，是否能够帮助自己通关才是道具装备的关键，这也是破坏玩家代入感的原因之一。

F9：刚开始玩的关卡过不去，买衣服可以防御攻击的时候，我才会买。后期因为等级变高了，我就再没买过了，因为觉得很烦琐，就没去商店里买那些衣服。

总体来说，相比于传统的运动健身游戏，因为体感功能的加入，运动健身类体感游戏更能让玩家产生强烈的可控感与互动感。但是相较于普通电子游戏，体感游戏剧情设计比较薄弱，也会带给玩家身体上的不适，破坏玩家的代入感。

（七）相比于主角，玩家更喜欢能够产生准社会互动的NPC

运动健身类体感游戏中教练与玩家之间的互动机制趋于完善，尤其是《健身拳击》等游戏中有特定性格、身材优质的教练NPC。他们在视觉上立体、真实，给人以美的享受。这样的教练NPC会获得玩家更为强烈的喜爱。

但是相对于普通电子游戏来说，运动健身类体感游戏中的教练NPC很难让玩家产生深刻的友谊，原因包括以下几点。

（1）NPC的角色单一，运动健身类体感游戏往往只有一个教练角色；

（2）NPC与玩家互动简单，交流主题停留在"健身"主题上；

（3）NPC的角色更像是"教练""教师"，起到指导、纠正的作用。

因此，NPC会让玩家觉得具有比较强的目的性，是为了存在而存在，与其他普通电子游戏中的NPC角色差距还是比较大，逻辑非常单纯，也没有作为"人"的情绪和性格。

F10：体感游戏中的 NPC 设置目的性更强。NPC 要求玩家每一个任务都要完成，每一个运动都得要根据他的指引做好。这个 NPC 确实有很强的引导作用，但也会给我造成有较强目的性的感觉。

值得一提的是，在《健身环大冒险》中，NPC 角色"咪普利老师"虽不具有形象生动的脸部表情，却受到了玩家更加广泛的欢迎。玩家通过对《健身环大冒险》的 NPC 角色外貌的幻想、夸张、变形，来实现虚拟友谊的建立与巩固。

五　讨论

根据对访谈内容的整理和研究，我们初步构建了各个变量之间的关系模型（如图 1 所示）。其中，"+"表示有正向促进作用。通过研究发现，玩家的使用动机会促进运动健身类体感游戏的使用，使用游戏的过程会给玩家带来满足感和沉浸感，同时玩家还能与 NPC 建立准社会关系，这种准社会关系也会提升玩家的沉浸体验。

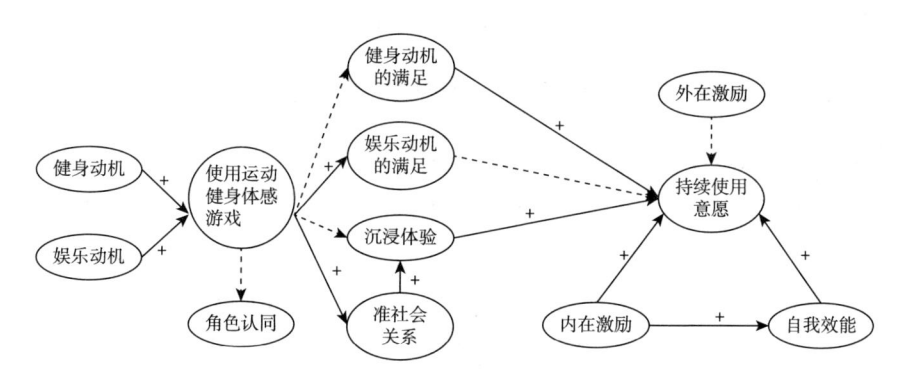

图 1　运动健身体感游戏中变量关系模型

在使用与满足研究中，我们发现不同使用动机的满足会给持续使用意愿带来不同的作用。出于健身动机的满足感可以显著促进玩家持续使用运动健身类体感游戏，而娱乐动机带来的满足感由于可替代性强、可持续性差，难以增强玩家的持续使用意愿。

在沉浸体验研究中，运动产生的疲惫感会大幅影响玩家的沉浸体验，对游戏沉浸使用意愿有抑制作用，但是游戏设置本身带来的愉悦感会正向促进沉浸感，继而提升持续使用意愿。因此，整体而言，游戏使用与沉浸体验之间的关系不显著。

玩家心中对于完成健身目的的信念感所带来的内在激励更加促进持续使用游戏，而游戏中的奖励机制所带来的外在激励虽然对玩家持续使用意愿有一定影响，但不是根本原因。同时，内在激励可以正向促进玩家的自我效能感，增强玩家的自信心，进而增强其持续使用意愿。

通过对玩家感受的访谈，研究发现主要有以下几个问题降低了玩家的持续使用意愿。

（一）与健身目标较大的差距阻碍了坚持的动力

在访谈与资料整理中发现，本文的受访者基于健身需求选择运动健身类体感游戏。这些受访者普遍希望能够通过游戏达到健身、减肥的目标，但是往往无法实现。运动健身类体感游戏虽然具备娱乐性和功能性，但是功能性比起专业的健身动作和健身训练具有比较大的差距。受访者大多数表示，主要是希望通过这类游戏增加活动量，强身健体，达到"出出汗"的目标。

（二）运动的疲惫让受访者难以代入游戏角色

由于游戏本身拥有的锻炼特质，受访者普遍表示往往因为身体的疲惫难以代入角色，难以沉浸到游戏的使用与场景故事中。同时，游戏薄弱的故事叙述、单一的场景和重复性的动作也是影响玩家沉浸的因素。游戏厂商可以通过增设场景、丰富感应功能等方式，为玩家提供更丰富的体感与新鲜体验，以促进玩家代入角色。

（三）仅靠游戏中的外在奖励难以激励玩家持续使用游戏

运动健身类体感游戏中的奖励机制是游戏设置中的重头戏，奖励机制比较丰富，关卡设置也是经过精心设计的，避免了玩家因过度疲劳放弃游戏，达不到锻炼效果。虽然这种游戏设置受到玩家的称赞，但是大部分玩家表示健身需求才是影响持续使用的根本原因，仅仅依靠游戏的虚拟奖励不足以支撑玩家长期持续使用游戏。

（四）游戏角色和玩家之间的准社会关系

与其他电子游戏不同，运动健身类体感游戏 NPC 与玩家的关系较为特别，即受访者口中的"健身教练"和"学员"关系。游戏中 NPC 教练与玩家的互动往往止步于督促运动或纠正动作，使得玩家难以建构起与其他电子游戏中 NPC 角色的那种强烈深刻的情感关系，但玩家会通过对 NPC 角色的幻想、夸张、变形，以建立并巩固虚拟的"教练与学员"之间的友谊。游戏厂商可以增加剧情和场景，用不同的动作引导不同的剧情，增加玩家与 NPC 的互动，增强玩家的角色认同感，增进玩家与 NPC 的准社会关系，促进玩家和游戏的情感连接。

（指导教师：吴玥）

中外主流媒体对中国与博鳌亚洲论坛形象建构的分析
——基于框架理论视阈下的历时比较研究

廖欣宇　张　茜　席婷婷　左懋林[*]

摘　要　本文通过框架分析法,选择了《中国日报》及《卫报》两家媒体作为中外主流媒体的代表,通过研究其2001~2022年关于博鳌亚洲论坛的报道,分析其报道数量、报道类型以及报道议题,发现其报道框架存在报道方式逐渐多样化、关注议题贴合时代以及报道篇目因出席成员不同而增减的特点。同时,对《中国日报》及《卫报》报道博鳌亚洲论坛时的差异进行对比,发现其塑造的中国国家形象存在明显差异。

关键词　框架理论；博鳌亚洲论坛；中国国家形象

一　问题的提出

博鳌亚洲论坛于2001年2月27日成立,首次会议于2002年4月12日举行。20年来,论坛主题从亚洲的合作逐步演变到直面全球化。博鳌亚洲论坛有利于本地区国家间增进对彼此的了解,加大对彼此的信任,达到加强合作的目的。全国政协常委、外事委员会主任赵启正曾表示,通过这个渠道,我国政府能够请参

---

[*] 廖欣宇,新闻传播学院2020级本科生；张茜,外国语学院2019级本科生；席婷婷,外国语学院2019级本科生；左懋林,新闻传播学院2018级本科生。

加者和媒体把中国的表达传递给受众，让他们了解中国、理解中国，了解中国经济动向信号，了解中国文化的发展。①

近年来，博鳌亚洲论坛在举办期间不仅被中国主流媒体关注，也在一定程度上成为西方主流媒体关注的焦点。国家形象被认为是一个国家"软实力"的重要组成部分之一，可以从一个侧面反映一个国家的综合实力和影响力。本文通过比较中西方报道框架的异同以及研究产生这些异同的原因，从而对我国国家形象进行研究，具有强烈的时代关切。

（一）文献综述

1. 框架理论的相关研究

框架理论源于文化社会学领域，1974年，美国学者戈夫曼在《框架分析：经验组织论》一书中将框架的概念引入传播领域，认为混乱的社会事件需要被置入框架中，人们才能对此进行理解和感知。② 1980年，吉特林进一步对框架就是一种认知结构的理论加以深入，提出框架是对事实的选择和加工。③ 中国的学者也有类似的研究，2006年，张咏华和殷玉倩在研究了英国《卫报》2005年关于中国的报道后，提出框架是媒体报道中对某一事件的事实和细节的选择、强调和排除。④

2. 媒体报道内容的框架分析

在媒体报道中，框架分析可以分为纵向对比与横向对比两种。纵向对比即在时间发展的过程中研究新闻框架的演变，如徐文瑾选取了1990~2017年美国20部获得艾美奖提名的电视剧作为样本，以其所呈现的中国形象为研究对象分类分析、研究框架的演变过程。⑤ 而横向分析法则侧重于不同媒体对同一

---

① 《赵启正：博鳌亚洲论坛是中国公共外交的大舞台》，南海网，http：//www.hinews.cn/news/system/2013/04/08/015586544.shtml。
② Erving Goffman, *Framing Analysis*: *An Essay on the Organization of Experience*, New York: Harper & Row, 1974, p. 21.
③ Todd Gitlin, *The Whole World Is Watching*: *Mass Media in the Making and (Un) Making of the New Left*, University of California Press, 1980, pp. 6-7.
④ 张咏华、殷玉倩：《框架建构理论透视下的国外主流媒体涉华报道——以英国〈卫报〉2005年关于中国的报道为分析样本》，《新闻记者》2006年第8期。
⑤ 徐文瑾：《框架理论视域下美剧中的中国形象建构研究（1990-2017）》，南京师范大学硕士学位论文，2019。

事件的报道。如李丹滢选取了《中国青年报》和《新京报》两家媒体针对"00后"的一系列报道，发现两家媒体对"00后"形象塑造的完整性和深度均存在不足。①

3. 中国语境之下的框架分析

目前，已经有越来越多的研究通过框架分析新闻传播中的现象和问题。这些研究多与中国以及国际上的重大事件和活动有关。比如，王林艳选择了《纽约时报》对"一带一路"的报道，分析出《纽约时报》的报道凸显"一带一路"建设成本高，"容易造成项目所在国债务过重"，将其指为"中国扩大地缘政治影响力"的举措等核心观点②，不顾"一带一路"带来的机遇，具有较强敌对性。受到大众喜爱的娱乐方式也是研究方向之一。郭晨使用纵向对比的方法，研究了《人民日报》1998~2020年对网络游戏的报道，发现随着时间的演变，《人民日报》对于网络游戏的报道立场逐渐转变为客观公正，网络游戏由"电子海洛因"的负面形象转向"文化产业"的中性和正面化形象。③ 但针对中外媒体报道中国会议的研究较少，且大部分为两会报道研究。博鳌亚洲论坛的中外报道研究属于较新鲜的领域。

（二）研究方法

《中国日报》(*China Daily*) 作为国家英文日报，全媒体用户总数超过2亿。《中国日报》是中国走向世界、世界了解中国的重要窗口，是国内外高端人士首选的中国英文媒体。④ 它是我国海外形象塑造的重要窗口。《卫报》(*The Guardian*) 是英国的全国性综合内容日报，注重报道国际新闻，擅长发表评论和分析性专题文章，主要读者为政界人士、白领和知识分子。

本研究选取《中国日报》和《卫报》在历届博鳌亚洲论坛召开期间的报道，采用框架分析法对两家媒体的报道进行历时性研究，同时对两家媒体的报道框架进行比较，并分析中西方两种话语下中国国际形象的差异与联系。

---

① 李丹滢：《解构与重塑："00后"媒介形象的建构研究——基于〈中国青年报〉和〈新京报〉的对比分析》，《今传媒》2021年第7期。
② 王林艳：《浅析〈纽约时报〉对"一带一路"的新闻框架构建》，《对外传播》2019年第8期。
③ 郭晨：《框架理论下网络游戏媒介形象变迁》，《青年记者》2021年第18期。
④ 《中国日报社情况介绍》，中国日报中文网，https：//www.chinadaily.com.cn/static_c/gyzgrbwz.html。

二 《中国日报》历年博鳌亚洲论坛报道研究

本文将采用吉特林提出的框架是对事实的选择和加工的理论，选取《中国日报》2001~2022年博鳌亚洲论坛召开期间的所有报道进行研究，着重关注其报道数量、报道类型、关注议题的历时性变化，分析其在报道博鳌亚洲论坛时侧重哪些年份与议题。

（一）《中国日报》报道框架分析

以下将通过对《中国日报》的报道按照不同年份的报道数量和报道类型的统计，分析其报道框架。

1. 报道数量

报道数量体现了媒体对于一个新闻事件的关注程度。自博鳌亚洲论坛成立至今，论坛成为中国外交的舞台，推动中国走向世界舞台。① 它的成立对于促进亚洲经济一体化，为亚洲和世界发展凝聚正能量，为凝聚各方共识、深化区域合作、促进共同发展、解决亚洲和全球问题发挥了独特作用。通过统计这两家媒体对博鳌亚洲论坛的报道数量，可以分析它们对博鳌亚洲论坛进展情况以及中国经济社会发展的重视程度。经统计，2001~2022年，《中国日报》在会议期间对论坛的相关新闻报道共计672篇（见图1）。

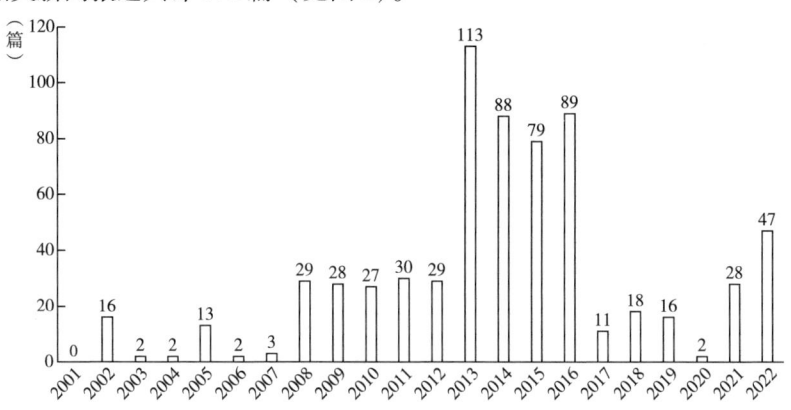

图1 2001~2022年《中国日报》关于博鳌亚洲论坛的报道数量统计

---

① 融冰：《博鳌：中国主场外交大舞台的重要角色》，《党史博览》2019年第8期。

可以看出,《中国日报》关于博鳌亚洲论坛的报道集中在 2013~2016 年,其他年份的报道数量远少于这一时期。从对报道数量的统计分析初步可知,《中国日报》对这一论坛的重视程度在 2001~2012 年逐步上升,2013~2016 年达到峰值,2017~2020 年关注度降低,2021~2022 年有所回升。

2. 报道类型

报道类型反映了媒体对社会事件关注的侧重点,类型的多样化有利于提供多维视角,帮助人们更客观、更清晰地认识该事件。据统计,《中国日报》的 672 篇报道共包括经济报道 237 篇、会议相关报道 195 篇、政治报道 168 篇、图片报道 48 篇、评论报道 8 篇、人物专访 5 篇、社会报道 6 篇、文化报道 3 篇,博鳌亚洲论坛专门网站 2 个(见图 2)。报道类型较多样化,各个类型占比分布不均,经济类、会议相关类和政治类较多,分别约占总报道数量的 35.26%、29.02% 和 25.00%。

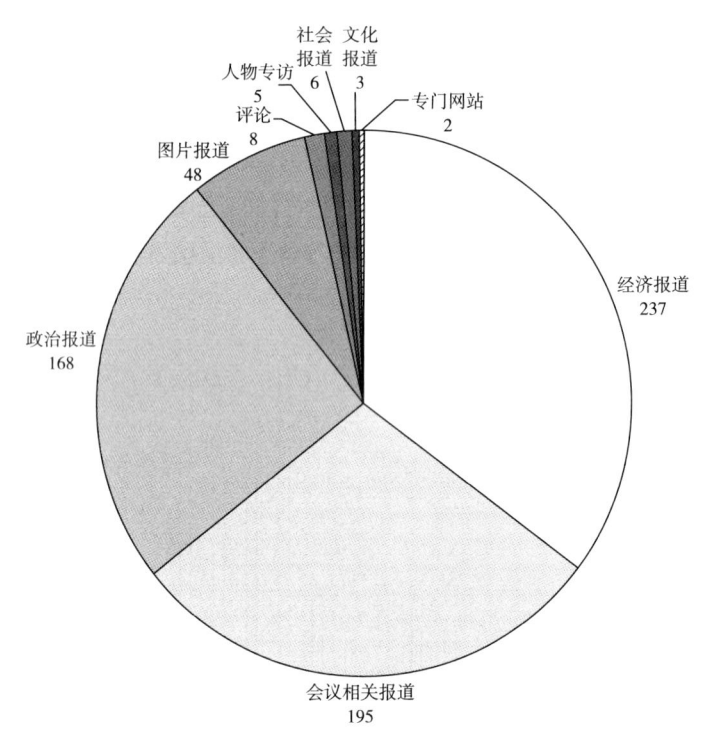

图 2 《中国日报》关于博鳌亚洲论坛的报道类型统计

经济领域是各媒体关注的焦点，一国的经济政策、经济发展水平反映了一国实力水平。237篇经济报道主要包括中国对内对外经济政策、中国经济发展状况和中国企业发展状况等内容，主要宣传了中国经济发展和对外开放等方面。如2013年报道中国经济增长虽然存在下行情况，但将继续为世界经济发展提供市场和资金。也有少量报道指出中国经济存在一定风险，或者中国国内经济体制仍然需要进行改革，如2011年关于中国市场接受外国热钱投资风险的报道。整体上积极报道多于消极报道，展现了中国经济长期向好发展、扩大开放的信息。报道中国国内发展存在的问题使读者能同时看到中国的成就和问题，客观地构建中国形象。

会议相关报道共计195篇，主要包含博鳌亚洲论坛的准备工作、论坛参与者、论坛讨论内容和论坛的意义。在准备工作的报道方面，强调中国准备细致全面；在论坛参与者方面，强调参与者范围广、数量多、身份重要；在论坛讨论内容方面，多直接记录参与者发表的意见；在论坛的意义方面，主要通过引用他人的言论强调博鳌亚洲论坛的重要性和影响力。

政治报道共168篇，关注中国的内政外交。在内政方面，主要强调中国领土主权；在外交方面，主要报道中国领导人会见他国领导人，中外签订贸易协定，中国对影响较大的国际事件进行表态等，总体上塑造了中国爱好和平、提倡国际合作，但反对他国干涉本国内政的立场。

图片报道共48篇，主要内容为博鳌亚洲论坛开幕前的准备工作照片、论坛发言人的照片和论坛会场照片。准备工作包括礼仪培训、安全检查和会场布置，表现中国为博鳌亚洲论坛准备细致；发言人主要为某领域的研究专家或企业家，表现出博鳌亚洲论坛专业性强、影响力大。

其余类别中，评论报道共8篇，主要为针对中国领导人和平发展等观点的评论文章。人物专访共5篇，包括对外国领导人、国内外知名企业家进行独家采访，表达其对当时中国政治、经济方面的看法。社会报道共6篇，主要包括对中国社会保障制度、传染病防治和疫苗等卫生类问题的报道。文化报道共3篇，主要包括对媒体发展的预测和中国国内图书馆与外国合作的内容。专门网站共有2个，为对博鳌亚洲论坛的报道进行整合的网站。

(二)《中国日报》报道框架特点及原因

在分析具体的统计数据后,本研究以时间为线索,总结了《中国日报》20年间的报道框架特点,同时从出席人员以及时代特点两个角度出发,探寻《中国日报》在不同年份报道数量及关注议题发生变化的原因。

1. 报道时间长,连续性强

自2002年博鳌亚洲论坛首次会议以来,《中国日报》一直保持关注和报道。虽因年份不同而存在报道数量差异,但每一年均有报道,连续性强。

2. 受出席人员的影响,某些年份集中报道

2013年报道数量最多,其次是2016年。这两年报道内容均集中在经济和政治上,着重报道了与出席博鳌亚洲论坛的中国领导人有关的内容。如2013年习近平出席了博鳌亚洲论坛的开幕式,2016年李克强出席了该论坛的开幕式。二人发表的主旨演讲传递了许多与中国经济、政治相关的政策和发展预期信息。2001~2010年,有两次较小的报道数量高峰,分别是2002年和2005年,时任中国国务院总理朱镕基和时任全国政协主席贾庆林分别出席了这两年的论坛,并发表了与当时中国经济发展相关的重要信息。这些都体现了中国政府重视博鳌亚洲论坛这一发声平台,都会选择在博鳌亚洲论坛上阐发中国对于亚洲整体形势的理解。[①]

3. 报道内容紧跟时代

《中国日报》报道议题与时代发展存在很大相关性。如2008年经济危机后,2009年的《中国日报》重点报道了亚洲将如何联合发展经济,共同面对经济危机。2022年,中国明确提出2030年"碳达峰"与2060年"碳中和"目标,《中国日报》发表4篇针对碳中和目标、能源可持续发展的经济报道,同时发布《可持续发展的亚洲与世界2022年度报告——绿色转型亚洲在行动》,充分展现中国对"双碳"目标的追求,图片报道更是聚焦博鳌会场的绿色景观,从各个角度体现环保的主题。

在2022年这一乌克兰危机受到全球关注、全球疫情形势依旧严峻的年份,《中国日报》极力强调全球疫情下的经济复苏更要摒弃冷战思维,呼吁全世界国

---

① 林民旺:《博鳌的"亚洲蓝图"》,《南风窗》2016年第8期。

家携手共进；同时关注全球新冠疫苗接种进程，提出"要让全世界人接种得起疫苗"的畅想，从中可以看出《中国日报》力求紧跟时代，展现中国负责任的大国形象。

三 《卫报》历年博鳌亚洲论坛报道研究

本研究同时选取《卫报》报刊 2001～2022 年博鳌亚洲论坛举办期间的相关报道，关注其报道数量、报道类型、关注议题等与《中国日报》的差异，横向比较西方话语中对中国国际形象的认识，并分析两种话语下中国国际形象的差异与联系。

（一）《卫报》报道框架分析

以下将通过对《卫报》的报道按照不同年份的报道数量和报道类型的统计，分析其报道框架。

1. 报道数量

2001～2022 年，《卫报》对论坛的相关新闻报道共计 12 篇。其中，2018 年报道 5 篇，数量最多；2009 年报道 2 篇，2005 年、2008 年、2013 年、2020 年及 2022 年报道数量均为 1 篇，其余年份无报道（见图 3）。显然，《卫报》对博鳌亚洲论坛的报道较少，重视程度不够。

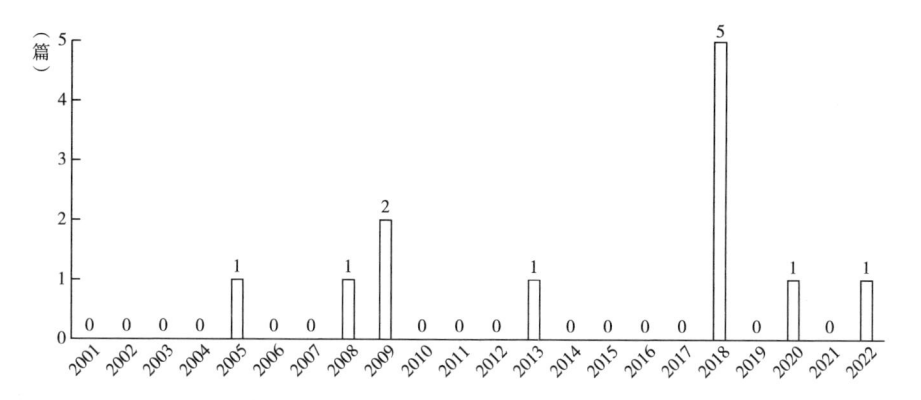

图 3 2001～2022 年《卫报》关于博鳌亚洲论坛的报道数量统计

2. 报道类型

《卫报》的 12 篇报道包括经济报道 6 篇、政治报道 3 篇、会议相关报道 1 篇、图片报道 1 篇、评论文章 1 篇。相较于其他类型的报道，经济类报道占比最大，达到 50%（见图 4）。此外根据初步的统计数据可知，这家媒体报道类型较多样化。

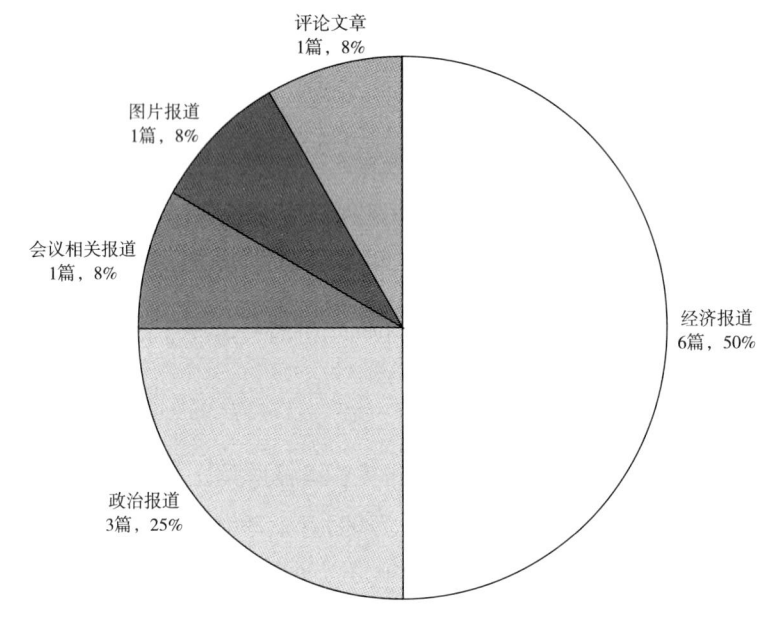

图 4 《卫报》关于博鳌亚洲论坛的报道类型统计

经济领域一直是各媒体关注的焦点，这家外媒自然也不例外，有关经济的报道数量相对较多，共 6 篇，分别为 2018 年 5 篇及 2009 年 1 篇。2009 年的报道立足全球经济危机的大背景，通过报道温家宝总理在海南博鳌亚洲论坛上传递的对中国成功抵御全球经济危机影响的坚定信心，《卫报》判断中国将在经济和金融舞台迅速发展，而美国将在这两个领域走向衰落。2018 年的 5 篇报道则主要针对中美贸易摩擦。

政治报道共 3 篇。2008 年的 1 篇报道了两岸领导人在论坛期间的会面。2009 年的 1 篇对两岸关系做出了判断。2022 年的报道则引用习近平在博鳌亚洲论坛上针对乌克兰危机的发言，报道中国反对单边制裁的态度。综合这 3 篇报道，《卫报》对中国的内政问题和国际关系有所关注，报道带有强烈的主观色彩。

图片报道共 1 篇，发布于 2013 年。内容为博鳌亚洲论坛开幕之前，一名女工作人员正在拍摄桌子上摆放的美丽鲜花，从图片中工作人员的神态以及该工作人员身后的同事正在忙碌准备可以看出中国作为主办方对召开博鳌亚洲论坛的重视。《卫报》采用图片报道的方式直观且客观地传达信息，有利于隐藏政治倾向与偏见。

会议相关报道发布于 2020 年，中国停办原定于 3 月召开的博鳌亚洲论坛。《卫报》报道了论坛取消和新冠病毒在中国造成的影响，并未做出相关评论以及表达对此的看法。

评论文章发布于 2005 年，主要报道日本美化侵略历史后中国社会上的反对声音。报道重心不在论坛本身，对中国的描述存在偏见。

（二）《卫报》报道框架特点及原因

虽然《卫报》报道博鳌亚洲论坛的数量较少，年份分布不均，但依然可以从其着重报道的年份分析出其报道框架变化的原因。

1. 历时虽长，但有所间断

2001~2022 年，《卫报》关于博鳌亚洲论坛的报道数目较少并且有所间断，报道时间分布并不均衡，体现出《卫报》对博鳌亚洲论坛关注度并不高。

2. 受报道事件的影响，某些年份集中报道

《卫报》的报道主要集中于 2018 年和 2009 年，主要关注的是中美贸易摩擦和中国国内问题。由于中美贸易的性质和形态会在很大程度上推动国际政治经济变化，界定新的历史条件下的大国互动方式，进而塑造 21 世纪的国际体系[1]，随着中国经济的不断发展、国力不断增强，中美两国的关系与实力对比一直是各国关注的焦点。对于中国内政问题的报道则体现了其对中国政治的高敏感度，存在一定的政治偏见。

四 《中国日报》与《卫报》报道中中国国家形象对比

通过侧重报道中国经济发展的积极影响和发展方式、政治上频繁的外交活动

---

[1] 吴心伯：《论中美战略竞争》，《世界经济与政治》2020 年第 5 期。

且倡导友好交往的外交方式，《中国日报》塑造了一个经济不断发展、乐于加强对外合作、政治上坚持内政不接受他国干涉、外交上强调和平友好交往方式的国家形象；同时通过报道中国领导人在博鳌亚洲论坛上的行动，展现了中国领导人亲和力强、发言有力的形象，使读者能够将这样的国家领导人形象与中国国家形象构建联系起来，强化中国友好、有益世界发展的形象。在正面报道之外，《中国日报》也对中国发展中遇到的问题进行了报道，不回避问题，减少了读者由于报道过于正面而产生的潜在疑虑。

而《卫报》力图将中国塑造成一个试图与美国这一世界超级大国相抗衡的国家，过多关注中美贸易摩擦的问题，时刻关注中国所采取的举措，将中方领导人在博鳌亚洲论坛的讲话刻意曲解为对美国霸权的挑战，此外，从《卫报》对中国内政的相关报道可以看出，《卫报》刻意将中国的内政问题放大，内容和语言失之偏颇。在其经济报道中，《卫报》承认中国的经济潜力，但是认为中国正试图构建新的国际秩序，将中国看作潜在竞争者。尤其在英国脱欧后，由于其在欧洲及国际上地位的变化，英国一方面对中国的重视程度上升，认为中国对脱欧后的英国将更为重要；另一方面也开始担心中国会利用英国的困境，损害英国利益。[①]

在报道集中程度上，两家媒体都对博鳌亚洲论坛有着相对集中报道的年份。《卫报》集中在 2018 年和 2009 年，分别侧重报道了中美贸易摩擦和中国内政问题两方面的内容，而《中国日报》集中在 2013 年和 2016 年，分别侧重对习近平和李克强出席博鳌亚洲论坛所传递的中国内政外交信息进行报道。对报道内容的不同侧重点反映了两家媒体对博鳌亚洲论坛的关注点的差异，《卫报》更加关注博鳌亚洲论坛的举办背景，《中国日报》更加关注博鳌亚洲论坛上的重要出席人员。《卫报》对中国长期抱有政治偏见和意识形态对立的思维模式，《中国日报》着重塑造了中国寻求和平与友好交往方式的态度。

结　语

借助报道框架可以看出，《中国日报》和《卫报》在不同年份的报道数量及

[①] 张健：《后脱欧时代英国对华政策前瞻》，《国际经济评论》2020 年第 2 期。

报道类型上存在差异。《中国日报》报道数量多，类型多样，传达了其多方面塑造中国大国形象的心态。从《卫报》的报道结果来看，西方对博鳌亚洲论坛的关注度较低，且依然局限在政治和经济领域。两家媒体均有对涉及政治、经济议题的分析与解读，也存在意识形态上的差异性，隐藏在其下的是两家媒体对中国形象的定位差异。

在全球舆论场中存在"中国版"中国故事与"西方版"中国故事的协商和博弈，讲好中国故事是提升国际话语权的现实诉求。① 中国仍需进一步剖析西方媒体对中国报道背后的利益因素，考虑如何有针对性地在国际舞台上发出自己声音。具体而言，在传播策略上结合当下年轻一代的媒介习惯趋向"可视化认知"②，积极融合视觉符号和年轻语态进行传播。在传播框架中兼顾个体叙事和集体叙事③，形成多元主体的传播格局，如将城市作为媒介，形成多层次的跨文化交流渠道④，分享生动的中国经验、具体的中国故事。

此外，本研究主要关注了中西方主流媒体对于涉华经济、政治事件的新闻报道，通过框架分析发现外媒态度光谱较完整：从友好、重视到"警惕"，中外报道侧重点差异性较为明显，但对于当下媒体报道对于建构国家形象方面的路径、方式和效果还有待进一步考察。

（指导教师：张薇薇）

---

① 任孟山、陈强：《"五位一体"与"中国版中国故事"：中国国际传播的象征框架》，《现代出版》2022 年第 3 期。
② 钟莉、张嘉伟：《文明的语言：Z 世代国际传播的符号之旅——以三星堆国际传播平台为例》，《新闻界》2022 年第 12 期。
③ 周庆安、刘勇亮：《多元主体和创新策略：中国式现代化语境下的国际传播叙事体系构建》，《新闻与写作》2022 年第 12 期。
④ 石大东：《省会城市媒体在国际传播中的战略定位和叙事策略——以郑州报业集团为例》，《传媒》2022 年第 24 期。

2010~2021年国内女性导演作品叙事特质与脱困策略研究

姜一格　余俊茹　郑雨霏　杨可可＊

摘　要　考察女性导演电影，在某种程度上能够反映出女性所处的社会生态以及社会对于女性的关切与思考。本研究以2010~2021年国内著名女性导演如李芳芳、张艾嘉、贾玲等的部分经典作品为研究对象，从票房口碑、影片类型、叙事特质与自我意识表达等多角度探讨新时期我国女性导演作品的特质和发展趋势，并从外因和内因入手剖析优秀作品的成功逻辑，分析当下中国女性导演面临的困境并指出其突破性别限制的方向，以期为女性的电影创作及电影事业发展带来一些参考。

关键词　女性导演；叙事特质；电影研究

一　引言

（一）研究背景

随着女性主义社会关注度的提高和女权运动的兴起，女性主义相关研究不断增多。在电影研究领域，越来越多的学者从女性主义视角开展电影批评。2021

＊ 姜一格，新闻传播学院2019级本科生；余俊茹，新闻传播学院2019级本科生；郑雨霏，新闻传播学院2019级本科生；杨可可，新闻传播学院2019级本科生。

年春节，导演贾玲的处女作《你好，李焕英》实现票房口碑双丰收之后，许多研究从叙事结构、女性主体意识和审美功能等方面对该电影进行探讨。研究者在收集《你好，李焕英》豆瓣评论时发现，不少评论谈到"电影为女性观众带来了舒适的观看体验"。导演为影片带来了独特的女性视角，使影片在人物塑造、叙事结构、镜头语言上都与主流商业片有一定差异。

西方女性电影理论与批评诞生于20世纪六七十年代，"它一方面包含了带有女性主义性质的电影批评理论，即女性主义电影理论，另一方面也涵盖了对女性电影、女性电影人、女性电影角色与形象的批评研究"。[①]而我国的女性主义电影批评于20世纪80年代在西方女性主义电影和理论的影响下产生。西方的女性电影研究发展时间较长，视野开阔，并且融合了心理学、社会学和文化研究等理论。而当下中国的女性主义电影批评范围相对较窄，主要聚焦电影中的女性形象、对西方女性主义电影理论的译介、对女性导演或个别男性导演电影中的女性意识的讨论和对女性主义电影理论与中国女性电影的整体思考和探讨。[②]从知网数据来看，相关文章和学位论文并不多，也缺乏专著。部分研究以个体女导演为研究对象，探究其作品特质与内涵，或是对个体进行访谈，如程功结合新闻媒介的报道，审视"中国第一位女导演"谢采贞及其作品[③]，李想以徐静蕾的电影创作为对象研究女性导演在时代困境中的艺术追求[④]，而针对女导演群体的研究相对较少。

目前国内对女导演群体的研究主要存在三种研究路径：时间向、地域向和类型向。在时间上，多以"新世纪以来""新时代""青年"女导演为研究对象，集中在20世纪80年代末期到21世纪初期，也有少数学者研究新中国成立前女性电影的发展与变化。在地域上，针对台湾、香港地区女性导演的研究较多。在类型上，一些学者以电影类型为切入点研究女导演的商业片创作，小妞电影[⑤]也是这

[①] 徐丛丛：《反思、突转与理性回落——21世纪英语世界的女性电影理论与批评研究述评》，《北京电影学院学报》2021年第2期。

[②] 李晓虹：《"边缘"与"边缘"的对话——中西方女性主义电影批评研究比较》，《西华大学学报》（哲学社会科学版）2016年第4期。

[③] 程功：《女性意识和媒介关注：中国第一位电影女导演谢采贞与〈孤雏悲声〉》，《当代电影》2017年第9期。

[④] 李想：《时代困境中的艺术追求——以徐静蕾导演影片为例》，《当代文坛》2016年第5期。

[⑤] 小妞电影（Chick Flick）指意在吸引女性观众的一种电影类型，通常是描述都市年轻女性个人奋斗的浪漫轻喜剧。

部分研究的热点。而针对2010~2021年国内女性导演的群体的研究仍存在空白。

从研究内容来看，国内已有的女性导演研究多从女性导演的视角出发，考察电影女性形象，从电影表现内容、表达视角、拍摄关系等角度进行分析。尽管有不少优秀的研究聚焦对中国女性电影的整体思考和探讨，却没有切实地反思当下我国女性导演面临的困境以及其未来突破的方向，我国的女性电影理论与批评仍存在较大的研究空间。

（二）问题的提出

自新中国成立以来直至21世纪初期，中国的女性导演经历了长足的发展。戴锦华将当代中国影坛中的女性导演分为三种类型："男性扮演者"、自觉的女性特色追求者和少数"真正的"女性电影导演。[①] 周夏详细地分析了从第四代到第六代不同阶段女性导演的创作特征[②]；20世纪80年代，黄蜀芹执导的《人·鬼·情》让中国的女性导演电影达到一个高峰，之后影坛经历了商业化浪潮的冲击以及种种变革，新时期女性导演的创作呈现更多元、更丰富的特征。同时，中国的女性导演在电影实践中面临着许多挑战，在近年的华语影坛中，虽然不乏让人眼前一亮的女性导演电影出现，但整体上女性导演电影在我国的影响力并不大，《你好，李焕英》这样成功的女性导演作品十分稀缺。在各大华语导演排行榜中，能够入选前列的女导演更是寥寥无几。

电影是最能体现大众文化的艺术载体之一，伴随着当下女性自我意识的觉醒，以女性主义视角考察电影在某种程度上能够反映社会对于女性的关切与思考。因此，本研究以2010~2021年国内著名女性导演（李芳芳、赵薇、张艾嘉、许鞍华、文晏、李玉、白雪、贾玲等）的部分经典作品为研究对象，从口碑票房、影片类型、叙事特质与自我意识表达等多角度探讨新时期我国女性导演作品的特质和发展趋势，并从外因和内因入手剖析优秀作品的成功逻辑，分析当下中国女性导演面临的困境并指出其突破方向，以期能为女性的电影创作及电影事业的发展带来一些参考意义。

---

① 戴锦华：《不可见的女性：当代中国电影中的女性与女性的电影》，《当代电影》1994年第6期。
② 周夏：《人格·身体·存在——中国当代女导演电影分析（1978—2012）》，《当代电影》2013年第1期。

二 票房渐涨、口碑趋稳与类型多元

基于导演知名度、执导电影票房、电影口碑评分等多方面因素，本研究选取了许鞍华、张艾嘉、李玉、白雪、李芳芳、文晏、刘若英、贾玲八位女性导演为研究对象，对其近年来的电影作品进行整体分析梳理。以其电影票房和豆瓣电影评分为主要标准，甄选出各导演2010~2021年的代表电影作品共13部（见表1），并从电影票房、口碑、类型等维度进行脉络梳理和分析。

表1 八位女性导演主要电影作品（2010~2021年）

导演	执导电影	上映时间	票房（亿元）	豆瓣评分
许鞍华	《桃姐》	2012	0.71	8.3
	《黄金时代》	2014	0.52	7.3
	《明月几时有》	2017	0.63	6.9
张艾嘉	《念念》	2015	0.14	7.0
	《相爱相亲》	2017	0.18	8.3
李玉	《观音山》	2010	0.70	7.1
	《二次曝光》	2012	1.07	6.1
	《万物生长》	2015	1.48	5.7
白雪	《过春天》	2018	0.99	7.7
李芳芳	《无问西东》	2018	7.47	7.6
文晏	《嘉年华》	2017	0.23	8.2
刘若英	《后来的我们》	2018	13.62	5.9
贾玲	《你好，李焕英》	2021	53.13	7.8

资料来源：数据综合参考艺中国电影票房榜（http://www.boxofficecn.com/），豆瓣电影（https://movie.douban.com/），以及猫眼电影（https://piaofang.maoyan.com/dashboard）。

（一）"叫好"与"叫座"：电影票房和口碑趋势分析

以本研究选取的13部电影为例，2010~2017年女性电影的票房相比于同期电影差距较大，超过1亿元的仅有2部，分别为李玉执导的《二次曝光》和《万物生长》。其间出现了2次票房的低谷（以票房低于2000万元为标准），最低值为张艾嘉2015年执导的《念念》，票房约为0.14亿元，同期排片占比最高值不到4%。

女性导演群体在电影市场话语权较小,女性导演电影也处于相对弱势的状态。

2018年后,女性导演电影票房情况开始出现向好的趋势。从本研究选取的13部电影来看,票房出现井喷式增长。刘若英执导的《后来的我们》获得年度内地电影票房总榜第11名。而贾玲2021年执导的《你好,李焕英》更是成为女性导演电影票房史上的一大突破,让女性导演电影真正走入大众视野,使其在中国电影话语生态格局中的处境有所改观。

从口碑的维度考量,本研究以豆瓣电影用户评分为标准,并将其与电影票房对照(见图1),对选取的13部电影进行评价分析。女性导演电影口碑情况相对稳定,相比同类型电影评分更为理想。其间出现了3次高峰(以豆瓣评分高于8.0分为标准),峰值为许鞍华2012年执导的《桃姐》和张艾嘉2017年执导的《相爱相亲》,豆瓣评分均达到8.3分。女性导演已初步塑造出相对而言制作发挥更稳定、叙事更细腻、情感更丰富的群体形象。

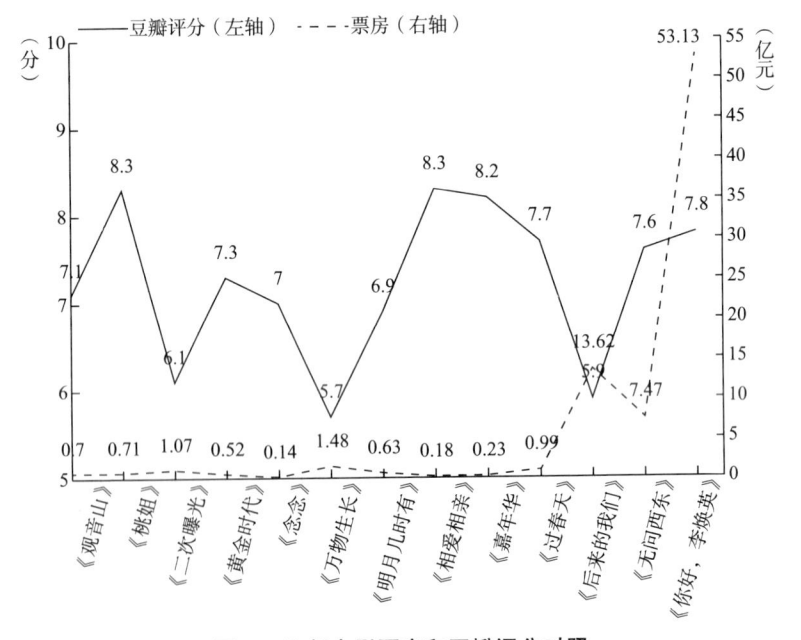

图1 13部电影票房和豆瓣评分对照

资料来源:数据综合参考艺中国电影票房榜(http://www.boxofficecn.com/),豆瓣电影(https://movie.douban.com/),以及猫眼电影,https://piaofang.maoyan.com/dashboard。

综合票房口碑两方面,女性导演电影大致呈现两者撕裂的现象,"叫好"与

"叫座"往往相悖。在某种程度上，此类现象可以说是中国电影产业发展历史进程的一个必然结果。① 电影选用粉丝基础较大的创作班底相对更容易获得票房成功，这与电影产业整体趋势相符；而女性导演以女性角色为主、人物形象塑造成功的电影则在口碑上更具认可度。而 2021 年贾玲执导的《你好，李焕英》则是在一定程度上兼顾二者，呈现既"叫好"又"叫座"的特征。

（二）聚焦女性特色：类型电影与导演群体研究

类型电影作为一种拍片方法实质上是一种艺术产品标准化的规范。② 而关于类型电影的分类，现下并无统一标准。本研究参考豆瓣电影、IMDB 网站等电影平台划分情况，发现所选取的 13 部电影均为剧情片，电影主题元素较为丰富。

从本研究选取的 13 部电影来看，女性导演电影更多地以爱情、家庭题材为主，加之喜剧（《你好，李焕英》）、悬疑（《嘉年华》《二次曝光》）、战争（《明月几时有》《无问西东》）等元素（见图 2）。女性导演电影题材类型多样，风格迥异，但大多仍以文艺的、具有人文关怀性质的风格为主。而《你好，李焕英》关注亲情母题，在涵盖人文关怀性质的同时，融入喜剧、奇幻的元素，这也正是女性导演在电影类型风格上的一次突破。

图 2　13 部电影类型统计词云

女性导演电影在题材选取上也会着重对女性群体进行观照。以本研究选取的执导电影较多的两位导演为例，许鞍华聚焦中老年女性，关注该群体与周围、社

---

① 张斌、陈良慧：《叫好与叫座的悖反——2010 年以来国产电影口碑两极化与票房撕裂现象刍议》，《电影新作》2019 年第 4 期。
② 许南明主编《电影艺术词典》，中国电影出版社，1986，第 97~99 页。

会产生的互动；李玉执导的电影则观照现实生活中受到创伤、造成心理伤害的女性群体，关注职业社会下被边缘化的女性。

近年来，女性导演电影的发展呈现数量逐渐增长、口碑稳定的态势，在票房、类型电影创作、女性群体观照等方面，更是创造出许多重要的电影事件和特质，且在人物塑造、引领社会思考等方面也都有一定的表现，电影创作行业跨界女性导演数量增多。在本研究选取的 8 位导演中，文晏、刘若英、贾玲的处女作产生于 2010~2021 年，且从票房、口碑、社会影响等多方面考量均呈现不俗的突破。

中国女性导演的创作活力真正迸发出来，女性导演创作队伍也进一步壮大和拓展，新人女性导演的力量逐步显现，女性导演群体已经成为一大重要且独特的创作力量。近年来涌现出的女性导演，既在创作上延续了前期中国导演的创作传统，又在新媒体的时代预警之下彰显出女性导演的独特创作风格和新的扩展思路。

三 叙事特质与自主意识表达

女性导演的作品中呈现较为鲜明的个人叙事风格与女性主义色彩，女性导演从独特的女性视角出发，反映社会问题、塑造人物形象，在表达方式上更加细腻，表现出与男性导演不同的叙事特质，同时不断尝试走出传统电影叙事中的"男性凝视"的困境，唤醒女性自主意识。

（一）电影中的叙事——独特的女性视角

1. 传统与反传统的叙事方式

在影片的叙事特点方面，不少影片叙述方式多样，在传统叙述方式的基础上有所创新。《后来的我们》中通过黑白与彩色的交织、过去与现在的闪现，打破传统的叙事结构，以倒叙为主，辅以插叙，同时插入多平行线的顺叙叙述，最后将过去、现在与未来的隔阂打破，使情感超越时空。[①] 而《二次曝光》具有较强

[①] 刘美辰、黄洁茹：《从叙事艺术评析理想与现实的冲突——以〈后来的我们〉为例》，《电影文学》2019 年第 15 期。

的表现主义特征。导演李玉刻意采用了非线性叙事的手法，使情节重复、杂糅。观众更多地跟随摇晃、旋转的镜头感受主观世界，具有高度的个人化、情感性特征，因此也具有割裂、怪异的特点。《你好，李焕英》中母亲生前的故事与晓玲穿越后的情节形成了对立关系。这些反传统的叙事方式，大大拓展了影片的情节和内容，展现出更深层的故事。多条线索交织，给予观众不同的情感体验。

2. 独具特色的符号表征

在符号叙事与意象表达方面，女性导演有着更加细腻的表现手法。在电影《嘉年华》中，文晏采用了多个意象来暗示在伤痕中的女性的成长苦难。英文片名"Angels Wear White"（穿白衣的天使）以及数次出现的白色裙子暗示着男性凝视视角下女性的"纯洁"，这也与幼女遭受侵犯的情节暗合；而在影片中出现的玛丽莲·梦露雕像，从开头被争着合影到被小广告污染，以至于最后被运走，也暗示着女性群体境遇的悲哀。[①]

除此之外，《念念》中没有影子的人，是他们对过去的人的思念；《明月几时有》中反复被吟诵的诗句，是所有人渴望和平、渴望团圆的美好愿景；《后来的我们》中游戏中的伊恩找不到凯莉，世界就没有了颜色，就像林见清没有方小晓的未来……电影通过不同的符号暗示情节走向与人物命运，也牵引着故事的线索，将情节更加紧密地贴合起来。

（二）女性的自我书写——形象建构与扎根社会的深层思考

1. 女性形象建构与自我书写

女性导演的电影中，往往带有浓厚的人文关怀，塑造出不断成长、不断觉醒自我意识的女性形象。她们所塑造的形象背后，往往是其自身作为一名女性，对女性群体、对社会的深层思考，也饱含着导演对女性群体的关怀。张艾嘉在《相爱相亲》中塑造了三代女性形象，挖掘三个不同年代的女性的情感世界，并且展现出她们在面对爱情、婚姻与家庭时的不同选择，从她们对自我命运的认知与反抗中表现出女性主体意识的成长。许鞍华则在《桃姐》中关注了老年女性的生存问题，以温馨的故事唤起了人们对老年女性尤其是在养老院中女性的生存

[①] 屈雅红、邓清予、陈丽：《多重互文性建构的影像世界：〈嘉年华〉的释读》，《南京理工大学学报》（社会科学版）2019年第6期。

状况的关注。《嘉年华》揭露了社会的阴暗面——性侵幼女的黑暗现实，使人们直接面对幼童性侵犯罪问题。除此之外，《无问西东》《明月几时有》表现出青年人在巨大变革中付出青春与热血的故事；《后来的我们》《观音山》《二次曝光》《万物生长》细致地表现了女性在面对爱情、面对生活苦难时的坚韧与成长；《过春天》则以独特的视角，讲述了16岁女孩佩佩"走水"（走私）的青春冒险故事。

作为女性导演，其影片往往带有浓厚的个人色彩，甚至有对自身经历的改编。《后来的我们》中林见清与方小晓的相爱与错过，也是导演刘若英自身的写照，更是无数人的青春剪影；许鞍华导演的《黄金时代》，也是她心中酝酿了20年的作家萧红的故事，是她对那个思想自由、百花齐放的文化"黄金时代"的致敬；《你好，李焕英》更是寄托着贾玲对母亲的思念与追忆，贾玲通过电影中晓玲的穿越，完成了自己对母亲青春年华的美好想象，跨越生死弥合了自己和母亲间的情感，也因此唤醒了观众对母亲情感的再认知[1]。正是导演对角色和故事的深刻理解和体悟，对社会的深层思考，才造就了女性导演们细腻的电影表现，也深深地引起了观众的情感共鸣。

2. 女性自主意识的突破性表达

在传统的电影叙事中，男性是凝视者，而女性始终是被凝视者。女性导演从女性创作者的角度出发，有意构建出偏离传统男性视角叙事的场景，在一定程度上也是女性自我意识的突破。在《过春天》这部电影中，导演有意构建出一个缺失了男性主体的家庭，佩佩和母亲相依为命，而她的父亲组建了新的家庭，不再以传统的父亲形象出现在佩佩的生活中。因此，佩佩生长在一个非传统家庭的、男权意蕴并不浓厚的地方。之后她加入了一个走私组织，领头的是一名女性——"花姐"。所以在佩佩另一个关系密切的初级群体中，整个组织框架是跟随女性掌权者建构起来的。父亲被驱逐出文本之外，而母亲从"母亲"神话中解脱了出来。[2] 这样一个男权色彩并不浓厚的环境，也为电影的女性自主意识呈现提供了切入点，从女性主体的角度来凝视男性。而在影片的更多地方，则充斥着女性之间的对抗：佩佩和Jo抢夺男友，Jo对佩佩人身攻击，双方不对等的关

---

[1] 周启来：《从边界视角看〈你好，李焕英〉的情感表达》，《戏剧之家》2021年第30期。
[2] 徐雅宁：《〈过春天〉：女性成长的书写与女性书写的成长》，《电影新作》2019年第5期。

系使佩佩一直想要反抗和斗争；佩佩潜意识里对只依附于男性的母亲不满，对凭借自身能力赚钱的花姐充满敬佩。在影片的结尾，佩佩和自己的母亲达成了和解，佩佩逐渐体谅了母亲的难处，带母亲去了从没去过的香港；母亲也原谅了佩佩的过错。影片以放归鲨鱼的场景结束，电影中每个人物的生存困境却仍在继续，如何与自己所处的困境抗争，也是每个女性的成长议题。

女性导演每一部影片中都包含着其对女性当下境遇的关切，也表现出女性自我意识的觉醒与进步。电影中的女性角色最后突破自我、走向新生，也启发着荧幕前的观众突破男权社会的凝视机制，觉醒自我意识，真正成为自己。女性导演用细腻的镜头语言与表达方式，讲述女性在不同人生阶段受到的苦难和伤痕，进而探索女性的生存与成长空间，为女性提供可能的突破路径与精神家园。

四 成功逻辑分析

（一）分析指标说明

本研究从票房和口碑两个维度入手，选取部分优秀作品，并从影片的外因如营销策略、上映时期等，以及影片的内涵如影片主题、影片叙事特质、影片人物形象、影像风格等多个角度，全方位探究优秀影片的成功逻辑。

根据上文分析，在本研究选定的8位女性导演及13部影片中，票房排名前三的是《你好，李焕英》《后来的我们》《无问西东》；口碑排名前三的是《桃姐》《相爱相亲》《嘉年华》，《你好，李焕英》也紧随其后。基于此，本研究将对《后来的我们》和《无问西东》两部影片成功的外因进行探究；并对《桃姐》《相爱相亲》《嘉年华》的影片内涵进行分析；最后以《你好，李焕英》为例，对"叫好又叫座"的票房口碑双赢现象进行剖析，总结优秀影片的成功逻辑。

（二）热映影片外因探究

在快节奏、碎片化、网络短视频普及的数字媒体时代，影片不叫好却叫座的现象并不罕见。除了影片内容和质量本身，营销和宣发也是电影上映过程中不可或缺的步骤，而新媒体则为电影的宣传提供了一个更广阔的营销平台。当下，

"行销大于制作"的理念在一定程度上被业界默认。21世纪以来,不少女性导演商业化创作道路的成功离不开一定程度的营销宣传。

1. 数字"微内容"与情怀推广

"微内容"一词最早由尼尔森-诺曼集团的主要负责人雅各布·尼尔森(Jakob Nielsen)提出。他对"微内容"的最初定义是网站页面上比较醒目的、用来引起特别注意的、对网站的信息构建起特殊作用的小块或小点。[①] 观众对电影"微内容"的需求从未停止过,甚至比对完整电影的需求量更大。吸引观众去看某个影视剧的契机往往是某个画面、某个短视频剪辑、某句台词、某个演员镜头等"微内容"。《后来的我们》抓住"青春""回忆"等关键词打出"感情牌";《无问西东》则紧扣"清华大学100周年校庆"这一创作初衷与契机,将"立德立言,无问西东"的校歌改编,利用微博、抖音等进行"微内容"推广与情怀营销,将爱情、友情、青春溶解在家国情怀的大背景里,实现了较好的传播效果。

2. 音乐与明星营销

《后来的我们》影片名取自五月天的同名歌曲,片名拆开来看,又成了刘若英自己的歌曲《后来》与陈奕迅的歌曲《我们》。早在营销初期,各大社交媒体平台就开始集中发布"刘若英再唱《后来》,屏幕前为青春流泪的是你吗",借助歌曲带动电影宣传。《无问西东》主创团队则邀请在年轻人群体中颇受欢迎的毛不易创作宣传曲《无问》,标榜"毛不易用音乐书写观后感"。除此之外,主创团队在上映前召开新闻发布会,让各主演聚在一起,并在预告片中将章子怡、黄晓明、王力宏、张震和陈楚生五大主演的片场花絮及对所饰角色的理解与感悟剪辑播出,借助明星来演绎和宣传,符合大众的娱乐心态。

(三) 优秀影片内涵分析

1. 主题表达:边缘关注与人文关怀

《桃姐》讲述了一个生长于大家庭的少爷罗杰与自幼照顾自己长大的家佣桃姐之间的"特殊母子情",许鞍华将镜头对准被主流社会习惯性忽视的老年人群体,记录这些老人平凡的生活细节,显现出人间温情。《相爱相亲》呈现了三代

[①] 引自 http://lorrycn.bokee.com/5804796.html。

女人的爱情故事,她们在剧情展开中重新认识并理解了彼此。《嘉年华》则聚焦幼女被性侵的社会现象。三部影片的主题各不相同,但都具备强烈的人文关怀和对现实社会的观照。三位女性导演或将目光投射到容易被忽略的社会群体,呈现边缘群体的生活现状,折射人间温情;或聚焦生活与家庭细节,在平缓细腻的表达中挖掘容易被人们忽视的日常情感;或揭示社会乱象与人间百态,对当代社会带给女性的偏见和伤害进行反思与批评,向人们及社会发出警示。

2. 叙事特质与人物塑造:女性面临的生活困境

《桃姐》《相爱相亲》《嘉年华》都以女性角色面临的生活困境为叙事主线或剧情关键转折点。作为香港底层的劳动女性,桃姐的人生是香港社会众多底层女性的缩影。在她身上演绎的是"近似于无的日常悲剧",普遍却又无奈。许鞍华在叙事时努力呈现小人物安于天命、随遇而安的生活态度,也表达了绝大多数普通人对生活价值的理解——包容命运,努力生活,但包容也抹不去这些底层女性辛苦操劳并孤独无依的人生悲情。

《相爱相亲》围绕阿祖、慧英与薇薇三代女性关于慧英之父岳子福的坟该不该迁的矛盾展开,并由此引发了一系列的戏剧冲突。影片反映了在传统的男权话语体系下不同代际的女性面对爱情、婚姻和家庭的艰难选择和迷茫求索。劳拉·莫尔维曾指出,"奇观与叙事之间的分离,支持着男性作为推动故事向前发展的角色,男性成为促使事件发生的主动者。男人控制着电影的幻想,在更深层的意义上还显现为权力的表征"。[①] 慧英之父岳子福在影片里虽然仅仅是遗像中一个"微笑且沉默的在场",但他的身份地位却操控着整个影片的进程,并影响着影片中三代女性对于自己身份的建构和认同。

《嘉年华》围绕着被压迫的女性、反抗的女性和被边缘化的女性展开叙事。小文和新新在少女时代被刘处长强行占有,作为被伤害和压迫的女性,她们孤独、恐惧却无力反抗。郝律师则是反抗的女性,她对小文和新新被性侵的案件竭尽全力,替无法发声的女性伸张正义。而在旅馆打工的小米是被边缘化的女性,她漂泊在各个城市,残酷的现实社会教会了她冷漠和自保,直到被刘处长的打手暴打后,她将视频交给郝律师,帮助同样受到欺负的女孩维权。小米从隐瞒到说

[①] 〔英〕劳拉·穆尔维:《视觉快感与叙事电影》,载杨远婴主编《外国电影批评文选》,世界图书出版公司,2011,第 527 页。

出真相，是女性自我意识成长的过程。小米最终做出的反抗，也代表着导演文晏审视社会现实的女性立场。

3. 影像风格：细腻的情感与诗意的隐喻

《桃姐》中的情绪表达总是克制而平缓的，许鞍华甚至把多数影视剧中作为重头戏来演绎的生死离别场景都巧妙隐去了。即便是在桃姐病逝的时候，情感表达也是自然而平静的，没有刻意渲染的悲恸或煽情，只有静静的无奈和坦然。而在众多展示时代变革、伦理冲突的作品中，《相爱相亲》显得独特且温情脉脉。张艾嘉一边含蓄而讽刺地折射男权社会的现实，一边又在充满戏剧矛盾和张力的剧情中塑造出温暖的人物关系和琐碎真实的生活细节。《嘉年华》则借助"梦露雕像"的意象来象征女性的身体及性别，小米对"梦露"的窥探意味着对女性身体和性别的探寻，也是对"自我"的发现与确认。影片的末尾，小米从接客的房间里逃走，骑车驰骋在路上，被拆卸的梦露雕像被卡车拉着从她身边呼啸而过，伴随音乐鼓点将全片推向高潮。文晏克制而含蓄地将现实悲剧"诗意化"处理，梦露走了，刘处长被绳之以法了，但小米仍然对未来充满迷茫。男权社会下的弱势女性群体该何去何从？这些隐喻和表达给观众留下无限的思考空间。

（四）票房口碑双赢案例剖析

2021年春节档电影《你好，李焕英》获得了票房与口碑的双丰收，导演贾玲以53.13亿元的票房一举成为中国影史票房最高的女性导演。分析其成功的逻辑，本研究认为主要有以下三点。

1. 悲喜交织引受众共情

《你好，李焕英》在喜剧形式的外壳下包裹着真情和泪点。影片由同名小品改编而成，电影的布景与转场、整体情节设置、演员的表演与台词等都充满喜剧小品的特质。一些"接地气"的情节如沈光林在游船过程中吃坏肚子、贾晓玲假扮盲人帮李焕英买到电视机等，都是观众的笑点，让影片雅俗共赏、贴近受众。同时，影片还使用了悲剧元素升华主题、制造泪点，让观众对亲情和家庭的话题产生共情与反思。当母亲因意外而病逝，贾晓玲在病床前遗憾痛哭时，观众对"子欲养而亲不待"的情感共鸣、对亲人生死离别的不舍情绪被充分调动。一句"下辈子换我来当妈"的台词，也道出无数儿女的心声。

2. 恰逢时机的上映节点

除了过硬的内容保障，春节档这一时机也为《你好，李焕英》助力不少。一方面，节假日时期的观影人数和票价本就超出普通档期，加之人们被疫情压抑许久的观影热情集中爆发，2021 年整体春节档影片的关注度和流量都高出往年。据相关统计，"大年初一，全国超 3400 万观众走进电影院，当日票房超 17 亿""截至 2 月 17 日 22 时，2021 春节档观影人次突破 1.6 亿，累计票房突破 78 亿"，《你好，李焕英》创造了中国影史春节档累计票房新纪录。[①] 相比春节档其他影片，《你好，李焕英》所提供的正向愉悦与轻松娱乐，更适宜节庆之时合家观赏。

3. 口碑传播与受众黏合力

除了对内容与时机恰到好处的把握，《你好，李焕英》在营销宣传方面也下了不少功夫。不管是上映前在各大社交媒体平台以及影院广告的密集投放，还是上映后召集圈内明星好友输出观后感形成"好评气候"，主创团队深刻地把握住了口碑传播的重要性，在春节档其他影片的一片吐槽声中成为一股"清流"。

同时，各大主演不断输出话题，提升了影片整体讨论度。主演贾玲和张小斐在现实生活中的友谊故事打动了不少观众，贾玲在《王牌对王牌》等综艺节目中的表现，无形中提升了其在大众心目中的好感度，也自然而然地积累了"路人缘"，形成正向循环。

五　困局与突破

由于电影行业在产业结构、商业结构、劳动力结构等方面都形成了以男性为主导的传统，女性导演在电影实践中面临着许多性别困境，这也使女性导演在团队统筹与资源获取上面临比男性更大的阻碍。女性导演既面临来自外部环境的种种压力，又要实现作品本身的突破。

（一）商业化父权结构下的女性"边缘化"

在以好莱坞为代表的电影工业形成过程中，电影成为迎合男性思维与视角的

[①] 张洪波：《〈你好，李焕英〉成为"黑马"的 N 个理由》，《大连日报》2021 年 2 月 26 日，第 14 版。

父权产业，男性占据着主导地位，导演和摄影师常常由男性担任，而女性则多数被限定在摄影机前。多数女性形象服务于父权社会文化下的男性视角和功能意义，如大地母亲、贞女、浪女等，而很少有自主的女性形象。劳拉·穆尔维的"凝视"（gaze）概念，揭示了主流商业电影工业中经典的叙述机制：男人在欲望动力之下对女性进行凝视，并将其投射在电影叙事与镜头语言中。电影产业结构中的父权主导机制，让女性在电影艺术中处于"边缘化"地位，常常面临性别歧视，这种以男性为主体的产业结构给女性介入电影行业带来一定困难，而长期处于商业化父权文化电影下，观众也会习惯于接受潜藏着父权意识的男性凝视。[1]

（二）电影实践中的性别困境

电影是团队作品，从筹备、拍摄、后期制作到发行，都需要高强度的合作。而电影行业中，缺席的不仅有女性导演，还有女摄影师和后期人员。2020年百大卖座电影的幕后人员中，女性占比为21%，2019年占10%，2018年占16%。[2] 电影行业中长久以来的性别困境让女性导演在协调庞大团队与统筹资源时面临一定阻碍。

刻板印象、性别歧视让女性导演在获取投资时也面临困难。传统的好莱坞电影公司在投资时会更倾向于男性导演，它们认为女性导演没有操控全局、指导大型动作片的能力，或是其女性视角不适合当下的文化主流，会削减商业元素。女性导演多数被打上爱情故事、家庭故事、边缘化、小成本小制作的标签。在被边缘化和主动边缘化的博弈中，许多女性导演走上了小成本独立电影包括纪录片的道路。在中国，大资本时代以前，很多女性导演有机会发展自己的电影艺术，出现了具有不同程度的世界知名度的女导演诸如黄蜀芹、张暖忻、李少红、胡玫、宁滢、王君正、王好为、广春兰等。[3] 而电影厂完成完全市场化的转变后，投资方重视迎合父权思维主导的商业化市场。女性导演走向了与商业化融合的道路，国产小妞电影也随之出现。然而，女性导演作品虽然逐渐走向主流，但"在商

---

[1] 孙峰：《"凝视"理论与女性主义电影研究》，《电影文学》2018年第24期。
[2] Martha M. Lauzen, "The Celluloid Ceiling: Behind-the-Scenes Employment of Women on the Top 100, 250, and 500 Films of 2020", Ph. D., 2020.
[3] 戴锦华：《不可见的女性：当代中国电影中的女性与女性的电影》，《当代电影》1994年第6期。

业大潮的裹挟中，第四代女导演所开创的深具人文气质的女性电影却消弭殆尽"。① 部分女性导演指导的商业片更是回到了迎合父权社会文化、固化女性形象的窠臼中。

（三）聚焦人性，弱化性别——女性导演电影的自我突破之路

女性导演面临的困境一方面来源于外部环境的压力，另一方面则来自作品自身及视角的受限。著名女性导演黄蜀芹曾说："我认为的女性电影，就是在人们习惯房间坐南朝北，窗子永远朝南的地方开一扇向东的或向西的窗。这另一扇窗让我们看见不一样的风景。"强调女性导演的表达，根本上是在强调对男性社会建构的反叛，是从单一标准中解放出来，而不是局限于女性本身。女性导演电影更应该反映女性艺术家对社会不同的观察，是拒绝刻板印象的创作，因此，女性导演的困局突破即是要破除性别限制本身。

强调性别本身就是一种歧视，在性别平等的环境下"女导演"一词的意义反而会消解。正如丹麦女性导演罗勒·莎菲强调的"我是导演，不是'女导演'"。细腻感性不是女性的专利，激情热血也不仅是男性的特质。一些女性导演及作品独具男性特质，如《拆弹部队》的导演凯瑟琳·毕格罗、《无依之地》的导演赵婷，而女性自身就是千差万别的。因此，要实现女性导演电影的突破，就应为其提供越来越多样化的类型发展空间：女性导演既不需要"扮演成男性"，隐藏性别特征而迎合主流商业化需求，成为"花木兰"式的社会角色；也不必耽于女性特质，陷入固化的性别立场当中。女性艺术家将女性主体经验代入作品，为电影行业提供女性观察社会的视角，从而带来更广阔的视野。女性导演需要电影行业更多的理解与支持，电影行业也需要女性视角的介入来拓宽视野。破除性别限制，不仅是女性导演电影自我突破的道路，也是未来电影发展的必由之路。

六 结语

近年来，女性导演群体的壮大和新一代女性导演的涌现，给中国女性导演电

---

① 周夏：《人格·身体·存在——中国当代女导演电影分析（1978—2012）》，《当代电影》2013年第1期。

影注入新的动力。新一代女性导演更加观照独特的女性视角表达，通过突破传统叙事节奏风格和符号暗示，塑造出凝视与反凝视维度下多层次、大突破的女性群体形象，涵摄当今社会女性的成长议题。然而现今的女性导演电影仍然没有摆脱商业化父权结构下女性"边缘化"的地位，性别困境仍是女性导演创作的一大阻碍。基于此困局，女性导演也从制作和宣发两个环节突围，注重以数字"微内容"、明星辐射的融媒介传播路径为主要宣传阵地，加强对电影本身主题、叙事、人物形象和影像风格的把握。

本研究主要以13部女性导演电影为案例进行分析研究，其特质和趋势分析广度难以涵盖行业整体，但以此为代表的女性导演电影困境却具有普遍性。女性导演既需要社会更多的支持，也要突破性别限制，实现更加多样化的发展，在实现自我突破的同时为电影行业的发展拓宽路径。

（指导教师：罗自文）

盲盒经济下的消费心理探究及市场问题分析

王奕雯　沈涵月　孙依诺淇　王明溪　简　涛[*]

摘　要　随着我国经济的迅速发展，人们越来越多地开始关注精神文化消费。近年来，随着盲盒经济迅速发展，盲盒消费已从一种产品购买行为发展为一种全新的营销模式。盲盒经济为消费市场带来了新的活力，为消费者提供了新的体验。但与此同时，盲盒市场缺乏监管和规范，商家虚假宣传、以次充好等乱象频发，往往还会导致消费者非理性消费行为的发生。本文通过传统问卷调查的方法，并结合统计学知识建立无序多分类 Logistic 回归模型，剖析了消费者购买盲盒时的消费心理，探究了盲盒消费行为与意愿的影响因素，并对盲盒市场存在的问题进行了分析，提出了相关建议。

关键词　盲盒经济；盲盒市场；消费心理；Logistic 回归模型

一　研究背景与意义

盲盒是指消费者在购买前无法提前得知产品具体款式的盒子。近年来盲盒类产品种类日渐繁多，盲盒消费已从一种简单的产品购买行为，发展成一种全新营

---

[*] 王奕雯，应用经济学院2019级本科生；沈涵月，商学院2019级本科生；孙依诺淇，商学院2019级本科生；王明溪，商学院2019级本科生；简涛，应用经济学院2020级本科生。

销模式，涉及的领域从最初的玩具扩展到了餐饮、美妆、文具、图书等行业。现阶段，盲盒在我国年轻消费群体，尤其是在"Z世代"①中具有很高的热度。艾媒咨询的调研报告显示，2019年中国潮玩市场规模为204.7亿元，同比2018年增长了71.3%，而2020年12月上半个月，盲盒及衍生品的平台成交额是11月同期的2.7倍。②在盲盒经济呈爆发式增长的同时，盲盒网络社区、二手平台也在火热发展，但盲盒市场尚不成熟，缺乏较为系统的行业规范和监管。

现有的文献采用了不同的视角与分析方法探究盲盒市场。有部分学者针对消费者购买盲盒的消费心理进行了探究：王泰友、毕素梅认为，盲盒市场火热的原因在于精准地抓住了目标人群的消费心理，其中包括好奇心理、博彩心理、社交心理等③；韩欣悦则从行为经济学的视角，依据从众心理、攀比心理等心理学理论分析了盲盒受到消费者欢迎的原因④；池晨宇、胡永铨通过细致的分析得出消费者购买盲盒受到体验心理、不确定与赌博心理、从众心理、投资心理驱使的结论⑤；王帝钧、周长城认为，盲盒消费中埋藏着情感消费的内核，主要从精神层面分析了消费者购买盲盒的理由以及盲盒消费的影响因素⑥；曾昕对盲盒消费者进行了专访，提炼出盲盒作为"亚文化"的一种对青年人的情感慰藉⑦。

另一部分学者针对盲盒市场的现状和发展进行了思考：常榕莎、王文慧根据传播学理论分析了盲盒背后的消费心理，并据此为盲盒经济未来的发展指出了可能的发展方向⑧；朱斌认为，盲盒市场目前仍没有较为系统的规范和监管，盲盒产品质量参差不齐、虚假宣传、过度营销等问题不断涌现，因此需要建立标准化的管理机制⑨。另有学者用实证分析的方法验证盲盒消费的影响因素：张泽远通

---

① "Z世代"指1995~2009年出生的一代人。
② 艾媒咨询：《2020年中国盲盒行业发展现状及市场调研分析报告》，《国际品牌观察》2021年第8期。
③ 王泰友、毕素梅：《潮流玩具"盲盒"的营销模式》，《现代商业》2021年第23期。
④ 韩欣悦：《从行为经济学视角看盲盒经济之谜》，《商讯》2019年第27期。
⑤ 池晨宇、胡永铨：《基于消费者消费心理的盲盒传播机制研究》，《现代商业》2021年第18期。
⑥ 王帝钧、周长城：《盲盒消费：当代青年消费生活方式的新现象》，《甘肃社会科学》2021年第2期。
⑦ 曾昕：《情感慰藉、柔性社交、价值变现：青年亚文化视域下的盲盒潮玩》，《福建师范大学学报》（哲学社会科学版）2021年第1期。
⑧ 常榕莎、王文慧：《消费主义视角下"盲盒热"传播现象探析》，《传播与版权》2020年第9期。
⑨ 朱斌：《盲盒经济的标准化探索》，《中国标准化》2021年第19期。

过建立 Logistic 回归模型分析了消费者对盲盒的购买意愿及其影响因素[1]；闫幸、吴锦峰通过问卷调查法收集了盲盒消费者的样本信息，深入分析了顾客体验对于消费者重复购买盲盒的影响[2]。

总的来说，目前学界对盲盒的研究多属于阐释性文章，大多用理论知识解释盲盒经济，不仅缺少数据支撑的定量研究，也缺少基于具体研究方法进行的定性研究。因此本文将在传统问卷分析法基础上，建立 Logistic 回归模型，将理论结合实践，分析盲盒经济创造迎合了消费者的哪些需求，又将哪些需求映射到了消费行为之中，根据研究结果针对盲盒市场的现状和发展进行探讨并提供建议。

二 消费心理探究

心理学中马斯洛需求层次理论建立了人类需求的五级模型[3]，当生理需求和安全需求基本满足，消费者就会开始追求情感需求和自我实现需求的满足。随着我国国民经济的高速发展，人民日益增长的美好生活需求让我国消费者愈加注重产品质量及其背后的情感满足。盲盒产品本身并不是盲盒消费最关键的部分，其带来的情感满足才是盲盒消费者追求的，盲盒经济也因此能顺应时代的潮流不断发展。

（一）问卷收集与分析

本文采取向大学生与其他社会人群发起线上问卷的形式，共收集到了 304 份问卷。进行有效性与可信度的筛选之后，剔除了 8 份无效问卷，最终采纳了 296 份问卷，本次问卷调查综合有效率为 97.37%。

1. 基本信息

本次问卷的受访者有 114 名男性和 182 名女性，年龄从 16 岁到 60 岁不等，主要集中在 25 岁以下的年轻人。所有受访者中有 144 人表示曾购买过盲盒产品

---

[1] 张泽远：《基于 Logistic 回归模型的盲盒类产品消费者购买意愿研究》，《中国市场》2020 年第 25 期。
[2] 闫幸、吴锦峰：《盲盒顾客体验对消费者重复购买意愿的影响》，《中国流通经济》2021 年第 7 期。
[3] 其通常被描绘成金字塔形的等级：从层次结构的底部向上，需求分别为生理需求、安全需求、情感需求、尊重需求和自我实现需求。

（下文称这部分受访者为"盲盒购买者"）。而谈到对盲盒的了解程度，在购买过盲盒的 144 人中，有 15.2% 人表示非常了解，69.4% 人表示较为了解；反观未购买过的人群中，非常了解盲盒的人数为 0，比较了解的也只占 21.9%。可见，购买过盲盒的消费者对盲盒有更多了解。

受访者选择购买或不购买盲盒的原因如图 1、图 2 所示。

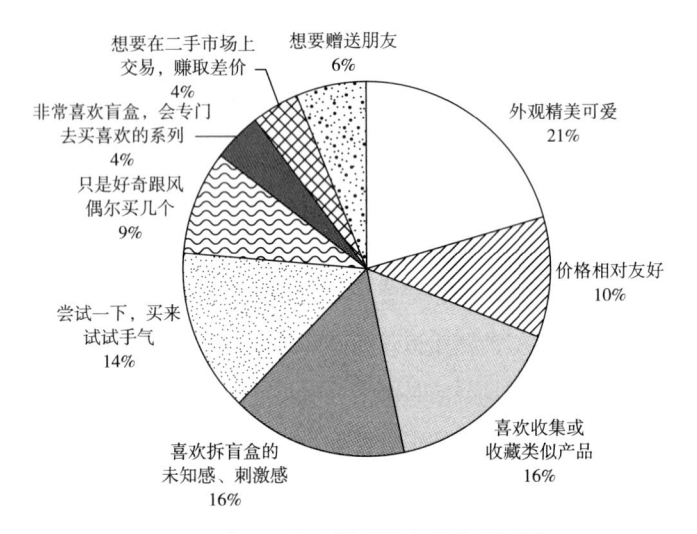

图 1　购买过盲盒的受访者的购买原因

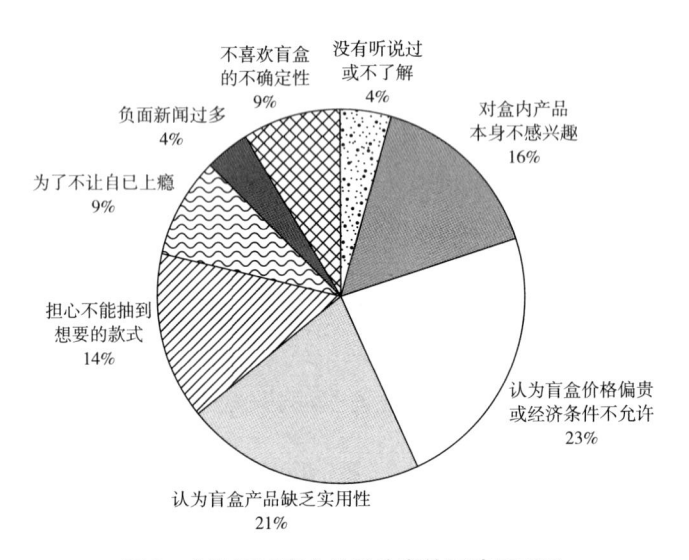

图 2　未购买过盲盒的受访者的不购买原因

2. 盲盒产品本身

盲盒产品精美的外形设计和具有文化内涵的 IP 可以满足消费者两种精神需求：审美追求与文化追求。从目前的市场来看，强调 IP 与外观的运营模式是成功的，以泡泡玛特为例，其排名前七的 IP 贡献了该企业超八成的收入。[①] 结合问卷结果，从图 1 中也可以发现，有 21% 的盲盒购买者会出于盲盒产品本身的精美外观而购买盲盒。而深入探究发现分别有 62.16%、40.20% 的受访者在选购盲盒时会考虑盲盒产品的外形和 IP。文化产品结合盲盒的营销模式，给消费者带来特殊的精神慰藉，使盲盒产品成为一种精神寄托，消费者也乐意为之买单。

3. 盲盒传播方式

无论线上还是线下，盲盒经济都能够满足相当一部分消费者的社交需求。盲盒消费者常会将拆到的盲盒与朋友分享；盲盒网络社区也为盲盒消费者提供线上交流的平台；还有盲盒分享博主凭借其大量的盲盒收藏拥有很多粉丝和较大流量。一些盲盒消费者会因此产生攀比心理，引发炫耀性消费，催生更多的盲盒消费行为与分享行为。从图 1 中可以看到，有 9% 的盲盒购买者因为好奇跟风购买了盲盒，有 14% 购买盲盒也只是为了尝试一下。在这样火热的"盲盒热潮"中，没有购买过盲盒的人也能够在短时间内认识、了解盲盒，部分消费者便容易因从众心理而产生购买欲望。

4. 盲盒销售形式

从盲盒的销售形式来看，消费者不能直接选择款式，要抽中喜欢的款式有一定的概率。如图 1 显示，有 16% 的盲盒购买者喜欢拆盲盒的未知感和刺激感。盲盒带有不确定性的销售形式，正是瞄准了消费者追求未知和刺激的心理，也抓住了消费者的博彩心理。抽中心仪的款式就如彩票中奖，此时消费者不再是理性经济人，有时还会产生翻本效应[②]：一些消费者对沉没成本深深眷念，反复购买盲盒直至得到自己想要的款式。对于"按现有价格直接选择想要的款式购买"还是"仍选择以盲盒的模式购买"的选择，即"明盒"还是"盲盒"的问题，有 74.0% 的人选择了前者，只有少数人选择了后者。表明盲

[①] 石煜桐：《盲盒疯狂销售下的经济分析》，《全国流通经济》2021 年第 19 期。
[②] 也叫赌徒效应，指在赌场中输钱的赌徒比赢钱的赌徒更容易往赌场中投钱。

盒的未知性质在一定程度上对消费者也是一种"路障",阻碍了消费者直接购买想要的款式,但也有一部分人确实享受这种模式带来的不确定性与刺激感。另外,抽中概率极小的隐藏款①,往往在二手市场上有很高的价格,这进一步激发了一些消费者的博彩心理,还会引发部分消费者的投资心理,图1显示有4%的盲盒购买者有在二手市场赚取差价的想法。此外,盲盒往往以系列的形式推出,会触发消费者在体验经济中的集邮心理,产生重复购买行为。对于问卷中"是否存在想要收集整套盲盒"这一提问,有54.8%的受访者认为存在。从图1也可以发现,有16%的盲盒购买者会因为喜欢收集或收藏而购买盲盒产品。

总结来看,盲盒经济中各环节瞄准的消费心理如图3所示。

图3 盲盒经济各环节瞄准的消费心理

(二) Logistic 模型建立

1. 变量选择

本文模型选择消费者购买盲盒的行为与意愿作为因变量,选取受访者的基本信息、购买盲盒的考虑因素、购买盲盒的心情与感受三个方面的共18个指标作为自变量,变量赋值见表1。

---

① 以泡泡玛特盲盒产品为例,隐藏款的抽中概率大多为1/144。

表 1 受访者的盲盒购买意愿及影响因素赋值

分类	变量	变量名	赋值
因变量	购买行为与意愿	Y_1	购买过=1、未购买过有购买意愿=2、未购买过无购买意愿=3*
基本信息	性别	X_1	男=1、女=2*
	年龄**	X_2	连续变量
	月收入	X_3	小于3000元=1、3000~6000元=2、6000~9000元=3、9000~12000元=4、大于12000元=5*
	职业	X_4	学生=1、个体=2、专业人士（如教师、医生、律师）=3、企业职员=4、公务员=5、自由职业者=6、无业=7*
	所在城市	X_5	一二线城市=1、非一二线城市=2*
	对盲盒的了解	X_6	非常了解=1、较为了解=2、较为不了解=3、完全不了解=4*
购买盲盒的考虑因素	盲盒性质***	X_7	考虑=1、不考虑=2*
	品牌	X_8	考虑=1、不考虑=2*
	价格	X_9	考虑=1、不考虑=2*
	品质	X_{10}	考虑=1、不考虑=2*
	颜值	X_{11}	考虑=1、不考虑=2*
	IP	X_{12}	考虑=1、不考虑=2*
	前景	X_{13}	有=1、不确定=2、无=3*
购买盲盒的心情与感受	紧张焦虑	X_{14}	有=1、无=2*
	兴奋刺激	X_{15}	有=1、无=2*
	满足	X_{16}	有=1、无=2*
	继续购买的欲望	X_{17}	有=1、无=2*
	后悔	X_{18}	有=1、无=2*

注：* 表示参照水平；** 年龄为连续型标度变量，此外的17个自变量皆为分类变量；*** 表示盲盒产品的未知性质，"不考虑"表示受访者更愿意"按现有价格直接选择想要的款式购买"，"考虑"表示受访者更愿意"仍选择以盲盒的模式购买"。

2. 模型建立

建立以消费者购买盲盒的行为与意愿为因变量的无序多分类 Logistic 回归模型，因变量分为三个类别：购买过、未购买过有购买意愿、未购买过无购买意愿。以未购买过无购买意愿为参照，将无序多分类 Logistic 回归模型转化为两个二元 Logistic 回归模型，分别为：

$$\text{Logit } P_{\text{购买过/未购买过无购买意愿}} = \ln\left[\frac{P(Y = \text{购买过} \mid X)}{P(Y = \text{未购买过有购买意愿} \mid X)}\right] \quad (8)$$

$$= \beta_{\text{购买过}0} + \sum \beta_{\text{购买过}j} X_j$$

$$\text{Logit } P_{\text{未购买过有购买意愿/未购买过无购买意愿}} = \ln\left[\frac{P(Y = \text{未购买过有购买意愿} \mid X)}{P(Y = \text{未购买过无购买意愿} \mid X)}\right] \quad (9)$$

$$= \beta_{\text{未购买过有购买意愿}0} + \sum \beta_{\text{未购买过有购买意愿}j} X_j$$

其中，$\beta_{\text{购买过}0}$、$\beta_{\text{未购买过有购买意愿}0}$是两个回归模型对应的常数项，$\beta_{\text{购买过}}$、$\beta_{\text{未购买过有购买意愿}j}$是两个模型中自变量的回归系数。

3. 数据预处理与单因素分析

在建立 Logistic 回归模型之前，先对各自变量与因变量进行单因素分析，本文选择交叉表分析的方法，并采用卡方检验。

由表 2 可知，基本信息中年龄、月收入、职业、所在城市和对盲盒的了解 P 值<0.05，皆与消费者购买盲盒的行为与意愿有关；在购买盲盒的考虑因素中，颜值和前景同购买行为与意愿有关；在购买盲盒的心情与感受中，兴奋刺激、满足、继续购买的欲望、后悔的心情同购买行为与意愿有关。其余因素 P 值>0.05，无统计学意义。

表 2　问卷受访者盲盒购买行为与意愿的影响因素交叉表分析

变量	χ^2	P	变量	χ^2	P
性别	2.536	0.281	品质	1.034	0.596
分段年龄*	27.380	0.000	颜值	17.937	0.000
月收入	25.912	0.001	IP	0.111	0.946
职业	24.055	0.020	前景	34.247	0.000
所在城市	6.965	0.031	紧张焦虑	0.402	0.818
对盲盒的了解	141.697	0.000	兴奋刺激	9.919	0.007
盲盒性质	4.759	0.093	满足	8.957	0.011
品牌	1.544	0.462	继续购买的欲望	8.777	0.012
价格	0.149	0.928	后悔	23.355	0.000

注：*年龄为连续型变量，在该分析中暂时将年龄合并分类。

4. Logistic 回归分析

本文选择后退法对变量进行筛选以建立最优模型，过程模型较多，本文不予展示，只展示最终结果的最优模型并对该模型进行分析。依次剔除价格、满足等因素[①]后，最终得到包含年龄、月收入等 6 个自变量的 Logistic 回归模型，参数估计见表 3。在模型似然比检验中，6 个因素 P 值皆小于 0.05，表明这 6 个因素在 95% 的置信区间上对消费者购买盲盒的行为与意愿有显著的影响。

表 3　盲盒购买行为与意愿无序多分类 Logistic 回归参数估计

二元 Logistic 回归模型（1）购买过/未购买过无购买意愿					二元 Logistic 回归模型（2）未购买过有购买意愿/未购买过无购买意愿				
变量	$\hat{\beta}$	SE	P	OR	变量	$\hat{\beta}$	SE	P	OR
截距	0.813	1.821	0.655	—	截距	-2.420	1.773	0.172	—
年龄	-0.104	0.042	0.015	0.901	年龄	-0.037	0.033	0.272	0.964
月收入=1	-1.137	1.125	0.312	0.321	月收入=1	-0.680	1.088	0.532	0.507
月收入=2	-1.103	1.067	0.301	0.332	月收入=2	0.666	1.024	0.516	1.946
月收入=3	0.958	1.131	0.397	2.608	月收入=3	1.702	1.083	0.116	5.483
月收入=4	0.971	1.240	0.433	2.641	月收入=4	1.632	1.164	0.161	5.117
月收入=5	0	—	—	—	月收入=5	0	—	—	—
了解=1	21.774	7664.5	0.998	2.86E9	了解=1	1.571	0.000	—	4.811
了解=2	2.207	0.616	0.000	9.086	了解=2	2.230	0.894	0.013	9.301
了解=3	-1.729	0.620	0.005	0.178	了解=3	1.683	0.843	0.046	5.380
了解=4	0	—	—	—	了解=4	0	—	—	—
前景=1	2.964	0.806	0.000	19.39	前景=1	2.076	0.763	0.007	7.970
前景=2	1.989	0.718	0.006	7.310	前景=2	1.681	0.672	0.012	5.371
前景=3	0	—	—	—	前景=3	0	—	—	—
兴奋刺激=1	1.262	0.445	0.005	3.532	兴奋刺激=1	0.565	0.412	0.170	1.759
兴奋刺激=2	0	—	—	—	兴奋刺激=2	0	—	—	—
后悔=1	-0.939	0.435	0.031	0.391	后悔=1	-1.064	0.396	0.007	0.345
后悔=2	0	—	—	—	后悔=2	0	—	—	—

该模型的似然比检验中 $\chi^2 = 236.298$，P 值<0.001，说明该回归模型拟合程度良好，具有显著性；模型拟合优度 Pearson 的 $\chi^2 = 464.340$，P 值 = 0.310 > 0.05，也说明该回归模型的拟合程度良好。该模型预测结果与实测结果的正确百分比达到 72.6%，说明该回归模型能较准确地反映自变量因素对因变量的影响。

[①] 详细剔除顺序为：价格、满足、品牌、品质、职业、紧张焦虑、性别、IP、所在城市、颜值、盲盒性质、继续购买的欲望。

模型最终选取了6个因素建立最优回归模型，6个变量皆在 $\alpha=0.05$ 的水平上具有显著性。本文只选择了这6个因素进行回归分析，并不表明利用后退法剔除的12个因素与消费者购买盲盒的行为与意愿毫无关系，只表明其相关关系在本次问卷数据下建立的 Logistic 回归模型中不具有较高的显著性。在交叉表的单因素分析中我们可以看到至少有11个因素是与购买行为和意愿有关的。

结合表3中的回归系数和 OR 值，自变量与因变量的具体关系解释如下。

以"未购买过无购买意愿"为对照，"购买过"的二元 Logistic 回归模型结果显示：在 $\alpha=0.05$ 的水平上，年龄、对盲盒的了解、前景、兴奋刺激、后悔5个变量与消费者购买盲盒的行为和意愿有关；年龄越小的消费者有意愿并购买盲盒的可能性越高；对盲盒了解的消费者有意愿并购买盲盒的可能性比不了解的消费者更高；认为盲盒有前景的消费者和不确定是否有前景的消费者相较于不看好盲盒前景的消费者，都有更高的购买意愿；购买或假设购买盲盒时，有兴奋刺激的心情与感受会提高消费者购买盲盒的可能性和购买意愿，而有担心会后悔的心情与感受则会降低消费者购买盲盒的可能性和购买意愿。

以"未购买过无购买意愿"为对照，"未购买过有购买意愿"的二元 Logistic 回归模型结果显示：在 $\alpha=0.05$ 的水平上，对盲盒的了解、前景、后悔3个变量与消费者购买盲盒的行为和意愿有关；对盲盒较为了解或较为不了解的消费者相较对盲盒完全不了解的消费者有更高的购买意愿；认为盲盒有前景的消费者和不确定是否有前景的消费者相较于不看好盲盒前景的消费者，也都有更高的购买意愿；在购买或假设购买盲盒时，如果消费者担心会后悔，则会降低购买意愿。

该回归模型结果显示的结论与本文的理论分析结论相互印证：盲盒的主要消费对象是年轻一代，尤其是"Z世代"；消费者对盲盒的了解程度与其购买盲盒的行为和意愿有密切的关系；盲盒营销模式中的惊喜体验会提高消费者的消费意愿，提高消费者进行购买行为的可能性；担心抽中不喜欢的款式而后悔是消费者放弃购买盲盒的重要因素之一。

三　盲盒市场存在的问题及政策建议

（一）盲盒市场存在的问题

盲盒市场是一个新兴的不成熟的消费市场，盲盒经济飞速发展，随之而来的便是盲盒市场上暴露的各种问题。关于现阶段盲盒经济与盲盒市场存在的问题，受访者给出的答案如图 4 所示。问卷结果从一定程度上能说明盲盒市场中消费上瘾、炒作价格等问题受到了盲盒消费者的广泛关注。

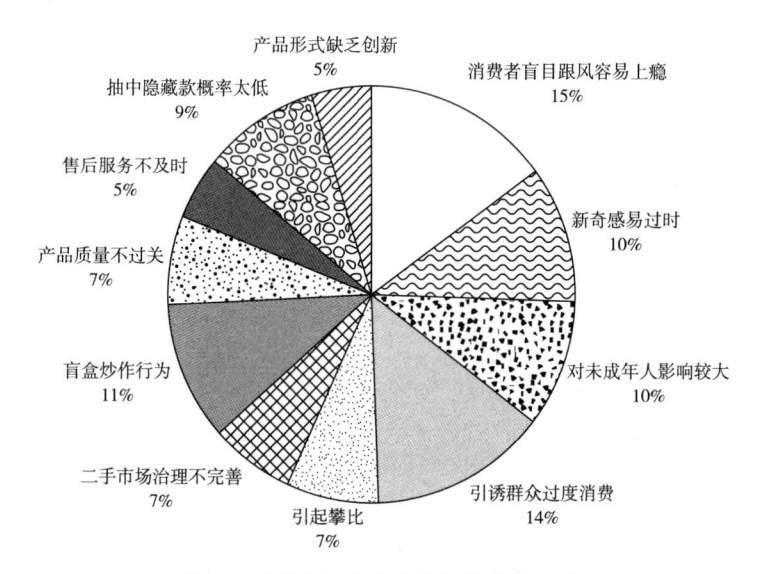

产品形式缺乏创新 5%
抽中隐藏款概率太低 9%
售后服务不及时 5%
产品质量不过关 7%
盲盒炒作行为 11%
二手市场治理不完善 7%
引起攀比 7%
引诱群众过度消费 14%
对未成年人影响较大 10%
新奇感易过时 10%
消费者盲目跟风容易上瘾 15%

图 4　受访者认为盲盒市场存在的问题

1. 盲盒引导消费者非理性消费

盲盒经济自身存在一些问题。盲盒利用其本身的"概率"特性，激发了人们的赌徒心态和从众、攀比心理。据统计，2020 年有 20 万人为购买泡泡玛特公司的盲盒消费超 2 万元，年龄集中在 15~35 岁之间。盲盒经济的目标人群主要是乐于接受新鲜事物并对精神需求很高的"Z 世代"群体，部分人在诱导下常常做出非理性的消费决定，对自身造成不利的经济影响。

2. 盲盒商家过度营销，虚假宣传

盲盒经济的火热吸引了各行各业，除最初的玩具领域外，餐饮、美妆、文具、图书等诸多消费领域也掀起了"盲盒风"，试图利用盲盒的销售形式获取更大的带货量。但是，部分商家不把精力放在提升质量上，过度依靠盲盒经济的噱头误导消费者冲动购买，甚至用一些粗制滥造的产品或库存滞留产品来糊弄消费者，严重扰乱了盲盒市场正常的经济秩序。①

3. 二手市场炒作等乱象丛生，盲盒经济泡沫化

盲盒二手市场在盲盒经济的热潮下呈野蛮生长之势，"炒盲盒"同"炒球鞋"有一样的逻辑。盲盒的价值多由消费者的心理预期来决定，这意味着如果市场被投机、炒作的心态绑架，会导致炒作者越来越多，其市场价格便会在盈利的预期下不断被推高，形成纯粹由观念堆砌出来的泡沫。②

4. 盲盒市场监管不到位，行业标准不规范

目前尚不成熟的盲盒市场缺乏规范化的行业标准，缺乏全面有效的监管，这导致了侵权抄袭、质量不达标等问题的屡屡出现。当前盲盒经济依赖于一些当红 IP，但市场中不乏未购买版权就直接使用 IP 形象的商家，更有甚者直接抄袭其他盲盒设计师的作品，严重扰乱了市场秩序。此外，更有一些商家竟推出"活物盲盒"。已经被禁止销售的宠物盲盒就是一个例子，商家打着"拆出惊喜"的旗号，以盲盒的销售形式运输活体宠物，造成了许多动物的伤亡。

（二）政策建议

盲盒消费虽已发展为一种涉及各行各业的营销模式，但本质上消费者购买的仍是简单的产品。消费者需要理性看待盲盒消费，正确认识盲盒经济中会产生的消费心理，避免盲目冲动的消费行为。另外应该注意到，盲盒的主要消费群体是年轻的"Z 世代"，部分年轻人还没有形成良好的消费观，因此正确引导未成年人正确认识盲盒，形成良好的消费观尤为重要。

盲盒经济中，盲盒的核心竞争力在于其精美外观和文化 IP。因此，盲盒商家尤其要在"Z 世代"的年轻一代消费群体中树立起良好的品牌形象，提高核心竞争力。同时盲盒商家应做到诚信经营，既要将盲盒中隐藏款真实、合理的概率公开，还要提高产品版权意识。另外，盲盒因其产品的特殊性，售后服务问题是一个巨大的挑战。建议商家一方面要将自己的要求向消费者说明，以保证和消费者就售后方式能达成一致；另一方面，在消费者有疑问时，积极履行退换货、修理等经营者义务，并保持良好的服务态度。

---

① 崔爽：《中消协揭盲盒营销四大问题 提醒消费者勿盲目购买》，http://news.cyol.com/app/2021-01/28/content_ 18936222. htm，2021 年 1 月 28 日。
② 杨鑫宇：《万物皆可炒 风险谁看到》，《中国青年报》2019 年 9 月 20 日，第 7 版。

盲盒市场尚未成熟，一方面相关部门应着眼于加快规范化行业标准的制定，加速相关法律条款的制定；就盲盒产品范围而言，对如触及道德底线的宠物盲盒必须严令禁止；就产品品质而言，对于实物盲盒，应满足注明材料、安全警示等内容的要求，诸如机票盲盒[①]、电子产品等非实物盲盒，对如时效性、使用范围等的标准性内容也需规范。另一方面，要加强对盲盒市场的监管，随着盲盒经济涉及领域的扩大，市场监管范围也应不断更新和完善，并针对不同的产品种类出台具有针对性的监管办法。

四　结语

本文在传统问卷调查方法基础上，结合无序多分类 Logistic 回归模型，剖析了消费者购买盲盒时的消费心理，探究了盲盒消费行为与意愿的影响因素，发现盲盒的主要消费对象是"Z 世代"，而盲盒经济的火热正是瞄准了消费者的博彩、投资心理和攀比、从众心理等消费心理；影响因素探究结果显示，年龄、对盲盒的了解等因素会对消费者的消费行为与意愿产生显著影响。最后，本文对盲盒市场中存在的问题进行了分析，并分别针对消费者、盲盒商家和相关部门提出建议。

盲盒市场是一个新兴的、充满活力的市场，因其发展迅速，相关部门规定的制定或发布可能会跟不上市场的发展速度，消费者应提高自身素质，擦亮双眼；盲盒商家应诚信经营，把控质量；相关部门需加强监管与治理，积极应对违规行为，保证市场的良性运转。

（指导教师：何德旭）

---

① 指用户购买一份机票兑换权益，但具体能兑换哪个目的地，甚至什么时间出发，只能在"拆盒"的时候才知道。

"双减"背景下中小学生线上学科类校外培训需求分析
——以北京市为例

苏知遥　陈秋彤　杨霄斐[*]

摘　要　2021年7月,《关于进一步减轻义务教育阶段学生作业负担和校外培训负担的意见》印发实施,教培行业发生大幅调整。为探究"双减"的影响与短期成效,以及"双减"实施后中小学生线上学科类校外培训的需求情况,本研究选取北京市作为调查地域,通过访谈、问卷调查等方法获取一手资料,分析"双减"短期内对于学科类线上培训需求变动的影响,在研究中利用 Excel 软件梳理数据,使用单因素方差分析统计方法。研究发现,中小学生校外培训负担有一定减轻,线下培训参与度降低,但线上培训仍有一定市场。根据调研结果,建议教育主管部门在加强各方面培训监管的同时引导家长形成正确的教育观念,实现对线上培训需求的"堵疏结合";建议教培企业发挥优势,推出个性化学科类教学产品,并开拓素质教育市场,满足广大学生和家长的需要。

关键词　"双减";线上教育;学科类校外培训

---

[*] 苏知遥,应用经济学院2019级本科生;陈秋彤,应用经济学院2019级本科生;杨霄斐,经济学院2019级本科生。

一 引言

在教育资源不均与当前人才评价筛选机制较为单一的矛盾下，线上学科类校外培训颇受学生和家长青睐。而新冠疫情以来，在线教育优势尽显，普及度快速提高。同时，"十四五"规划中也要求规范校外培训，发挥在线教育优势。将线上教育与学校教学相结合，建设现代化教学体系，也将成为教育改革的下一个趋势。2021年7月，中共中央办公厅、国务院办公厅印发了《关于进一步减轻义务教育阶段学生作业负担和校外培训负担的意见》（以下简称《意见》），通过规范化管理学科类校外培训，有效减轻义务教育阶段学生过重的作业负担和校外培训负担（以下简称"双减"）。《意见》一经下发，引发了教培行业的巨大波动，陆续出现了教培机构停课退钱、大量裁员等现象，部分规模较大的教培企业开始转型素质培训或谋求跨行业发展。

除了社会媒体对"双减"进展高度关注之外，也有学者对其实施背景、意义作用以及教培机构的转型发展进行了相关论述，但关于在线校外培训的研究尚不完备。项目组认为"双减"的目的是既要减轻中小学生学业负担，又要抑制过热的校外培训，逐步转变扭曲的教育观。但"双减"政策的成效及影响仍待观望，对在线校外培训的相关研究也有待补充。因此本研究的目的之一便是探究线上学科类校外培训的现状及学生和家长对其的需求。

本研究选取的研究对象为中小学（包括义务教育阶段与高中阶段）学生家庭，旨在掌握他们"双减"前后参与学科类校外培训的情况、对线上教育的看法以及对教培机构后续发展的需求。本研究采用访谈和问卷调查法，并结合现状和文献资料对调研结果进行分析，探究"双减"前后线上线下学科类校外培训需求的变化及影响因素，得出结论，并有针对性地提出"双减"后主管部门和教培企业的优化调整建议。考虑到北京作为我国首都，处于教育资源高地，但北京市内城乡、区域和学校间亦存在相当大的教育水平差异，可作为我国教育资源分布不均的一个缩影，具有代表性；且北京是各类人才聚集地，在京就读的中小学生家庭背景呈现多样性，在北京市开展调研，可以了解不同群体的观点，有助于得到更为客观的结论；加之北京是"双减"全国试点城市，项目组在京调研也有地理便利，故本研究选择北京为重点调研地区。

二 "双减"前后线上校外培训情况分析

(一)"双减"前线上校外培训情况分析

教育改革以来,国家不断出台各类措施,推进区域和地方教育资源平衡发展,减轻学业负担,提倡素质教育,但收效有限,甚至出现校内减负、校外增负的现象。据统计,截至2020年,全国新增教培企业约6.5万家,企业总数约为42万家①,而根据教育部的数据,全国义务教育阶段学校约有24万所,可见校外培训扩张之迅速、市场规模之大。

2020年,受新冠疫情影响,学生居家隔离,为响应国家"停课不停学"的要求,学校课程以居家网课形式进行,线下教育一度陷入停滞,学科类线上培训需求增加。这一转变,一方面让学生和家长切身体验了线上教育,并对线上课程的发展情况和优势有了客观认识;另一方面,居家学习的要求让家庭基本具备了线上教育的硬件条件,线上教育的渗透率显著提高。学校复课后,线上教育的发展并未回退至疫情前水平。

为了解学生和家长对于在线校外培训的真实看法以及接受学科类在线培训的原因、时间、内容等,项目组设计访谈提纲,随机抽取北京市某中学部分学生及家长进行面对面访谈。结果表明,几乎全部受访者均参加过线上培训,且访谈时仍在参加线上培训的受访者居多。学生接触线上教育多是缘于疫情导致线下培训班停办而被动转移至线上,部分受访者表示更喜欢线下授课形式,疫情防控要求放开后会继续参加线下课程;也有一些受访者认为线上授课更适合自己。此外,由于教育资源分配不均,学生和家长向往更好的教育资源,但苦于路程较远,参加线下培训时间成本过高,得不偿失,对他们而言,线上教育不失为一个双全法。以下内容取自访谈录,采访对象为北京市房山区的一名家长。

Q:您孩子目前就读几年级?
A:我儿子今年上初三,以后要去海淀读高中。

---

① 前瞻产业研究院:《"双减"背景下,2021年中国教育培训研究报告》,http://ecoappimg. qianzhan.com/files/202108/18/20210818-46b02bf489adeb7a.pdf,2021年8月18日。

Q：您孩子上过线上辅导班吗？

A：现在就在上，海淀老师一对一授课。我儿子将来要去海淀读高中，房山和海淀教育资源肯定不一样的，不补课他高中跟不上。

Q：为什么选择线上一对一教学？效果怎么样？

A：一方面是疫情，坐车来回跑不安全；再一个是孩子初三了，时间也紧张，路上来回几个小时划不来。效果还不错，主要是孩子自己上心，知道学。

疫情推动了在线学习习惯的养成和线上教育用户规模的扩大。规模庞大的线上教育市场成为线上教育企业激烈竞争的战场，为抢占市场份额，各大线上教育平台积极推出免费直播课程，短期内获得了大量新用户；相关机构不断推陈出新，积极探究新授课模式，线上教育的内容和形式趋于多样化。这一点也在访谈中得到了印证，以下是访谈录截取部分。

Q：您孩子参加过线上辅导班吗？

A：上过不少，有线上 AI 课，比较便宜；还有学校自主开发的"雨校"系统；猿辅导也报了班，在猿辅导学外语、思维语文，还有数学；还有就是本来线下报的班，因为疫情变成线上授课了。

Q：那您觉得线上课有优势吗？

A：优势肯定有，孩子觉得 AI 课有意思，随时都能学，这点很好。猿辅导上面有免费课，还有几块钱就能听的课，线下转线上的那个班也给延长（学习）时间了，关键是便宜。

疫情对于线上教育既是机遇，又是挑战。一方面，疫情使线上教育进入大众视野，线上教育凭借其实惠的价格、灵活的时间等优点得到了学生和家长的青睐；另一方面，线上教学质量参差不齐等问题也显露无遗。线上教育迎来新一轮投资热潮，在资本的加持下迅速扩张寻求盈利机会，截至 2021 年 6 月，全国在线教育用户规模达 3.25 亿人[①]，在资本短期逐利的推动下，教培行业乱象丛生。

---

① 中国互联网络信息中心（CNNIC）：第 48 次《中国互联网络发展状况统计报告》，http：//www.cnnic.net.cn/hlwfzyj/hlwxzbg/hlwtjbg/202108/P020210827326243065642.pdf，2021 年 8 月。

此外，通过访谈发现，疫情期间尽管线上教育成为教学主流手段，但也存在诸如影响学生视力、缺少课堂氛围、师生无法有效互动等缺陷，因此线上学科类培训需求并没有出现激增的情形。如何提高教学质量、增加课堂互动、利用技术创新带来沉浸式课程体验是线上教育亟待解决的难题。

（二）"双减"后线上校外培训现状分析

"双减"政策主要从机构性质、培训时间、广告宣传、收费等方面对教培机构进行规范管理，压缩校外培训时间，弱化校外培训的社会影响，控制教培企业规模。从教培行业人员流动来看，各大教培机构均面临劝退、裁员等情况，线上教育巨头学而思提供了离职方案，逐步劝退员工；新东方则逐步关停中小学学科业务，导致员工人数大幅减少；在线教育独角兽企业猿辅导面临着80%以上的业务关停转型，4万多名员工等待调整。① 智联招聘《2021教培行业人才市场分析报告》数据显示，2021年7月求职的原教培行业从业者中，51.4%已处于离职状态。离职的教培人员大多具备丰富的教学经验，若能回流至公立教育，在学校教育优化调整的过程中，将起到重要的推动作用。但回流公立教育也面临着教师编制、经费等现实问题，如何妥善安置离职教培人员，吸引优质校外培训教师进入公办教学体系，充实教师队伍，还需要后续尽快采取相关措施。

学科类线上教育受制后，目前教培企业有两大优化转型方向：素质教育与职业教育。我国一直以来提倡素质教育，但收效并不显著，尽管其一度成为教育热点，但更多是作为学生顺利升学的筹码，远未达到教育目的。2021年教育部等六部门联合印发了《义务教育质量评价指南》，要求注重学生差异化、多样化发展与评价；2021年8月3日，国务院印发了《全民健身计划（2021—2025年）》，要求科学地广泛开展健身活动。发展素质教育已成为社会共识，政府也从政策层面给予了支持。受政策影响，教培机构纷纷积极布局素质教育领域，如猿辅导在原有斑马AI课的基础上推出STEAM教育产品"南瓜科学"，51Talk推出了在线英语素质教育系统等。但在大力发展素质教育的同时，也要谨防其成为资本的下一个目标，重走学科培训的老路。

---

① 前瞻产业研究院：《"双减"背景下，2021年中国教育培训研究报告》，http://ecoappimg.qianzhan.com/files/202108/18/20210818-46b02bf489adeb7a.pdf，2021年8月18日。

职业教育的发展同样得到政策支持。根据"十四五"规划内容，我国将提升职业教育的社会认可度，扩大职业教育规模，提升职业教育质量。目前在职业教育产品领域，好未来推出了"轻舟"职业教育平台，作业帮推出"不凡课堂"成人教育产品。未来，在多元化教育培训深度发展的趋势下，职业教育与素质教育都将推动社会教育全面发展，为社会积累优质人力资源。此外，线上教育的发展也离不开教育与科技的深度结合，教育信息化能更充分地发挥线上教育优势，为学生提供个性化教育服务。

从企业转型成本来看，转型需要大规模的资金支持以抢占新的市场份额，而《意见》的印发让教培行业资本遇冷，创投机构退出受阻。随着对校外培训与线上教育的监管不断强化，资本也将逐渐退出教育行业。短期内，以学科培训为主要业务、无法顺利实现转型的中小型教培机构将被淘汰，教培行业门槛低、竞争激烈的局面将被打破，"双减"将加速教培行业"洗牌"。

三 问卷调查结果分析

（一）调查概况

项目组设计了一套针对"双减"前后中小学生线上学科类校外培训需求变化的问卷，以北京市各城区中小学生为研究样本，了解"双减"政策对北京市中小学生学科类校外培训的影响，以及学生与家长对于在线校外培训的看法与期待。前期访谈结果表明，学生是否参与线上教育在一定程度上取决于家长的意愿，家长的观点影响线上学科类教育的消费需求，因此本问卷受访者为孩子在北京中小学就读的家长群体。问卷共发放136份，回收136份，有效问卷100份。

（二）调查结果及分析

1. 样本基本情况

本次问卷调查回收的有效样本，涵盖了北京市多学段、多城区的中小学生情况。其中，小学家长占69%，中学家长占31%，学生学段自小学低年级至高中毕业年级都有涉及（如图1所示）。

样本涉及的学生就读的城区有东城、西城、朝阳、丰台、石景山、海淀、顺

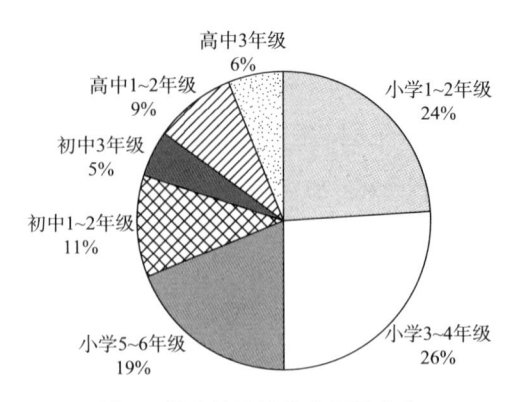

图 1　样本涉及的学生学段分布

义、门头沟、房山、通州、昌平共 11 个城区。考虑到优质高中的分布在很大程度上体现了教育资源的分布，为便于后续讨论分析，本研究根据各区内示范性普通高中数量，把北京各城区教育资源划分为三个等级，划分标准及结果如表 1 所示。

表 1　本项目北京各区教育资源划分标准及结果

组别	区内示范性普通高中数量	城区
教育资源优质	5 所以上	东城区、西城区、海淀区、朝阳区
教育资源良好	3~5 所	丰台区、通州区、房山区、石景山区、顺义区、密云区
教育资源一般	1~2 所	昌平区、大兴区、平谷区、怀柔区、延庆区、门头沟区

由此，样本涉及的学生中有 78% 来自教育资源优质的城区，13% 来自教育资源良好的城区，仅 9% 来自教育资源一般的城区（如图 2 所示）。这在一定程度上表明了孩子在教育资源优质城区就读的家长更关心教育问题，从而更有可能参与教育主题的调查中表述观点，而教育资源一般地区的状况则可能被忽视。因此在同类调查中应当统筹各方因素，重视来自教育资源较差地区的学生情况，倾听他们的声音。

2. 北京市中小学生参与线上校外培训情况

在参与调查的北京中小学生家长中，82% 的家长表示孩子参与过线上学科类校外培训，仅 18% 的家长表示孩子没有参与过相关培训。从参与培训的科目来

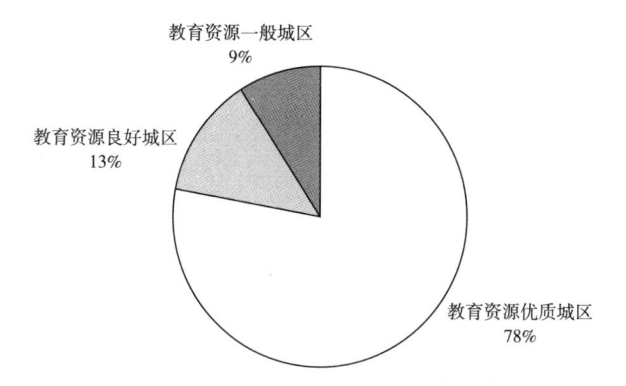

"双减"背景下中小学生线上学科类校外培训需求分析　287

图 2　样本涉及学生在不同教育资源等级城区的分布

看,涵盖了2021年《教育部办公厅关于进一步明确义务教育阶段校外培训学科类和非学科类范围的通知》中囊括的道德与法治、语文、历史、地理、数学、外语(英语、日语、俄语)、物理、化学、生物全部9门按照学科类管理的科目。

培训形式方面,在参加过线上培训的学生中,参与过两种及以上培训形式的学生占比高达52.4%。参与班课直播、视频录播和一对一直播三种形式课程的学生较多,参加过双师课堂、AI(人工智能)互动课的学生占比则较小(见图3)。

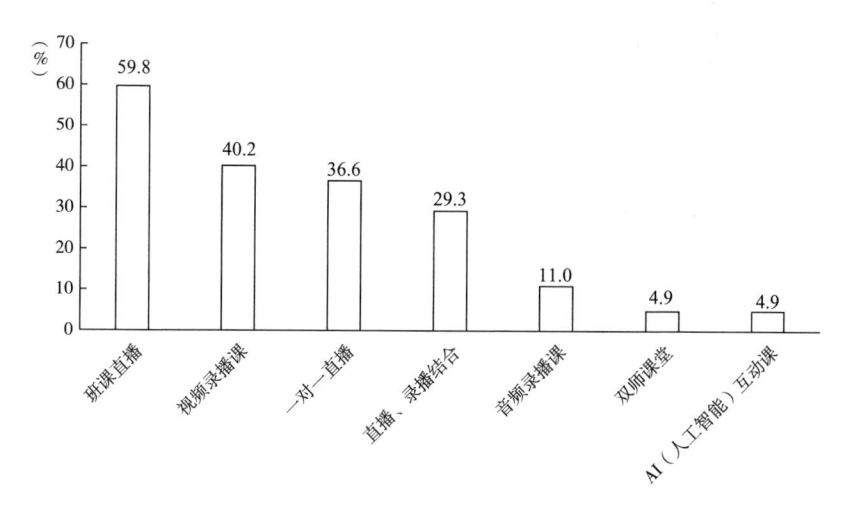

图 3　参加过线上培训的学生中参加各种形式课程的比例

以上说明，北京市中小学生参与的线上学科类校外培训呈现多形式、全学科覆盖的特征，体现了线上培训的高度普及。这主要有两方面原因。

其一，近年来我国经济发展水平不断上升，人民收入持续提高，各类电子设备走入千家万户，为在线学习创造了设备条件；互联网在全国大部分地区得到普及，宽带和移动网络为线上课程打下了网络基础；直播、实时交互技术日趋成熟，为远程教育提供了交流平台。随着上述物质手段不断优化，线上辅导得以持续发展。

其二，新冠肺炎疫情成为线上教育迅速普及的催化剂，尤其是 2020 年春季学期，学生大部分时间均通过远程"空中课堂"进行课内学习。校外培训方面，在相关部门的监管之下，教培机构履行防疫职责，开设的课程从线下转至云端。长时间、深层次的体验，进一步加强了学生和家长对线上校外培训的认知。同时各类线上课程也面临大量家长和学生的筛选，为了在教培行业的激烈竞争中谋求发展，教培机构不得不在短时间内推陈出新，不断进步，从而也吸收了大量客户。这一点也可以与前期访谈结果相互印证。

3. 北京市家长对于线上学科类校外培训的认识

（1）线上学科类校外培训的优势

关于线上培训的优点，如图 4 所示，超半数的家长认为其可以节省路途时间和家长接送精力、上课时间灵活、课程可以回放以便复习。由于线上课程不涉及师生人际接触，受疫情局部反弹的影响较小，因此其有助于疫情防控的特点也被很多家长认可。

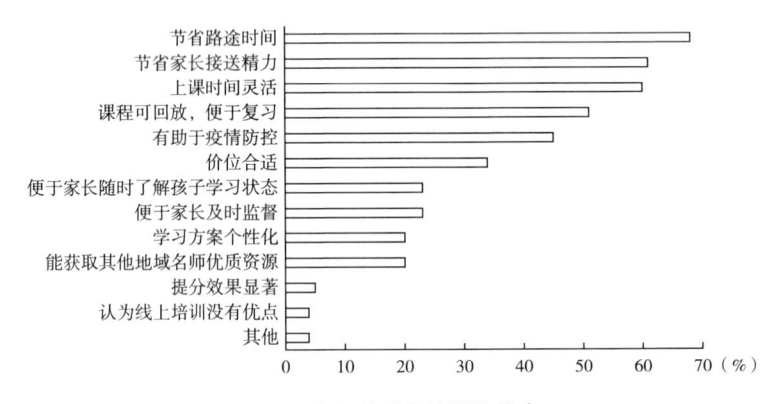

图 4 线上学科类培训的优点

同时，孩子是否参加过线上培训，对家长对线上培训优缺点的认识有一定影响。例如，孩子参加过线上培训的家长认为其价位合适、便于家长了解和监督、提分效果显著的比例均高于孩子没有参加过线上培训的家长，这说明线上培训的一些优势需要亲身参与才能有深切体验，而这些体验也正是线上培训吸引和留存用户的重要因素。

然而，尽管很多家长认可线上培训的优势，还是有家长直言更倾向于线下辅导，但由于线下课程选择范围窄、开课率下降，不得已才选择了线上培训。此外，在孩子没有参加过线上学科类课外培训的家长中，超过20%的家长认为线上培训无优势。在线上教育不断推广普及的今天，如何让大众感受到在线教育的优势，使其获得社会的更广泛认可，让更多用户从中获益，仍是在线教育的供给方和倡导者需要关注的问题。

（2）线上学科类校外培训的缺点

调查发现，认为线上培训没有缺点的家长仅占样本总量的2%，表明在线上培训方式渗透率不断提高、逐渐得到社会认可的同时，其缺点也很突出，并成为家长为孩子选择培训形式时考虑的重要因素和线上培训总体需求的决定性因素。

具体来说，学生容易分神、缺少课堂学习氛围、对孩子眼睛造成伤害以及师生互动不充分是家长普遍认为存在的问题，尤其是网课对眼睛的伤害，更是成为部分家长反感甚至抵制线上培训的原因。

样本中34%的家长认为培训效果不明显，由此看来，线上培训的教学效果并未得到社会的全面认可，还存在很大提升空间。此外，18%的家长认为线上培训价格设定偏高。事实上，相比线下面授课程，线上课程不需要固定的教学场所，且录制的课程视频可重复使用，因此非直播类课程招收学员的边际成本很低甚至接近于零；同时线上教培机构不受地域影响，可在全国范围内大量招收学员，将平均成本降到很低。由此，从成本来看，线上培训相比线下培训有很大的价格优势，而近1/5的家长认为其价格偏高，可能是针对其性价比，这与线上培训的效果也密切相关（见图5）。

4. "双减"与家庭选择线上培训的意向

（1）北京家长对"双减"的了解程度

"双减"是2021年国家的工作重点之一，自《意见》下发起，教育部、各地方教育主管部门都对"双减"工作高度重视，接连出台配套措施和文件，就

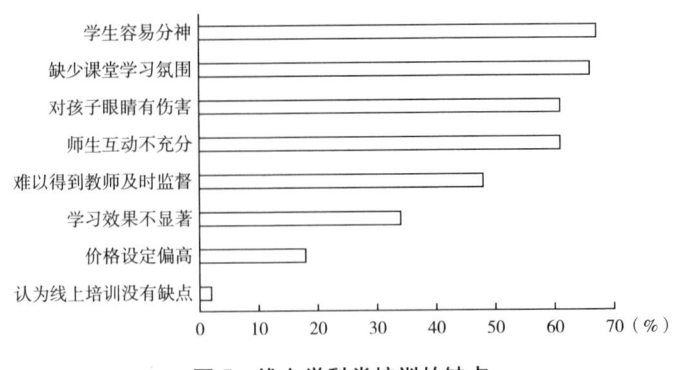

图5 线上学科类培训的缺点

北京市而言，市委市政府在《意见》基础上制定了《北京市关于进一步减轻义务教育阶段学生作业负担和校外培训负担的措施》（以下简称《措施》）。相关部门通过媒体宣传、学校引导等使家长了解政策内容，并获得家长的支持，是"双减"工作顺利开展的前提要求。从本项调查结果看，几乎所有家长都对"双减"有一定了解，"双减"在北京家长中普及度较高。这给相关工作的部署实施营造了良好的前提条件（见图6）。

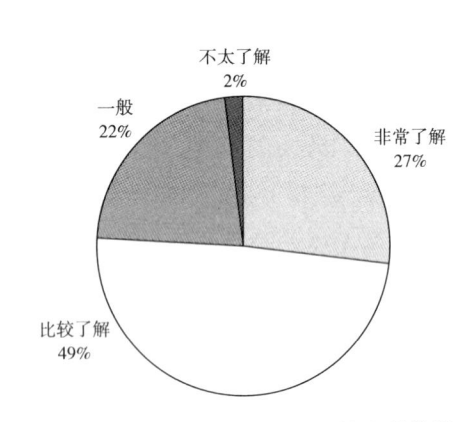

图6 北京市家长对于"双减"相关文件和举措的了解程度

（2）"双减"对家长报名线上学科类校外培训的影响

为了解"双减"对北京中小学生参与课外辅导的实质影响，以及现阶段学生和家长对线上培训的需求，我们调查了家长在"双减"文件印发后是否已经或计划给孩子增减线上学科类校外培训。

结果如图7所示,"双减"后已经或计划给孩子增加、减少和不改变线上课程数量的家长各占样本总体的1/3。

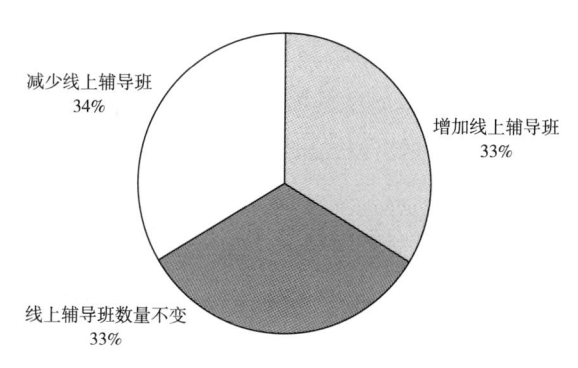

图7 "双减"后线上学科类课外培训是否增加

选择减少线上培训的家长中,68%的家长希望以此减轻孩子的学习负担,这说明"双减"发挥了社会影响力,起到了对减轻校外学业负担的引导作用。

关于增加线上培训的原因,根据《意见》与北京市《措施》的要求,学科类培训时间被压缩至周一至周五晚间,线下培训结束时间不晚于20点30分,线上培训则不晚于21点,因此不少家长为避免往返耗时,让孩子获得更长学习时间,选择将原先的线下课程转为相应科目的线上课程。还有一些家长在调查中反馈"双减"背景下原先参加的线下辅导班被取消,因此选择了线上培训。可见,对于这部分家长来说,给孩子选择线上培训是现阶段的权宜之计。此外,还有部分家长发现孩子参与线上培训的效果优于线下培训,因此主动选择了线上培训。但不论出于何种原因,在"双减"实施后家长选择增加或计划增加线上培训的现象都值得关注,这体现了现阶段中小学生依然对学科类校外培训存在需求,线上培训仍有一定市场。只有从家庭、社会教育观念入手,转变教育观,才能避免线上培训成为学业负担的下一个来源。

5. 学生在"双减"文件印发落实前后参加校外培训的情况

本调查请受访者给出学生上学期(2020~2021学年春季学期)和本学期(2021~2022学年秋季学期)实际参加校外培训的情况,以便分析"双减"前后中小学生线上和线下学科类校外培训的参与程度。由于小学生和中学生的学业主要科目不同，因此本部分将对两个群体的情况分别进行讨论。

（1）北京市小学生校外培训参与情况

表2给出了"双减"前小学生学科类校外培训参与情况，可以看到每门科目参与培训的学生比例均超50%，其中英语学科参与比例高达84.1%。这显示了"双减"实施前小学生校外培训负担较重。同时，家长尤为重视外语与数学学科的校外培训，这可能是由于外语与数学学科培训效果可在短期内以分数等特定形式呈现，而语文学习则需要多途径的沉浸式积累，更依赖长期培养而非短期速成。

表2 "双减"前小学生学科类校外培训参与情况

单位：%

科目	参加校外培训	未参加校外培训
语文	52.2	47.8
数学	68.1	31.9
外语	84.1	15.9

"双减"实施后的秋季学期，参与线下培训的学生大幅减少，各学科不参与任何形式培训的学生明显增加（见图8）。线上培训方面，参与语文线上培训的

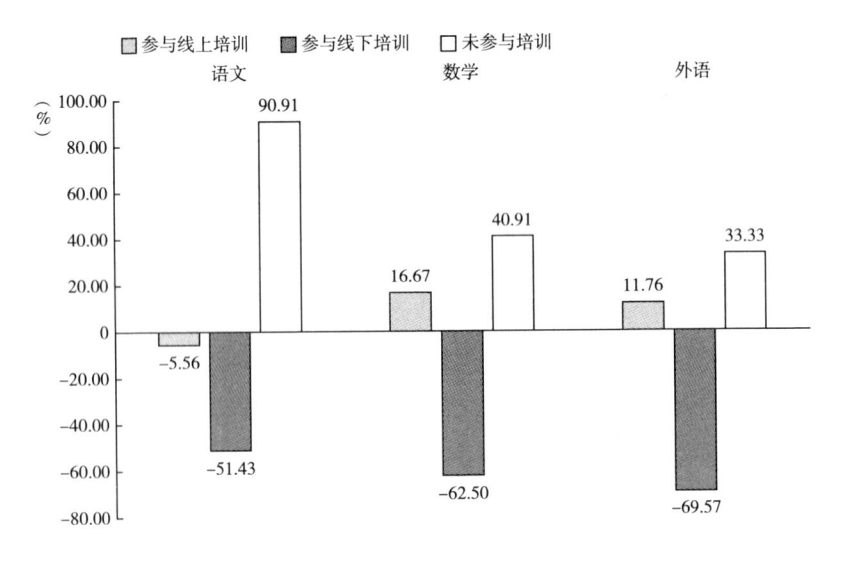

图8 "双减"前后小学生课外培训参与度变化率

人数小幅减小，但参与数学与外语线上培训的人数均有所增加。在仍然参与培训的学生群体中，各科目参加线上培训的比例均有提高，升至70%~80%。

总体来看，"双减"后出现了参与校外培训的学生比重降低，而培训形式中线上培训占比提高的现象。这表明"双减"举措起到了减轻学生校外培训负担的作用，但对线下课程的严格监管又侧面为线上培训提供了市场。关于"双减"后样本小学生中各学科总体线上培训参与程度的变化方向不一致，项目组认为，各学科性质的差异在一定程度上决定了线上授课的成效，侧重于文化传播和语言理解的语文教学在移至线上后会放大师生互动不足、课堂氛围缺乏的缺点，相较于其他两门学科线上培训劣势更为明显，因此在"双减"实施后，语文参与线上培训的学生比例在政策的号召下减少了。但在"双减"前就有很多学生参与的数学和英语培训则有较多转换成了线上形式，使得这两个学科参加线上培训的人数比例有较大提升。

(2) 北京市中学生校外培训参与情况

表3给出了"双减"前中学生学科类校外培训参与情况。中学生学业主科较多，各科校外培训的情况总体呈多样化。在中学生的9门主科中，中高考分值占比较高的语文、数学、外语三科和物理学科的培训参与度较高。中学生数学培训比例高达71%，这可能是由于中学数学课程难度大，学生和家长希望通过课外学习来提高成绩。物理培训的火热则可归因于高招中不少专业招生要求选考物理，同时课程学习有一定难度，学生和家长认为需要借助校外培训提升成绩。

表3 "双减"前中学生学科类校外培训参与情况

单位:%

科目	参加校外培训	未参加校外培训
数学	71.0	29.0
外语	67.7	32.3
物理	48.4	51.6
语文	38.7	61.3
生物	22.6	77.4
地理	12.9	87.1
化学	12.9	87.1
道德与法治	9.7	90.3
历史	6.5	93.5

如图 9 所示，对比"双减"前后中学生参与培训的情况，可发现与小学生类似的结果。同春季学期相比，对于上述校外培训参与度较高的学科，不参与培训的学生比例大幅增加。中学各学科参与线下培训的人数均有所减少。与小学类似，参与线上培训人数的增减变化在不同学科呈现多样性。参加培训的科目中，"双减"后除语文和道德与法治两个学科外，其余学科线上培训比例均有所增加，线下培训比例相应减少。

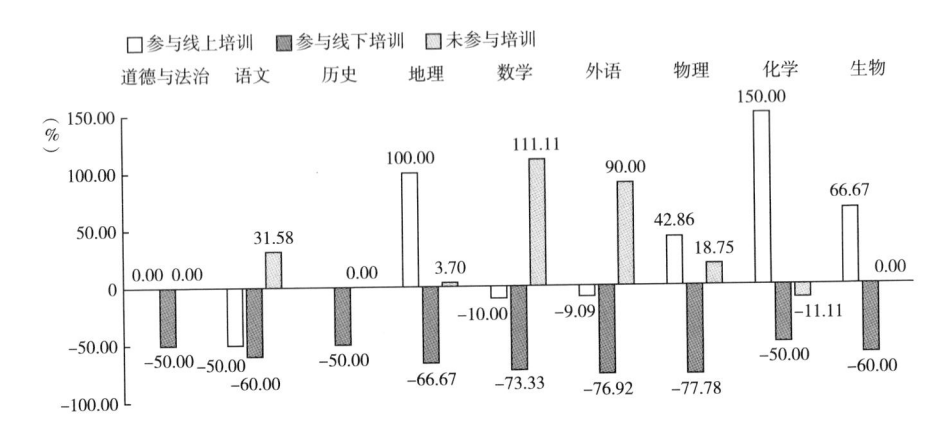

图 9 "双减"前后中学生课外培训参与度变化率

注：由于样本中"双减"前历史科目无人参与线上培训，其参与度变化率数值缺失。"双减"后参与历史线上培训的人数增至 1 人。

（3）单因素方差分析结果

项目组通过单因素方差分析发现，"双减"前后课外培训参与度的变化与学生就读城区的教育资源有一定关系。

定义一名学生在一门科目参与线上校外培训时，其该科目线上校外培训参与度为 1；学生在一门科目上未参与线上校外培训时，其该科目线上校外培训参与度为 0；一名学生所有学业主科线上校外培训参与度之和即为该生线上校外培训参与度。依表 1 的方法将城区教育资源划分为三个等级。由于小学生和中学生的学业主科数量不同，分别考察"双减"前后小学生和中学生线上校外培训参与度的变化量与就读城区教育资源的关系。

使用 Excel 软件进行单因素方差分析，所得结果见表 4 和表 5。小学组 P 值为 0.017，中学组 P 值为 0.035，均在 5% 的水平上统计显著，可以认为学生就读城区的教育资源对"双减"后参与线上校外培训的决策有显著影响。

表4 单因素方差分析表（小学生）

差异源	SS	df	MS	F	P 值	F crit
组间	14.16262	2	7.081311	4.343333	0.016902	3.135918
组内	107.60550	66	1.630386			
总计	121.76812	68				

表5 单因素方差分析表（中学生）

差异源	SS	df	MS	F	P 值	F crit
组间	26.77874	2	13.38937	3.798206	0.034716	3.340386
组内	98.70513	28	3.525183			
总计	125.48387	30				

具体来说，教育资源优质城区的学生在"双减"后线上校外培训参与度有小幅提升；教育资源良好城区的学生在"双减"后线上培训参与度也有所提升，且数值大于教育资源优质城区的学生；但教育资源一般城区的学生在"双减"后线上培训参与度则降低，与前述两个组别在数值上有较大差异。具体数值见表6。

表6 不同教育资源城区的学生"双减"后线上校外培训参与度变化均值

学段	教育资源优质	教育资源良好	教育资源一般
小学生	0.19	0.30	-1.29
中学生	0.19	1.67	-3.00

对于产生上述差异的原因，推测是北京市教育资源优质和良好城区的学生面临外来生源共同竞争高水平教育资源的情况，有较大竞争压力，家长与学生仍然选择参与校外培训提高竞争力。"双减"背景下，线下培训受到严格监管，线上培训成为学生和家长的选择。而教育资源一般城区的学生面临资源挤占的情况较少，除少数优秀学生外，大多数学生的中小学教育均在同一城区内完成，竞争压力有限，因此这部分的学生和家长更可能在"双减"后选择减少校外培训，表现出线上校外培训参与度降低。但由于调查的样本量有限，其代表性有待进一步考证，此结果供参考。

（4）中小学校外培训总体情况

从中小学总体情况来看，"双减"实施后北京市中小学学生各科参与线下校外培训的比例均有所下降，而线上培训的参与度则在不同科目上向不同方向变化。此外，享受不同水平教育资源的学生对于"双减"后线上培训的选择也不尽相同。

对于线上学科类校外培训，从疫情期间家长和学生或主动选择，或被动接纳，到"双减"后各学段各科目的报名人数波动起伏，在不到两年的时间里，市场需求发生了大幅变化，这既为在线教育创造了发展机遇，也对教培企业持续生存发展提出挑战。要在进一步减轻义务教育阶段学生学业负担的同时，达成"十四五"规划目标，有序引导社会参与学校治理、支持和规范民办教育发展、发挥在线教育优势，仍需要政府、公办学校、民办机构和社会多方的协同努力。

6. 家长对线上课外培训的期望

谈及对线上学科类校外培训未来发展的期待，近半数家长希望线上学习可以成为孩子自主学习的个性化辅助工具。当前我国教育智能硬件市场持续扩张，各式承载了教育资源的终端产品在不同场景辅助学习，若能发挥线上培训可定制个性化学习路径的优势，将其工具化转型、融入教育智能硬件，不失为培养学生自主学习能力、有针对性地提升学习水平的有效途径。

此外，同样有半数的家长希望线上教育作为高性价比的课外辅导，补充课内学习，成为线下培训的优质替代品，这表明线上培训市场仍存在一定的发展空间。

超30%的家长希望利用线上学科类校外培训填充孩子的课余时间。可以理解，出于自己能够陪伴孩子的时间有限等原因，家长希望利用参与培训的方式充实孩子的课余时间。但这与"双减"的初衷有所背离，若长期依赖课外培训"带孩子"，可能会违背其身心成长规律，使孩子产生厌学情绪，反而对学习效果不利。针对此类情况，可以考虑让孩子在课余时间和同龄人交流、进行户外活动，以放松身心，或是根据孩子的兴趣进行素质培养，达到全面发展的目的。

不少家长希望线上校外培训机构可以和公立中小学合作，为学生提供优质的线上学习资源。教培机构若能携手公立教育，利用其成熟的教学模式，在课后辅导等环节中走入学校，共同开发适合中小学生的课程，既可以发挥线上培训机构的正外部性，体现校外培训公益属性，又能强化学校教育主阵地的作用。

13%的家长希望线上学科类辅导转换赛道，发展素质类课程培训。如前所述，目前一些机构已经开始这方面的探索。但艺术、体育等许多素质类课程都对设备和场地有较高要求，相比学科培训更需要师生面对面互动，线上教育能否在素质教育上取得突破，还需要时间的检验。

此外，7%的家长希望线上校外培训从此被取缔。我国在线教育用户规模巨大，多数用户认可线上教育的优势与发展前景，因此线上教育市场发展空间很大，短时间内难以被取缔。但这类诉求也鲜明地点出了现阶段在线教育的问题，更要求线上培训机构扬长避短，积极开发满足不同层次需求的产品，才能在"双减"背景下生存发展（见图10）。

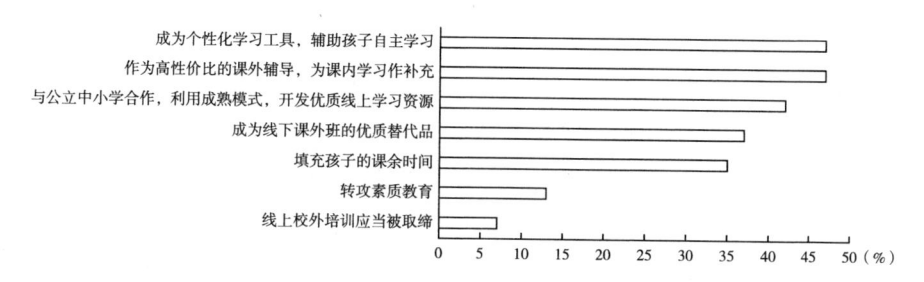

图10 家长对线上校外培训的期望

四 结论及建议

学科类培训产生于应试教育观念之下，而在网络技术的支持下，线上教育成为投资热门赛道。经历了新冠肺炎疫情以后，线上教育规模迅速扩大，行业过度扩张在带来了发展乱象的同时，也加重了中小学生学业负担。本项目从"十四五"规划对在线教育的部署和"双减"对线上学科类校外培训的要求出发，聚焦北京市，通过梳理资料、实地走访、访谈和问卷调查，认为"双减"在短期内遏制了教培行业疯狂扩张、行业秩序混乱的现象，在一定程度上减轻了学生校外培训负担，有助于下一步构建优化教育体系。同时随着线上教育的普及，学生与家长对于线上培训的认可度普遍较高，认为可利用线上教育行业优势，使其成为学生自主学习的辅助工具，并据此提出了加强课堂互动、提供个性化学习指导的期待与对政府加强监管、行业严格把控教师资质的建议。但长期来看，"双减"只是深化教育改革征途中的一步，后续还存在教培机构人员再就业和探索教培行业发展方向等问题。综合现状与问卷调查结果分析，未来线上培训将结合教育智能硬件领域与科技手段，更多地关注非学科类教育培训，开发多样化线上课程，与学校教育相辅相成。

为推动教育改革，加强教育培训规范治理，本文提出以下政策建议。

第一，强化校外培训监管，禁止资本扰乱教育行业秩序，避免教培企业在资本的推动下进行不正当竞争从而损害消费者利益。线上培训存在一定的隐蔽性，监管难度大，因此要利用网络技术监管培训内容、价格等，防止出现教育行业的线上"灰色地带"。

第二，弱化校外培训在教育教学中的作用，切断学科培训与考试分数的联系，从源头上减少校外培训消费，减轻学生家庭经济负担，从而释放这一部分家庭消费潜力。在此过程中妥善处理教培行业人员再就业问题，引导优质教培人员加入公办教师队伍，强化学校的教育教学主阵地作用。

第三，合理引导社会教育观念的转变，完善人才选拔机制，推进学业评价多元化。通过评价体系的多元化，拓宽学生未来发展道路，逐渐扭转以分数为宗旨的教育观念，将学生个性从应试教育中释放出来，为社会培养多元化人才。

为促进教培行业良性发展，对于线上学科类培训企业提出以下建议。

第一，线上辅导工具化转型。线上培训转变为学生的个性化学习工具，符合众多家长的期望，是未来校外培训发展趋势之一。线上教育是数字经济、服务经济的代表之一，教培企业应当发挥数字经济造就的长尾效应，专注于为学生提供个性化学习辅助，有针对性地提供培训服务，提高产品的个性化和多样化，满足"尾部"需求。

第二，坚持非营利性办学。基于其在长期发展过程中，特别是新冠疫情前后积累的社会接纳度，依托自身的平台技术优势和已经搭建的课程体系及呈现模式，与公办学校合作开展教育教学，平衡教育资源，落实公益属性。

第三，开发素质教育、职业教育领域业务。响应"十四五"规划中关于发挥在线教育优势、完善终身学习体系、建设学习型社会的要求，配合政策文件探索在线素质教育、职业教育市场，培养学生个性特长与学习兴趣。通过素质教育行业集聚获取规模经济，降低素质培训的价格，使素质培训得以普及；提供职业教育深度学习服务，助力国家普及职业教育，培养高端技术人才。

五　研究反思与展望

（一）研究不足

"双减"推出不久，处于话题敏感期，访谈配合度不高。在问卷调查环节，问卷有效回收率仅为73.5%，有效样本数量较少，且来自小学阶段以及处于教育资源优质城区的样本数量较多，在学段和学区上分布不均，样本结果分析可能存在偏误。项目组也将持续探索更加有效的访谈方式，科学化地开发问卷，以获取更多客观信息。

（二）进一步研究方向

本项研究以北京市为调查地域，但"双减"面向全国，各地政府均针对"双减"做出了进一步的补充，政策落地效果存在差异，因此进一步研究可将调查范围延展至全国，增加样本数量，从而得出政策实施效果的普遍结论与一般化建议。

教育改革是一场持久战，目前政策仍在实施中，短期内无法预知成果，因此后续研究需要持续追踪"双减"的反响与长期效果，让政策更好地为教育改革服务。

此外，教培人员再就业、素质教育与职业教育行业发展前景、学科类线上培训的相关产业都是"双减"背景下值得深入调研分析的课题，未来研究可在这些方面进行挖掘，从而全面衡量政策的成效，为政策后续实施提供参考建议。

（指导教师：苏金花）

矛盾的王维
——基于字频分析的研究

周　雨　高浩铭　田思妍[*]

摘　要　王维是唐朝著名的诗人，他的诗歌历来受到很高的赞誉。在数字人文发展的今天，为了对王维进行再次的建构，本文采取了字频分析的方法，对王维诗歌进行了整体性的分析。从中，我们能看到王维身上两种不同的气质相互交织，一种观念指引着他积极入仕，而另一种观念则要求他出仕，这种矛盾的心理影响了王维大量的诗歌创作。

关键词　颜色；人；君；王维

绪　论

字频是对文献正文中重要字出现的次数进行统计与分析，是文本挖掘的重要手段。依据齐普夫的省力法则，在语言交流中，说话人会自然或不自然地追求话语组成的语言少，用语为自身所熟悉，且一词多义以节省其精力；而听话的人则更希望一词一义，使听到的词与其确切含义容易匹配，以减少其理解的工夫。[①]在这两种省力倾向的最终平衡之下会形成作品特有的用词偏好，并最终反映到字频上。

---

[*] 周雨，人文学院2020级本科生；高浩铭，人文学院2020级本科生；田思妍，人文学院2020级本科生。
[①] 邱均：《信息计量学（五）第五讲文献信息词频分布规律——齐普夫定律》，《情报理论与实践》2000年第5期。

每个作家有自己独特的写作范式，这种范式区别于前人和他人，形成他们独特的风格，18世纪中期法国博物学家布封曾说的"风格即人"就是这个道理。我们通过字频分析的方法挖掘作家用字的特点，以此来推测作家的写作特色。所以大数据字频分析法，就是运用大数据技术对文本中词语的字频进行统计分析、梳理归纳，进而演算出不同词语间组合在文本中的出现权重与排列状况，从而获得研究作者文学风格、文学偏好乃至人生经历等特征的重要依据。

一　采用字频分析法的研究背景及现状

在计算机技术迅速发展、大数据技术突飞猛进的今天，文学研究工作者中谁能够把握大数据发展这个"大势"，将新技术、新方法运用到文学研究中来，谁就更容易抢占先机研究出更多创新性的成果。对于文学类的科学研究还处在一个瓶颈期，没有太大的突破，急需一篇开创性的文章来引领。但是这种研究方法面临的压力也是不言而喻的，许多思想传统的研究者对此方法嗤之以鼻并认为其破坏了文学的美感。其实他们应该放开自己的眼界。以西方的小说研究为例，理论家如托多罗夫提出叙述作品是一个大句子。如果我们从传统的浪漫主义文论角度看待当然不能理解。但是这种叙事结构学能解释大多数文本，并且进行正确的分析。因此，在当代的小说研究中这种叙事语法研究成为重要的方法。于是我们需要用理性客观的眼光看待字频分析这种新事物，不能直接否定这种研究方法，而要鼓励其发展。

本文选择的研究对象王维，就很好地契合了大数据字频分析法的研究优势。"诗佛"王维作为唐代最负盛名的诗人之一，首先具有巨大的研究价值。王维的人生具有十分明显的阶段性，他的前半生可以说志得意满、才名兼备、身居高位，非但没有为流俗所染，甚至还能有余力参禅悟道，以洒脱空灵的笔法、炉火纯青的造诣写出了许多百代唱传、登峰造极的山水诗压卷之作。安史之乱中，王维被迫投靠叛军。唐军靖乱后虽然没有治罪于他，但王维自身的心气发生了重大的变化。他一方面为自己的失节羞耻难忍，另一方面心中的儒学思想逐渐占据了主流。他开始由之前的半官半隐、辋川修道，变得更加关注现实政治和国计民生。王维自身诗文的特点也随着人生阶段的改变发生明显的改变，表现出体裁不同、风格并存的文学特点。

除了最著名的山水诗外，以《使至塞上》为代表的边塞诗也卓有特点。早年写的《少年行》以及后来与之呼应的《老将行》也是不同于其主流风格的佳作。其兴趣爱好涉及多个领域且大多成就非凡，其艺术手法复杂多样、范围广阔。其传世作品丰富多彩、保存规整、数量庞大，便于使用大数据进行研究。这种种因素的合力使王维的诗歌更加丰富立体，需要我们把握更多的要素。于是本文将从宏观的方式进入，以微观的方式进行研究，从不同角度观察王维诗歌思想的特点及其发生的变化。

二 利用字频分析的研究结果

我们发现王维诗歌中人称出现的次数非常多，有"人""君"等。这与王维曾写过大量的赠别诗和山水田园诗息息相关。此外，王维作为一个山水诗派的诗人，他的画和诗屡次被称扬。他描绘的风景应该带有浓重的作家特色，我们发现里面出现了大量的颜色词，如"白""青"等。下面，我们将从这几个方面出发，探究王维赠别诗和山水田园诗中的奥秘，窥探诗歌背后作家的人格与心理（见表1）

表1 王维诗歌字频统计

字	数量	字	数量
人	207	归	95
山	196	门	94
日	127	一	86
君	126	春	85
上	124	水	85
天	114	空	82
云	113	白	80
有	98	生	79
中	98	来	78
无	97	时	77

（一）"人"字体现出的作家的矛盾

我们从字频分析中发现在王维诗歌中"人"字处于首位，共出现了207次。

与王维不到400首的诗歌创作量相比，已经达到了很大的数量。王维是一个亦官亦隐甚至有点厌恶官场风气的士大夫，这样的人为什么会在诗歌中写了那么的"人"？下面我们将会探讨王维诗歌中"人"字出现的原因和背后蕴含的矛盾思维。

王维从进士到上任未久，舞黄狮子事件就让他成为唐玄宗与诸王政治斗争的牺牲品。在太乐丞任上被贬出京城，即从开元十四年（726年）离济州司仓参军任算起到天宝十四年（755年），由文部郎中转给事中为止。王维度过了长达29年半官半隐的生活。他先后隐居在淇上、嵩山、辋川等多处胜地，拜谒过张九龄、璇禅师、神会和尚、昙璧上人等智者高僧，并在这段时间里完成了绝大部分流传于世的山水诗，使山水诗的成就达到了前所未有的高度。山水诗，顾名思义是指描写山水风景的诗作。以故后人研究王维，往往着眼于王维诗作中写山水风景是何种内容、何种手法、何种意境、何种缘由。比如苏轼"诗中有画，画中有诗"，王鏊"如辋川诸诗，真一片水墨不着色画"。然而诗歌也是一种人的艺术，研究山水诗中的人也具有很大的价值。

首先，"一切景语皆情语"，外界的客观风景总是通过人的感官在意识中产生一种认知。一切山水诗无论作者所观所感的山水风景如何、天气湿温如何、草木走兽如何，其背后总有一种"人"的塑造与操控。例如终南山"分野中峰变，阴晴众壑殊"，"众壑""殊"还是不"殊"，这并不是自然环境的客观面貌，而是诗人作为观看者依据人的标准做出的一个判断。而社会性作为人的一种基本属性，无论创作山水诗的诗人前往怎样荒无人烟、鹤唳猿啼的名山大川，甚至是塞外漠北、南蛮闽原，哪怕是凭空捏造无人的风景，诗作中也总会留有人类社会的烙印。

其次，人本身也是山水风景的一部分。一方面，人的活动深远地影响着自然环境的面貌。人类所开辟的田地、兴修的建筑、栽培的植被往往也是山水诗中风景的重要组成部分。"郭门临渡头，村树连溪口"即是人类塑造的景致，"到门不敢题凡鸟，看竹何须问主人"所欲观赏的竹景，便是由吕逸人所栽培的。另一方面，人与人的活动本身也是风景的一部分。人作为自然界中的一个角色，不可能和自然环境、自然风景割裂开来。在"落花寂寂啼山鸟，杨柳青青渡水人"这幅寒食汜上的画卷中，"渡水人"便是风景的重要组成部分。"牧童望村去，猎犬随人还"更是淇上田园间优美的景观。

再次，自然界的景观反过来也能够对人的生理和心理发展产生巨大的影响。泰山"造化钟神秀，阴阳割昏晓"的宏伟景观，使杜甫产生了"会当凌绝顶，一览众山小"的豪情壮志。在"云冥冥兮雨霏霏。水惊波兮翠菅蘼"的山中情景中，王维"眇惆怅兮思君"。若不是天气阴晴变化、穿林打叶，苏轼的心情也很难到达"也无风雨也无晴"的地步。一首山水诗中诗人既然游览了山川美景，就很难不流露出自己"人"的情感，诗句中的人物也往往会配套山水表现出一种特性来。在"扬子江头杨柳春"中，渡江人是被"愁杀"的，在斤竹岭"檀栾映空曲，青翠漾涟漪"的偏远景色里，"樵人"是"不可知"的。由此可见，在山水诗中山水和人同样都是重要的组成部分。

因此，从客观方面讲，"人"在山水田园诗中是不可缺少的因素。所谓纯粹的"无我之境"在世间根本就不存在，有人才能感受到美景。如果没有了人的眼睛去看世间的景色，没有人的耳朵去听世间的声音，那么怎么能描绘出世间万物呢？需要人有所见闻，然后再以此来抒发自己的所思所想；不论作者是多么淡泊的人，面对自然美景也会"以物喜，以己悲"，因为自然总是会对人的生理和心理造成或多或少的影响。下面我们将从"人"字出现的特点入手，发掘王维在其中蕴含的思想。

于是我们分析统计了王维山水诗中人物出现的情况，总体上发现有如下特点。

第一，人物出现的频率很高。在王维存世118首山水诗中，各类人物出现了高达166次。如果将在有人的群落（如城市、庙观等），人的痕迹（人语、人踪）等不太明显的出场也算在其中，平均每一首山水诗中都有至少两个人物出现。相较于同一参考样本中的其他字词，与人物相关的字词出现的频率也是一骑绝尘。王维最为脍炙人口的传世山水诗如《山居秋暝》《鸟鸣涧》《鹿柴》《孟城坳》《竹里馆》《辛夷坞》《山中》等无不含"人"。很多并没有直接出现人物的山水诗，如《青龙寺昙璧上人兄院集》《待储光羲不至》等也往往是作者参与集会，拜访某高士隐者、道士僧人或者题诗赠友时所作。在王维的山水诗中人物的痕迹可能是无处不在的，哪怕是《鹿柴》中不能见人的"空山"里也要配有"人语响"。

王维的个人经历和心理使人事在王维的诗歌中占有重要的地位。王维才气逼人，15岁就带着小自己1岁的弟弟王缙在帝都闯荡。凭借一身才华，很快就在王公贵族之间闻名。唐玄宗的弟弟、岐王李范就对王维倍加赞赏。王维17岁就写出了《九月九日忆山东兄弟》这样堪称教科书级的名诗，21岁就考中了进士。依唐代的科举制，考生的试卷并不糊名，阅卷官在评阅试卷之时，不仅要审核考生提交的答卷，还要参考考生平时的诗文水准和道德声誉来综合决定。所以如果准备应试的考生在考试前没有提前干谒权贵、结交名流、投文献赋、依附靠山，在考试时往往会大吃暗亏。而王维去家赴京、寻求功名，既无京中大树可供倚仗，又无充足家财打点关系，更无年龄阅历以供谋事，然而凭借一手好诗、精湛画艺、天才乐理，能够速为达官所识、权贵所崇，实是奇事。可见在名利场中，王维有充足的天赋、才华和本领。他其后的隐居选择，并不是很多文人那种久仕不第、报国无门、不得其志不得已而为之，而是经历风风雨雨之后自己的选择。他的隐居并不像魏晋时期的高士那般隔绝玄虚，也不像陶渊明那种厌恶流俗，而是充分考虑全家生计："小妹日长成，兄弟未有娶。家贫禄既薄，储蓄非有素。"所以"几回欲奋飞，踟蹰复相顾"，不敢抛开这个包袱，自己一个人逍遥去隐居。他还批评过陶渊明虽然不为五斗米折腰成全了自己的气节，却使其全家的眷属陷入了极度的贫困和痛苦之中。这种矛盾的态度既使王维从根本上不可能一心沉浸于山水对世事不管不顾，也使他无论怎么样追求禅意心中也始终有着一颗儒家的"人"的种子。这种半官半隐之间看似调和的生活，与渴望超脱但是不能之间不可调和的心理，使王维的山水诗乃至书画中的人事也占据了一个重要的地位。

他在《山水论》和《山水诀》中记录自己的绘画技巧。从"丈山尺树，寸马分人。远人无目，远树无枝"到"树头低压，行人伞笠""帆卷江渚，路行人急"，在其山水画中人物的出现对他而言也是十分必要的。"回抱处僧舍可安，水陆边人家可置。"山缝水隙之间也可以见到人家。与孟浩然不同，王维一辈子都在做官，也一辈子想要归隐，但又不得不做，不能够彻底归隐。这使得他虽然躲藏在深山之中，身上却总有着人间的烟火气。他常常抬头看着"明迥"的"秋空"远去人间，"隔浦"望着对岸的人家遥遥不能相识；但当深夜降临，他也不得不寻求有人烟的地方以供住宿，主动向樵夫问路。正是这种对于人事的注视，使王维可以跳出传统山水诗魏晋以来要么避世离俗要么坐而谈玄的狭隘处境，使山水诗大大丰富，表达出前所未有的所采内容和人生哲思。

第二，人物类型的分布呈现多样性与倾向性并存的特点。多样性表现为在所有 166 次出现的人物中，类型十分丰富，既有"樵人""农夫""浣女""牧童"之类的当地形形色色的小生产者，也有"游人""行人""客人"之类的外乡过客；既有"上人""逸人""散人"这样不问世俗、超脱域外的隐士贤达，也有"高堂""爱子""故人""别离人"这样念及旧情的亲友故知；既有同身边好友"君""子""侬"之类的称呼，也有对古代典籍中"五柳先生""相如""紫阳宾"的思考与怀念；既有对人间"东家西邻""南里北邻"这样的村落人烟的实况描写，也有对神话中"上帝""云中君""鹿女"的瑰丽想象。王维对于使用人物有自己明显的判断标准和原则——实事求是。因为王维隐居在人烟较少的山川之中，描写的人物往往要与当地的环境相匹配。在当地小生产者中就没有工匠、商贩、艺人这一类城市中司空见惯的职业；在使用的历史典故时就没有经营世俗、雄才大略的王侯将相，甚至没有常被用来当作反面教材的小人奸人；使用的神话传说往往也是深山老林中的奇妙精灵，而非天宫里显贵的大仙玉帝。这些都代表了王维的某种世俗情怀，他会关心那个人的职业，甚至还会和樵夫进行亲切的交谈。他虽然隐遁山林，但实际上还是渴望交流的，因此会赋予不同类型的人以不同的名称。

在所有表现人物的字词中，王维最为偏好单独使用一个"人"字，这个"人"写尽了世间的无穷身份，引发了无穷想象和期待。[①] 如《竹里馆》"深林人不知，明月来相照"，《辛夷坞》"涧户寂无人，纷纷开且落"，《鸟鸣涧》"人闲桂花落，夜静春山空"，单纯使用的"人"字的次数高达 20 次，远远高于其他某种具体的人物出现的次数。甚至在某些诗中，单独的"人"字还会重出。比如流传最广的《鹿柴》："空山不见人，但闻人语响。"全诗着眼于大处、空泛处，并不具体说出不见的是什么人、听到的是什么语。此处也不用"鸟语""风语"，恰恰只有"人语"方能体现出山中的幽静来。五绝不像七律，并不要求繁复和婉转，也不要求追逐文字的典雅和意象的饱满。因此往往越是质朴清淡、不加修饰，越是能意蕴丰腴、后味无穷。单用"人"字是对人物身份最凝练的概括，在山水诗中使用往往能表现出诗意的简约和距离感。诗人不在乎那人的身份，只在乎他是一个人，更能表现出诗人此时悠闲的心境——无暇顾及究竟是何人，只注重自己眼前的美景；甚至有点渴望此时此刻只有诗人自己，让自己独自

[①] 王桑：《论王维诗中"人"字重出现象》，《荆楚学术》2019 年 7 月。

享受美景中的惬意，并不用受他人的打扰。

结合上述两个方面，王维山水诗中使用的人物表现出多样性与倾向性并存的特点。以《蓝田山石门精舍》为例，看王维在"人"上的矛盾性："舍舟理轻策，果然惬所适。老僧四五人，逍遥荫松柏。朝梵林未曙，夜禅山更寂。道心及牧童，世事问樵客。"使用赋的铺陈将众多人物集中起来展现诗人的理想生活，但最后也使用了"桃源人"将这些形形色色的人物一语概括。前者表现出了诗人对于他人的关注是一种对于"人"的关心，但之后以"笑谢桃源人"结尾增强了诗意的距离感，这种距离感恰恰是诗人出仕情怀的写照。

这与王维自身的写作与绘画风格不无关系。在王维所处的时代，最受推崇的山水画是李思训父子的青绿山水。先用线条简单勾勒出山石草木的大致轮廓，再用大量的青绿色填涂，从而表现出一种雍容华贵、富丽堂皇的宏大感觉，因此颇受权贵喜爱。然而王维的画作与之不同，他在描绘平远的山水景致之时往往使用"破墨"，即用浓墨加水如实表现出山石的阴阳向背。他常常采用"始用渲淡，一变勾斫之法"的绘画方式，并不需要复杂的渲染便能表达出不可言传之意来，对后世文人画的发展影响巨大。这种朴素深远的创作风格也体现在他的山水诗中，山水诗中的人物基本上都是王维生活中的日常人物，无论是与人争席的"野老"还是在竹林中喧闹的"浣女"，都是王维隐居日常中所接触的平民百姓。"老僧""上人"这样的隐逸者，也是常常为王维所拜访的角色。王维在使用这些人物形象时往往不会花大量的笔墨进行描写，基本上也没有对外貌和肖像的描写，只是平铺直叙地简单介绍或者在描写完山水之后突然引入，从而通过只言片语表达出不可言说的意味来。

第三，人物出现的位置倾向于后半部分。在166次人物出现中，有101次是人物出现在诗歌的后半部分，出现比例达到了60.8%。单是诗歌的后1/4部分就出现了63次，占比高达37.95%。其原因在于王维的山水诗并不是地理志，和郦道元对于名山大川、奇风怪景、名胜古迹、沿途习俗的客观描写不同，王维在描写完山水风光之后，往往在结尾处引入自己的个人情感、个人思考、人文哲理、表现人物与自然的关系和人对自然的态度。例如在《山居秋暝》中，他开始写了一系列的自然风光、空山新雨、山中天气、明月青松、清泉山石、竹中浣女，到结尾时突然来一句"王孙自可留"，把一个具有自己判断而不是景物中的人骤然放在了这么一种美景之中，从而表现出诗人自己对于这片山水风光的态度与思考。而在《斤竹岭》中，在最后使用"暗入商山路，樵人不可知"，在自然风光之后加上一个"不可知"的"樵人"，从而使该地偏僻幽远、深静神秘的自然环境淋漓尽致地展现在读者的眼前，起到了画龙点睛的巨大作用。

这背后反映的是中国古代士人的一种古典逻辑和重视现实的优良传统。《周易》的核心理念之一便是"推天道以明人事"。春秋战国时期阴阳家主张天地有五行，然后提出人应该遵循五行的规律行事。汉代董仲舒认为来自自然界的"异象"是上天对人间人事的示警，需要及时观察捕捉来洞见政治上的失误。我国古代的哲学家、文学家在面对自然界时，无论自然界表现出怎样的特征和规律，产生了多少奇伟的景观或者现象，他们最终还是会以深沉的人文关怀和政治理想把自然同人联系在一起；要么借助自然规律自我发展，要么对抗自然环境谋求生存，而并没有将其诉诸神秘主义，走向西方宗教压抑人、推崇神的道路。

在这种传统之下自然界的种种景色归根究底是为人服务的，描写自然界的山水风光也往往要表现出人的情感或者思想，而人的情感或者思想又不会凭空产生，必是在游览名山大川、探访隐者高僧、读书怀念故人、山中思念故知之时或之后，心中有所想、有所感、有所欲求所以诉诸诗文，将自己的感情融入山川田园的风光之中，将自己的思想囊纳在天地旷野之中，将自己的灵魂寄托在四方景致之中。先"仰观宇宙之大"，再"俯察品类之盛"，最后将人的思想和情感缓缓脱出，把人的哲理和思考同自然界结合在一起，最终达到天人合一、物我相融的极高境界。

因此，王维诗歌中的写景就是要抒发个人的情思，景色还是为人服务，虽然王维受到了禅宗和道教的影响，想极力跳出"人事"，但是儒家的血脉已经深深融入了他的血液之中，让他还是关注人，最终达到物我合一的境界。

（二）"君"字后的作家心理与文学史传统

借助表1可发现"君"字出现的频率名列前茅，其背后原因值得深究。王维一生写过300多首诗，大多是送别诗、山水田园诗、边塞诗和应制诗。首先本文应探究，"君"字多出现在哪一种类型中？通过数据发现，王维的"君"字大量出现在送别诗中。剩下的"君"字则分散出现在王维的山水田园诗和应制诗中。概括来说，以下将围绕不同类型诗歌中的"君"字展开，重点分析"君"的产生原因及其意义。我们将从横向和纵向两个方面阐释作家个人原因和他所处的文学史传统。

下文将详细论述"君"在紧密相连的两个维度的内涵,从作家的个人原因到他所处的文学史传统,最终展现不同视角下较为全面的对"君"的解读。

1. 官员身份和诗人身份的矛盾

王维和李白为同时期人,且两人都多作送别诗。但在同有"君"的诗中体现了不同风格。以李白《送友人》① 和王维的《赠韦穆十八》为例比较。李白诗中言:"浮云游子意,落日故人情。挥手从兹去,萧萧班马鸣。"他用"故人"一词来代替对方,诗结尾亦以挥手告别结束。王维《赠韦穆十八》写道:"与君青眼客,共有白云心。不向东山去,日令春草深。"

细读之下会发现,两人诗中除去写景提及故人的句子,所塑造的被送别者的形象并不近似。李白重在写主客挥手离去依依不舍,站在他的立场写故人情意深深,而王维却开头就点出对方的内在品质和才华。并且,王维的"君"借助第二人称带来对话感,和李白用第三人称的"故人"不同。"君"使诗歌中抒情主体不再简单只有诗人一人,对话比代指无疑更能吸引读者的注意,更能强调诗中对方之存在。

王维另有许多送别诗呈现了这样的特点,以著名的《送别》为例:"下马饮君酒,问君何所之?君言不得意,归卧南山陲。但去莫复问,白云无尽时。"这首诗歌中,出现了三个"君"字。翻译为:"朋友请你下马来喝了这杯酒,敢问你要去何方?你说你因为生活不得意,要回乡隐居在南山脚下。……"这其中,诗人以一个个"君"称呼着朋友、询问着朋友,朋友离别的形貌仿佛就在眼前。最后用"白云无尽时"和"君"相呼应,表现了王维对友人的深切期盼。而李白就显得狂放不羁,在其《宣州谢朓楼饯别校书叔云》中完全是以自我为主体,所饯别者了无痕迹,被诗人自己这个主体大大盖过。由上可见,"君"作为第二人称使送别对方直接来到读者眼前,这比第三人称转述更能表现对对方的尊重和重视。王维将"君"字写入诗中,离别中又见对友人的重视和尊重。

究其原因,首先王维善用"君"字,与他作为官员且为传统儒生的身份息息相关。"君"体现出儒家对于追求君子人格的教导在王维身上的体现。儒家教

---

① 刘开扬编《李白诗选注》,上海古籍出版社,1989,第128页,下文李白诗皆引自此,不再引注。

导君子应重友且知礼，对好友恭敬并且应当重视别人多于自己。王维受其母亲的影响对于佛教有很深的领悟，并且深受禅宗的熏陶。但是王维作为传统士大夫，儒家教养的熏陶一直深入其骨髓，甚至在普遍意义上超过了佛老之学对他的影响。中国传统文人，即使如魏晋时期的名士般渴望潇洒自如者，但内里始终有儒家血脉的拉扯与矛盾，使之欲振臂自飞而不能。对王维而言，儒与禅，在世也超世的矛盾更是伴随了其大半生。

其次，王维身处官场，又备受时人推崇。在王维的后半生，虽然他过着半官半隐的生活，然而在官场上却是"昆仲宦游两都，凡诸王驸马豪右贵势之门，无不拂席迎之"。故而其送别的诗作定会被同僚所传诵，为天下人所知。因而他所作之诗更是必须符合儒家和官场规矩。

最后，将同时代的作家比较来看，王维出于性格原因，不似李白狂放不羁，他更偏向于作为受儒家文化影响下的谦谦君子，中和温正。被安禄山叛军俘获后，王维也没有像那些仁人志士一样，以身殉国，反而不情愿地做起了伪官，只能依靠写《凝碧池》来抒发自己感时伤怀的情绪。身处官场的他，亦不似李白般可以将满腔感情毫无阻碍地喷涌而出，反而在儒家"温柔敦厚""哀而不怨"的诗教传统之下将自己的感情化为溪流娓娓道来，颇为平和雅正。他的送别诗与酬和诗重视"客"自是情理之中。

但李白则不同，仕途不顺带来身份上比之王维的解放，且惯于自由自在游历自然风光的他散发着强烈的浪漫主义气质。其诗往往下笔境界高远，超脱率性。作为主体性如此强的李白，他的送别诗自身的抒情性使他成为全诗的主角，对方用第三人称代入，比之第二人称使读者对客的印象明显弱化。所以李白的诗也受此因素影响很少出现像王维那样"客比主高"的情况，他常存有"主在前在先，主比客高"的潜在作家心理。

这三个原因，内在其实都指向了王维作为官员和作为诗人的矛盾，他渴望出世但是仍旧在世。在世对他有约束，即使他想要出世，但仍旧不自觉地受在世的约束。这种约束内在体现为隐形的儒家精神早已将诗人改造，外在体现为官场形势所求。所以无论是有意或者无意都使他在部分诗里不只要写自己的情，还要写对方的情。另外，他又多写应制诗，此时他必须将所写的对方——圣上，在诗中置于比诗人还要高的地位。

在这种种约束背后，当他面对这种矛盾作为一个诗人来抒情时，这个"君"

的背后就是他所做的"退一步"的抒情方式。这种退一步结合"君"的文学史传统来看，具体表现为借助问答对话的间接抒情技巧。而这种间接抒情的方式在一定意义上是王维身处束缚和矛盾中但努力挣脱的表现。挣脱和束缚恰恰又是一对矛盾。所以"君"既来自出世与在世的矛盾，其使用又是诗人对这种矛盾的反抗。但本质上，诗人无法彻底挣脱，只好用"君"的技巧来间接反抗，又恰好反映了挣脱和束缚这另一对矛盾。

2. "君"所体现的问答对话体、设问技巧以及借客言志的间接抒情基因

以文学史的眼光看，王维用"君"不为其所独创，它的内在应有更深层的文学基因原因。所以想要更深入了解王维的"君"，就必须从文学史中去寻找关于"君"的文学史传统。

首先，"君"体现着一种问答与对话方式的行文特色。而这种方式在《诗经》中初民的言说行为里就已经有了。如钱钟书在其著作《管锥编》中，曾从对答体入手阐释了《鸡鸣》篇。自《诗经》而后，《论语》作为真正意义上完整的开语录体先河之作，其内容以孔子和学生之间的对话问答构成。所以在《论语》中明显孕育着问答对话的文学形式基因。

在《论语》中不乏孔子发问而后学生回答，最后孔子表达观点或给予解答的篇章。如著名的《子路、曾晳、冉有、公西华侍坐》篇。同样，问答对话在《庄子》中展现为其多以主角之间的对话为线索来书写寓言故事以抒发哲思与情志。例如《庄子》内篇中的《逍遥游》就是借助庄子和惠子的问答来步步引出"今子有五石之瓠，何不虑以为大樽而浮乎江湖，而忧其瓠落无所容？则夫子犹有蓬之心也夫！"的观点。① 再如《楚辞》中著名的《天问》一章。虽是借助人对天发问，主体以问为主而非以问答为主，但也在一定程度上也包蕴了问答对话而后抒发主体观点与情志的风格和方式。②

例如王维就曾做过《别綦毋潜》来仿楚辞体并以结尾"荷蓧几时还，尘缨待君洗"发问。可见《楚辞》对王维亦有重要影响。另外，在文学史基因中不可忽视重"文"的修饰这一重要特点。在《论语》中就有"质胜文则野，文胜质则史。文质彬彬，然后君子"的论述。因此从文学史角度梳理也应强调文学

---

① 孙通海译注《庄子》，中华书局，2007，第16页。
② 余英时：《士与中国文化》，上海人民出版社，2013，第75页。

传统带来的注重"文"之修饰的特点。这种文的修饰在历史散文中带来了通过虚拟问答对话来记事的特色。

例如，作家甚至会借助想象而虚构出生动的历史场景，战国时期的散文在记载当时纵横家们的外交辞令时，也将一个人假设多人参与的叙事方式作为一种文学手法。《左传》和《史记》在描写人物对话时也一定有着作家自身的虚构成分。所以问答对话的传统也受这种"文"的修饰影响，染上了作家想象的虚拟色彩。

而后发展到汉赋，汉赋中常见赋体主客问答形式。此时客不一定真实的色彩受前影响甚为普遍。在《文心雕龙·杂文》中也第一次正式出现了对"对问体"文体的命名："宋玉含才，颇亦负俗，始造对问，以申其志。"

汉赋作为润色鸿业的官方之作，其政论性赋文屡见不鲜。以著名的枚乘《七发》为例，赋中假设楚太子有病，吴客前去探望，通过互相问答，构成七大段文字。文中借助问答来劝诫太子不要过分沉溺于安逸享乐，从而表达了作者对贵族集团腐朽纵欲的不满。它以主客问答的形式，连写七件事的结构方式为后世所沿袭，并形成赋中的"七体"。唐诗和唐赋紧承汉赋而来，其继承汲取汉赋的文学营养和特色自在情理之中。

综合以上文学史，我们看到了王维运用主客问答对话和设问方式来间接抒情。故"君"虽间接，但仍为王维内在感情的宣泄途径。

下文结合具体诗例为证。

在王维的《偶然作六首·其三》中"问君何以然，世网婴我故"两句可视为自问自答。"君"在此诗中不为他人而为自己。世网对他之囚之禁是他对自己无法真正隐居的悲哀独白，为了排遣这份无奈，在自我之外又另设一个他者为"君"，一问一答便于诗人为自己独白。所以王维为了实现对现实的超越，需要另外设一个他者来冲破这份束缚。

另外，"君"字为借赞扬他者言己之心向往之也。自身无法达到十分的隐逸，那么便称赞君（朋友）。君作为第二人称特征比第三人称更有亲近感，而自己能和退隐俗世的君子亲近交往，此时诗人难免会有心理暗示——自己也和这类人趋同了，属于同道中人。所以尽管他没有完全实现隐逸，但是他也在心理上暗示自己约等于隐逸中人了。在心理上，这份亲近可以说是对王维超脱现实的一份安慰。他虽无法解决矛盾，但是可以获得抚慰。这种作家心理也和标题所论述的息息相关，互为补充。

由上可见，"君"所体现的问答对话在王维的山水田园诗、杂诗、送别诗与酬和诗中都发挥着作用。认识"君"，非单独停留在形式和技巧上，更应深入分析，通晓其多是出于在世与出世、挣扎与超脱这对矛盾的体现。而"君"的使用，更是一种解决。因为这种间接言志的方式是王维在重重束缚中的挣脱之法，是他面对矛盾的间接解决方式。

（三）王维诗歌中的色彩运用

在运用字频分析中，我们发现色彩在王维的诗歌中占有重要的地位。苏东坡在《东坡题跋·书摩诘〈蓝田烟雨图〉》中曾言："味摩诘之诗，诗中有画；观摩诘之画，画中有诗。"这种看法的产生和王维对于色彩的运用密切相关。画非常讲求颜色的运用，不论是冷暖色调的运用，还是光在画面中的投射，高明的画师运用色彩，非但不会让我们感到繁杂无序，反而会给我们一种整体的舒适感。王维既是一名高明的画师，也是一名天才诗人，他在诗歌中对于色彩的运用达到了炉火纯青的地步。

1. 形式：冷色调为主，暖色调为辅

《老子》有云："五色令人目盲"。但是在王维的诗歌中，我们并没有感觉到色乱迷人，反而感觉到一种平朗疏淡的意味。这与王维运用色彩词的特点密切相关。我们可以发现"青"和"白"两个表示颜色的字出现的频率极高，冷色调相对于暖色调占比较优势的地位。我们将把这些表示颜色的字代入具体的诗歌篇目中，感受王维运用颜色词的特点。

首先，王维诗歌中"白"和"青"两字出现的频率较高，且多在同一联出现，以此来营造出一种疏朗平淡的意境，白色高洁纯真，淡雅简朴，清净淡泊；青色秀气沉静，但同时有具一定的生机。王维借助"青"和"白"这两种美感特征来表达自己的思绪。作为一个不得志的诗人，他以此来表达自己归隐田园后闲适恬淡、悠然自得的心境。"白云回望合，青霭入看无"写诗人在终南山中行走，身边白云缭绕，而山中的岚烟雾霭，远看则飘荡于山际，待走到跟前，却又无影无踪[①]，生动地表现了山上白云、山中青雾的形态，两种颜色相交织，给人

[①] 刘宁：《王维孟浩然诗选评》，上海古籍出版社，2002，第87页。

一种清新淡雅的感受。《诗经》中写道："蒹葭苍苍，白露为霜，所谓伊人，在水一方。"这基本是中华民族对于颜色的最初理解，也是"青"与"白"的最初搭配。芦苇青青苍苍，清晨的白露附着在芦苇之上成为霜，而这时有一个白衣姑娘伫立于茫茫白雾、苍苍芦苇中。如此美景下的少女怎能不引起少年的心动？王维或许就继承了这种手法，并把这两种淡雅的颜色置于流水和水汽之中，极具朦胧美。

我们在统计中发现，"白"多是以"白云"的形式出现的。有学者把王维诗歌中的云分为羁旅送别之云、高远疏离之云和自由美好之云。① 王维的白云是闲适、恬淡、幽美的，这与诗人舒卷自如的人生态度密切相关，是王维隐居后平静自由生活的写照。王维的云不同于李贺吊诡压抑的"黑云"，亦不同于李义山幽深宁静的"寒云"。王维的"白云"是自由的，是盛唐时期的云，李泽厚先生在《美的历程》中写道："一种丰满的、青春活力的热情和想象，渗透在盛唐的文艺之中。即使是享乐、颓废、忧郁、悲伤，也仍然闪烁着青春、自由与欢乐。"② 这种白云，看似是平静的，但是其中有一种生命的活力和跳动在鼓舞着我们。它是自由的、明朗的，不同于唐朝中后期云的意象，总是带着淡淡的孤冷和忧伤。这是属于盛唐的白云，是气魄恢宏的，是充满着少年气的，有着自己的洒脱。王维虽然郁郁不得志，但是在盛唐恢宏的文化气魄下，每个诗人都有属于自己的自信，这种自信来源于盛唐的强盛国力，来源于盛唐兼容并包的文化政策，来源于当时生机盎然的诗坛！

其次，诗人也会用"红""绿"等鲜艳的颜色。王维作为一个盛唐诗人即使郁郁不得志，心中也自然会有自己的生机和活力。在用这种颜色时，往往一个字就能使整首诗的意境凸显。比如《辛夷坞》"木末芙蓉花，山中发红萼，涧户寂无人，纷纷开且落"，在无人的山谷中辛夷花自开自落，一个"红"字把花的勃勃生机渲染出来，刺激了读者的感官，这种蓬勃的生机和寂寥的山谷形成了鲜明的对比，小诗的禅意更浓厚。王维诗中用一种鲜艳的颜色，或刺激读者的感官，或用一字把整个意境勾勒出来。再比如《山中送别》"山中相送罢，日暮掩柴扉。春草年年绿，王孙归不归"，这个"绿"字就非常有意味。我们想象一下，

---

① 易范：《论王维诗的主要意象》，陕西师范大学硕士学位论文，2013。
② 李泽厚：《美的历程》，上海三联书店，2009，第130页。

落日余晖，诗人在灰黄的柴扉下想象着春草的绿色，想象着明年春天自己和朋友共同欣赏着山中的美景，整首诗的意境便更加浓烈。这种景色只有在盛唐的诗歌中才能显现，钱钟书在《管锥编》中阐述，唐诗多以丰神情韵见长，宋诗多以筋骨思维见胜。从王维诗歌的颜色词中，我们也可以看出这些颜色有着跳动的灵韵，有着一种活泼和生命力，表达了诗人此时或淡泊或活跃的心情。诗人的情感与景物融为一体，这是一种"有我之境"，和盛唐的人文关怀相一致。

但是，王维毕竟是一名淡泊的诗人，他受到禅宗的影响，总有一种看破红尘之感。他在运用这些颜色时，总会使用各种方法将其淡化，营造出一种独特的意境。他在运用这种浓艳的颜色时，会用遮蔽物进行遮挡，对光进行折射，以降低这些颜色的明度。"仄径荫宫槐，幽阴多绿苔"这句诗中，"绿"本来应该给人以生机，但是因为在"幽阴"之中，处于槐树的遮挡下，这种绿色就被削弱了，因此有一种不同于勃勃生机的"绿"的感受。

或者把"红"和"绿"等置于水中和雾气中，在雾气弥漫时颜色自然会有所淡化。雾气本来就会给予人淡泊清净的感受，氤氲水汽给景物平添了几分优雅寂静之气。比如，"雨中草色绿堪染，水上桃花红欲燃"中，"绿"和"红"给人一种草绿花红的生机感。烟雨迷蒙，青草在氤氲水汽中，娇嫩欲滴；桃花夭夭，在水中的倒影随风飘摇，那火红的颜色像火一样在灼烧。王维把青草和桃花分别置于水汽和水中倒影中，消解了颜色的鲜艳程度，使颜色更加清爽迷人，表现出一种朦胧美和迷幻美，和诗人宁静淡泊的人生态度相一致。此外，还有"夕雨红榴拆，新秋绿芋肥"，初秋时节石榴在雨中绽裂开来，芋头的长势极好，显露出了绿色的生机；"桃红复含宿雨，柳绿更带朝烟"，仍然是把桃花和绿柳置于烟雨之中，颜色的鲜艳程度被消解，反而使春雨的特点在这里显现。烟雨如梦如幻，唯美无比，与辋川的美好景色联系起来，平添了几分诗意。烟雨在这里以迷蒙的幻境创造出了一种幽美的意境。

司空图的《二十四诗品》中，把王维归入了"冲淡"这一行列，言："王右丞，韦苏州澄澹精致，格在其中，岂妨于遒举哉。"[1] 王维以冷色调为主而以暖色调为辅的用色特点就体现了这一点。即使王维将用某种浓艳的颜色，也会用各

---

[1] 司空图：《与李生论诗书》，载周祖譔编选《隋唐五代文论选》，人民文学出版社，1990，第349页。

种方法将这种颜色冲淡，与诗人的整个诗风相一致。因此，整体看来，王维的诗歌有一种阴柔的美，和刚健雄浑的美截然不同，这也与王维自身的性格和人生经历有关，他个人性格比较软弱，在朝廷上难以施展自己的抱负，只能寄情于山水，把自己的人生理想和价值取向投射到大好河山中。

2. 意味：营造幽美意境，抒发独特情感

王维的诗歌中大量出现颜色，主要是用来营造某种意境。王维诗歌中的颜色虽然繁多，但是以冷色调为主，产生了视觉的层次美与和谐美。有学者提出，王维的诗歌中展现的画面不是以物象的轮廓为主，而是强调色块的组合，而且这种组合是非常有规律、有意味的，而不是杂乱无章和光怪陆离的。比如"明月松间照，清泉石上流"，给我们一种偏清冷的感受，这是一种整体的感受，也是一种偏冷色调的组合。

首先，颜色可以形象地描绘出一个事物的特点，以此来营造某种意境。王维的诗中往往用一个字就形象地点出了事物的特点，不亚于王安石对于"春风又绿江南岸"中"绿"的推敲。这主要来自一个诗人的敏感和好奇，他总能抓住瞬息变化中事物的特点，以记录颜色的瞬间印象。"沙平连白云，蓬卷入黄云"描绘写了两种不同颜色的云，形象地表现了狂风骤起后天空中颜色的变化——由淡泊冷静的白云变成了苍茫壮阔的黄云，边境大漠的雄浑便呼之欲出。"山路元无雨，空翠湿人衣"中的"翠"就很活泼了，可以说是"着一字而意境全出"，山中本来没有下雨，但是由于早上的湿气太浓，青青草地中雾气弥漫，娇嫩欲滴，仿佛翠绿色沾染到诗人的衣服上了。由于光的折射作用，衣服上也显现出了青草的翠绿，意境绝妙。

在不同的阶段，王维运用颜色有着不同的特点，这就反映了王维人生思想发生了转折，由积极入仕到逃避出仕。初入仕途之时，王维作为一个翩翩少年郎，得到众多权贵的赏识，在科举考试中中了状元，一时风光无限，这时，王维使用的颜色多是偏明亮的。之后，王维经历了丧妻、失官等种种打击，人生态度逐渐消沉，没有了少年时期的意气风发。在前期，王维多用颜色来描绘青山绿水，后期则工于文人水墨。这是两种不同的用色特点。王维最高的艺术成就集中在辋川时期，这一时期王维的用色达到了一种新的高度，注重色彩的映衬、明暗的变化、光的折射等，创造出了一个清淡明净的世界，和王维追求佛理的世界观相适应。

颜色不仅能形象地点出事物的特点，也能超越实在的物以表达一种思绪。不仅景物的颜色可以用来欣赏，甚至单单颜色本身也是一种艺术品。现在色彩已经深入意象内部，具有强烈的主观意识和心灵印痕。[1] 王维诗歌中的颜色，有时和实际中的景象并不符合，或是夸大，或是直接与实际无关。他的诗歌中经常出现"青门"这个意象，比如"一从归白社，不复到青门""送归青门外，车马去骎骎""讵枉青门道，胡闻长乐钟"等。实际上，"青门"真的是青颜色的门吗？其实不然，这里的青主要是为了和全文凄清冷淡的氛围相符，和门的颜色毫不相关。类似的还有"白社"，这里的颜色并不依存于实物而存在，而是"虚色"，主要用于表达作者的心境，以我为主，为我所用。按照俄国形式主义的观点，也许这样的手法能增强文章的文学性，体现语言的陌生感，从而延长读者的反应时间，达到独特的艺术效果。如果我们一定要去考证门的颜色，不但破坏了诗歌的整体氛围，也是毫无意义的。兰瑟姆在《诗歌：本体论札记》重申了文本中心论的观点，认为诗歌内部是一个自洽的世界，诗歌的语言永远指向的是诗歌中营造的虚构的世界，不需要符合现实世界的真实。王维诗歌中的颜色就是一种想象的真实，他运用"白""青"两色主要是为了抒发自己内心的疏朗宁静。

刘勰在《文心雕龙》中说："意授于思，言授于意；密则无际，疏则千里。"[2] 从构思到物象的选择，再到语言的表达，存在双重障碍，思维往往能"思接千载，视通万里，心游万仞"，但是语言有自己的局限性，作家如何克服这个局限性就是一个重大的问题。怎么用有限的语言来表达自己无限的思绪？于是，中国古代的文论家提出了"味外之旨""韵外之致"，追求得意忘言。因此，中国的古典诗歌往往出现一种无理而妙的情况。王维曾作《送秘书晁鉴还日本国》，这里就极尽夸张和想象来表现海之险恶，表达了对于使者的拳拳关心。"鳌身映天黑，鱼眼射波红"这一联同时出现了四种颜色，海中大鳌的身影把蓝天都遮挡住了，红色的鱼眼把碧波都映射得通红。在这里出现了四种景物——天、鳌、鱼、波，而这四种景物的颜色各不相同——天蓝、鳌黑、鱼红、波碧，四种颜色相互映衬，光怪陆离，营造出了诡异恐怖的氛围。这种写法与实际不符，却把对友人无限的关怀表现了出来。《华岳》中"连天凝黛色，百里遥青

---

[1] 吴晓：《色彩的表现与诗歌审美意识的深化》，《浙江社会科学》2002年第4期。
[2] 杨明：《文心雕龙精读》，复旦大学出版社，2016，第113页。

冥"同样如此，用"黛色"和"青冥"极言山之高、之广。颜色的跳动，往往刺激着读者的感官，使读者处于无限的联想之中，以达到找到"旨外之旨"的目的。

　　王维诗歌中不仅运用了清冷的颜色，也运用了富有温度的颜色。王维在诗情表达上时常借用色彩词汇，使情感色彩化、色彩象征化，赋予"无情"的色以人的情感，从而产生鲜明而具体的艺术感染力。[①] 各种颜色在王维的诗歌中有着不同的情感意义。红色往往代表着一种生机，如"绿艳闲且静，红衣浅复深"，我们在这里仿佛看到了牡丹花在肆意地生长着，那奔放的红不断地刺激着我们的视觉，仿佛那火热牡丹花已经在我们面前。而诗人在其中行走，更感受到了蓬勃的生命力，连生性淡漠的人都不会无动于衷，更何况敏感的诗人？这就是王维身上的另一面了，上文谈到他使用"青""白"等来渲染一种淡泊的情绪，那么这里就表现了王维对生活的热爱和对人生的积极追求。

三　结语

　　通过字频分析法，我们看到了不一样的王维。王维是一个温柔敦厚的士大夫，他看似闲云野鹤，游历于山河湖海之间，但是在他的心中，始终有一种对人文的关怀。王维的身上有两种力量在激荡，一种是在仕途不顺后对于隐居生活的追求、对于恬淡闲适生活的向往，他想逃离人间，想到陶渊明描绘的桃花源中去生活；同时，一种盛唐特有的力量也始终影响着他，那是一种对人文的关怀，是一种充满着少年气息的开朗活泼。因此，他在山水诗中，不仅描绘了各种景物，而且把人放在了重要的位置。在送别诗中，他不仅体现了温柔敦厚的性格，也有着对于朋友的深切感情。这里的王维，是矛盾的王维，他不是我们通常认为的隐士，隐士只是他内心中的一部分，他心中的另一部分是属于盛唐的，是那个时代的人共同拥有的对于人的关怀。

　　我们用字频分析的方法对王维进行了研究，大胆设想，小心求证，把一个个字代入具体的诗境中，通过对比不同诗歌，得出了王维诗歌温润淡雅、疏朗宁静的特点；同时也看到了王维身上凝聚着的两种力量，这两种力量像两驾相反的马

[①] 安丽哲：《王维诗歌的色彩艺术》，华中科技大学硕士学位论文，2004。

车，一边像个隐士一样，让我们感受到了淡薄和宁静，而从另一边我们则看到了强烈的人文主义的关怀。而这种矛盾，出自他的人生经历，出自盛唐当时宏阔的国力和开放的文化政策，亦出自文学史传统的影响。

用量化的方式对王维进行研究，可能有悖于传统的理论和研究方法，但是在数字人文蓬勃发展和理性日益占据主导地位的今天，可能会对研究人员有所启发。数字人文是一种全新的人文，它以工具的创新和方法的变革为肇始，以学科的融合和内容的颠覆为结果。[1] 从字频分析研究诗歌仅仅是一个开始，还有更多机器学习的方法等待着我们去探索、去解密。

（指导教师：盖赟）

---

[1] 刘炜、叶鹰：《数字人文的技术体系与理论结构探讨》，《中国图书馆学报》2017年第5期。

图书在版编目(CIP)数据

人文社会科学新苗支持计划优秀论文选.第三辑／高文书主编. -- 北京：社会科学文献出版社，2023.4
ISBN 978-7-5228-1497-1

Ⅰ.①人… Ⅱ.①高… Ⅲ.①社会科学-文集②人文科学-文集 Ⅳ.①C53

中国国家版本馆CIP数据核字(2023)第040701号

人文社会科学新苗支持计划优秀论文选（第三辑）

主　　编／高文书

出 版 人／王利民
组稿编辑／祝得彬
责任编辑／仇　扬
责任印制／王京美

出　　版／社会科学文献出版社·当代世界出版分社（010）59367004
　　　　　地址：北京市北三环中路甲29号院华龙大厦　邮编：100029
　　　　　网址：www.ssap.com.cn
发　　行／社会科学文献出版社（010）59367028
印　　装／三河市龙林印务有限公司
规　　格／开　本：787mm×1092mm　1/16
　　　　　印　张：20.5　字　数：355千字
版　　次／2023年4月第1版　2023年4月第1次印刷
书　　号／ISBN 978-7-5228-1497-1
定　　价／128.00元

读者服务电话：4008918866

△ 版权所有 翻印必究